Obra Completa de C.G. Jung
Volume 9/2

Aion

Estudo sobre o simbolismo
do si-mesmo

CB028697

**Comissão responsável pela organização do lançamento da
Obra Completa de C.G. Jung em português:**
Dr. Leon Bonaventure
Dr. Leonardo Boff
Dora Mariana Ribeiro Ferreira da Silva
Dra. Jette Bonaventure

*A Comissão responsável pela tradução da Obra Completa de
C.G. Jung sente-se honrada em expressar seu agradecimento à
Fundação Pro Helvetia, de Zurique, pelo apoio recebido.*

**Dados Internacionais de Catalogação na Publicação (CIP)
(Câmara Brasileira do Livro, SP, Brasil)**

Jung, Carl Gustav, 1875-1961.
Aion – estudo sobre o simbolismo do si-mesmo / C.G. Jung ;
tradução de Dom Mateus Ramalho Rocha. – 10. ed. – Petrópolis, RJ :
Vozes, 2013.
Título original: AION – Beiträge zur Symbolik des Selbst.
Bibliografia.

18ª reimpressão, 2024.

ISBN 978-85-326-0373-9

1. Ego (Psicologia) 2. Psicologia religiosa 3. Simbolismo
I. Título.

08-06367

CDD-155.2

Índices para catálogo sistemático:
1. Simbolismo : Psicologia individual   155.2

C.G. Jung

Aion

Estudo sobre o simbolismo do si-mesmo

Γέγονε δὲ ταῦπα, φησίν, ἵνα ἀπαρχὴ
τῆς φυλοχρινήσεως γένηται
τῶν συγχεχυμένων ὁ Ἰησοῦς.

Isto aconteceu, afirmam eles, para que Jesus se
tornasse a primeira vítima do processo de
diferenciação das coisas que foram misturadas.

Doutrina de Basílides
HIPÓLITO, *Elenchos*, VII, 27,8

EDITORA
VOZES

Petrópolis

© 1976, Walter-Verlag, AG, Olten

Tradução do original em alemão intitulado *AION – Beiträge zur Symbolik des Selbst* (Band 9/2)

Direitos de publicação em língua
portuguesa no Brasil:
1982, Editora Vozes Ltda.
Rua Frei Luís, 100
25689-900 Petrópolis, RJ
www.vozes.com.br
Brasil

Editores da edição suíça:
Marianne Niehus-Jung
Dra. Lena Hurwitz-Eisner
Dr. Med. Franz Riklin
Lilly Jung-Merker
Dra. Fil. Elisabeth Rüf

Tradução: Dom Mateus Ramalho Rocha, OSB
Revisão literária: Dora Mariana Ribeiro Ferreira da Silva
Revisão técnica: Dra. Jette Bonaventure
Diagramação: AG.SR Desenv. Gráfico
Capa: 2 estúdio gráfico

ISBN 978-85-326-2424-6 (Obra Completa de C.G. Jung)

ISBN 978-85-326-0373-9 (Brasil)
ISBN 3-530-40798-4 (Suíça)

Este livro foi composto e impresso pela Editora Vozes Ltda.

Sumário

Nota dos editores

O volume 9 da Obra Completa é dedicado a estudos sobre os arquétipos específicos. A primeira parte do volume, intitulada: *Os arquétipos e o inconsciente coletivo*, é composta de ensaios mais breves; a segunda parte, denominada *Aion*, é uma extensa monografia sobre o arquétipo do si-mesmo. O antigo subtítulo: "Estudos sobre a história do símbolo" se referia à segunda parte da edição de 1951, isto é, ao trabalho de Marie-Louise von Franz sobre *A Passio Perpetuae* (Martírio de Santa Perpétua).

Com o consentimento do autor, utilizamos, no presente volume, o subtítulo que figura no índice das matérias: "Estudos sobre o simbolismo do si-mesmo".

Devemos o índice das pessoas e dos assuntos, mais uma vez, à dedicação da Senhora Magda Kerényi que, nesse entretempo, foi nomeada sócia inscrita da Society of London Indexers, Londres.

Início de 1976

Os editores

Prólogo

Neste oitavo volume de meus Tratados de Psicologia publico dois trabalhos que, apesar das diferenças externas, estão inter-relacionados, na medida em que tratam do grande tema deste livro, ou seja, a ideia do *éon* (em grego: *aiôn*). Enquanto a contribuição de minha colaboradora, Dra. Marie-Louise von Franz, descreve, na análise da *Passio Perpetuae*, a transição psicológica da Antiguidade Clássica para o cristianismo, minha pesquisa procura ilustrar a transformação da situação psíquica operada no interior do *"eón* cristão", recorrendo aos símbolos cristãos, gnósticos e alquimistas do si-mesmo. A tradição cristã se acha impregnada da ideia primariamente pérsio-judaica da fixação dos limites das eras, mas também pelo pressentimento de uma reversão, em certo sentido enantiodrômica, das dominantes. Refiro-me ao dilema Cristo-Anticristo. Por certo, a maior parte das especulações históricas sobre as conjunturas e as circunstâncias de tempo, como já se pode ver no Apocalipse, foram influenciadas sempre por concepções astrológicas. Por isso, nada mais natural que o acento de minhas reflexões recaia sobre o símbolo do peixe, mas não deixa de ser verdadeiro que o *eón* [era] dos peixes foi a manifestação concomitante e sincrônica do desenvolvimento bimilenar do pensamento cristão. Nesse período, a figura do *Anthropos* (do "Filho do Homem") ampliou-se não só de forma progressivamente simbólica e foi, consecutivamente, recebida psicologicamente, como também acarretou transformações na atitude e no comportamento humanos, já antecipados pela expectativa do Anticristo das Escrituras primitivas. O fato de estas últimas situarem a manifestação do Anticristo no tempo final autoriza-nos a falar de um "eón cristão" o qual, pressupõe-se, se encerrará com a parusia. É como se esta expectativa coincidisse com a ideia astrológica do grande mês dos peixes.

O motivo deste meu propósito de abordar tais questões históricas se deve a que a imagem arquetípica da totalidade, que surge com tanta frequência nos produtos do inconsciente, têm seus predecessores na história. Estes foram identificados desde muito cedo com a figura de Cristo, como mostrei detalhadamente, por exemplo, em meu livro *Psicologia e alquimia*. O incentivo que me levou a tratar da relação entre a figura tradicional de Cristo e os símbolos naturais da totalidade, isto é, do si-mesmo, surgiu espontaneamente e com tal frequência da parte de meu público, que decidi afinal consagrar-me a esta tarefa. Tal decisão não foi nada fácil, diante das imensas dificuldades de um empreendimento dessa natureza, pois, para dominar todos os empecilhos e possibilidades de erro, ser-me-ia necessário um conhecimento e uma circunspecção cuja posse infelizmente não me foi dada senão em grau limitado. Por certo que me sinto bastante seguro em relação às observações que fiz em torno do material empírico colhido em minhas experiências, mas percebo bem, assim o creio o risco a que me exponho, incluindo o testemunho da história nessas considerações. Creio estar igualmente cônscio da responsabilidade que assumo, dando de algum modo continuidade ao processo histórico, da recepção, ao acrescentar uma ampliação psicológica de âmbito maior em relação às minhas ampliações simbólicas da figura de Cristo, ou mesmo reduzir, como poderia parecer, o símbolo de Cristo a uma imagem psíquica da totalidade. Peço ao leitor que nunca se esqueça de que não faço nenhuma profissão de fé, nem redijo obra tendenciosas, mas reflito sobre o modo pelo qual seria possível compreender certas coisas à luz da consciência moderna; coisas que considero dignas de serem compreendidas e que, manifestamente, correm o perigo de ser tragadas pelo abismo da incompreensão e do esquecimento, coisas, afinal, cuja compreensão muito contribuiria para remediar o desnorteamento no que respeita à concepção das coisas iluminando os desvãos e subsolos de nosso mundo psíquico. A essência da presente obra foi-se constituindo pouco a pouco nas conversas que mantive com pessoas de todas as faixas etárias e de todos os graus de instrução, com pessoas que, em meio à confusão e ao desenraizamento de nossa sociedade, viam-se ameaçadas de perder todos os laços com o sentido da evolução do espírito europeu e, consequentemente, expostas a sucumbir àquele estado de sugestionabilidade que é a razão e a causa primeira das psicoses utópicas de massa.

É como médico e por força de minha responsabilidade de médico que escrevo, e não como partidário de um credo religioso. Também não escrevo como erudito, senão estaria me entrincheirando prudentemente por detrás dos sólidos muros do campo de minha especialidade e não ofereceria os flancos abertos aos ataques da crítica, com os meus insuficientes conhecimentos de história, colocando assim em risco a minha reputação científica. Por certo que me empenho, na medida de minha capacidade produtiva, em si reduzida pela enfermidade bem como pela idade, em elaborar o mais seriamente possível meu material comprobativo, apoiando o exame de meus resultados com indicações das fontes. Ter-me-ia sido quase impossível levar a cabo este propósito, se o fadigoso trabalho de consulta de biblioteca não fosse retirado de meus ombros, em grande parte, pela Dra. L. Frey-Rohn, pela Dra. M.-L. von Franz e pela Dra. R. Schärf. A todas elas gostaria de deixar registrado aqui o meu agradecido reconhecimento por tão grande e compreensiva ajuda. Particular dívida de gratidão tenho para com a Dra. Lena Hurwitz-Eisner, pela conscienciosa elaboração do índice deste volume, como também para com todos aqueles que me ajudaram de vários modos na leitura crítica do manuscrito e das correções, e a este respeito não quero esquecer o grande merecimento de minha desvelada secretária, Marie-Jeanne Schmid.

Maio de 1950

C.G. Jung

I

O eu

A circunstância de lidar com a psicologia do inconsciente fez-me deparar com fatos que exigem a elaboração de novos conceitos. Um destes conceitos é o do *si-mesmo* (*Selbst*). Refiro-me, com isto, não a uma grandeza que venha ocupar o lugar daquela até o momento designada pelo termo *eu*, mas a uma grandeza mais abrangente, que inclua o eu. Entendemos por "eu" aquele fator complexo com o qual todos os conteúdos conscientes se relacionam. É este fator que constitui como que o centro do campo da consciência, e dado que este campo inclui também a personalidade empírica, o eu é o sujeito de todos os atos conscientes da pessoa. Esta relação de qualquer conteúdo psíquico com o eu funciona como critério para saber se este último é consciente, pois não há conteúdo consciente que antes não se tenha apresentado ao sujeito.

Esta definição descreve e estabelece, antes de tudo, *os limites do sujeito*. Teoricamente, é impossível dizer até onde vão os limites do campo da consciência, porque este pode estender-se de modo indeterminado. Empiricamente, porém, ele alcança sempre o seu limite, todas as vezes que toca o âmbito do *desconhecido*. Este desconhecido é constituído por tudo quanto ignoramos, por tudo aquilo que não possui qualquer relação com o eu enquanto centro da consciência. O desconhecido se divide em dois grupos: o concernente aos fatos exteriores que podemos atingir por meio dos sentidos, e o que concerne ao mundo interior que pode ser objeto de nossa experiência imediata. O primeiro grupo apresenta o desconhecido do mundo ambiente, e o segundo, o desconhecido do mundo interior. Chamamos de *inconsciente* a este último campo.

3   O eu considerado como conteúdo consciente em si não é um fator simples, elementar, mas complexo; é um fator que, como tal, é impossível descrever com exatidão. Sabemos pela experiência que ele é constituído por duas bases aparentemente diversas: uma base *somática* e uma base *psíquica*. Conhecemos a base somática, partindo da totalidade das sensações de natureza endossomáticas, as quais, por sua vez, são de caráter psíquico e ligadas ao eu e, consequentemente, também conscientes. Estas sensações decorrem de estímulos endossomáticos que só em parte transpõem o limiar da consciência. Parte considerável destes estímulos se processa de modo inconsciente, isto é, subliminar. Este caráter subliminar não implica necessariamente um estado meramente fisiológico, o mesmo acontecendo com relação a um conteúdo psíquico. Eles podem, eventualmente, tornar-se supraliminares, isto é, podem transformar-se em sensações. Não há dúvida de que parte considerável dos estímulos endossomáticos é totalmente incapaz de se tornar consciente, e seu caráter é tão elementar, que não há razão para conferir-lhe uma natureza psíquica, a menos que se partilhe a opinião filosófica segundo a qual os processos vitais são de fundo psíquico. Contra uma tal hipótese, que dificilmente será comprovada, deve-se arguir, sobretudo, que ela estende o conceito de psique além de qualquer limite válido, tomando o processo vital, deste modo, num sentido que nem sempre tem o apoio dos fatos reais. Conceitos demasiado amplos revelam-se em geral instrumentos inadequados de trabalho, por serem vagos e nebulosos. Por isso propus que o conceito de psíquico só fosse aplicado àquela esfera em que exista uma vontade comprovadamente capaz de alterar o processo reflexivo ou instintivo. Sobre este ponto, sou obrigado a remeter o leitor ao meu artigo *Der Geist der Psychologie* (O espírito da psicologia*), onde trato detalhadamente desta definição do psíquico.

4   A base somática do eu é constituída, como já apontei, por fatores conscientes e inconscientes. Outro tanto se pode dizer da base psíquica: o eu se assenta, de um lado, sobre o campo da *consciência global*, e, do outro, sobre a *totalidade dos conteúdos inconscientes*. Estes últimos

---

* *Eranos-Jahrbuch*, 1946 (Posteriormente intitulado: *Theoretische Überlegungen zum Wesen des Psychischen* [Considerações teóricas sobre a natureza do psíquico]).

se dividem em três grupos: (1) o dos conteúdos temporariamente subliminares, isto é, voluntariamente reproduzíveis; (2) o dos conteúdos que não podem ser reproduzidos voluntariamente, e (3) o dos conteúdos totalmente incapazes de se tornarem conscientes. Pode-se deduzir a existência do grupo número 2, dada a ocorrência de irrupções espontâneas na consciência de conteúdos subliminares. O grupo número 3 é hipotético, isto é, uma decorrência lógica dos fatos que estão na origem do segundo grupo: quer dizer, este grupo encerra conteúdos que ainda não irromperam ou jamais irromperão na consciência.

Ao afirmar acima que o eu se apoia sobre o campo global da consciência, não estou, de modo algum, querendo dizer que *seja constituído* por ele. Se isto acontecesse realmente, seria impossível distingui-lo do campo da consciência. É apenas o ponto central, fundado e delimitado pelo fator somático acima descrito.   5

A despeito do caráter relativamente desconhecido e inconsciente de suas bases, o eu é um fator consciente por excelência. Constitui, inclusive, uma aquisição empírica da existência individual. Parece que resulta, em primeiro lugar, do entrechoque do fator somático com o mundo exterior, e, uma vez que existe como sujeito real, desenvolve-se em decorrência de entrechoques posteriores, tanto com o mundo exterior como com o mundo interior.   6

Apesar de desconhecermos os limites de suas bases, o eu nunca é mais ou menos amplo do que a consciência como tal. Como fator consciente, o eu pode ser perfeitamente descrito, pelo menos do ponto de vista teórico. Mas isto nada mais nos proporcionaria do que uma imagem da personalidade consciente, à qual faltariam todos os traços que o sujeito desconhece ou de que não tem consciência. Mas a imagem global da personalidade deveria incluir também esses traços. É absolutamente impossível fazer uma descrição completa da personalidade, mesmo sob o ponto de vista teórico, porque uma parcela do inconsciente não pode ser captada. Esta parcela não é, de modo algum, irrelevante, como a experiência nos tem mostrado até à saciedade. Pelo contrário: há qualidades perfeitamente inconscientes que só podem ser observadas a partir do mundo exterior, ou para se chegar às quais é necessária muita fadiga, ou recorrendo até mesmo a meios artificiais.   7

8   É evidente que o fenômeno global da personalidade não coincide com o eu, isto é, com a personalidade consciente; pelo contrário, constitui uma grandeza que é preciso distinguir do eu. Tal exigência, naturalmente, só se verifica numa psicologia que se defronta com a realidade do inconsciente. Mas uma diferenciação desta espécie é da máxima relevância para essa psicologia. Até mesmo para a aplicação da justiça é importante saber se determinados fatos são de natureza consciente ou inconsciente, como, por exemplo, quando se trata de julgar a respeito da imputabilidade ou não de um ato.

9   Por isso propus que a personalidade global que existe realmente, mas que não pode ser captada em sua totalidade, fosse denominada *si-mesmo*. Por definição, o eu está subordinado ao si-mesmo e está para ele, assim como qualquer parte está para o todo. O eu possui o livre-arbítrio – como se afirma –, mas dentro dos limites do campo da consciência. Empregando este conceito, não estou me referindo a algo de psicológico, mas sim ao conhecidíssimo fato psicológico da assim chamada decisão livre, ou seja, ao sentimento subjetivo de liberdade. Da mesma forma que nosso livre-arbítrio se choca com a presença inelutável do mundo exterior, assim também os seus limites se situam no mundo subjetivo interior, muito além do âmbito da consciência, ou lá onde entra em conflito com os fatos do si-mesmo. Do mesmo modo que as circunstâncias exteriores acontecem e nos limitam, assim também o si-mesmo se comporta, em confronto do eu, como uma *realidade objetiva* na qual a liberdade de nossa vontade é incapaz de mudar o que quer que seja. É inclusive notório que o eu não é somente incapaz de qualquer coisa contra o si-mesmo, como também é assimilado e modificado, eventualmente, em grande proporção, pelas parcelas inconscientes da personalidade que se acham em vias de desenvolvimento.

10   É de essência das coisas a impossibilidade de apresentar uma definição geral do eu que não seja de caráter formal. Qualquer outro modo de considerar o problema deveria levar em conta a *individualidade* que é inerente ao eu, como propriedade essencial. Embora os numerosos elementos que compõem este fator complexo sejam sempre os mesmos por toda parte, variam, contudo, ao infinito, fato este que afeta a sua clareza, a sua tonalidade emocional e a sua amplitude. Por isso, o resultado desta composição, ou seja, o eu é, até onde podemos saber, algo de individual e único, que permanece de algum

modo idêntico a si mesmo. Este caráter permanente é relativo, pois em certos casos podem ocorrer transformações na personalidade. Estas modificações nem sempre são de natureza patológica, mas determinadas também pela evolução, e por isso, caem na esfera do normal.

Como ponto de referência do campo da consciência, o eu é o sujeito de todos os *esforços de adaptação* na medida em que estes são produzidos pela vontade. Por este motivo é que na economia psíquica o eu exerce um papel altamente significativo. A posição que aí ocupa é de tal modo importante, que o preconceito segundo o qual o eu é o centro da personalidade ou de que o campo da consciência é a psique pura é simplesmente destituído de qualquer fundamento. Excetuando-se as alusões que encontramos em Leibniz, Kant, Schelling e Schopenhauer e os esboços filosóficos de Carus e de von Hartmann, foi somente a psicologia moderna que descobriu, a partir do final do século XIX, com seu método indutivo, as bases da consciência, demonstrando empiricamente a existência de uma psique extraconsciente. Esta descoberta relativizou a posição até então absoluta do eu, quer dizer: este conserva sua condição de centro do campo da consciência; mas como ponto central da personalidade tornou-se problemático. Constitui parte desta personalidade, não há dúvida, mas não representa a sua totalidade. Como já mencionei, é simplesmente impossível saber até onde vai sua participação; em outras palavras: é impossível saber se é livre ou dependente das condições da psique extraconsciente. Podemos apenas dizer que sua autonomia é limitada e que sua dependência tem sido comprovada de maneira muitas vezes decisiva. Sei, por experiência, que é melhor não subestimar a dependência do inconsciente. É óbvio que não se pode dizer tal coisa àqueles que já sobre-estimam a importância do inconsciente. Um critério para saber em que consiste a justa medida nos é dado pelas manifestações psíquicas subsequentes a uma apreciação errônea. Sobre isto voltaremos a falar mais adiante.

Dividimos o inconsciente, acima, em três grupos, sob o ângulo da psicologia da consciência, mas é possível dividi-lo também em dois campos: de um lado, o de uma psique extraconsciente, cujos conteúdos classificamos de *pessoais* e, do outro, o de uma psique cujos conteúdos qualificamos de *impessoais*, ou melhor, *coletivos*. O primeiro grupo compreende os conteúdos que formam as partes

11

12

constitutivas da personalidade individual e, por isso mesmo, poderiam ser também de natureza consciente. O segundo grupo representa uma *condição ou base da psique em geral*, universalmente presente e sempre idêntica a si mesma. Evidentemente, uma afirmação como esta não é mais do que uma hipótese à qual fomos levados pela espécie de material que colhemos ao longo de nossas experiências, embora seja muito provável que a semelhança universal entre os processos psíquicos se deva a uma regularidade igualmente universal, da mesma forma pela qual o instinto que se manifesta nos indivíduos representa a expressão parcial de uma base instintiva universal.

II

A sombra

Os conteúdos do inconsciente pessoal são aquisições da existência individual, ao passo que os conteúdos do inconsciente coletivo são *arquétipos* que existem sempre e *a priori*. Em outra obra tratei da relação existente entre estes últimos e os instintos[1]. Empiricamente, os arquétipos que se caracterizam mais nitidamente são aqueles que mais frequentemente e intensamente influenciam ou perturbam o eu. São eles a *sombra*, a *anima* e o *animus*[2]. A figura mais facilmente acessível à experiência é a sombra, pois é possível ter um conhecimento bastante aprofundado de sua natureza. Uma exceção a esta regra é constituída apenas por aqueles casos, bastante raros, em que as qualidades da personalidade foram reprimidas e o eu, consequentemente, desempenha um papel negativo, isto é, desfavorável. 13

A sombra constitui um problema de ordem moral que desafia a personalidade do eu como um todo, pois ninguém é capaz de tomar consciência desta realidade sem dispender energias morais. Mas nesta tomada de consciência da sombra trata-se de reconhecer os aspectos obscuros da personalidade, tais como existem na realidade. Este ato é a base indispensável para qualquer tipo de autoconhecimento e, por isso, em geral, ele se defronta com considerável resistência. Enquanto, por um lado, o autoconhecimento é um expediente tera- 14

---

1. *Instinkt und Unbewusstes* – Der Geist der Psychologie.

2. O conteúdo deste e do próximo capítulo foram tirados de uma conferência que fiz em Zurique, no ano de 1948, na Schweizerischen Gesellschaft für Praktische Psychologie (Sociedade Suíça de Psicologia Prática). Foi publicado no periódico *Wiener Zeitschrift für Nervenheilkunde und deren Grenzgebiete*, I/4 (1948).

pêutico, por outro implica, muitas vezes, um trabalho árduo que pode se estender por um largo espaço de tempo.

15   Uma pesquisa mais acurada dos traços obscuros do caráter, isto é, das inferioridades do indivíduo que constituem a sombra, mostra-nos que esses traços possuem uma natureza emocional, uma certa autonomia e, consequentemente, são de tipo obsessivo, ou melhor, possessivo. A emoção, com efeito, não é uma atividade, mas um evento que sucede a um indivíduo. Os afetos, em geral, ocorrem sempre que os ajustamentos são mínimos e revelam, ao mesmo tempo, as causas da redução desses ajustamentos, isto é, revelam uma certa inferioridade e a existência de um nível baixo da personalidade. Nesta faixa mais profunda o indivíduo se comporta, relativamente às suas emoções quase ou inteiramente descontroladas, mais ou menos como o primitivo que não só é vítima abúlica de seus afetos, mas principalmente revela uma incapacidade considerável de julgamento moral.

16   Com compreensão e boa vontade, a sombra pode ser integrada de algum modo na personalidade, enquanto certos traços, como sabemos pela experiência, opõem obstinada resistência ao controle moral, escapando portanto a qualquer influência. De modo geral, estas resistências ligam-se a projeções que não podem ser reconhecidas como tais e cujo conhecimento implica um esforço moral que ultrapassa os limites habituais do indivíduo. Os traços característicos da sombra podem ser reconhecidos, sem maior dificuldade, como qualidades pertinentes à personalidade, mas tanto a compreensão como a vontade falham, pois a causa da emoção parece provir, sem dúvida alguma, de outra pessoa. Talvez o observador objetivo perceba claramente que se trata de projeções. Mas há pouca esperança de que o sujeito delas tome consciência. Deve admitir-se, porém, que às vezes é possível haver engano ao pretender-se separar projeções de caráter nitidamente emocional, do objeto.

17   Suponhamos agora que um determinado indivíduo não revele tendência alguma para tomar consciência de suas projeções. Neste caso, o fator gerador de projeções tem livre curso para agir, e, se tiver algum objetivo, poderá realizá-lo ou provocar o estado subsequente que caracteriza sua atividade. Como se sabe, não é o sujeito que projeta, mas o inconsciente. *Por isso não se cria a projeção: ela já existe de antemão.* A consequência da projeção é um *isolamento do sujeito*

em relação ao mundo exterior, pois ao invés de uma relação real o que existe é uma relação ilusória. As projeções transformam o mundo externo na concepção própria, mas desconhecida. Por isso, no fundo, as projeções levam a um estado de autoerotismo ou autismo, em que se sonha com um mundo cuja realidade é inatingível. O *sentiment d'incomplétude* (sentimento de incompletude) que daí resulta, bem como a sensação mais incômoda ainda de esterilidade são explicados de novo, como maldade do mundo ambiente e, como este círculo vicioso, se acentua ainda mais o isolamento. Quanto mais projeções se interpõem entre o sujeito e o mundo exterior, tanto mais difícil se torna para o eu perceber suas ilusões. Um paciente de 45 anos de idade, que sofria de uma neurose compulsiva desde os 20 anos e se isola completamente do mundo, em consequência dela, dizia-me: "Não posso admitir o fato de que desperdicei os melhores 25 anos da minha existência!"

Muitas vezes é trágico ver como uma pessoa estraga de modo evidente a própria vida e a dos outros, e como é incapaz de perceber até que ponto essa tragédia parte dela e é alimentada progressivamente por ela mesma. Não é a sua consciência que o faz, pois esta lamenta e amaldiçoa o mundo desleal que dela se afasta cada vez mais. Pelo contrário, é um fator inconsciente que trama as ilusões que encobrem o mundo e o próprio sujeito. Na realidade, o objetivo desta trama é um casulo em que o indivíduo acabará por se envolver. [18]

Seria lógico admitir que essas projeções, que nunca ou somente com muita dificuldade podem se desfazer, pertencem à esfera da sombra, isto é, ao lado obscuro da própria personalidade. Entretanto, esta hipótese é impossível, sob certo ponto de vista, na medida em que os símbolos que afloram nesses casos não se referem ao mesmo sexo, mas ao sexo oposto: no homem, à mulher, e vice-versa. Como fonte de projeções, portanto, figura não mais a sombra do mesmo sexo, e sim a do sexo oposto. É aqui que deparamos com o *animus* da mulher e a *anima* do homem, que são correlativos e cuja autonomia e caráter inconsciente explicam a pertinácia de suas projeções. A sombra é, em não menor grau, um tema conhecido da mitologia; mas como representa, antes e acima de tudo, o inconsciente pessoal, podendo por isso atingir a consciência sem dificuldades no que se refere a seus conteúdos, além de poder ser percebida e visualizada, diferen- [19]

cia-se, pois, do *animus* e da *anima*, que se acham bastante afastados da consciência: este o motivo pelo qual dificilmente, ou nunca, eles podem ser percebidos em circunstâncias normais. Não é difícil, com um certo grau de autocrítica, perceber a própria sombra, pois ela é de natureza pessoal. Mas sempre que tratamos dela como arquétipo, defrontamo-nos com as mesmas dificuldades constatadas em relação ao *animus* e à *anima*. Em outras palavras: é bem possível que o indivíduo reconheça o aspecto relativamente mau de sua natureza, mas defrontar-se com o absolutamente mau representa uma experiência ao mesmo tempo rara e perturbadora.

III

Sizígia: *anima* e *animus*

Mas que fator projetante é este? O Oriente dá-lhe o nome de "te-cedeira"[1] ou maia, isto é, a dançarina geradora de ilusões. Se não sou-béssemos disto há bastante tempo mediante os sonhos, esta interpre-tação nos colocaria na pista certa: aquilo que encobre, que enlaça e absorve, aponta inelutavelmente para a *mãe*[2], isto é, para a relação do filho com a mãe real, com a *imagem* desta, e com a mulher que deve tornar-se mãe para ele. Seu *eros* é passivo, como é o de uma cri-ança: ele espera ser captado, sugado, velado e tragado. Ele procura, de certo modo, a órbita protetora e nutridora da mãe, a condição de criança de peito, distanciada de qualquer preocupação com a vida e na qual o mundo exterior lhe vem ao encontro e até mesmo lhe im-põem sua felicidade. Por isso, não é de espantar que o mundo real se lhe retraia.

Se dramatizarmos este estado, como o inconsciente em geral o faz, o que vemos no proscênio psicológico é alguém que vive para trás, procurando a infância e a mãe, e fugindo do mundo mau e frio que não quer compreendê-lo de modo algum. Não poucas vezes se vê, ao lado do filho, uma mãe que parece não ter a mínima preocupa-ção que o filho de torne um homem adulto, e cuida de tudo com infa-tigável devotamento e nada omite ou negligencia do que possa impe-

---

1. ROUSSELLE. *Seelische Führung im lebenden, Taoismus*. Quadro I, p. 150, 170: Rousselle denomina a tecelã de "alma animal". Há um provérbio que diz "A tecelã co-loca o tear em movimento" (op. cit.). Por minha parte, defini a *anima* como sendo uma personificação do inconsciente.

2. O termo "mãe", tanto aqui como no que se segue, não é empregado no sentido lite-ral, mas como símbolo de tudo o que atua como "mãe".

dir o filho de tornar-se homem e casar-se. Observa-se o conluio secreto entre a mãe e o filho, e o modo pelo qual a primeira ajuda o segundo a mentir perante a vida.

22   De que lado está culpa? Do lado da mãe ou do filho? Provavelmente de ambas as partes. É preciso levar a sério o irrealizado anseio
que o filho sente de viver e amar o mundo. Ele gostaria de tocar o real
com as mãos, de abraçar a terra, fecundar o campo do mundo. Mas
apenas é capaz de impulsos impacientes, pois a secreta recordação de
que pode receber de presente o mundo e a felicidade – isto é, da parte
da mãe – paralisa suas forças propulsoras e sua perseverança. O pedaço de mundo com o qual se encontra, como acontece com toda criatura humana, jamais é de todo verdadeiro, pois não se entrega a ele nem
lhe é benevolente; comporta-se asperamente e quer ser conquistado, e
só se submete ao que é forte. Reclama a virilidade do homem, seu en-
tusiasmo e sobretudo sua coragem e seu poder de decisão, que tornasse capaz de um empenho total. Para isto seria necessário um eros desleal, que o fizesse esquecer a mãe e submeter-se à pena de abandonar a
primeira amada de sua vida. Antevendo esta aventura inquietante e perigosa, a mãe ensinou-lhe cuidadosamente a praticar as virtudes da fidelidade, da dedicação e da lealdade, a fim de preservá-lo do dilacera-
mento moral que está ligado à aventura da vida. Ele aprendeu muito
bem a lição, e permanece fiel à mãe talvez de forma preocupante para
ela (quando se revela, por exemplo, seu caráter homossexual, em ho-
menagem a ela), mas, ao mesmo tempo, também para sua satisfação
inconsciente e mítica. De fato, com esta última relação se concretiza o
arquétipo ao mesmo tempo antiquíssimo e sacrossanto do conúbio
entre mãe e filho. Que tem a realidade banal a oferecer, enfim, com
seus registros civis, seus salários mensais, com suas contas de aluguel
etc., que pudesse contrabalançar os místicos estremecimentos do hierógamos, a mulher coroada de estrelas que o dragão persegue e as pie-
dosas incertezas que envolvem as núpcias do cordeiro?

23   A este nível do mito, que é provavelmente o que melhor expressa
a natureza do inconsciente coletivo, a mãe é, simultaneamente, velha
e jovem. Deméter e Perséfone (Prosérpina), e o filho é, ao mesmo
tempo, esposo e criança adormecida de peito num estágio de indescritível plenitude, com a qual nem de longe se podem comparar as

imperfeições da vida real, os esforços e as fadigas empregados no processo de adaptação, bem como o sofrimento causado pelas inúmeras decepções com a realidade.

No filho, o fator que forma as projeções é idêntico à *imago materna* e por isto esta última é tomada como sendo a verdadeira mãe. A projeção só pode ser desfeita quando o filho percebe que há uma imago da mãe no âmbito de sua psique, e não só uma imago da mãe, como também da filha, da irmã e da amada, da deusa celeste e da Baubo ctônica universalmente presente como imagem sem idade, e que toda mãe e toda amada é, ao mesmo tempo, a portadora e geradora desses reflexos profundamente inerentes à natureza do homem. Ela lhe pertence, esta imago da mulher: É a fidelidade, que nem sempre deve guardar em determinadas circunstâncias, por causa da própria vida. É a compensação absolutamente necessária para os riscos, as fadigas e os sacrifícios da existência, que terminam em decepções e desenganos. É o consolo que compensa as agruras da vida, mas é também, apesar de tudo, a grande sedutora, geradora de ilusões em relação a esta mesma existência, ou melhor, em relação não só a seus aspectos racionais e utilitários, por exemplo, como também a seus paradoxos e às suas ambiguidades terríveis, em que contrabalançam o bem e o mal, o êxito e os fracassos, a esperança e o desespero. Sendo o seu maior perigo, ela exige o máximo do homem e, quando há alguém capaz disto, ela efetivamente o recebe.

Esta imagem é "a Senhora Alma", como a denominou Spitteler. Propus o termo *anima*, porque o mesmo deve designar algo de específico para o qual o vocábulo "alma" é demasiadamente geral e vago. O fato que se exprime no conceito de anima é um conteúdo sumamente dramático do inconsciente. Podemos descrevê-lo em linguagem racional e científica, mas nem de longe exprimiríamos seu caráter vital. Por isso prefiro, de modo consciente e intencional, as intuições e maneiras de exprimir intuitivas e dramáticas da mitologia porque, tendo em vista o seu objeto, isto é, os fatos anímicos e vitais, tal procedimento não é só muito mais expressivo, como também mais preciso do que a linguagem científica abstrata que muitas vezes corteja a opinião segundo a qual suas intuições poderiam ser substituídas por equações algébricas.

26   O fator determinante das projeções é a *anima*, isto é, o inconsciente representado pela *anima*. Onde quer que se manifeste: nos sonhos, nas visões e fantasias, ela aparece *personificada*, mostrando deste modo que o fator subjacente a ela possui todas as qualidades características de um ser feminino[3]. Não se trata de uma invenção da consciência; é uma produção espontânea do inconsciente. Também não se trata de uma figura substitutiva da mãe. Pelo contrário: temos a impressão de que as qualidades numinosas que tornam a imagem materna tão poderosa originam-se do arquétipo coletivo de *anima* que se encarna de novo em cada criança do sexo masculino.

27   Como, porém, a *anima* é um arquétipo que se manifesta no homem, é de supor-se que na mulher há um correlato, porque do mesmo modo que o homem é compensado pelo feminino, assim também a mulher o é pelo masculino. Com esta definição não pretendo, porém, suscitar a ideia de que tal relação compensadora foi obtida por dedução. Pelo contrário, foram necessárias numerosas e demoradas experiências para captar empiricamente a natureza da *anima* e do *animus*. Por isso, tudo quanto dissermos a respeito destes dois arquétipos, demonstrá-lo-emos diretamente por meio de fatos concretos, ou apresentá-lo-emos pelo menos de maneira plausível. Na realidade, tenho plena consciência, quanto a este ponto, de que se trata de um trabalho pioneiro que deve contentar-se com seu caráter provisório.

28   Assim como a mãe parece ser o primeiro receptáculo do fator determinante de projeções relativamente ao filho, assim também o é o *pai* em relação à filha. A experiência de tais relações é constituída, na prática, de numerosos casos individuais que representam todas as variantes possíveis do mesmo tema fundamental. Por isso, uma descrição condensada dela só é possível de maneira esquemática.

29   A mulher é compensada por uma natureza masculina, e por isso o seu inconsciente tem, por assim dizer, um sinal masculino. Em comparação com o homem, isto indica uma diferença considerável.

---

3. Obviamente ela surge como figura típica nas belas-letras. As publicações mais recentes a este respeito são: FIERZ-DAVID, L. *Der Liebestraum des Poliphilo*; • JUNG. *Die Psychologie der Übertragung*. É no humanista Ricardo Vito, do século XV, que se encontra, pela primeira vez, a *anima* como ideia psicológica (em: *Aelia Laelia Crispis epitaphium*). Cf. JUNG. *Das Rätsel Von Bologna*.

Correlativamente, designei o fator determinante de projeções presente na mulher com o nome de *animus*. Este vocábulo significa razão ou espírito. Como a *anima* corresponde ao Eros materno, o *animus* corresponde ao Logos paterno. Longe de mim querer dar uma definição por demais específica destes conceitos intuitivos. Uso os termos "Eros" e "Logos" meramente como meios nocionais que auxiliam a descrever o fato de que o consciente da mulher é caracterizado mais pela vinculação ao Eros do que pelo caráter diferenciador e cognitivo do Logos. No homem, o Eros, que é a função de relacionamento, em geral aparece menos desenvolvido do que o Logos. Na mulher, pelo contrário, o Eros é expressão de sua natureza real, enquanto que o Logos muitas vezes constitui um incidente deplorável. Ele provoca mal-entendidos e interpretações aborrecidas no âmbito da família e dos amigos, porque é constituído de opiniões e não de reflexões. Refiro-me a suposições apriorísticas acompanhadas de pretensões, por assim dizer, a verdades absolutas. Como todos sabemos, tais pretensões provocam irritação. Como o *animus* tem tendência a argumentar, é nas discussões obstinadas em que mais se faz notar a sua presença. Por certo é possível que haja também muitos homens que argumentem de maneira bem feminina, naqueles casos, por exemplo, em que são predominantemente possuídos pela *anima*, razão pela qual se transmudam no *animus* de sua *anima*. Para eles o que interessa sobretudo é a *vaidade* e a *sensibilidade* pessoais. Para as mulheres, ao contrário, o que importa é o *poder* da verdade ou da justiça ou qualquer outra coisa abstrata, pois as costureiras e os cabeleireiros já cuidaram de sua vaidade. O pai (= a soma das opiniões tradicionais) desempenha um grande papel na argumentação da mulher. Por mais amável e solícito que seja o seu Eros, ela não cede a nenhuma lógica da terra, quando nela cavalga o *animus*. Em inúmeros casos o homem tem a impressão (e não é de todo sem fundamento!) de que só a sedução, o espancamento ou a violentação podem ainda con"vencê-la". Ele não percebe que esta situação sumamente dramática não demorará muito a ter um fim banal, sem atrativos, se ele abandonar o campo da luta e deixá-lo entregue a outra mulher, ou mesmo à sua própria, para a continuação da pendência. Mas só raramente, ou talvez nunca, lhe ocorrerá esta ideia salutar, pois homem algum é capaz de se entreter com um *animus*, pelo mais breve espaço de tempo que seja, sem sucumbir imediatamente a sua *anima*. Quem, neste caso, possuísse o senso de humor para escutar a conversa, talvez ficasse espantadíssimo com a imensa quantidade de lugares comuns, de banalidades usadas a torto e a direito, frases de jornais e romances, coisas velhas e batidas de todas as espécies, além de insultos ordinários e ilogicismos desnorteadores. É uma conversa que se repete milhares de vezes em todas as línguas da terra, sem nenhuma preocupação com os interlocutores, e que permanece substancialmente sempre a mesma.

30   Este fato, aparentemente estranho, se deve à seguinte circunstância: todas as vezes que o *animus* e a *anima* se encontra, o *animus* lança mão da espada de seu poder e a *anima* asperge o veneno de suas ilusões e seduções. Mas o resultado nem sempre será necessariamente negativo, pois há também a grande possibilidade de que os dois se apaixonem um pelo outro (numa espécie de amor à primeira vista!). Mas a linguagem do amor é de espantosa uniformidade, e em geral se utiliza de formas populares, acompanhadas da maior dedicação e fidelidade, o que faz com que os dois parceiros se encontrem mais uma vez numa situação banal e coletiva. Eles, entretanto, se armam, na ilusão de estarem se relacionando do modo mais individual possível.

31   Seja do ponto de vista positivo como negativo, a relação *anima-animus* é sempre "animosa", isto é, emocional, e por isso mesmo coletiva. Os afetos rebaixam o nível da relação e o aproximam da base instintiva, universal, que já não contém mais nada de individual. Por isso acontece não raras vezes que a relação se dá por sobre a cabeça dos seus representantes humanos, que posteriormente nem mesmo percebem o que aconteceu.

32   Enquanto no homem o ofuscamento animoso é sobretudo de caráter sentimental e caracterizado pelo ressentimento, na mulher ele se expressa através de conceitos, interpretações, opiniões, insinuações e construções defeituosas, que têm, sem exceção, como finalidade ou mesmo como resultado a ruptura da relação entre suas pessoas. A mulher, do mesmo modo que o homem, é envolvida pelo seu *familiaris sinistro* e, como filha, que é a única a compreender o pai e tem eternamente razão, é transportada para o país das ovelhas onde se deixa apascentar pelo seu pastor de almas, isto é, pelo *animus*.

Do mesmo modo que a *anima*, assim também o *animus* tem um   33
aspecto positivo. Sob a forma do pai expressam-se não somente opiniões tradicionais como também aquilo que se chama "espírito" e de
modo particular certas concepções filosóficas e religiosas universais,
ou seja, aquela atitude que resulta de tais convicções. Assim o *animus*
é também um *psychopompos*, isto é, um intermediário entre a consciência e o inconsciente, e uma personificação do inconsciente. Da
mesma forma que a *anima* se transforma em um Eros da consciência,
mediante a integração, assim também o *animus* se transforma em um
Logos; da mesma forma que a *anima* imprime uma relação e uma polaridade na consciência do homem, assim também o *animus* confere
um caráter meditativo, uma capacidade de reflexão e conhecimento
à consciência feminina.

Em princípio, a ação da *anima* e a ação do *animus* sobre o eu são   34
idênticas. É difícil eliminá-las, primeiro porque são bastante poderosas e enchem imediatamente a personalidade do sentimento inabalável de que ela está de posse da justiça e da verdade e em segundo lugar porque sua origem foi projetada, e parece fundada consideravelmente em objetos e situações objetivas. Sinto-me propenso a atribuir
as duas características desta ação às qualidades do arquétipo em geral. De fato, o arquétipo existe *a priori*. E partindo deste fato, é possível explicar a existência indiscutida e indiscutível, muitas vezes totalmente irracional, de certos caprichos e opiniões. A notória rigidez
destas opiniões se explica, no fundo, pelo fato de que uma forte ação
sugestiva promana do arquétipo. Este fascina a consciência e a mantém hipnoticamente prisioneira. Muitas vezes o eu, nessas circunstâncias, tem uma ligeira sensação de haver sofrido uma derrota moral
e se comporta de maneira ainda mais renitente, orgulhosa e obstinada em suas posições, aumentando seu sentimento de inferioridade,
num círculo vicioso. Com isto ele priva a relação humana de uma
base sólida, pois não só a megalomania como também o sentimento
de inferioridade impossibilitam qualquer reconhecimento, muito
sem o qual não há relacionamento algum.

Como lembrei acima, não é difícil perceber a sombra como *ani-*   35
ma ou *animus*. No primeiro caso, temos a vantagem de uma certa
preparação mediante a educação que sempre procurou convencer os
homens de que eles não são feitos de ouro 100% puro. Por isso, qual-

quer um entende facilmente e sem demora o que os termos "sombra", "personalidade inferior" e outros semelhantes significam. Se ainda não o sabe, um sermão dominical, sua própria mulher ou a comissão de cobrança de impostos poderão encarregar-se de refrescar-lhe a memória. Mas com o *animus* e a *anima* as coisas não se passam assim tão facilmente: em primeiro lugar, não há educação moral a este respeito, e, em segundo lugar, é muito frequente que os indivíduos se satisfaçam em ter razão, preferindo injuriar-se mutuamente (ou pior ainda!), a reconhecer a projeção. Parece, pelo contrário, algo muito natural que os homens tenham caprichos irracionais e as mulheres opiniões igualmente irracionais. Isto deve ser atribuído provavelmente a motivos de ordem instintiva, e por isso é necessário ser como se é, porque justamente deste modo se garante o jogo empedocleano do *neikos* (ódio) e da *philia* (amor) dos elementos, pelos séculos afora. A natureza é conservadora e não se altera facilmente em seus domínios. O *animus* e a *anima* constituem parte de um domínio especial da natureza, que defende sua inviolabilidade com o máximo de obstinação. Por isso, é muito mais difícil conscientizar-se das próprias projeções do par *animus-anima*, do que reconhecer seu lado sombrio. Neste último caso, é necessário vencer certas resistências morais como a vaidade, a cobiça, a presunção, os ressentimentos etc., ao passo que no primeiro caso devem ser acrescentadas dificuldades de ordem puramente racional, sem falar dos conteúdos da projeção, os quais já não se sabe como classificar. Por isso, apresenta-se ainda uma dúvida, e esta muito mais profunda, ou seja, a de saber se não estamos nos intrometendo no domínio próprio da natureza, tornando-nos conscientes de coisas que no fundo, melhor seria deixar adormecidas.

36   Embora eu saiba, por experiência, que há um certo número de pessoas que podem compreender sem grandes dificuldades no plano intelectual e moral o que se entende pelos termos *animus* e *anima*, ainda assim encontramos outras que não se dão ao trabalho de pensar que por trás destes conceitos existe algo de intuitivo. Isto nos mostra que, com tais conceitos, nos situamos um pouco à margem da esfera do normal. Eles não são populares, justamente porque nos parecem pouco familiares. O resultado é que mobilizam preconceitos que os transformam em tabus, como sempre tem acontecido com tudo o que é insólito.

Ora, ao estabelecermos quase como exigência a necessidade de desfazer as projeções, porque é mais salutar e, sob todos os aspectos, mais vantajoso, começamos a trilhar um terreno inexplorado e desconhecido. Todos nós, até agora, estávamos convencidos de que a representação de "meu pai", de "minha mãe" etc., nada mais era do que a imagem do verdadeiro pai etc., em tudo conforme ao original, de sorte que, quando alguém diz "meu pai", não pensa senão naquele que é real e verdadeiramente seu pai. Ele pensa realmente que assim é, mas um ato de pensar, em si, está longe de efetuar a identidade. Neste ponto o sofisma do *enkekalymmenos* (do encoberto) está correto[4]: se incluirmos no cômputo psicológico a imagem que F. tem a respeito de seu pai, e que ele considera seu verdadeiro pai, o resultado será falso, porque a expressão introduzida na equação não confere com a realidade. F. ignora que a representação de uma pessoa é constituída, primeiramente, pela imagem que ele recebe da verdadeira pessoa, e depois de uma outra imagem resultante da reelaboração subjetiva da primeira imagem, em si talvez já bastante falha. A representação que F. tem do pai é uma grandeza pela qual o verdadeiro pai é parcialmente responsável; e parte dela se deve ao filho, de tal modo que todas as vezes que critica ou elogia o pai, está inconscientemente atingido a si mesmo, dando assim origem àquelas consequências psíquicas que surgem em todos os que por hábito se rebaixam ou se enaltecem a si mesmos. Mas se F. comparar atentamente suas reações com a realidade, poderá observar que algo nele está errado, se é que já não percebeu há muito tempo, pelo comportamento do seu pai, que a ideia que formavam deste último é falsa. Em geral, pode estar convencido de que tem razão e de que, se alguém está errado, só pode ser o outro. Se o Eros de F. é pouco desenvolvido, a relação insatisfatória lhe é indiferente ou então se irrita com a incoerência e os outros aspectos incompreensíveis do pai, que jamais se comporta de acordo com a imagem que ele tem a seu respeito. Por isso, F. tem toda a razão de sentir-se ofendido, incompreendido e mesmo ludibriado.

---

4. Provém de Eubúlides de Mégara, e assim diz: És capaz de conhecer teu pai? Sim. És capaz de conhecer este encoberto? Não. Este encoberto é teu pai. És, portanto, capaz de conhecer e de não conhecer o teu pai ao mesmo tempo" (Segundo Diógenes Laércio. *De clarorum philosophorum vitis*, 2, 108s.).

38   É fácil imaginar o quanto se gostaria de desfazer as projeções num caso deste gênero. Por isso há sempre otimistas, convencidos de que é possível encaminhar o mundo para essa idade de ouro, bastando para isso dizer às pessoas onde se encontra o caminho certo que para lá conduz. Eles gostariam de tentar explicar-lhes, alguma vez, em casos como este, que seu comportamento se assemelha ao de um cachorro que persegue a própria cauda. Para que alguém tome consciência das falhas de sua posição, exige-se muito mais que um simples "dizer", pois aqui se trata de muito mais do que a razão comum pode permitir. Em outros termos: trata-se daqueles "equívocos" que determinam o destino dos indivíduos e que nunca percebemos em situações normais. Seria como se quiséssemos convencer um homem mediatamente comum de que é um delinquente.

39   Mencionei todas estas coisas, para ilustrar a que ordem de grandeza pertencem as projeções geradas pela *anima* e pelo *animus*, e que esforços morais e intelectuais são exigidos para desfazê-las. Ora, nem todos os conteúdos da *anima* e do *animus* estão projetados. Muitos deles afloram nos sonhos etc., e muitos outros podem alcançar a consciência mediante a chamada imaginação ativa. Aqui aparece claramente como certas ideias, sentimentos e afetos que ninguém considerava possíveis, estão vivos dentro de nós. Quem nunca teve uma experiência desta natureza consigo mesmo acha naturalmente que tal possibilidade é absolutamente fantástica, pois uma pessoa normal "sabe muito bem o que pensa". Este caráter infantil do "homem normal" é a regra geral. Por isso não se pode esperar que uma pessoa que jamais teve esta experiência entenda realmente a natureza da *anima* e do *animus*. Tais reflexões levam-nos a um domínio inexplorado de experiências psíquicas, quando conseguimos realizá-las também na prática. Mas quem o consegue dificilmente deixará de ficar impressionado com tudo aquilo que o eu ignora, ou ignorava. Atualmente este acréscimo de conhecimentos ainda é uma grande raridade. Em geral, é pago antecipadamente com uma neurose, ou com algo ainda pior.

40   A autonomia do inconsciente coletivo se expressa nas figuras da *anima* e do *animus*. Eles personificam os seus conteúdos, os quais podem ser integrados à consciência, depois de retirados da projeção. Neste sentido, constituem *funções* que transmitem conteúdos do inconsciente coletivo para a consciência. Aparecem os que se compor

tam como tais só na medida em que as tendências da consciência e do inconsciente não divergem em demasia. Mas se surge uma tensão, a função até então inofensiva se ergue, personificada, contra a consciência, comportando-se mais ou menos como uma cisão sistemática da personalidade ou como uma alma parcial. Mas esta comparação claudica a olhos vistos, porque nada daquilo que pertence à personalidade se acha separado dela. Pelo contrário: as duas formas constituem um acréscimo perturbador. A razão e a possibilidade de um tal comportamento residem no fato de que embora os conteúdos da *anima* e do *animus* possam ser integrados, a própria *anima* e o próprio *animus* não o podem, porque são arquétipos; consequentemente, a pedra fundamental da totalidade psíquica que transcende as fronteiras da consciência jamais poderá constituir-se em objeto da consciência reflexa. As atuações da *anima* e do *animus* podem tornar-se conscientes, mas, em si, são fatores que transcendem o âmbito da consciência, escapando à observação direta e ao arbítrio do indivíduo. Por isso ficam autônomos, apesar da integração de seus conteúdos, razão pela qual não se deve perdê-los de vista. Tal fato é de suma importância, sob o ponto de vista terapêutico, porque, mediante uma observação continuada, paga-se ao inconsciente um tributo que assegura mais ou menos a sua cooperação. Como se sabe, o inconsciente, por assim dizer, não se deixa "despachar" de uma vez por todas. Uma das tarefas mais importantes da higiene mental consiste em prestar continuamente uma certa atenção à sintomatologia dos conteúdos e processos inconscientes, uma vez que a consciência está continuamente exposta ao risco da unilateralidade, de entrar em trilhos ocupados e parar num beco sem saída. A função complementar ou compensadora do inconsciente faz, porém, com que estes perigos, muito grandes nas neuroses, possam ser evitados até certo ponto. Mas em situações ideais, isto é, quando a vida, bastante simples e inconsciente, ainda pode entrar sem hesitações e sem escrúpulos pelo caminho sinuoso dos instintos, a compensação atua com pleno êxito. Quanto mais civilizado, mais consciente e complicado for o homem, tanto menos ele será capaz de obedecer aos instintos. As complicadas situações de sua vida e as influências do meio ambiente se fazem sentir de maneira tão forte, que abafam a débil voz da natureza. Esta é substituída então por opiniões e crenças, teorias e tendências coletivas que reforçam os desvios da consciência. Em tais casos é necessário que a atenção se volte, intencionalmente, para o inconsciente. Por isso é de particular importância que não se pense nos arquétipos como em imagens fantásticas que passam rápidas e fugidias, mas como fatores permanentes e autônomos, coisas que o são na realidade.

41   Mostra-nos a experiência que esses dois arquétipos têm um caráter fatal que atua, em determinados casos, de maneira trágica. Eles são, no verdadeiro sentido da palavra, o pai e a mãe de todas as grandes complicações do destino e, como tais, são conhecidos no mundo inteiro desde épocas imemoriais: trata-se do *par de deuses*[5], um dos quais, por causa de sua natureza de "Logos", é caracterizado pelo "Pneuma" e pelo "nous", como o Hermes de múltiplas facetas, enquanto a segunda é representada sob os traços de Afrodite, Helena (Selene), Perséfone e Hécate, por causa de sua natureza de "Eros". São potências inconscientes, ou precisamente deuses, como a Antiguidade muito "corretamente" os concebeu. Esta designação os aproxima, na escala dos valores psicológicos, daquela posição central em que eles, seja qual for o caso, sempre se situam, quer a consciência lhes reconheça este valor ou não, pois o seu poder aumenta de modo proporcional ao seu grau de inconsciência. Quem não os percebe, fica ao seu sabor, como essas epidemias de tifo que se alastram quando não se conhece a sua fonte infecciosa. Também no seio do cristianismo a sizígia de deuses não se tornou de forma alguma obsoleta. Pelo contrário: ela ocupa o ponto mais alto na figura de Cristo e da Igreja esposa[6]. Estes paralelos se revelam extremamente valiosos quando se trata de achar a medida exata do significado desses dois ar-

---

5. Com isto, evidentemente, não queremos dar uma definição psicológica e muito menos metafísica. Em *Die Beziehungen zwischen dem Ich und dem Unbewussten* (JUNG, C.G. *Dois estudos sobre Psicologia Analítica*. Petrópolis: Vozes, 2011, OC, 7) indiquei que este par se compõe, respectivamente, de três elementos, a saber: de um conjunto de qualidades femininas próprias do homem, e de qualidades masculinas próprias da mulher; da experiência que o homem tem com a mulher, e vice-versa; da imagem arquetípica feminina e masculina. O primeiro elemento pode ser integrado na personalidade, através do processo de conscientização, mas o último não.

6. Assim se lê na Segunda Carta de Clemente aos Coríntios 14,2: "Deus criou o homem masculino e feminino. O masculino é Cristo, e o feminino é a Igreja". Nas representações figurativas, muitas vezes Maria aparece em lugar da Igreja.

quétipos. O que podemos descobrir inicialmente, a partir deles, é tão pouco claro, que dificilmente alcança os limites da visibilidade. Só quando lançamos um jato de luz nas profundezas obscuras e exploramos psicologicamente os caminhos estranhamente submersos do destino humano é que podemos perceber, pouco a pouco, como é grande a influência desses dois complementos da consciência.

Resumindo, gostaria de ressaltar que a integração da sombra, isto é, a tomada de consciência do inconsciente pessoal constitui a primeira etapa do processo analítico, etapa sem a qual é impossível qualquer conhecimento da *anima* e do *animus*. Só se pode conhecer a realidade da sombra, em face de um outro, e a do *animus* e da *anima*, mediante a relação com o sexo oposto, porque só nesta relação a projeção se torna eficaz. Este conhecimento dá origem, no homem, a uma tríade, um terço da qual é transcendente, ou seja: o sujeito masculino, o sujeito feminino, o seu contrário e a *anima* transcendente. Na mulher, dá-se o inverso. No homem, o quarto elemento que falta na tríade para chegar à totalidade é o arquétipo do velho sábio que aqui não tomo em consideração; na mulher é a mãe ctônica. Estes elementos formam uma quaternidade que é metade imanente e metade transcendente, ou seja, aquele arquétipo que denominei *quatérnio de matrimônios*[7]. Este quatérnio forma um esquema do *si-mesmo* e da estrutura social primitiva, isto é, do *cross-cousin-marriage* (casamento entre primos) e das classes de matrimônio e, consequentemente, também da divisão dos primitivos agrupamentos humanos em *quartiers* (quarteirões). O si-mesmo, por seu turno, é uma imagem divina, e não se pode distingui-lo desta última. A concepção cristã primitiva já sabia disto, pois senão um Clemente de Alexandria jamais teria podido dizer que aquele que conhece a si mesmo, conhece a Deus[8].

42

---

7. *Die Psychologie der Übertragung* (§ 425s.). Sobre este ponto, cf. adiante, o quatérnio naasseno.

8. Cf. § 347 deste volume.

IV

O si-mesmo[1]

43   Voltemo-nos agora para a questão de saber se o aumento de conhecimento ocasionado pela retirada das projeções, isto é, se a integração dos conteúdos coletivos inconscientes tem alguma influência sobre a personalidade do eu. Na verdade, poderíamos esperar um efeito considerável, pois os conteúdos integrados constituem *parte do si-mesmo*. Sua assimilação alarga não somente as fronteiras do campo da consciência como também o significado do eu, principalmente quando este se defronta com o inconsciente sem uma atitude crítica, tal como acontece na maioria dos casos. Nestas circunstâncias, o eu é facilmente superado e se identifica com os conteúdos assimilados. Assim é que uma consciência masculina, por exemplo, cai sob a influência da *anima*, podendo até mesmo ser possuído por ela.

44   Já tratei em outro contexto[2] das questões referentes à integração dos conteúdos inconscientes, razão pela qual eu me dispenso de entrar aqui em detalhes. Gostaria apenas de lembrar que, quanto maior for o número de conteúdos assimilados ao eu e quanto mais significativos forem, tanto mais o eu se aproximará do si-mesmo, mesmo que esta aproximação nunca possa chegar ao fim. Isto gera inevitavelmente uma *inflação do eu*[3], caso não se faça uma separação prática

---

1. O conteúdo deste capítulo provém de um artigo publicado no *Eranos-Jahrbuch*, 1948.

2. *Die Beziehungen zwischen dem Ich und dem Unbewussten* (*O eu e o inconsciente*. Petrópolis: Vozes, 2011).

3. De acordo com terminologia de 1Cor 5,2: *Inflati estis (pephysiomenoi) et non magis luctum habuistis* etc. ("E vós andais inflados de orgulho e não pusestes luto"). Isto com referência a um incesto entre mãe e filho, tolerado pela comunidade.

entre este último e as figuras inconscientes. Mas esta discriminação só produz algum resultado prático se a crítica conseguir, de um lado, fixar alguns limites racionais do eu, a partir de critérios universalmente humanos, e, de outro, conferir uma autonomia e uma realidade (de natureza psíquica) a figuras do inconsciente, isto é, ao si-mesmo, à *anima* e à sombra. Uma psicologização desta autonomia e realidade é ineficaz, isto é, apenas aumenta ainda mais a inflação do eu. Não se liquida uma coisa, declarando-a irreal. O fator formador de projeções é de uma realidade impossível de ser negada. Quem, entretanto, nega este fator, identifica-se com ele, e isto não é apenas inquietante, mas simplesmente perigoso para o bem-estar do indivíduo. Todos os que lidam com casos desta natureza sabem muito bem o quanto uma inflação pode ser perigosa para a vida. Para se levar uma queda mortal basta uma escada ou um assoalho liso. Ao lado do motivo do *casus ab alto* (queda de cima) existem também outros motivos psicossomáticos ou puramente psíquicos não menos desagradáveis, para a redução da presunção. Que não se pensa aqui, evidentemente, numa arrogância consciente. Não é sempre disto que se trata. Não se tem diretamente consciência deste estado. Pelo contrário: sua existência só pode ser detectada, na melhor das hipóteses, a partir de sintomas indiretos. Entre estes sintomas figura também o que o meio ambiente mais próximo tem a dizer a nosso respeito. Isto é: a inflação aumenta o ponto cego do olho, e quanto mais formos assimilados pelo fator formador de projeções, tanto maior será nossa tendência a nos identificarmos com ele. Um claro sintoma disto é a recusa que se verifica, nesta oportunidade, de perceber e de levar em consideração as reações do meio ambiente.

A *assimilação do eu pelo si-mesmo* deve ser considerada como uma catástrofe psíquica. A imagem da totalidade permanece imersa na inconsciência. É por isto que ela participa, por um lado, da natureza arcaica do inconsciente, enquanto que, por outro, na medida em que está contido no inconsciente, se situa no *continuum* espaço-tempo característico deste último[4]. Estas duas propriedades são numinosas e, por isso mesmo, absolutamente determinantes para a consciência do

45

. Cf. JUNG. *Der Geist der Psychologie.*

eu, que é diferenciada, separada do inconsciente, encontrando-se as referidas propriedades em um espaço e tempo absolutos. Isto se dá por uma necessidade vital. Por isso, se o eu cai sob o controle de qualquer fator inconsciente, sua adaptação sofre uma perturbação, situação esta que abre as portas para todo tipo de casos possíveis.

46   O enraizamento do eu no mundo da consciência e o fortaleci-mento da consciência por uma *adaptação* o mais adequada possível são de suma importância. Neste sentido, determinadas virtudes como a atenção, a conscienciosidade, a paciência, sob o ponto de vista moral, e a exata consideração dos sintomas do inconsciente e a autocríti-ca objetiva, do ponto de vista intelectual, são também sumamente importantes.

47   É bem possível que a colocação do acento sobre a personalidade do eu e sobre o mundo da consciência assuma tais proporções, que as figuras do inconsciente sejam psicologizadas, e o *si-mesmo*, em con-sequência, *assimilado ao eu*. Embora isto signifique o processo inver-so relativamente ao que acabamos de descrever, a consequência que se verifica é a mesma, ou seja, a inflação. Neste caso, o mundo da consciência deveria ser demolido, em benefício da realidade do in-consciente. No primeiro caso, será preciso defender a realidade con-tra um estado onírico arcaico, "eterno" e "ubíquo"; no segundo, deve-se, ao invés, dar espaço ao sonho, em detrimento do mundo da cons-ciência. Na primeira hipótese, recomenda-se o emprego de todas as espécies possíveis de virtude. Na segunda eventualidade, a presunção do eu só pode ser sufocada por uma derrota moral. Isto se faz neces-sário, pois de outro modo nunca se alcançaria aquele grau mediano de modéstia que é preciso para manter uma situação de equilíbrio. Não se trata de um afrouxamento moral, como se poderia supor, mas de um esforço moral numa direção diferente. Quem não é suficiente-mente responsável, por exemplo, precisa de um desempenho moral a fim de que possa satisfazer a mencionada exigência. Para aqueles, porém, que estão suficientemente enraizados no mundo, em virtude de seus próprios esforços, vencer suas virtudes, afrouxando, de al-gum modo, os laços de sua relação com o mundo e diminuindo a efi-cácia de seu esforço de adaptação, representa um desempenho moral notável. (Lembro, aqui, a figura de Bruder Klaus [Nicolau de Flüe],

qual deixou mulher e numerosa prole entregues à própria sorte, para salvar a própria alma!)

Como todos os problemas morais propriamente ditos só come- **48** çam, sem exceção, além do que é estabelecido pelo código penal, sua solução só raramente, ou quase nunca, pode se basear em precedentes da mesma natureza, para não falarmos dos preceitos e artigos da lei. Em outras palavras: os problemas reais se originam de *conflitos de deveres*. Quem é suficientemente humilde ou acomodado pode tomar sua decisão com a ajuda de uma autoridade externa. Mas quem não confia nos outros nem em si mesmo jamais chegaria a tomar uma decisão, a não ser daquele modo que a *Common Law* chama de *act of God*. O *Oxford Dictionary* define esta expressão como um *act of uncontrollable natural forces* (ação de forças naturais incontroláveis). Existe, em todos estes casos, uma autoridade inconsciente que dissipa a dúvida, criando um *fait accompli* (um fato consumado). [Em conclusão: isto só acontece de forma velada, mesmo naqueles indivíduos que baseiam sua decisão em uma autoridade externa.] Podemos designar esta instância como "vontade de Deus" ou como *operation of natural forces*. Mas, neste caso, não é psicologicamente possível saber em que sentido ela é tomada. A interpretação racionalista da autoridade interior como sendo "forças naturais" ou como instintos satisfaz a inteligência moderna, mas tem o grande inconveniente de que a decisão, aparentemente vitoriosa do instinto, ofenda a autoconsciência; por esta razão facilmente nos persuadimos de que a coisa só foi resolvida por uma decisão racional da vontade. O homem civilizado tem tanto medo do *crimen laesae maiestatis humanae* (crime de lesa-majestade humana) que, sempre que possível, retoca posteriormente os fatos da maneira descrita, para dissimular a sensação de uma derrota moral sofrida. Seu orgulho consiste, evidentemente, em acreditar na própria autonomia e na onipotência de seu querer, e em desprezar aqueles que são logrados pela simples natureza.

Conceber a autoridade interna como "vontade de Deus" (o que **49** implica admitir que as "forças naturais" são "forças divinas") tem a vantagem de a decisão se apresentar, em tal caso, como um ato de obediência e o resultado deste último como algo planejado por Deus. Contra esta concepção objeta-se, aparentemente com razão, que ela não só é muito cômoda, como também lança o manto da virtude sobre o que não passa de um afrouxamento moral. Esta objeção, entretanto, só se justifica quando uma ideia egoística se oculta intencionalmente por detrás da fachada verbal hipócrita. Mas casos desta espécie não constituem a regra, pois o que acontece comumente é que tendências instintivas se impõem a favor ou contra o interesse subjetivo, com ou sem o assentimento de uma autoridade externa. Não é preciso consultar previamente essa autoridade, pois ela se apresenta, *a priori*, na força das tendências que pugnam em torno da decisão. Neste combate o homem nunca aparece como um mero observador, mas toma parte nele, mais ou menos "voluntariamente", tentando colocar o peso de seu sentimento de liberdade moral no prato da balança da decisão. Entretanto, aqui não se sabe em que redundará a motivação causal, por vezes inconsciente, de sua decisão, que ele considera livre. Tanto poderá ser um *act of God* quanto uma catástrofe natural. Esta questão me parece insolúvel, porque as raízes do sentimento de liberdade moral nos são desconhecidas, mas sua existência é tão certa como a dos instintos, cuja natureza nos parece compulsiva.

50   Em resumo: é mais vantajoso, e também psicologicamente mais "correto", considerar certas forças naturais que se manifestam em nós, sob a forma de impulsos, como sendo a "vontade de Deus". Com isso nos pomos em consonância com o *habitus* da vida psíquica ancestral, isto é, funcionamos tal qual tem funcionado o ser humano em todos os lugares e em todas as épocas. A existência desse *habitu* demonstra sua capacidade de sobreviver, pois, se não a tivesse, todos os que o seguiram teriam perecido por não haverem se adaptado. Se estivermos em consonância com ele, existirá para nós uma possibilidade racional de sobreviver. Se uma concepção tradicional nos garante tal coisa é porque não só não há motivo algum para considerar tal concepção como errônea, como também temos toda razão de considerá-la "verdadeira" ou "correta", precisamente em sentido psicológico. Verdades psicológicas não são conhecimentos metafísicos. São, pelo contrário, modos (*modi*) habituais de pensar, de sentir e de agir que se revelam úteis e proveitosos à luz da experiência.

51   Quando digo que impulsos encontrados dentro de nós devem ser considerados como "vontade de Deus", não é minha intenção insistir em que devemos considerá-los como desejos e vontade arbitrários mas como dados absolutos com os quais é preciso, por assim dizer

saber conviver de maneira correta. A vontade só consegue dominá-los parcialmente. Poderá, porventura, reprimi-los, sem conseguir alterá-los em sua essência; aquilo que tiver sido reprimido, voltará a manifestar-se em outro lugar e sob uma forma modificada, mas desta vez carregado de um ressentimento que transforma o impulso natural, em si inofensivo, em nosso inimigo. Eu gostaria também que o termo "Deus", na expressão "vontade de Deus", não fosse tomado em sentido cristão, mas no sentido de Diotima, ao afirmar: "O Eros, meu caro Sócrates, é um grande demônio"[5]. O vocábulo grego "demônio" (*daimon*) exprime um poder determinante que vem ao encontro do homem, de fora, tal como o poder da Providência e do destino. Neste encontro, é ao homem que se reserva a decisão ética. Mas o homem precisa saber a respeito do que decide, e saber também o que está fazendo. Quando presta obediência, não é apenas ao próprio arbítrio que está seguindo, e quando rejeita, não é apenas a própria ficção que está destruindo.

Na psicologia não se recomenda o ponto de vista *apenas* biológico ou o das ciências naturais, pelo fato de ser em essência meramente intelectual. Mas isto não constitui uma desvantagem, porquanto, o método seguido pelas ciências naturais tem-se revelado heuristicamente de inestimável valor no campo da pesquisa psicológica. Mas o intelecto não capta o fenômeno psicológico como um todo, uma vez que este não é constituído de *sentido*, mas de *valor*, valor que se fundamenta na intensidade das tonalidades afetivas concomitantes. Precisa-se, no mínimo, de duas funções "racionais"[6] para se esboçar o esquema mais ou menos completo de um conteúdo psíquico.

Quando, portanto, no estudo dos conteúdos psíquicos se toma em consideração não apenas o aspecto intelectual, senão também o julgamento de valor, obtém-se necessariamente não apenas uma imagem completa do respectivo conteúdo, mas também a posição especial que ocupa na escala dos conteúdos psíquicos. O valor afetivo

52

53

---

[5]. "Eros é um demônio, Sócrates, um grande demônio" (PLATÃO. *Banquete*, na tradução de Rudolf Kassner, p. 49).

[6]. Cf. *Tipos psicológicos* (Definições: "Racional") [Tradução brasileira, Rio de Janeiro: Zahar Editores, 3. ed., 1976, p. 538s. – N.T.].

constitui um critério sumamente importante, sem o qual a psicologia não é possível, porque é ele que determina, em larga medida, o papel que o conteúdo acentuado desempenhará na economia da psique. Ou melhor, o valor afetivo funciona como um barômetro que indica a intensidade de uma representação, intensidade que, por sua vez, expressa a tensão energética, o potencial de ação da representação. A sombra, por exemplo, em geral tem um valor afetivo marcadamente negativo, ao passo que a *anima* e o *animus* possuem, ao invés, um valor positivo. A sombra, geralmente, vem acompanhada de tonalidades afetivas claras e facilmente identificáveis, enquanto que a *anima* e o *animus* apresentam qualidades afetivas bastante difíceis de definir. Vale dizer: o mais das vezes elas são sentidas como algo de fascinador e numinoso. Muitas vezes envolvem-nas uma atmosfera de sensibilidade, de intangibilidade, de mistério e de embaraçosa intimidade, e até mesmo de incondicionalidade. Estas qualidades exprimem a relativa autonomia das duas figuras em questão. Sob o aspecto da colocação dentro da hierarquia afetiva, a *anima* e ao *animus* estão mais ou menos para a sombra assim como a sombra está para a consciência do eu. Parece que é sobre este último que se concentra a enfatização afetiva. Seja como for, a consciência do eu consegue, pelo menos por algum tempo, reprimir a sombra, com um dispêndio não pequeno de energia. Mas se, por quaisquer motivos, o inconsciente adquire a supremacia, cresce a valência da sombra etc. em proporção com este predomínio, e se inverte, por assim dizer, a escala de valores. Aquilo que se achava mais distante da consciência desperta e parecia inconsciente assume como que um aspecto ameaçador, ao mesmo tempo que o valor vai crescendo na seguinte progressão: consciência do eu, sombra, *anima*, si-mesmo. Esta inversão do estado de consciência desperta ocorre, regularmente, na passagem do estado de vigília para o estado de sono, e é neste último sobretudo que mais se destaca aquilo que era inconsciente em pleno dia. Cada *abaissement du niveau menta* (queda do nível mental) provoca uma relativa inversão dos valores.

54   Refiro-me aqui à acentuação *subjetiva* do sentimento que está submetida à mudança mais ou menos periódica acima descrita. Mas existem também *valores objetivos* que se fundamentam em um *consensus* (consenso) universal, tais como os valores morais, estéticos e religiosos, isto é, ideais reconhecidos universalmente ou representa

ções coletivas (as *représentations collectives* de Lévy-Bruhl[7]), de tonalidade afetiva. É fácil determinar as acentuações afetivas subjetivas ou "quantidades de valor", com base no tipo e no número das constelações por elas produzidas, ou dos sintomas perturbadores[8]. Os ideais coletivos muitas vezes não recebem acentuação afetiva subjetiva; mas isto não impede que conservem seu valor afetivo. Por isto, não se pode demonstrar a existência deste último com base em sintomas subjetivos, mas sim com base, de um lado, nos atributos de valor que são inerentes a tais representações coletivas e, do outro, em uma simbólica característica, sem falar de seu efeito sugestivo.

Este problema tem um aspecto prático, pois pode acontecer facilmente que, por falta de acentuação afetiva subjetiva, uma ideia coletiva, em si mesma importante, só apareça representada no sonho por um atributo de natureza inferior (por exemplo, um deus, por um atributo teriomórfico), ou então a ideia pode não possuir, na consciência, aquela acentuação afetiva que lhe cabe por natureza, razão pela qual deve ser primeiramente recolocada em seu contexto arquetípico. Disto se encarregam os poetas e profetas. Hölderlin, por exemplo, em seu "Hino à Liberdade" faz com que tal conceito, cujo uso e o abuso frequentes tornaram insípido, reviva em seu esplendor primitivo: 55

> Desde que seu braço me arrancou do pó,
> Bate meu coração temerário e feliz:
> Inflamadas pelos seus beijos divinos,
> Ardem ainda minhas faces incendidas.
> Cada som de sua boca feiticeira
> Enobrece ainda o sentido recriado.
> Escutai, ó espíritos! Seguidores de minha deusa,
> Escutai e prestai homenagem à soberana[9].

É fácil perceber que a ideia é recolocada, aqui, em sua situação originária, isto é, sob a forma luminosa da *anima* arrancada ao peso da terra e à tirania dos sentidos e mostrando, qual *psychopompos*, o caminho que conduz aos prados felizes. 56

---

[7]. *Les Fonctions mentales dans les sociétés inférieures.*
[8]. *Über psychische Energetik und das Wesen der Träume*, § 14s. e 20s.
[9]. Obras Completas II, *Poesias*, p. 53.

57   Entretanto, o primeiro caso, em que a ideia coletiva é representada por um aspecto insignificante do sonho, parece ser mais frequente: a "deusa" aparece sob a forma de um gato preto, e a própria
divindade, sob a forma de *lapis exilis* (pedra diminuta). Mas para a
interpretação necessitamos nesse caso de certos conhecimentos que
têm menos a ver com a zoologia e com a mineralogia, do que com a
realidade de um *consensus omnium* (consenso universal) histórico a
respeito do objeto em consideração. Estes aspectos "mitológicos" das
coisas estão sempre presentes. Embora hesitemos às vezes se a porta
de entrada do jardim deve ser pintada de verde ou de branco, isto não
indica, por si só, que pensamos, por exemplo, que o verde é a cor da
esperança e da vida; contudo, o aspecto simbólico do "verde" não
deixa de estar presente aí como um *sous-entendu* (como subentendido) inconsciente. Por isso, aquilo que é da máxima importância para
a vida do inconsciente ocupa o último lugar na escala dos valores da
consciência, e vice-versa. A própria figura da sombra pertence ao reino dos fantasmas irreais, sem falarmos da *anima* e do *animus* que só
aparecem sob a forma de projeções dirigidas aos próximos. O si-mesmo, em sua totalidade, situa-se além dos limites pessoais e quando se
manifesta, se é que isto ocorre, é somente sob a forma de um mitologema religioso; os seus símbolos oscilam entre o máximo e o mínimo. Por isso quem se identifica com a metade diurna de sua própria
existência psíquica, só pode conceber os sonhos noturnos como nuli-
dades desprovidas de valor, embora a noite possa ser tão longa quanto o dia, e toda consciência esteja baseada numa evidente situação de
inconsciência, aí tendo suas raízes e aí se extinguindo cada noite.
Além do mais, a psicopatologia sabe muito bem o que o inconsciente
causa à consciência, sendo por isso que consagra ao inconsciente uma
atenção muitas vezes incompreensível para um leigo, de início. Sabemos, com efeito, que aquilo que é pequeno durante o dia, torna-se
grande durante a noite, e vice-versa. Por isso também sabemos que
ao lado do que é pequeno durante o dia, existe sempre aquilo que é
grande durante a noite, embora invisível.

58   Este conhecimento é o pré-requisito indispensável para qualquer
integração, isto é, um conteúdo só pode ser integrado quando seu
duplo aspecto se tornar consciente e o conteúdo tiver sido apreendi-
do no plano intelectual, mas em correspondência com seu valor afeti-

vo. É muito difícil, porém, combinar intelecto e sentimento, pois os dois, *per definitionem*, repelem-se. Quem se identificar com um ponto de vista intelectual, poderá eventualmente confrontar-se com o sentimento sob a forma da *anima*, numa situação de hostilidade; inversamente, um *animus* intelectual brutalizará o ponto de vista do sentimento. No entanto, quem quiser realizar esta difícil tarefa, não só intelectualmente, mas também como valor de sentimento, deverá, para o que der e vier, defrontar-se com o *animus* ou com a *anima*, a fim de alcançar uma união superior, uma *coniunctio oppositorum* (unificação dos opostos). Este é um pré-requisito indispensável para se chegar à totalidade.

Embora a "totalidade", à primeira vista, não pareça mais do que uma noção abstrata (como a *anima* e o *animus*), contudo é uma noção empírica, antecipada na psique por símbolos espontâneos ou autônomos. São estes os símbolos da *quaternidade* e dos *mandalas*, que afloram não somente nos sonhos do homem moderno, que os ignora, como também aparecem amplamente difundidos nos monumentos históricos de muitos povos e épocas. Seu significado como símbolos da unidade e da totalidade é corroborado no plano da história e também no plano da psicologia empírica. O que parece à primeira vista uma noção abstrata é, na realidade, algo de empírico, que revela espontaneamente sua existência apriorística. A totalidade constitui, portanto, um fator objetivo que se defronta com o sujeito, de modo autônomo, tal como o *animus* e a *anima*; e da mesma forma que ambos ocupam uma posição hierarquicamente superior à da sombra, assim também a totalidade exige uma posição e um valor superiores aos da sizígia (*anima-animus*). Parece que esta última constitui pelo menos uma parte essencial, a modo das duas metades da totalidade, isto é, o par régio irmão-irmã, ou seja, aquela tensão dos opostos da qual procede a Criança Divina[10] como símbolo da unidade.

A unidade e a totalidade se situam a um nível superior na escala dos valores objetivos, uma vez que não podemos distinguir os seus

59

60

---

10. A este respeito, cf. KERÉNYI & JUNG. *Einführung in das Wesen der Mythologie*, bem como JUNG, *Pychologie und Alchemie* [Índice analítico] nos verbetes: *filius philosophorum*, *infans* e *hermaphroditus*.

símbolos da *imago Dei* (imagem de Deus). Tudo o que se diz sobre a imagem de Deus pode ser aplicado sem nenhuma dificuldade aos símbolos da totalidade. Mostra-nos a experiência que os mandalas individuais são símbolos ordenadores, razão pela qual se manifestam nos pacientes sobretudo em épocas de desorientação ou de reorientação psíquicas. Eles exorcizam e esconjuram, sob a forma de círculos mágicos, as potências anárquicas do mundo obscuro, copiando ou gerando uma ordem que converte o caos em cosmos[11]. O mandala se apresenta à consciência primeiramente como algo de vago e puntiforme[12]; em geral, é necessário um trabalho demorado e meticuloso, bem como a integração de muitas projeções, até que se possa compreender de modo mais ou menos completo as proporções do símbolo. Não seria difícil chegar a esta percepção, se ela fosse apenas intelectual; os enunciados universais acerca do Deus que está em nós e acima de nós, de Cristo e do seu *corpus mysticum* (corpo místico), do *Atman* suprapessoal etc., são formulações de que o intelecto se apodera com facilidade. Disto nasce a ilusão de que assim tomamos posse do objeto. Mas na realidade nada se conseguiu, a não ser o seu nome. Desde épocas antigas existe a ideia preconcebida de que ele representa magicamente o próprio objeto, e portanto bastaria pronunciar o nome para tornar presente o objeto. Na realidade, a razão teve razões de sobra para reconhecer, ao longo dos séculos, a futilidade dessa opinião; mas isto não impediu que, ainda em nossos dias, o mero domínio intelectual seja considerado como absolutamente válido. Ora, foi a psicologia experimental que nos mostrou claramente que o ato de "conceber", mediante o intelecto, um fato psicológico, não produz senão um "conceito" deste fato, e tal conceito não passa de um nome, de um mero *flatus vocis* (um sopro de voz). Mas, neste caso, tais moedinhas de troco podem ser manuseadas comodamente. Passam facilmente de mão em mão, pois não possuem substância inerente. São sonoras, mas não encerram valor algum e a nada obrigam, embora designem uma tarefa e uma obrigação gravíssimas. O intelecto é de incontestável utilidade, mas além disto é também um grande embusteiro e ilusionista, sempre que tenta manusear *valores*.

---

11. A este respeito, cf. *Psychologie und Alchemie*, II, 3.

12. Cf. § 340 do presente volume.

Tem-se a impressão de se poder fazer qualquer tipo de ciência 61
apenas com o intelecto; mas isto não ocorre com a psicologia, cujo
objeto exorbita os dois aspectos que nos são transmitidos através da
percepção sensorial e do pensamento. A função de valor, ou seja, o
sentimento, constitui parte integrante da orientação da consciência;
por isso, não pode faltar em um julgamento psicológico mais ou menos completo, pois de outra forma o modelo do processo real a ser
produzido seria incompleto. É inerente a todo processo psíquico a
qualidade de valor, isto é, a tonalidade afetiva. Esta tonalidade indi-
ca-nos em que medida o sujeito foi *afetado* pelo processo, ou melhor,
o que este processo significa para ele na medida em que o processo alcança a consciência. É mediante o "afeto" que o sujeito é envolvido e
passa, consequentemente, a sentir todo o peso da realidade. Esta diferença corresponde, portanto, mais ou menos àquela que existe entre a descrição de uma enfermidade grave que se lê em algum livro e a
doença real que o paciente tem. Psicologicamente, não se possui o
que não se experimentou na realidade. Uma percepção meramente
intelectual pouco significa, pois o que se conhece são meras palavras
e não a substância a partir de dentro.

É muito maior do que se imagina o número de pessoas que têm 62
medo do inconsciente. Tais pessoas têm medo até da própria sombra.
Quando se trata da *anima* e do *animus*, este medo cresce até se transformar em pânico. A sizígia (*animus-anima*) representa, na realidade,
aqueles conteúdos psíquicos que irrompem no seio da consciência[13],
no curso de uma psicose (e de modo claríssimo nas formas paranoi-
des da esquizofrenia). O próprio fato de vencer tal medo, quando
isto ocorre, já representa uma façanha moral extraordinária, mas não
é a única condição a ser satisfeita no caminho que conduz à verdadeira experiência do si-mesmo.

A sombra, a sizígia e o si-mesmo são fatores psíquicos de que po- 63
demos ter uma ideia satisfatória somente a partir de uma experiência
mais ou menos completa. Assim como estas noções têm sua origem

---

13. Um caso clássico é aquele publicado por Nelken (*Analytische Beobachtungen über Phantasien eines Schizophrenen*). E também a autobiografia de Schreber: *Denkwürdigkeiten eines Nervenkranken*.

na experiência viva da realidade, do mesmo modo elas só podem ser elucidadas à base da experiência. Uma crítica filosófica nelas encontrará toda espécie de defeitos, se não atentar previamente que se trata de *fatos* e que o chamado conceito, neste caso, não é mais do que uma descrição ou definição resumida desses fatos. Ele terá também tão pouca possibilidade de prejudicar o objeto, quanto a crítica zoológica a imagem do ornitorrinco. Não se trata do conceito, mas sim de uma palavra, de uma ficha de jogar que só tem importância e aplicação por representar a soma das experiências que, lamentavelmente, não posso transmitir a meus leitores. Em algumas publicações tentei, com base no material casuístico recolhido, descrever a natureza dessas experiências, assim como o método de obtê-las. Sempre que meu método é aplicado, são confirmadas as minhas indicações referentes aos fatos. Na época de Galileu qualquer um poderia ver as luas de Júpiter, se se desse ao trabalho de usar o telescópio por ele inventado.

64   Afora o estreito círculo especializado da psicologia, as figuras citadas também são compreendidas por todos aqueles que possuem algum conhecimento da mitologia comparada. Na "sombra" reconhecem o representante adverso do obscuro mundo ctônico, cuja figura contém traços universais. A sizígia é diretamente inteligível como modelo psíquico de todos os pares de deuses. Em virtude de suas qualidades empíricas, o si-mesmo se manifesta por fim como o *eidos* (ideia) de todas as representações supremas da totalidade e da unidade, que são inerentes, sobretudo, aos sistemas monoteístas e monistas.

65   Considero tais paralelos importantes, na medida em que possibilitam relacionar certas representações *metafísicas*, que perderam a base natural de suas experiências, com um acontecimento psíquico vivo e universalmente dado, fazendo com que elas readquiram o seu sentido específico e original. Com isto se restabelece a ligação entre aqueles conteúdos projetados e "formulados" como sendo intuições "metafísicas", e o eu. Infelizmente, já o dissemos, a existência de conceitos metafísicos e a crença de que são reais não produzem por si só a presença de seu conteúdo ou objeto, embora a concordância entre a intuição e a realidade, sob uma forma de estado psíquico especial, de um *status gratiae* (estado de graça), não seja impossível, ainda que não possa ser produzida pela vontade do indivíduo. Se os conceitos metafísicos perderam, pois, a capacidade de recordar ou evocar a ex-

periência original, não só se tornaram inúteis, como constituem verdadeiros empecilhos no caminho de uma evolução ulterior. As pessoas se agarram justamente à posse daquelas coisas que outrora significavam riqueza, e quanto mais ineficazes, mais incompreensíveis e mais sem vida se tornam, tanto mais os indivíduos se aferram a elas. (As pessoas se apegam, naturalmente, apenas a ideias estéreis; as ideias vivas possuem conteúdo e riqueza, de modo que não há motivo para se aferrar a elas.) No decorrer do tempo, portanto, o que é lógico se transforma em disparate. Infelizmente é este o destino das concepções metafísicas.

Atualmente, a questão consiste realmente em saber o que, em todo o mundo, se entende por tais ideias. O público – caso não haja voltado as costas para a tradição – há muito não deseja mais ouvir uma "mensagem", mas, pelo contrário, quer que se lhe diga qual é o seu sentido. As simples palavras que murmuram no púlpito são incompreensíveis e pedem uma explicação: Como pode a morte de Cristo ter-nos salvo, se nenhum de nós se sente salvo? Como pode Jesus ser um Homem-Deus, e o que é um Homem-Deus? Que se entende por Trindade, *parthenogenesis*, comer o corpo e beber o sangue? Em que extremo se situa o mundo destes conceitos em relação aos da vida cotidiana, cuja realidade cristalina as ciências naturais e físicas captam em sua máxima extensão? Das vinte e quatro horas do dia passamos pelo menos dezesseis exclusivamente neste mundo, e as oito restantes em um estado inconsciente. Onde ou quando acontece algo que nos lembre, mesmo longinquamente, ocorrências tais como anjos, milagres de multiplicação de pães, bem-aventuranças, ressurreição de mortos etc.? Por isso foi uma descoberta quando se verificou que no estado inconsciente de sono ocorrem certos intervalos denominados "sonhos", e que nestes sonhos às vezes ocorrem cenas que guardam uma semelhança nada desprezível com os temas dos mitos. Os mitos são narrativas maravilhosas e tratam justamente de tudo aquilo que, muitas e muitas vezes, é também objeto de fé. [66]

É bem difícil encontrar algo semelhante no universo cotidiano da existência; até 1933 só encontrávamos, por assim dizer, enfermos mentais na posse de fragmentos vivos da mitologia. Depois desta data ampliou-se o universo dos heróis e dos monstros, como um fogo devastador, sobre todas as nações do mundo; ficou então provado [67] que o mito e seu universo próprio nada perderam de sua vitalidade, nem mesmo nos séculos da razão e do Iluminismo. Se os conceitos metafísicos já não exercem quase nenhum fascínio sobre os homens, certamente não é pela falta da originalidade e primitividade da alma europeia, mas única e exclusivamente porque os símbolos tradicionais já não exprimem aquilo que o fundo do inconsciente quer ouvir, como resultado dos vários séculos de evolução da consciência cristã. Trata-se de um verdadeiro *antimimon pneuma* (um espírito de contrafação), de um pseudoespírito de arrogância, histeria, imprecisão, amoralidade criminosa e sectarismo doutrinário, gerador de refugos espirituais, de sucedâneos da arte, de gagueiras filosóficas e de vertigens utópicas, suficientemente bons para serem ministrados, qual forragem, em grande quantidade, ao homem massificado de nosso tempo. É assim que se nos afigura o espírito pós-cristão.

V

Cristo, símbolo do si-mesmo

Mais de uma vez já se comparou a descristianização de nosso mundo, o desenvolvimento luciferino da ciência, as monstruosas destruições materiais e morais que a Segunda Guerra Mundial deixou atrás de si, com os acontecimentos da *era final*, preditos no *Novo Testamento*. Trata-se, aqui, como se sabe, da expectativa da vinda iminente do Anticristo: *Hic est Antichristus qui negat Patrem, et Filium*[1]. Na 1ª Carta de João 3,3 lê-se: "Todo espírito que não confessa Jesus [...] é do Anticristo, de quem ouvistes que está para chegar"[2]. O Apocalipse, está cheio da expectativa de coisas pavorosas que sucederão na era final, antes das núpcias do Cordeiro. Isto nos mostra claramente como na *anima christiana* (alma cristã) existe não apenas o conhecimento da existência de uma antagonista, mas também a certeza de sua futura "tomada do poder".

Por que motivo – perguntará o leitor – falo aqui de Cristo e de sua parte contrária? Falamos necessariamente de Cristo, porque Ele é o mito ainda vivo de nossa civilização. É o herói de nossa cultura, o qual, sem detrimento de sua existência histórica, encarna o mito do homem primordial [*Urmensch*], do Adão mítico. É Ele quem ocupa o

68

69

---

1. "Esse é o Anticristo, que nega o Pai e o Filho" (1Jo 2,22).

2. A concepção da Igreja sobre o Anticristo se baseia, desde o início, em 2Ts 2,3s., onde se fala da apostasia, do ἄνθρωπος τῆς ἀνομίας [ἁμαρτίας] (o homem da iniquidade [da hostilidade à Lei]) e do υἱὸς τῆς ἀπωλείας (filho da perdição), que precederá a Parusia. Este iníquo sentar-se-á no lugar de Deus, mas será finalmente morto pelo Senhor Jesus, "com o sopro de sua boca". Ele operará milagres κατ'ἐνέργειαν τοῦ σατανᾶ (segundo o poder de Satanás). É sobretudo pelo seu caráter mentiroso que ele se distinguirá. Dn 11,36s. é considerado como o modelo que inspirou esta concepção.

centro do mandala cristão; é o Senhor do Tetramorfo, isto é, dos símbolos dos quatro evangelistas que significam as quatro colunas de seu templo. Ele está dentro de nós e nós estamos nele. Seu Reino é a pérola preciosa, o tesouro escondido no campo, o pequeno grão de mostarda que se transforma na grande árvore; é a cidade celeste[3] Do mesmo modo que Cristo, assim também o seu reino está dentro de nós[4].

70   Acho que estas poucas referências universalmente conhecidas são suficientes para caracterizar a posição psicológica do símbolo de Cristo. *Cristo elucida o arquétipo do si-mesmo*[5]. Representa uma totalidade de natureza divina ou celeste, um homem transfigurado, um Filho de Deus *sine macula peccati*, que não foi manchado pelo pecado. Enquanto *Adam secundus* (segundo Adão) Ele constitui uma equivalência do primeiro Adão antes da queda original, isto é, quando este possuía ainda a pura semelhança com Deus, e a respeito do qual diz Tertuliano († 222): "E quanto a esta imagem de Deus, pode-se admitir que o espírito humano possui os mesmos impulsos e o mesmo sentido que Deus, embora não da mesma forma"[6]. Orígenes

---

3. Com relação à "cidade", cf. *Psycologie und Alchemie* (§ 138s.).

4. Ἡ βασιλεία τοῦ θεοῦ ἐντὸς ὑμῶν ἐστιν ("O Reino de Deus está dentro de vós" ou "no meio de vós"). "Ele não vem com sinais exteriores (*cum observatione*) e visíveis, de modo que se possa dizer: ele está ali ou está aqui", pois está, ao mesmo tempo, tanto no interior de cada um como em toda parte (Lc 17,20s.) [traduzido por Jung]. "Não é deste mundo, [exterior]" (Jo 18,35). A semelhança do Reino de Deus com o homem provém da comparação dele com o semeador: *Simile factum est regnum coelorum homini qui seminavit* etc. ("O Reino dos Céus é semelhança a um homem que semeou etc.) (Mt 13,24; cf. tb. 13,45; 18,23; 22,2, entre outros). Os fragmentos de papiro de Oxirrinco trazem a expressão: ... ἡ βασιλεία τῶν οὐρανῶν / ἐντὸς ὑμῶν [ἐ]στὶ χαὶ ὅστις ἂν ἑαυτὸν / γνῷ ταύτην εὑρήσει... / ἑαυτοὺς γνώσεσθε... (O Reino dos Céus está dentro de vós, e todos aqueles que se conhecem a si mesmos, o encontrarão. Conhecei-vos a vós mesmo etc.) (*New Sayings of Jesus and Fragment of a Lost Gospel from Oxyrhynchus*, edit. por Grenfell & Hunt, p. 15).

5. A este respeito, cf. minhas considerações sobre Cristo como arquétipo em *Versuch zu einer psychologischen Deutung des Trinitätsdogmas*, IV, 2 (*Interpretação psicológica do Dogma da Trindade*, trad. do Pe. Dom Mateus Ramalho Rocha, O.S.B. Petrópolis: Vozes, 1979, p. 40-44 – N.T.).

6. *Et haec ergo imago censenda est Dei in homine, quod eosdem motus et sensus habeat humanus animus, quos et Deus, licet non tales quales Deus* (*Adversus Marcionem*, II, 14 [MIGNE, P.L. II, col. 304]).

(185-254) é muito mais minucioso: A *imago Dei* (imagem de Deus) impressa na alma e não no corpo[7] é uma imagem da imagem, "pois minha alma é uma imagem de Deus, não de modo singular, mas criada à semelhança de uma imagem precedente"[8]. Cristo, ao invés, é a verdadeira *imago Dei*[9], a cuja semelhança foi criado nosso homem interior: invisível, incorporal e imortal[10]. A imagem divina manifesta-se em nós através da *prudentia*, da *justitia*, da *moderatio*, da *virtus*, da *sapientia* e da *disciplina*[11].

Agostinho (354-430) estabelece uma diferença entre a *imago Dei* que é Cristo, e a *imago* que foi implantada no interior do homem como meio ou como possibilidade de alcançar a semelhança com Deus[12]. A imagem divina não se encontra no homem corporal, mas na *anima rationalis* (alma racional); é por ela que o homem se distingue dos animais irracionais. "A imagem divina é interior; não está no corpo [...] Onde está o intelecto, onde está a mente, onde

71

---

7. *Contra Celsum*, VIII, 49 [Migne, PG XI, col. 1.590]: *In anima, non in corpore impressus it imaginis conditoris character* (É na alma, e não no corpo, que se acha impresso o caráter essencial da imagem do Criador).

8. *In Lucam homilia*, VIII [Migne, PG XIII, col. 1.820]: *Si considerem Dominum Salvatorem imaginem esse invisibilis Dei, et videam animam meam factam ad imaginem conditoris, ut imago esset imaginis: neque enim anima mea specialiter imago est Dei, sed similitudinem imaginis prioris effecta est* (Se considero que o Senhor e Salvador é a imagem do Deus invisível, vejo que minha alma foi formada à imagem do Criador, a fim de que fosse uma cópia da imagem; e assim, minha alma não é propriamente uma imagem de Deus, mas feita à sua semelhança).

9. *De principiis*, I. II, 8: *...salvatoris figura est substantiae vel substantiae Dei* (A figura do Salvador provém da substância ou da natureza de Deus). *In Genesim homilia*, I, 13: *Quae est ergo alia imago Dei ad cuius imaginis similitudinem factus est homo, nisi salvator noster, qui est primogenitus omnis creature?* (Qual é, portanto, outra imagem de Deus, a cuja semelhança o homem foi criado, a não ser nosso Salvador, que é o primogênito de toda a criação?). *Selecta in Genesim*, IX, 6: *Imago autem Dei invisibilis salvador* (Mas a imagem do Deus invisível é o Salvador).

10. *In Gen. hom.*, I, 13: *Is autem qui ad imaginem Dei factus est et ad similitudinem, interior homo noster est, invisibilis et incorporalis, et incorruptus atque immortalis* (Mas aquele que foi feito à imagem e semelhança de Deus é nosso homem interior, invisível e incorpóreo, incorrupto e imortal).

11. *De principiis*, IV, 37 [em Migne, PG XI, col. 412].

12. *Retractationes*, I, XXVI [Migne, PL 36, col. 626]: [*Unigenitus*]... *tantummodo imago est, non ad imaginem* ([O Unigênito] só é a imagem, e não à imagem).

está a razão, à qual compete investigar a verdade, aí Deus tem a sua imagem"[13]. Por isso, diz Agostinho, deveríamos lembrar-nos de que fomos criados à imagem de Deus, e não em outra parte, senão no próprio intelecto. "Sempre que o homem se dá conta de que foi criado à imagem de Deus, reconhece também que existe dentro dele algo que ultrapassa aquilo que foi concedido aos animais irracionais"[14]. Daí resulta que a imagem divina é, por assim dizer, idêntica à *anima rationalis* (a alma racional). É esta última que constitui o homem espiritual, o *homo coelestis* (o homem celeste) de Paulo[15]. Da mesma forma que Adão antes da queda, assim também Cristo encarna a imagem divina[16], cuja totalidade Agostinho acentua de modo particular: "O Verbo [Palavra] de Deus", diz ele, "assumiu o homem por inteiro, por assim dizer em sua integralidade: a alma e o corpo do homem", e precisa seu pensamento, afirmando expressamente que o homem é constituído de alma, de carne e do animal[17].

72   A imagem divina do homem não foi destruída pelo pecado, mas apenas danificada e corrompida ("deformada"), e será reconstruída

---

13. *Enarrationes in Psalmos*, XLVIII, sermo II [Migne, PL 36, col. 564]: *Imago Dei intus, est, non est in corpore... ubi est intellectus, ubi est mens, ubi ratio investigandae veritatis... ibi habet Deu imaginem suam.* Também op. cit., Sl XLII, 6 [PL 36, col. 480]: *Ergo intelligimus habere nos aliquid ubi imago Dei est, mentem scilicet atque rationem.* (Por isso compreendemos que temos alguma coisa onde está a imagem de Deus, isto é, a mente (espírito) e a razão). Sermo XC, 10 [PL 36, col. 566]: *Veritas quaeritur in Dei imagine* (A verdade é procurada na imagem de Deus); o *Liber de vera religione*, pelo contrário, diz: *in interiore homine habitat veritas* (é no homem interior que habita a verdade). Vemos aqui a coincidência entre *imago Dei* e "homem interior".

14. *Enarr. in Ps.*, LIV, 3 [PL 36, col. 629]: *Porro autem, charissimi, meminisse debemus ad imaginem Dei nos esse factos, nec alibi quam in ipso intellectu* (Mas, além disso, caríssimos, devemos recordar-nos de que fomos feitos à imagem de Deus, e não em outra parte, senão no próprio intelecto) *... ubi autem homo ad imaginem Dei factum se novit, ibi aliquid in se agnoscit amplius esse quam datum est pecoribus.*

15. 1Cor 15,47.

16. *In Ioannis evangelium*, tract. LXXVIII, 3 [PL 35, col. 1.836]: *Christus est Deus, anima rationalis et caro* (Cristo é Deus, a alma racional e a carne).

17. Sermo CCXXXVII, 4 [PL 38, col. 1.124]: "[Verbum] suscepit totum quasi plenum hominem, animam et corpus hominis. Et si aliquid scrupulosius vis audire; quia animam et carnem habet et pecus" (e se queres saber mais precisamente: é porque o animal também é constituído de carne e de alma).

pela graça divina. O âmbito da integração é indicado pela *descensus ad inferos*, descida de Cristo aos infernos, descida cujos efeitos redentores abrangem inclusive os mortos. O seu equivalente psicológico é a integração do inconsciente coletivo, parte constitutiva e indispensável da individuação: "Nosso fim deve ser, portanto, diz Agostinho, nossa perfeição, mas nossa perfeição é Cristo"[18], porque Ele é a imagem perfeita de Deus. Por isso é também chamado "Rei". Sua esposa (*sponsa*) é a alma humana que se acha "unida interiormente ao Logos num mistério espiritual escondido, para que se tornem dois em uma só carne", em correspondência ao matrimônio de Cristo com a Igreja[19]. Com exceção da continuidade deste *hierógamos* (núpcias sagradas) no dogma e nos ritos da Igreja, o símbolo em questão se desenvolveu na Alquimia, ao longo da Idade Média, até se transformar na *coniunctio* (união) dos contrários, ou seja, nas núpcias químicas e, consecutivamente, na representação da totalidade do *lapis philosophorum* (pedra filosofal), de um lado, e no conceito de combinação química, do outro.

A imagem divina do homem, danificada pelo pecado, pode ser restaurada ("reformada") com a ajuda de Deus[20], de acordo com o que diz a Carta aos Romanos 12,2: "E não vos conformeis com os esquemas deste mundo, mas transformai-vos pela renovação da vossa mente, para que possais discernir qual é a vontade de Deus". As imagens da totalidade produzidas pelo inconsciente no decurso de um processo de individuação representam tais "reformas" (transforma-

73

---

18. *Enarr, in Ps*. LIV, 1 [PL 36, col. 628].

19. *Contra Faustum*, XXII, 38 [PL 42,38, col. 424]: "Est enim et sancta Ecclesia Domino Iesu Christo in occulto uxor. Occulte quippe atque intus in abscondito secreto spirituali anima humana inhaeret Verbo Dei, ut sint duo in carne una". (Com efeito, a santa Igreja também é, ocultamente, esposa de Jesus Cristo. De igual modo, a alma humana está ligada ao Verbo de Deus, secreta e interiormente, em um mistério espiritual e recôndito, para que sejam os dois uma só carne). Agostinho se refere a Ef 5,31s.: "Por isso deixará o homem o pai e a mãe e se unirá à sua mulher, e serão os dois uma só carne. Grande é este mistério (μυστήριον, *sacramentum*). Refiro-me a Cristo e à Igreja".

20. Agostinho. *De Trinitate*, XIV, 22: "[...] Reformamini in novitate mentis vestrae, ut incipiat illa imago ab ilio reformari a quo formata est" (Transformai-vos pela renovação de vossa mente, para que essa imagem comece a ser renovada por Aquele que a formou).

ções) de um arquétipo (do mandala) existente *a priori*[21]. Como já acentuei repetidas vezes, na prática é impossível distinguir entre os símbolos espontâneos do si-mesmo (da totalidade) e uma imagem divina. O termo "renovação" (anakainosis, reformatio) não expressa uma mudança em sentido próprio, apesar do *metamorphousthe* (transformai-vos), e sim o restabelecimento de um estado original, uma apocatástase; isto está em perfeita consonância com as descobertas psíquicas empíricas de um arquétipo da totalidade, existente em todas as épocas[22], que pode desaparecer facilmente do campo usual da consciência ou jamais ser percebido, até que uma consciência iluminada pela conversão reapareça sob a figura de Cristo. Esta "anamnese" restabelece um estado original de união com a imagem divina. Ela significa uma integração, uma ponte lançada sobre a brecha da cisão da personalidade, cuja existência é devida a diversos impulsos que levam a direções diferentes e conflitantes entre si. Só quando uma pessoa ainda se conserva legitimamente inconsciente de seus impulsos, como um animal, não há cisão. Mas isto é impossível ou prejudicial quando uma inconsciência artificial, isto é, uma repressão, já não reflete o impulso instivo.

74   Não há dúvida de que a concepção cristã primitiva da "imago Dei", encarnada em Cristo, expressa uma totalidade universal que contém em si o lado animal do homem (*pecus*!). Mas, mesmo assim, falta ao símbolo de Cristo a totalidade entendida no sentido moderno, porque em vez de incluir exclui, *expressis verbis* (expressamente), o lado noturno das coisas, como um antagonista luciferino. Embora a exclusão do poder maligno fosse plenamente conhecida pela consciência cristã, para ela tudo isto não passava de uma sombra vazia, pois a doutrina da *privatio boni*, que já se anuncia em Orígenes, conferiu ao mal a fisionomia de um bem apenas diminuído, privando-o, assim, de toda substância. Com efeito, de acordo com a doutrina da Igreja, o mal é meramente a "carência acidental de uma

---

21. Remeto o leitor à minha explanação casuística, em JUNG. *Uber Mandalasymbolik*.
22. *Psychologie und Alchemie*, § 323s.: "Uber die Symbole des Selbst" ("Símbolo do si-mesmo").

perfeição". Baseada nesta premissa surgiu a opinião segundo a qual *omne bonum a Deo, omne malum ab homine*[23]. Foi também desta premissa que decorreu a eliminação posterior do demônio em certas doutrinas protestantes.

Graças à doutrina da *privatio boni*, a totalidade parecia assegurada na figura de Cristo. Mas faz-se necessário conceber o mal de forma um pouco mais substancial, desde o momento em que ele se nos depara no plano da psicologia empírica. Aqui ele é nada mais nada menos do que o oposto do bem. Na Antiguidade, os gnósticos, cuja maneira de argumentar já fora influenciada pela experiência psíquica, ocuparam-se mais extensamente com o problema do mal do que o fizeram os Padres da Igreja. Eles ensinavam, por exemplo, que Cristo "descartou-se da própria sombra"[24]. Se dermos alguma importância a esta concepção, poderemos reconhecer facilmente na figura do Anticristo a contraparte que foi descartada. Na lenda, o Anticristo desenvolveu-se como imitador perverso da vida de Cristo. É um autêntico *antimimon pneuma*, um espírito (maligno) imitador que, de certo modo, segue as pegadas de Cristo, da mesma forma que uma sombra acompanha o corpo. Esta complementação da figura luminosa unilateral do Redentor, que já surge no âmbito do Novo Testamento, possui, certamente, uma significação especial. Há muito ela foi objeto de uma consideração conveniente.

Se reconhecermos um paralelo da manifestação psicológica do si-mesmo na figura tradicional de Cristo, o Anticristo corresponde

75

76

---

23. Todo bem provém de Deus e todo mal provém do homem. Sobre este ponto cf. § 81.

24. Ireneu (*Adversus Haereses*, II, 5,1) refere, como doutrina gnóstica, que Cristo (como Logos demiúrgico), ao formar a natureza de sua mãe, projetou-a para fora do *Pléroma*, isto é, separou-a do conhecimento. Isto significa que a criação realizou-se fora do *Pléroma*, na *sombra* e no vazio. Segundo a doutrina de Valentino (*Adv. Haer.*, I, II. 1), Cristo provém, não dos *éons* do *Pléroma*, mas da mãe que se acha fora do *Pléroma*. Ela o deu à luz "com uma certa sombra". Mas, "por ser masculino", Ele se separou da própria sombra (καὶ τοῦτον [χριστν] μὲν ἅτε ἄρρενα ὑπάρχοντα ἀποχόψαντα ἀφ᾽ ἑαυτοῦ τὴν σχιάν, ἀναδραμεῖν εἰς τὸ Πλήρωμα) e subiu ao *Pléroma*, enquanto a mãe era "deixada na sombra", para que, "despojada, aí, da substância espiritual", desse à luz o verdadeiro "Demiurgo e Pantocrátor do mundo inferior". Mas a sombra, que jaz sobre o mundo é, como sabemos pelo Evangelho, o *princeps huius mundi* (o príncipe deste mundo), o diabo.

à sombra do si-mesmo, isto é, à metade obscura da totalidade do homem, que não deve ser julgada com demasiado otimismo. Até onde nos leva a experiência, a luz e a sombra parecem estar divididas, por igual, na natureza humana, de modo que a totalidade psicológica aparece mais ou menos sob uma luz amortecida. A noção psicológica do si-mesmo que deriva, por um lado, do conhecimento do homem total, e, por outro, apresenta-se espontaneamente nos produtos do inconsciente sob a forma de uma quaternidade arquetípica ligada por antinomias internas, não pode fechar os olhos para a sombra pertencente à figura luminosa e sem a qual ela não terá corpo e nem um conteúdo humano. A luz e a sombra formam uma unidade paradoxal no si-mesmo empírico. Na concepção cristã, pelo contrário, o arquétipo em questão está irremediavelmente dividido em duas metades inconciliáveis, porque o resultado final conduz a um dualismo metafísico, isto é, a uma separação definitiva entre o Reino celeste e o mundo de fogo da condenação.

77   Para quem mantém uma atitude positiva em relação ao cristianismo, o problema do Anticristo constitui uma dificuldade bastante incômoda. A manifestação do Anticristo significa, certamente, o revide do demônio provocado pela encarnação de Deus; o demônio só adquire sua verdadeira forma como contraposição de Cristo e, portanto, também de Deus, no início do cristianismo, depois de haver sido um dos filhos de Deus e íntimo de Javé no Livro de Jó[25]. Psicologicamente, isto se explica, tendo-se em conta que a figura dogmática de Cristo é tão excelsa e sem mácula, que todo o restante fica obscurecido diante de sua presença. Na realidade é tão unilateralmente perfeita, que seu complemento psíquico requer que se estabeleça o devido equilíbrio. Foi este aspecto antinômico, com o qual sempre se deve contar, que deu origem à doutrina dos dois filhos de Deus, chamando-se o mais velho deles Satanael[26]. A vinda do Anticristo não é apenas uma predição de caráter profético, mas uma lei psicológica inexorável, cuja existência levou o autor das Cartas [de João], sem que ele o soubesse, à

---

25. Cf. SCHARF. *Die Gestalt des Satans im Alten Testament.*
26. JUNG. *Der Geist Mercurius*, § 271.

certeza da enantiodromia vindoura. E é sobre isto que escreve como se tivesse consciência da necessidade interior desta transformação, acreditando que a ideia era pura revelação divina. De fato, qualquer diferenciação maior da imagem de Cristo ocasiona um reforço paralelo do complemento inconsciente, o que faz aumentar a tensão entre o em cima e o embaixo.

Estas constatações nos situam plenamente no campo da psicologia e da simbologia cristãs, embora nunca se admitisse uma fatalidade inerente à disposição cristã, fatalidade que leva necessariamente a uma mudança de mentalidade, e isto não por obscura causalidade, mas por uma lei psicológica. O ideal de espiritualização que aspira às alturas deveria ser contrariado pela paixão materialista, presa unicamente às coisas da terra e ocupada em dominar a matéria e conquistar o mundo. Esta transformação tornou-se manifesta na época do "Renascimento". Este termo significa "novo nascimento" e foi usado para indicar o revivescimento da Antiguidade Clássica. Sabe-se hoje, no entanto, que este espírito era, no fundo, uma máscara e não foi a concepção da Antiguidade Clássica que renasceu; foi o pensamento cristão da Idade Média que se transformou, adotando estranhas formas de comportamento pagão, trocando o destino celeste por um destino terreno e passando, deste modo, da linha vertical do estilo "gótico" para a linha horizontal da descoberta do mundo e da natureza. A evolução posterior que desembocou na Revolução Francesa e no Iluminismo produziu um estado amplamente difundido em nossos dias, que não podemos qualificar senão de anticristão, e, consequentemente, realizou a antecipação cristã primitiva da "era final". É como se, com o advento de Cristo, tivessem-se manifestado antinomias anteriormente latentes, ou como se um pêndulo tivesse oscilado potentemente mais para um dos lados, e a partir de então o movimento complementar impelisse também para o lado oposto. Árvore nenhuma, sabemos, cresce em direção ao céu, se suas raízes também não se estenderem até o inferno. O duplo movimento é inerente à natureza do pêndulo. Cristo é imaculado, mas logo no início de sua vida pública dá-se o seu encontro com Satanás, contraposição que constitui a vertente oposta da tremenda tensão existente no interior

78

da alma do mundo, expressa no aparecimento de Cristo, e se acha indissoluvelmente ligada ao "sol iustitiae" (o sol da justiça) como *mysterium iniquitatis* (mistério da iniquidade); da mesma forma a sombra pertence à luz, tal qual um irmão, como opinaram os ebionitas[27] e os euquetas[28], estando unidos um ao outro. Ambos aspiram à realeza: um à realeza do céu e o outro ao *principatus huius mundi* [governo deste mundo]. Fala-se também de um reino "milenar" e de uma "vinda do Anticristo", como se os mundos e os tempos tivessem sido partilhados entre os dois irmãos régios. Por isso, o encontro devia significar muito mais do que um simples acaso: era uma conexão.

79   Assim como é preciso recordar os deuses da Antiguidade Clássica para poder apreciar devidamente o valor psicológico do tipo *anima-animus*, do mesmo modo Cristo é para nós a analogia mais próxima do si-mesmo e de seu significado. Não se trata, aqui, bem entendido, de um valor atribuído artificial ou arbitrariamente, mas de um valor coletivo, efetivo e subsistente por si mesmo, que desenvolve a sua atividade, quer o sujeito tome ou não conhecimento dele. Embora, indubitavelmente, os atributos de Cristo (consubstancialidade com o Pai, coeternidade, filiação, *parthenogenesis* [nascimento virginal], crucifixão, o Cordeiro oferecido em sacrifício entre os opostos, um só repartido entre muitos etc.) no-lo mostrem como uma encarnação do si-mesmo, contudo, contemplado de um ponto de vista psicológico. Ele corresponde apenas a uma das metades do arquétipo em consideração. A outra metade se manifesta no Anticristo. Este último ilustra igualmente o si-mesmo, mas é constituído pelo seu aspecto tenebroso. Tanto um como o outro são símbolos cristãos que significam a imagem do Salvador crucificado entre os dois malfeitores. Este grandioso símbolo indica que a evolução e a diferenciação produzidas na consciência levam-nos a um conhecimento cada vez mais ameaçador da contradição, e significa nada menos que uma *crucificação*

---

27. Judeu-cristãos, ou um partido gnóstico-sincretista deles.

28. Seita gnóstica, mencionada em Epifânio. *Panarium adversus octoginta haereses*, LXXX, 1-3 e em Miguel Pselo. *De daemonibus*, em: Marsílio Ficino. *Auctores Platonici* (*Iamblichus de mysteriis Aegyptiorum*).

do eu, isto é, sua suspensão dolorosa entre dois opostos inconciliáveis[29]. Mas é impossível que isto implique em uma extinção total do eu, o que significaria aniquilar o ponto focal da consciência, disso resultando um completo estado de inconsciência. A relativa supressão do eu concerne apenas às decisões supremas e definitivas em conflitos de deveres insolúveis; ou seja, em casos desta natureza, quem decide é um espectador padecente, mas o indivíduo tem de submeter-se a uma decisão – ao arbítrio – de um terceiro. O gênio [*genius*] do homem, que é o que de mais elevado e mais amplo nele existe e cujos limites ninguém conhece, é quem profere a decisão definitiva. Por isso é bom examinar cuidadosamente os aspectos psicológicos do processo de individuação à luz da tradição cristã, pois ela conhece sua descri-

---

29. "Oportuit autem ut alter illorum extremorum isque optimus appellaretur Dei filius propter suam excellentiam; alter vero ipsi ex diametro oppositis, mali daemonis, Satanae diabolique filius diceretur" (Convinha, porém, que um desses dois extremos, e precisamente o que é bom, se chamasse filho de Deus, por causa da excelência de sua bondade, ao passo que o outro, que lhe era diametralmente oposto, fosse chamado filho do demônio, mau de satanás e do diabo). Orígenes, *Contra Celsum*. VI, 45 [PG XI, col. 1.367]. Os opostos se condicionam até mesmo reciprocamente: "Ubi quid malum est... ibi necessario bonum esse malo contrarium... Alterum ex altero sequitur: proinde aut utrumque colendum est negandumque bona et mala esse; aut admisso altero maximeque malo, bonum quoque admissum oportet" (Onde quer que haja algum bem... forçoso é que exista aí também um mal, que se contrapõe ao bem... Um é a decorrência do outro. Por conseguinte, ou se admite e se nega, ao mesmo tempo, que existem o bem e o mal, ou, caso se admita um deles, mormente o mal, como existente, forçoso também é admitir que o bem existe – op. cit., II, 51 [col. 878]). Contrariando esta constatação clara e lógica, Orígenes não evita afirmar, em outra passagem, que "as potestades, os tronos, as dominações", e até os espíritos maus e os demônios impuros, *non substantialiter id habeant* (não o possuem de forma substancial, isto é, não possuem a "virtus adversaria", a qualidade oposta), e que todos eles não foram criados maus; foram eles mesmos que escolheram este estado de malícia (*malitiae gradus*) (*De principiis*, I, VIII, 4 [PG XI, col. 179]). Orígenes já se acha comprometido, pelo menos implicitamente, com a definição de Deus como *Summum Bonum*, e revela uma tendência a negar a substancialidade do mal. Já se acha bastante próximo da acepção agostiniana da *privatio boni*, ao afirmar: *Certum namque est malum esse bono carere*. (É certo, portanto, que ser mau significa estar privado do bem.) Mas esta frase é precedida diretamente pela seguinte: *Recedere autem a bono, non aliud est quam effici in malo* (Afastar-se, porém, do bem nada mais é do que consumar o mal". Em *De principiis*, II, IX, 2 [PG XI, col. 226], ele indica claramente, com isto, que o aumento de um implica na diminuição do outro; que o bem e o mal são, portanto, os dois componentes e equivalentes de uma oposição.

ção, a qual supera, e muito, nossa fraca tentativa individual, tanto em exatidão quanto em expressividade, embora na imagem do si-mesmo, isto é, em Cristo, falte a respectiva sombra.

80   A razão disto é, como já indicamos alhures, a doutrina do *Summum Bonum* (Sumo Bem). Ireneu afirma, e com razão, referindo-se aos gnósticos, que a "luz do Pai deles" deve ser combatida, porque "não foi sequer capaz de iluminar e encher aquilo que nela estava encerrado, isto é, a sombra e o vazio"[30]. Parece-lhe chocante e censurável que alguém possa pensar que haja um "vazio informe e tenebroso" no interior do *pléroma* luminoso. Nem Deus nem Cristo deveriam ser um paradoxo. Deveriam ser inequívocos, e isto é válido até hoje. Ignorava-se, e parece que ainda se continua a ignorar (com algumas honrosas exceções), que a *hybris* (soberba) do intelecto especulativo já havia induzido os antigos a ousarem uma definição filosófica de Deus, ao obrigá-lo, de certo modo, a assumir o papel de *Summum Bonum*. Um teólogo protestante teve até mesmo a ousadia de dizer que "Deus só *pode* ser bom!" O próprio Javé, por si só, já bastaria para convencê-lo do contrário a este respeito, caso ele mesmo não percebesse sua intrusão intelectual no confronto com a onipotência e liberdade de Deus. A usurpação do *Summum Bonum* tem naturalmente seus motivos, que remontam a muito longe, no passado (e nos quais não quero entrar neste contexto), mas isto não impede que ela tenha sido a razão e a origem do conceito da *privatio boni*, e este conceito destrói a realidade do mal, que encontramos em pleno desenvolvimento em Basílio Magno (330-379) e, a seguir, em Dionísio Areopagita (segunda metade do século IV) e em Agostinho.

81   Anteriormente a todos eles, Taciano (século II) preconiza o princípio formulado depois: *Omen bonum a Deo, omne malum ab homine* [todo bem procede de Deus e todo mal provém do homem], ao afirmar: "Nada de mau foi criado por Deus; nós é que praticamos toda espécie de injustiças"[31]. Esta opinião também foi defendida por Teófilo de Antioquia (século II) em sua obra *Ad Autolycum*[32].

---

30. *Adv. Haer.* II, 4,3.
31. *Oratio ad Graecos* [PG V], col. 829 [cf. § 74.
32. PG VI, col. 1.080.

Basílio afirma o seguinte: "Não deves considerar Deus como au- 82
tor da existência, nem pensar que o mal tem substância própria (ἰδιάν
ὑπόστασιν τοῦ χαχοῦ εἴναι); pois nem a maldade existe como ser
vivo, nem admitimos que o mal seja entidade substancial *ousian enhypós-*
taton). O mal é uma negação (*stérēsis*, literalmente privação) do bem...
O mal, portanto, não se fundamenta em uma existência própria (*en
idia hyparxei*), mas decorre da mutilação (*pērōmasin*) da alma[33]. Quer
dizer, o mal não é ingênito, como opinam os ímpios que equiparam a
maldade à natureza boa... nem gerado. Com efeito, se tudo provém de
Deus, como (pode) o mal provir do bem?"[34]

Há uma outra passagem do mesmo autor, que ilumina a lógica 83
desta afirmação. Na segunda *Homilia in Hexaemeron* afirma Basílio:
"É uma impiedade dizer que o mal tem sua origem em Deus, porque
nenhum dos contrários é gerado pelo outro. Com efeito, nem a vida
gera a morte, nem as trevas são a origem da luz, nem a doença é causa
da saúde [...] Por conseguinte [...] se (o mal) não é ingênito nem foi gerado por Deus, de onde tem sua natureza? Com efeito, quem quer que
participe da vida, negará que o mal existe. Que dizermos, então? Diremos que o mal não é uma substância viva ou animada, mas um estado
(*diáthesis*) da alma, contrário à virtude, (e isto) por causa da apostasia
do bem, que provém dos negligentes (quer dizer: é por eles causada)
[...] Cada um se reconhece o causador da maldade que nele existe"[35].

O fato natural de que, ao proferirmos a palavra "alto", temos 84
imediatamente a noção de "baixo" (ou profundo), transmuda-se
inadvertidamente em um nexo de causalidade, levando-nos assim *ad
absurdum* (ao absurdo), pois é evidente que as trevas não produzem a
luz, nem a luz produz as trevas. Mas a ideia do bem e do mal é a principal premissa do julgamento moral. Trata-se de um par de contrários
logicamente correlativos, os quais constituem, como tais, uma *condi-
tio sine qua non* (condição sem a qual não é possível) de qualquer ato
de conhecimento. Nada mais se pode dizer a este respeito, de um
ponto de vista empírico. É deste ponto de vista, portanto, que pode-

---

33. Basílio é de opinião as trevas do mundo são devidas à sombra produzida pelo corpo do céu (*Hexaemeron*, II, 5 [PG 29, col. 40]).

34. *Homilia: Quod Deus non est auctor malorum* [PG 31], col. 341.

35. *De spiritu sancto* [PG 29], col. 37.

mos perceber que o bem e o mal não derivam um do outro, como duas metades coexistentes de um julgamento moral, mas existem desde sempre de forma autônoma. O mal é, como o bem, uma categoria humana de valor, e nós somos os autores de juízos de valor morais e também, embora somente em grau limitado, daqueles fatos que são submetidos ao julgamento moral. Esses fatos são qualificados de bons por uns e de maus por outros. Só nos casos essenciais é que existe um *consensus generalis* (consenso geral) quase completo. Se considerarmos o homem, com Basílio, como autor do mal, estaremos, concomitantemente, dizendo que ele é também autor do bem. Mas o homem, antes de tudo, é autor de um mero julgamento. Não é fácil estabelecer sua própria responsabilidade em relação aos fatos julgados. Para isto seria necessário que tivéssemos condições de definir claramente os limites do livre-arbítrio. O psiquiatra sabe perfeitamente quão tremendamente difícil é esta tarefa.

85   Por este motivo o psicólogo tem horror das afirmações metafísicas, mas deve criticar as explicações humanas comumente aceitas da *privatio boni*. Se Basílio afirma, portanto, de um lado, que o mal não tem substância própria, mas decorre "de uma mutilação da alma", e se, de outro lado, está convencido de que o mal é real, é porque a realidade relativa do mal tem suas raízes em uma "mutilação" efetiva da alma, que deve ter igualmente uma causa real. Se a alma foi criada originalmente boa, então na realidade se corrompeu em uma fase posterior, e isto devido a uma causa real, mesmo que esta causa não tenha sido mais do que o descuido, a negligência ou a irresponsabilidade, que traduzem o sentido do termo *rhathymia* (usado por Basílio). A circunstância de atribuirmos a origem de uma coisa a um fato psíquico – e quero que isto fique bem claro – não significa que o reduzamos *ad nihilum* [a nada] e, consequentemente, o destruamos; pelo contrário, agindo assim, o transpomos para uma *realidade psíquica* que, do ponto de vista empírico, é muitíssimo mais fácil de constatar do que, por exemplo, a realidade do demônio proposta pelo dogma e que, segundo testemunho autêntico, não foi inventada pelo homem, mas já existia antes dele. O fato de o demônio ter apostatado de Deus, por sua livre vontade, prova, de um lado, que o mal já estava presente no mundo antes do homem e que este último, por conseguinte, não pode ser o autor exclusivo do mal; de outro lado, mostra que o próprio demônio também tinha uma alma "mutilada", fato

para o qual é preciso igualmente atribuir uma causa. O erro básico da argumentação basiliana é *a petitio principii* [pressuposição de conhecimento prévio do fato a provar] que nos conduz a contradições insolúveis: liminarmente tem-se como certo que se deve negar a autonomia do mal, mesmo em oposição à eternidade dogmática do demônio. Historicamente, a razão externa desta posição foi a ameaça do dualismo maniqueísta. É isto o que transparece, sobretudo, na obra de Tito de Bostra († cerca de 370): *Adversus Manichaeos*[36], onde ele ensina, refutando o dualismo maniqueísta, que não existe o mal no que diz respeito à substância.

João Crisóstomo (cerca de 344-407) usa a expressão *ektropē tou kaloú* (desvio, afastamento do bem), em vez de *stérēsis* (*privatio*, privação). Ele diz, por exemplo: "O mal outra coisa não é do que um desvio do bem, e por isso o mal é posterior ao bem"[37].

86

Dionísio Areopagita dá uma explicação detalhada do mal, no capítulo IV de *De divinis nominibus*. O mal, diz, não pode provir do bem, porque se dele viesse, não seria mau. Mas como tudo o que existe deriva do bem, todas as coisas são boas de algum modo, "e o mal não existe de forma alguma" (τὸ δὲ κακὸν οὔτε ὄν ἐστιν). "O mal por sua própria natureza nada é, nem produz algo de real". "O mal não existe de forma alguma, e não é bom nem benéfico" (οὐκ ἔστι καθόλου τὸ κακὸν ου!τε α*γαθογν ου!τε α*γαθαποιοϖν). "Todas as coisas são boas e procedem do bem, na medida em que existem; mas não são boas nem existem, na medida em que foram privadas do bem". "O que não existe, não é totalmente mau. O que não é, nada será, a menos que seja concebido como existindo no bem, de um modo suprassubstancial (χατὰ τὸ ἱεπούσιον). O bem, por conseguinte, quer enquanto existe, quer enquanto não existe, está situado numa posição incomparavelmente mais proeminente e elevada (πολλῷ πρότερον ὑπεριδρύμενον), ao passo que o mal não está presente nem no que existe, nem no que não existe" (τὸ δέ κακὸν ου!τε ε*ν τοῖς οὖσιν, οὔτε ἐν τοῖς μὴ οὖσιν)[38].

87/88*

---

36. PG 18, col. 1.132.

37. *Responsiones ad orthodoxas* [PG 6], col. 1.313s. [conhecida como *Iustini opera spuria*].

* Não podemos aceitar a subdivisão deste parágrafo tal como está na edição anglo-americana – Nota dos editores.

38. § 18-20 [PG 3, col. 716s.].

89 Estas citações nos mostram claramente com que ênfase a realidade do mal foi há muito negada. Como já adverti, este fato se acha intimamente vinculado a uma tomada de posição da Igreja em relação ao dualismo maniqueísta. É isto que se vê, com toda clareza, em Agostinho. Em uma de suas obras contra os maniqueus e os marcionitas, ele apresenta a seguinte explicação: "Mas, por este motivo, todas as coisas são boas porque umas são 'melhores' do que as outras, e a qualidade das coisas menos boas faz crescer o valor das boas [...] Mas aquelas que chamamos más, são falhas da natureza das coisas boas, e nunca podem existir absolutamente por si mesmas, fora das coisas boas [...] Mas até mesmo estas falhas testemunham a bondade da natureza dos seres. Com efeito, o que é mau por alguma falha essencial, é verdadeiramente bom por natureza. A falha essencial, com efeito, é algo contra a natureza, porque prejudica a natureza: e não poderia prejudicar, senão por uma diminuição de sua bondade. Por conseguinte, o mal nada mais é do que uma ausência do bem. E por esta razão só se encontra em alguma coisa boa. E é por isso que as coisas boas podem existirem sem as coisas más, como por exemplo o próprio Deus e todos os seres celestes superiores: não são maus [...]; se, porém, prejudicam, diminuem o bem, e se continuam a prejudicar, é porque encontram ainda algum bem que podem diminuir; e se o consomem todo, a natureza já não tira mais nada que possa ser prejudicado; por isso, quando já não houver uma natureza cujo bem diminua, ao ser prejudicado, também já não existirá mal algum para prejudicar"[39].

---

39. "Nunc vero ideo sunt omnia bona, quia sunt aliis alia meliora, et bonitas inferiorum addit laudibus meliorum... Ea vero quae dicuntur mala, aut vitia sunt rerum bonarum, quae omnino extra res bonas per se ipsa alicubi esse non possunt... Sed ipsa quoque vitia testimonium perhibent bonitati naturarum. Quod enim malum est per vitium, profecto bonum est per naturam. Vitium quippe contra naturam est, quia naturae nocet; nec noceret, nisi bonum eius minueret. Non est ergo malum nisi privatio boni. Ac per hoc nusquam est nisi in re alíqua bona... Ac per hoc bona sine malis esse possunt, sicut ipse Deus, et quaeque superiora coelestia: mala non sunt... si autem nocent, bonum minuunt: et si amplius nocent, habent adhuc bonum quod minuant; et si totum consumunt, nihil naturae remanebit qui noceatur; ac per hoc nec malum erit a quo noceatur, quando natura defuerit, cuius bonum nocendo minuatur" (Contra adversatium legis et prophetarum, I, 4s., col. 606s.). Embora o Dialogus quaestionum LXV não seja obra autêntica de Agostinho, contudo expressa com clareza o seu pensamento. Quaest. XVI: "Cum Deus omnia bona creavit, nihilque sit quod non ab ilio conditum sit, unde malum? Resp. Malum natura non est; sed 'privatio boni' hoc nomen accepit. Denique bonum potest esse sine malo, sed malum non potest esse sine bono, nec potest esse ma-

O *Liber Sententiarum ex Augustino* diz: "Nulla est substantia   90
mali"[40]: "O mal não é uma substância (entidade autônoma): pois não
existe, porque Deus não é o seu autor. Assim, a falha da corrupção outra
coisa não é senão o desejo ou o ato de uma vontade desordenada"[41]. Em
concordância com isto está Agostinho quando afirma: "Não é o ferro que
é mau; mau é quem usa o ferro para praticar uma ação má"[42].

Estas citações de Dionísio e de Agostinho nos mostram, à evidência,   91
que o mal não tem substância ou existência em si mesmo, porque é apenas
uma diminuição do bem, que é o único a ter substância. O mal é um *vitium*,
isto é, um mau uso das coisas, resultante de uma decisão errônea da vontade
(obcecação por um prazer mau etc.). Tomás de Aquino, o grande Doutor da
Igreja, ensina, com referência à citação de Dionísio Areopagita feita acima,
que ("o mal não existe, nem é bom"): "Um contrário se conhece pelo
outro, como as trevas pela luz. Por isso (em resposta à pergunta) é a partir
da natureza do bem que se deve deduzir em que consiste o mal. Ora, já
dissemos acima que o bem é tudo o que é apetecível. Por isso, como toda a
natureza busca seu próprio ser e sua perfeição, necessariamente se há de
afirmar que o ser e a perfeição de cada criatura têm natureza de bondade
(*rationem bonitatis*). Por conseguinte, é impossível que o mal signifique
algum ser, uma certa forma ou natureza. Assim, só nos resta con-

---

lum ubi non fuerit bonum... Ideoque quando dicimus bonum, naturam laudamus; quando dicimus malum, non naturam, sed vitium, quod est bonae naturae contrarium repre-
hendimus" (Dado que Deus criou tudo bom e nada existe que não tenha sido criado por
Ele – de onde é que vem o mal? Resposta: O mal não é um ser, embora a ausência do
bem seja a designação que lhe foi dada. Além do mais, o bem pode existir sem o mal,
ao passo que o mal não pode existir sem o bem, e não pode haver mal lá onde não haja
igualmente um bem. Por isto, quando pronunciamos a palavra "bom", louvamos um
ser real, mas quando pronunciamos a palavra "mau", não censuramos uma natureza e
sim uma falha essencial contrária à natureza boa).

40. "Iniquitas nulla substantia est", op. cit., CCXXVIII (col. 2.590). "Est natura in qua
nullum malum est, vel etiam nullum malum esse potest. Esse autem natura, in qua nullum bonum sit, non potest" (Há uma natureza (classe de seres) na qual não existe o
mal, ou mesmo não pode haver nenhum mal. Porém é impossível haver uma natureza
em que não exista um bem: op. cit., CLX (col. 2.581s.)).

41. CLXXVI O mal não tem substância (essência autônoma); *quia quod auctorem
Deum non habet, non est: ita vitium corruptionis nihil est aliud, quam inordinatae vel
desiderium vel actio voluntatis.*

42. *Sermones suppositi*, I, 3, col. 2.287. "Non ferrum est malum; sed qui ad facinus
utitur ferro, ipse malus est".

cluir que, com a palavra "mal", designa-se uma certa ausência de bem"[43].
"O mal não é um ente; o bem, sim, é um ente"[44]. "De igual modo, todo
agente opera por causa ou em razão do bem. Aquilo para o qual o agente
tende de maneira determinada deve ser-lhe apropriado (*conveniens*). O
que, porém, lhe convém (ao agente), é um bem para ele, e por isso todo
agente opera em vista do bem" (*Quod autem conveniens est alicui est illi
bonum. Ergo omne agens agit propter bonum*)[45].

92   O próprio Santo Tomás lembra que Aristóteles afirma que "a cor
mais branca é aquela que está menos misturada com o preto"[46], sem
dizer porém que a frase: A cor mais preta é aquela que está menos
misturada com o branco, pode supor não só o mesmo grau de validez, como também é logicamente equivalente à primeira. Por isso seria oportuno lembrar que não só as trevas se conhecem pela luz,
como também, inversamente, a luz se conhece pelas trevas.

93   Como só o que age é real, por conseguinte, segundo o pensamento de Santo Tomás, só o bem é real, isto é, só o bem existe. Mas
sua argumentação pressupõe um *bonum* (bem) que é sinônimo de
"suficiente, oportuno, adequado, conveniente". Por isso, dever-se-ia
traduzir *omne agens agit propter bonum* por: todo agente atua em
vista daquilo que lhe convém. Como se sabe, é deste modo que o diabo também age. Também ele tem um *appetibile* (apetecível) e busca
certamente não a perfeição no bem, mas a perfeição no mal; mas daí
não se pode absolutamente concluir que sua aspiração tenha, por isso
mesmo, as características da bondade.

94   É evidente que o mal pode ser definido como uma diminuição do
bem, mas esta lógica nos permitiria dizer que a temperatura do vento
ártico, que faz o nariz e as orelhas congelarem, é só relativamente
mais baixa que o calor reinante na região equatorial. Mas a temperatura da região ártica não vai muito além dos 230° acima do zero absoluto. Todas as coisas sobre a face da terra são "quentes", isto é, em
parte alguma de nosso globo é atingido o zero absoluto, por aproxi-

---

43. *Summa theologica*, I, quaest. 48,1.

44. Op. cit., 48,3.

45. *Summa contra gentiles*, III, 3.

46. *Summa theologica*, I, quaest. 48,2.

mado que seja. Assim como todas as coisas são mais ou menos "boas", e como o frio nada mais é do que uma diminuição do calor, assim também o mal nada mais não é do que uma diminuição do bem. A argumentação usada para provar a *privatio boni* é uma *petitio principii* eufemística, quer o mal seja considerado como um bem menor, quer como uma decorrência da finitude e do caráter limitado das coisas. O sofisma resulta da premissa: Deus = *Summum Bonum*, porque é inconcebível que o bem perfeito tenha podido criar o mal. Deus criou apenas o bem e o menos bem (que, para o leigo, seria simplesmente "pior")[47]. Mas assim como nos congelamos, lamentavelmente, não obstante estarmos a uma temperatura de 230° acima do zero absoluto, assim também há pessoas e coisas que foram criadas por Deus, mas que têm um mínimo de bondade e, consequentemente, um máximo de maldade.

Desta tendência de negar é que provém, possivelmente, o princípio: *Omne bonum a Deo, omne malum ab homine* (Todo bem provém de Deus e todo mal, do homem). Isto representa uma verdadeira contradição relativamente à verdade segundo a qual quem criou o calor também é o responsável pela existência do frio (isto é, da *bonitas inferiorum*) (da bondade das coisas inferiores). Podemos, naturalmente, concordar com Agostinho, quando afirma que todas as naturezas são boas, mas não suficientemente boas para que sua maldade também não seja patente. 95

Hoje em dia não é fácil qualificar o que aconteceu no passado, e continua a acontecer também em nossos dias, nos campos de concentração dos estados ditatoriais, como "carência acidental de uma perfeição". Isto nos soa como uma zombaria. 96

A psicologia ignora o que é bom e o que é mau em si mesmo. Ela só conhece estas coisas como juízos de relação: bom é o que parece conveniente, aceitável ou valioso sob um certo ponto de vista; mau é o inverso disto. Se o que chamamos bom é "realmente" bom, então, 97

---

7. Nos decretos do 4º Concílio de Latrão lê-se o seguinte: "Diabolus enim et alii daemones a Deo quidem natura creati sunt boni sed ipsi per se facti sunt mali" (O diabo e os demais demônios foram criados por Deus bons por natureza, mas se tornaram maus por si próprios) (DENZINGER. *Enchiridion symbolorum et defininitionum* [6. ed., 388, p. 19; 31. ed., 1960, p. 199, n. 428 – N.T.]).

consequentemente, existe algo de mau, um mal que é "real" para nós. Vemos, portanto, que a psicologia lida com um julgamento mais ou menos subjetivo, isto é, com um contraste psíquico imprescindível para a definição de determinadas relações de valor: bom é o que não é ruim, e ruim o que não é bom. Existem coisas que são extremamente más, isto é, perigosas, sob um determinado ponto de vista. Existem também coisas desta espécie na natureza humana, que são muito perigosas e, por isso mesmo, parecem más àquele que está situado no eixo do tiro. Não tem sentido dissimular este mal sob cores atraentes, pois isto só serviria para nos embalar numa segurança ilusória. A natureza humana é capaz de uma maldade sem limites e as ações más são tão reais quanto as boas, tão vasto é o campo da experiência humana; o que significa que é de forma espontânea que a alma emite o julgamento decisivo. Só a inconsciência desconhece o bem e o mal. No âmbito da psicologia ignora-se sinceramente o que prepondera no mundo: se o bem ou o mal. Espera-se apenas que seja o bem, isto é, aquilo que nos parece conveniente. Pessoa alguma jamais teria condições de definir o que é o bem de modo geral. Nenhum conhecimento claro da relatividade e da caducidade do juízo moral é capaz de nos livrar desta limitação, e aqueles que se consideram situados para além do bem e do mal, em geral, são os importunos mais incômodos da humanidade, que se contorcem no tormento e no medo da própria febre.

98   Hoje, como em todas as épocas, é necessário que o homem não feche os olhos para o perigo do mal que está à espreita dentro dele mesmo. Infelizmente este perigo é demasiado real, e por isto a psicologia deve insistir na realidade do mal e refutar qualquer definição que deseje conceber o mal como algo sem importância ou mesmo como não existente. A psicologia é uma ciência experimental que lida com coisas reais. Por isso, como psicólogo que sou, não tenho intenção, nem tampouco a qualificação para me imiscuir no terreno da metafísica. Só me torno polêmico quando a metafísica se intromete no campo da experiência e lhe dá uma interpretação que não se justifica absolutamente por via empírica. A crítica que faço contra doutrina da *privatio boni* só é válida até onde a experiência alcança. Do ponto de vista científico, a argumentação usada é, como todos poderão ver, uma *petitio principii* da qual, como é sabido, sempre se extrai aquilo que nela se colocou. Tais argumentos carecem de força

de persuasão, mas a circunstância de que não somente se usam semelhantes argumentos, mas de que neles se acredita sem sombra de dúvida, constitui para mim um aspecto sobre o qual não posso simplesmente fechar os olhos. Ele é indício de que existe uma tendência *a priori* no sentido de dar preferência ao "bem", e isto através de todos os meios próprios e impróprios de que se dispõe. Por isso, aferrando-se à doutrina da *privatio boni*, a metafísica cristã expressa a tendência de aumentar cada vez mais o bem e de diminuir o mal. A *privatio boni* pode ser, portanto, metafisicamente verdadeira. Mas, de minha parte, não ouso formular nenhum juízo a este respeito. Devo apenas insistir que, no campo de nossas experiências, o branco e o preto, a luz e as trevas, o bem e o mal são pares de contrários, sendo que um sempre pressupõe o outro.

Este fato singelo foi corretamente apreciado já nas chamadas *Homilias Clementinas*[48], coleção de escritos gnóstico-cristãos, compostos por volta de 150 (?), dado que o autor desconhecido concebe o bem e o mal, respectivamente, como a mão direita e a mão esquerda de Deus, e faz da criação um conjunto de sizígias, ou seja, de pares de contrários. Marino, discípulo de Bardesanes, concebe o bem, semelhantemente, como luminoso e estando à direita (*déxion*), e o mal como tenebroso e estando à esquerda (*arísteron*)[49]. O lado esquerdo corresponde também à feminilidade. Assim, em Ireneu (*Adversus Haereses*, I, 30,3), a *Sophia Prounikos* é a Sinistra. Para Clemente, tal concepção é de todo compatível com a ideia da unidade de Deus. Se supusermos uma imagem divina antropomórfica por trás desta concepção (e toda imagem divina é mais ou menos, sutilmente antropomórica!), dificilmente poderemos contestar a lógica e a naturalidade da concepção clementina. Em qualquer dos casos, esta maneira de conceber, que é talvez cerca de duzentos anos mais antiga do que as cita-

99

---

48. Harnack (*Dogmengeschichte*, p. 332) situa as Clementinas no início do século IV, e defende a opinião segundo a qual "elas não encerram um escrito original, que podemos atribuir, com algumas probabilidades, ao século II". Harnack acha que o Islão é muito superior a esta teologia. Tanto Javé como Alá são imagens não refletidas de Deus, ao passo que nas Clementinas há um pensamento psicologicamente reflexivo em ação. Que isto seja uma deformação do conceito de Deus, como opina Harnack, não me parece tão claro. Não se devia levar demasiado longe o medo da psicologia.

49. *Der Dialog des Adamantius*, III, 4, p. 119.

ções apresentadas acima, é indício de que a realidade do mal de modo algum leva ao dualismo maniqueu, nem tampouco coloca em perigo a unidade da imagem divina. Ela assegura, pelo contrário, a unidade desta imagem, acima da embaraçosa diferença que existe entre a concepção javística e a concepção cristã de Deus. Javé, como se sabe, não é justo, e a injustiça não é coisa boa. É fora de dúvida que a teologia clementina conseguiu superar esta antinomia, de maneira consoante com os fatos psicológicos.

100   Por isso vale a pena examinarmos mais de perto as ideias de Clemente em seu desenrolar. "Deus, afirma ele, estabeleceu dois reinos (*basileias*) e constituiu dois mundos (*aiōnas*), ao resolver entregar o cosmos presente ao domínio do mal (*ponērō*), porque este é pequeno e não demoraria a passar. Mas prometeu ao bem reservar-lhe o mundo vindouro, pois o bem, evidentemente, é grande e eterno". A estrutura do homem corresponde a esta bipartição: o corpo provém do elemento feminino, cuja característica fundamental é a emocionalidade, ao passo que o espírito provém do elemento masculino, ao qual corresponde a racionalidade. Ao corpo e ao espírito Clemente chama de "as duas tríades"[50]. O homem é o resultado de duas misturas (*phyramátōn*; literalmente: massa): o feminino e o masculino. Por isso lhes foram prefixados dois caminhos: o da Lei e o da iniquidade (anomia). Quer dizer: foram estabelecidos dois reinos: o primeiro que se chama céu, e o segundo, que é o domínio daqueles que agora governam a terra"[51]. "Um destes reinos pratica violência (*ekbiázetai* contra o outro". "Além disto, estes dois dominadores (*hēgemónes* têm mãos rápidas", são as mãos de Deus – ideia esta que se inspira expressamente em Deuteronômio 32,39 (*Ego occidam et ego vivere faciam* – "Eu mato e ressuscito") – Ele mata com a mão esquerda e salva com a mão direita. Estes dois princípios "não têm sua essência fora de Deus, nem tampouco têm uma outra origem (*archē*)". Também não foram projetados (*proeblēthēsan*) para fora de Deus, como ani-

---

50. A este respeito, cf. as tríades de funções em JUNG. *Zur Phänomenologie des Geistes im Märchen*, § 425s. A tríade feminina ou somática é constituída pela ἐπιθυμί (apetite), pela ὀργη̄ (cólera) e pela λύπη (tristeza), e a masculina, pelo λογισμός (reflexão), pela γνῶσις (conhecimento) e pelo φόβος (medo).

51. *Clementis Romani quae feruntur Homiliae XX*, hom. XX, II [PG 2, col. 448s.].

mais (*zõa*), "pois estavam em harmonia com Ele (*homódoxol*; literalmente: da mesma opinião, em igual disposição de ânimo)". "Mas os quatro primeiros elementos foram projetados para fora de Deus [...] O Pai participa de todo o ser (*ousías*), mas não do conhecimento, que deriva da mistura (isto é, dos elementos)[52]. A opção (ou decisão, *proaíresis*) nasceu como criança naqueles que foram misturados a partir do exterior"[53], isto é, foi graças à mistura dos quatro elementos que surgiram as desigualdades que denotam insegurança e, por isso, exigem decisões ou atos de vontade. Os quatro elementos formam, ao mesmo tempo, uma substância quádrupla do corpo (*tetragenēs tou sōmatos ousía*) e do mal (*tou ponēroū*). Esta substância foi projetada para fora de Deus, já diferenciada em espécies, mas fora dela foi misturado o projeto (*proaíresis*) que se contenta com o mal e que visava à mistura, de conformidade com a vontade do Criador (*tou probalóntos*)".

Esta frase deve ser entendida mais ou menos como segue: A substância quádrupla é eterna (oúsa aeí) e filha de Deus. Entretanto, a tendência para o mal (he kakois chairousa proaíresis) veio juntar-se exteriormente à mistura realizada por Deus (κατὰ τὴν τοῦ θεοῦ βούλησιν ἔξω τῇ κράσει συμβέβηκεν). E assim o mal não foi criado nem por Deus nem por qualquer outro, nem projetado para fora dele, nem brotou por si mesmo. Mas Pedro, que (nas homilias) faz (ficticiamente) estas reflexões, não está absolutamente certo de que as coisas se passam desta maneira. | 101

Tem-se, portanto, a impressão de que a mistura dos quatro elementos se revestiu de um caráter maligno, à margem do plano (e sem o conhecimento?) de Deus, o que dificilmente se pode conciliar com o pressuposto clementino das duas mãos antagônicas de Deus que "cometem violência" uma contra a outra. Mas é evidente que Pedro, o qual conduz o diálogo, sente alguma dificuldade em atribuir a autoria do mal, *expressis verbis* [expressamente], ao Criador. | 102

Clemente Romano representa um cristianismo petrino que traz nitidamente a marca da alta Igreja (ritualista), revelando, não só des- | 103

---

52. Ao invés de οὔσης γνώμης, a variante οὐτῆς parece-me mais rica de sentido. P. de Lagarde (*Clementina*, p. 190) tem, aqui πάσης οὐσίας ... οὔσης γνώμης.

53. *Homilia XX*, XX, 3 [PG 2, col. 449]: τῆς μετὰ τὴν κρᾶσιν.

te modo, mas também com sua doutrina do duplo aspecto divino, uma estreita vinculação com a Igreja judeu-cristã dos primeiros tempos. Segundo o testemunho de Epifânio, encontramos nesta Igreja a concepção ebionítica de que Deus tem dois filhos: um mais velho, que é Satanás, e outro mais jovem, que é Cristo[54]. Por certo, é a este fato que se refere Miqueias, um dos participantes do diálogo (nas Homilias de Clemente), quando argumenta que, se o bom e o mau são gerados de forma idêntica, devem ser irmãos[55].

104   Na passagem central do Apocalipse (judeu-cristão?) intitulada *Ascensão de Isaías* encontra-se a visão de Isaías referente aos sete céus através dos quais ele foi elevado[56]. Primeiramente ele vê Samuel e seu exército, contra os quais se trava uma "grande batalha" no firmamento. Mas o anjo conduz Isaías mais além, até junto de um trono, no primeiro céu. À direita deste trono se achavam anjos mais belos do que aqueles que estavam à esquerda. Os anjos da direita "entoavam louvores *em uníssono*; os da esquerda, porém, entoavam seus cantos *depois* daqueles, e seu canto era diferente do deles. No segundo céu, os anjos eram mais belos do que os anjos, do primeiro, e não há diferença entre eles, o mesmo acontecendo nos céus que ficavam mais acima". É evidente que Samuel não tem influência perceptível no primeiro céu, pois aí os anjos "da esquerda" são menos belos, da mesma forma que os anjos dos céus inferiores são menos brilhantes do que os dos céus superiores, embora cada um deles supere os outros em esplendor. O demônio está no firmamento, como os arcontes dos gnósticos, e corresponde, provavelmente, com seus anjos, aos deuses e às potências da Astrologia. Por causa da diminuição cada vez maior do esplendor, sua esfera penetra na esfera da Trindade cuja luz, por seu lado, estende-se até o céu mais baixo. Têm-se assim os traços de um quadro que representa uma correspondência de contrários, como a mão direita e mão esquerda. Significativos é o fato de que esta visão

---

54. *Panarium*, I, p. 267.

55. *Clem. Hom. XX*, hom. XX, VII [PG 2, col. 456]. Como em Clemente não se encontra qualquer vestígio de atitude de defesa com relação ao maniqueísmo dualista, típica dos autores das épocas posteriores, a origem das Clementinas deve ser colocada no início do século III (ou antes ainda).

56. HENNECKE (org.). *Neutestamentliche Apokryphen*, p. 309s.

data, como as Homilias Clementinas, da época pré-maniqueísta (século II), em que não havia ainda a necessidade de se precaver contra a competição maniqueísta. Foi possível descrever ainda uma relação autêntica e verdadeira do tipo *yang-yin*, imagem que se aproxima muito mais da verdade fatual do que a *privatio boni*, e que, além disso, de maneira alguma causa uma ruptura no monoteísmo, do mesmo modo que o *yang* e o *yin* representam a unidade integradora do Tao (que os jesuítas coerentemente traduziram por "Deus"). Tem-se a impressão de que foi somente o dualismo maniqueísta que levou os Padres da Igreja a tomarem consciência de que até então haviam inadvertidamente acreditado na substancialidade do mal. Foi possivelmente este conhecimento súbito que os induziu ao perturbador antropomorfismo de admitir que aquilo que o homem não pode conciliar é também inconciliável para Deus. A primeira fase da Igreja primitiva conseguiu evitar este erro, graças à sua maior inconsciência.

Talvez seja lícito supor que o problema da imagem javística de Deus, posto em discussão desde o aparecimento do Livro de Jó, continuasse nos círculos gnósticos do judaísmo, e isto tanto mais quanto a resposta cristã a esta questão, isto é, à declaração inequívoca em favor da bondade de Deus[57], não satisfazia os judeus conservadores. Por isso, sob este aspecto, é significativo o fato de ter sido justamente entre os judeus da Palestina que a doutrina dos filhos antagônicos de Deus teve início. No âmbito do cristianismo, essa doutrina chegou até aos bogumilas e cátaros. No âmbito do judaísmo ela continuou na especulação religiosa e encontrou sua expressão permanente nos dois lados da árvore da Sefirot da Cabala, ou seja: no *hessed* (amor) e no *din* (justiça). Um sábio rabino, o Sr. Zwi Werblowsky, teve a grande gentileza de reunir para mim uma série de manifestações da literatura hebraica que tem relação com este problema[58]. 105

Rabi Joseph ensina: "O que está escrito (Ex 12,22): 'Nenhum de vós saia da porta da sua casa até pela manhã'[59], diz-nos que, se o corruptor tiver as mãos livres algum dia, não haverá mais distinção entre 106

---

57. Mc 10,18; Mt 19,17.

58. Carta pessoal dirigida a C.G. Jung, com data de 12 de fevereiro de 1950.

59. Isto se refere à morte dos primogênitos no Egito.

o bem e o mal. E mais ainda: ele começará até mesmo pelos justos"[60].

Com relação a Êxodo 33,5 ("Se eu vier ao meio de vós, por um só momento que seja, eu vos exterminarei"), diz o Midraxe (Javé afirma): "Eu poderia irritar-me um segundo contra vós – pois isto é o quanto dura minha cólera, como está escrito (Is 26,20): 'Esconde-te por um momento, até que passe o furor' – e vos aniquilar". Javé previne contra sua irascibilidade incontrolada. Se em tais momentos de cólera Ele pronuncia uma maldição, ela impreterivelmente produzirá o seu efeito. Por isso, Balaão, que conhecia "o pensamento do Altíssimo"[61] e foi chamado por Balac para amaldiçoar Israel, era um inimigo tão perigoso, pois conhecia o momento da cólera de Javé[62].

107   O amor e a misericórdia de Deus são a sua direita, enquanto a justiça e o direito são a sua esquerda. Por isso afirma-se, com relação a 1Reis 22,19 ("Vi... todo o exército do céu de pé junto dele (de Javé)"): "Então lá no alto existe posição à direita e posição à esquerda? Isto quer dizer que os defensores estão de pé à direita e os acusadores à esquerda"[63]. Sobre Êxodo 15,6 ("Tua direita, ó Senhor, é gloriosa pela fortaleza; tua direita, Senhor, quebrantou o inimigo!"): "Quando Israel faz a vontade de Deus, transforma também a esquerda em direita. Se não faz a vontade de Deus, transforma até mesmo a direita em esquerda"[64]. A esquerda de Deus repele, e sua direita atrai"[65].

108   A seguinte reflexão nos mostra que aspecto perigoso tem a justiça de Deus: "Assim fala Aquele que é santo – louvado seja: Se crio o mundo com a misericórdia, os pecados se multiplicarão em demasia. Se o crio com justiça, como poderá o mundo subsistir? Por isso eu o crio com justiça e misericórdia. Oxalá que pelo menos assim ele possa subsistir"[66]. O Midraxe do Gênesis 18,23 (intercessão de Abraão em favor de Sodoma) diz (é Abraão quem fala): "Se queres ter um

---

60. *Talmud Babli*. Tratado Baba Kama 60.
61. Nm 24,16.
62. *Talmut Babli*. Tratado Berakoth 7a.
63. *Midraxe Tanhuma* Shemoth XVII.
64. RASCHI. Op. cit.
65. Midraxe de *Cântico dos Cânticos* 2,6.
66. *Bereshit Rabba*, XII, 15.

mundo, não deve haver justiça (rigorosa). Se queres que haja justiça, não haverá mundo. Tu queres as duas coisas ao mesmo tempo. Se não renuncias a uma delas, o mundo não poderá subsistir"[67].

Deus ampara os pecadores arrependidos, que Ele prefere aos justos, cobrindo-os com sua mão ou escondendo-os debaixo do seu trono[68].   109

Com referência a Habacuc 2,3 ("e se ela [a revelação] tardar, espera-a"), diz Rabi Jonathan: "E se acreditas que só nós esperamos, e Ele não espera, eis o que está escrito: 'O Senhor espera conceder-vos mercê' (Is 30,18). Mas, se esperamos e Ele espera, o que é então que impede (a libertação?) É a justiça divina que o impede"[69]. É neste sentido que devemos entender também a oração de Rabi Jochanan: "Que teu desejo seja veres nossa vergonha e contemplares nossa desgraça. Reveste-te de tua misericórdia, cobre-te com o teu poder, envolve-te no manto do teu amor e cinge-te com tua graça, e que tua bondade e clemência estejam em tua presença"[70]. Deus é formalmente exortado a se preocupar com seus bons atributos. Por isso, existe uma tradição segundo a qual Deus implora a si próprio: "Que meu desejo seja que minha misericórdia triunfe e suplante todas as minhas outras qualidades". Esta tradição encontra sua confirmação na seguinte narrativa: Assim falou Rabi Jishmael, filho de Elisha: "Certa vez entrei no Santíssimo para oferecer o sacrifício de incenso e vi ali Actariel[71]. Já Javé Sebaot[72] sentado em um trono elevado e excelso, e Ele me disse: Jishmael, meu filho, abençoa-me! Eu lhe respondi: Senhor do mundo! Que tua vontade seja que tua misericórdia vença a tua cólera, e que tua misericórdia supere as tuas outras qualidades, e que ajas com misericórdia para com teus filhos, e não segundo o rigor da justiça – e Ele me fez o sinal de aprovação com a cabeça"[73].   110

---

67. Op. cit., XXXIX, 6.

68. *Talmud Babli*. Tratado Pesachim 119 e tratado Sanhedrin II, 103.

69. Op. cit. Trat. Sanhedrin II, 97.

70. Op. cit. Trat. Berakoth 16.

71. Actariel é uma palavra artificial, composta de *Ktr, Kether* (coroa) e *el*, nome de Deus.

72. É uma multiplicação numinosa de nomes diversos.

73. *Talmud Babli*. Trat. Berakoth 7.

111   É fácil deduzir, destas citações, como foi duradoura a impressão
causada pela contraditória imagem de Deus delineada por Jó. Ela
tornou-se objeto da especulação religiosa no âmbito do judaísmo e
exerceu sua influência, através da Cabala, em Jacob Böhme, no qual
encontramos uma ambivalência semelhante, ou seja, a do amor e do
fogo da ira de Deus, no qual Lúcifer está preso[74].

112   Dado que a psicologia não é metafísica, não se pode deduzir
qualquer dualismo metafísico da constatação que ela faz da existência de contrários correlatos, nem imputá-los à psicologia[75]. A psicologia sabe que os opostos correlatos constituem condições imprescin-
díveis e inerentes ao ato de conhecimento, pois sem eles seria impossível qualquer tipo de diferenciação. Mas é muito pouco provável
que aquilo que está tão ligado ao ato de conhecimento seja, *eo ipso*
[automaticamente], também uma qualidade do objeto. Muito pelo
contrário, podemos pensar que é sobretudo nossa consciência que
designa as diferenças das coisas, as avalia e produz, inclusive onde é
impossível apreender quaisquer diferenças.

113   Deti-me na consideração da doutrina da *privatio boni*, porque ela
é responsável, até certo ponto, por uma concepção demasiado otimis-
ta do mal. A história do cristianismo primevo contrapôs um anticristo
ao Cristo, com coerência inabalável. Com efeito, como se poderia falar de "elevado" se não existisse "profundo", de "direita" se não existisse "esquerda", de "bem" se não existisse "mal", e quando um é tão
real quanto o outro? Foi somente com Cristo que entrou no mundo a
figura do demônio como contraposição de Deus; além disto, nos círculos judeu-cristãos dos primeiros tempos satanás era considerado,
como já tivemos ocasião de dizer, o irmão mais velho de Cristo.

---

74. *Aurora, oder Morgenröthe im Aufgang*, 16,54 (p. 215).

75. Meu douto, amigo Pe. Victor White, O.P. (*Dominican Studies*, II, p. 399) acredita
poder surpreender traços maniqueístas em mim. Não faço metafísica; pelo contrário,
é a filosofia da Igreja que o faz. Por isso, vejo-me obrigado a lhe fazer a pergunta: Que
representa de especial a eternidade do inferno, da condenação e do diabo? Teoricamente, não consiste em coisa nenhuma. Por isso, que relação existe entre isto e o dogma da condenação eterna? Mas, mesmo que consistisse em alguma coisa, esta dificilmente seria um bem. Onde reside, então, o perigo do dualismo? Além do mais, meu
crítico poderia muito bem saber o quanto enfatizo a unidade do si-mesmo, este arquétipo central que constitui uma *complexio oppositorum* (conjunção de opostos), e é por
este motivo que não me sinto absolutamente inclinado ao dualismo.

Mas foi também por uma outra razão que eu tive de pôr em realce 114 a doutrina da *privatio boni*: é que encontramos, já em Basílio, a tendência de atribuir o mal, juntamente com o seu caráter de *mē on* (não ente), à natureza (disposição, *diáthesis*) da alma. Segundo este autor, como o mal deve sua origem unicamente a um ato de leviandade e, por conseguinte, a uma mera negligência, ele só existe, de certo modo, graças a uma falha psicológica, e por isto é uma *quantité négligeable* [quantidade negligenciável] de tal modo que o mal simplesmente se desfaz em fumaça... Não há dúvida de que a negligência causal é um fato concreto que convém tomar a sério, mas também este fato pode ser facilmente anulado por uma mudança de atitude. Também é possível acontecer o contrário. A condição psicológica é algo tão fugaz e quase irreal, que tudo o que se reduz a ela assume inclusive o caráter de futilidade ou de uma falha acidental e é, portanto, minimizado. Permanece em aberto a questão de saber até que ponto nossa moderna subestima da alma decorre deste preconceito. Este último é tanto mais sério quando sabemos que a alma é depreciada justamente por ser considerada como o lugar de onde se origina o mal. Os Padres da Igreja quase não se deram conta do poder fatal que atribuíram, deste modo, à alma. É preciso que alguém seja inteiramente cego, para não ver o papel quase absoluto que o mal desempenha no mundo. Foi preciso a intervenção do próprio Deus, para que a humanidade fosse salva da desgraça do mal; sem esta intervenção, o homem teria perecido. Atribuir este poder colossal à alma só poderia ter como resultado uma inflação negativa, isto é, uma pretensão igualmente demoníaca do inconsciente ao domínio e, consequentemente, uma intensificação do mesmo. A consequência inevitável deste fato é antecipada na figura do Anticristo, e se dá nos acontecimentos contemporâneos cuja natureza corresponde ao *éon* (era) cristão dos peixes que se avizinha do fim.

Não há dúvida de que no universo das concepções cristãs Cristo 115 representa o si-mesmo[76]. Ele possui, como encarnação da individua-

---

76. Alguém já me objetou que Cristo não pode constituir um símbolo válido do si-mesmo ou não passa de um enganoso sucedâneo dele. Eu não poderia senão aplaudir esta opinião, caso ela se referisse estritamente à época mais recente que está em condições de aplicar a crítica psicológica; mas de modo nenhum o faria, caso ela pretenda julgar a época pré-psicológica. Cristo não significa apenas a totalidade: *era* esta totalidade, também como fenômeno psíquico. É isto o que nos atestam não só a simbólica e a fenomenologia da Antiguidade, para a qual – nota bene – o mal era uma *priva-*

lidade, os atributos da unicidade e da singularidade. Como, porém, o
si-mesmo psicológico é um conceito transcendente, pelo fato de exprimir a soma dos conteúdos conscientes e inconscientes, ele só pode
ser descrito sob a forma de uma antinomia[77], isto é, os atributos acima mencionados devem ser completados por seus respectivos contrários, para que possam caracterizar devidamente o fato transcendental. A maneira mais simples de o fazer é sob a forma de um quatérnio de contrários, como segue:

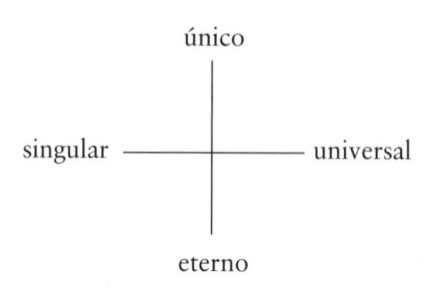

116   Esta fórmula expressa não somente o si-mesmo, como também a
figura dogmática de Cristo. Como homem histórico, Cristo é único;
como Deus, é universal e eterno. Como individualidade, o si-mesmo
é único e singular, mas como símbolo arquetípico é uma imagem divina e, consequentemente, também universal e "eterno"[78]. Se a teologia diz que Cristo é absolutamente bom e espiritual, então é forçoso
que, do lado contrário, tenha-se também um "mau" e "ctônico" ou
"natural" que venha representar justamente o Anticristo. Daí resulta
um quatérnio de contrários, o qual se unifica no plano psicológico,
justamente pelo fato de o si-mesmo não ser considerado simplesmen-

---

tio boni. A representação da totalidade é sempre tão completa quanto o próprio indivíduo. Quem nos garante que nosso conceito de totalidade não precisa também ser
completado? De fato, o simples conceito da totalidade não produz, em si, a presença
desta totalidade.

77. Da mesma forma que a natureza transcendente da luz não pode ser expressa senão
sob uma configuração, ao mesmo tempo corpuscular e ondulatória.

78. Sobre a experiência do si-mesmo, cf. Psychologie und Alchemie [§ 127s.: "Die
Mandalas in den Träumen"] e Die Beziehungen zwischen dem Ich und dem Unbewussten [§ 398s.] ["Obra Completa de C.G. Jung", vol. 7: Dois estudos sobre psicologia
analítica. Petrópolis: Vozes, 2011, p. 220s. – N. T.].

te como "bom" e espiritual. Em consequência disto, sua sombra apresenta um aspecto muito menos negro. Além disto, já não se faz mais necessário que se mantenha a separação entre "bom" e "espiritual".

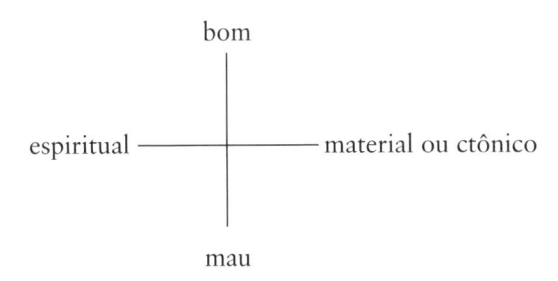

Este quatérnio caracteriza o si-mesmo psicológico, pois, como totalidade, ele deve *per definitionem* (por definição) incluir também os aspectos luminosos e obscuros, da mesma forma que o si-mesmo abrange, sem dúvida, os aspectos masculino e feminino, sendo por isto simbolizado pelo quatérnio de matrimônios[79]. Isto de modo algum constitui uma nova descoberta, mas já se encontra entre os naassenos de Hipólito[80]. É por este motivo que a individuação é um *muysterium coniunctionis* (mistério de unificação), dado que o si-mesmo é percebido como uma união nupcial de duas metades antagônicas[81] e representado como uma totalidade composta, nos mandalas que se manifestam espontaneamente.   117

Já há muito se sabia e se dizia expressamente que o homem Jesus, o filho de Maria, era o *principium individuationis* (a fonte da individuação). Assim Basílides[82], por exemplo, afirmava, segundo relata Hipólito[83]: "Jesus tornou-se as primícias da divisão das espécies (*phylokríne-*   118

---

79. A este respeito, cf. minhas considerações em *Die Psychologie der Ubertragung*, § 425s.

80. *Elenchos*, V, 8,2, p. 89.

81. *Psychologie und Alchemie* [§ 333: "Die Phasen des alchemistischen Prozesses"] e *Die Psychologie der Ubertragung* [§ 457: "Die Conjunctio"].

82. Basílides viveu no século II.

83. *Elenchos*, VII, 27,8 e 12, p. 207.

sis) e a paixão, ao se realizar, outro objetivo não teve senão a divisão das espécies das coisas que estavam misturadas. Foi por este modo, afirma ele, que toda a filiação que ficara abandonada na amorfia (ausência de forma) precisou ser dividida em espécies (*dein phylokrinēt-hēnai*), e foi deste modo que Jesus também foi dividido em espécies (*pephylokrinētai!*)". De acordo a doutrina um tanto complicada de Basílides, o Deus sem essência engendrou uma tríplice filiação (*hyiothēs*). A primeira, por ser de constituição mais sutil, permanece no alto, junto ao Pai; a segunda, como é de natureza mais grosseira (*pachymeréste-ra*), permaneceu um pouco mais abaixo, onde, porém, recebeu "asas, como aquelas com que Platão ornou a alma, no *Fedro*"[84]. O terceiro filho, pelo fato de sua natureza necessitar de purificação (*apokathársis*), caiu mais profundamente na "amorfia" (ausência de forma). Esta "filiação", por conseguinte, é de todas evidentemente a mais grosseira e pesada, por causa de seu caráter impuro. Não é difícil reconhecer nestas três emanações ou revelações do Deus sem essência a tricotomia: espírito-alma-corpo, isto é: o *pneumatikón-psychikónsarkikón*. O espírito é o mais sutil e o mais elevado dos três; a alma, por ser o *ligamentum spiritus et corporis* (ligação entre o espírito e o corpo), é mais grosseira do que o espírito, mas possui "asas de águia"[85], nas quais pode conduzir o elemento mais pesado até às regiões superiores. Ambos são constituídos de matéria sutil e por isso residem em regiões luminosas ou em suas vizinhanças, como o éter e a águia, ao passo que o corpo se acha privado de luz, por ser pesado, tenebroso e impuro, embora esta situação não o impeça de conter a semente divina da terceira filiação, ainda que o seja na *amorfia inconsciente*. Esta semente é, por assim dizer, despertada, purificada e tornada capaz, pela presença de Jesus, de realizar a subida (*anadromē*)[86], e isto precisamente porque em Jesus os opostos foram diferenciados mediante a paixão (a "crucificação", isto

---

84. Op. cit., 20,10, p. 199.

85. Op. cit., 22,15, p. 200.

86. A mesma palavra se encontra na famosa passagem do *krater* (copa) em Zósimo (BERTHELOT. *Collection des anciens alchimistes grecs*, III, LI, 8): ἀνάδραμε ἐπὶ τὸ γένος τὸ σὸν (...ascende, então, à tua própria origem, p. 245-246).

é, graças à divisão em quatro)[87]. Jesus é, por conseguinte, o paradigma da ressurreição da terceira filiação, a qual representa o gênero humano que permanece mergulhado nas trevas. Ele é o *ésō ánthropos pneumatikós*, o homem espiritual interior[88]. É também uma correspondência completa da tricotomia, porque Jesus, o filho de Maria, representa o homem encarnado. Sua etapa mais próxima, porém, é o segundo Cristo, o filho do Arconte supremo da Hebdômada, e sua primeira prefiguração é, em suma, Cristo, na sua condição de filho do Arconte supremo da Ogdóada, ou seja, filho do Demiurgo Javé[89]. Esta tricotomia da figura do *Anthropos* corresponde exatamente, de um lado, às três filiações do Deus sem essência, e do outro, à divisão tripartida da natureza humana. Trata-se, por conseguinte, de três tricotomias, a saber:

I	II	III
Primeira filiação	Cristo da Ogdóada	Espírito
Segunda filiação	Cristo da Hebdômada	Alma
Terceira filiação	Jesus, Filho de Maria	Corpo

---

87. Aqui devo remeter à doutrina de Horos dos valentinianos, em Ireneu (*Adv. Haer.*, I, 2,2s.). Horos é uma "força" ou um nume, idêntico ao Cristo, ou pelo menos dele procedente. Sinônimos de Horos ("limite") são: ὁροθέτης (aquele que estabelece os limites) μεταγωγεύς (aquele que conduz além), καρπιστής (aquele que absolve), λυτρώτης (salvador), σταυρός (cruz). É um Ordenador e consolidador do universo, como Cristo (I, 2,5). Quando a Sofia "era informe e sem fisionomia, tal como um embrião", "Cristo se compadeceu dela, estendeu-a, mediante sua cruz, e, com seu poder, lhe deu uma forma definida", de sorte que ela atingiu, pelo menos, a existência; também deixou impresso nela um "pressentimento de imortalidade". Do texto deduz-se que a cruz é idêntica a Horos ou a Cristo, imagem esta que Paulino de Nola explica no seguinte trecho de uma de suas poesias: "*...regnare deum super omnia Chrustum, / qui cruce dispensa per quattuor extima ligni / quattuor adtingit dimensum partibus orbem. / ut trahat ad vitam populos ex omnibus oris*" (Sobre todas as coisas reina Cristo como Deus; sobre a cruz distendida. Ele toca, com as quatro extremidades do madeiro, o orbe da terra, limitado pelos quatro pontos cardeais, a fim de atrair os povos de todas as regiões da terra para a vida) (*Carmina*, XIX, 639s., p. 140). Sobre a cruz como "raio" (celeste), cf. *Zur Empirie des Individuationsprozesses*, § 533.

88. *Elenchos*, VII, 27,5, p. 206.

89. Op. cit., 26,5, p. 204.

119   É na esfera do corpo tenebroso e pesado que se devem procurar a amorfia, a ausência de forma, e onde a terceira filiação se encontra. Como já indicamos anteriormente, parece que esta amorfia tem praticamente o mesmo sentido de "inconsciência". Gilles Quispel chamou a atenção para o conceito de agnosia (= inconsciência) de Epifânio: "Ὅτε γὰφ ἐξαρξῆς ὁ Αὐτοπάτωρ αὐτὸς ἐν ἑαυτῷ περιεῖχε τὰ πὰντα ὄντα ἐν ἀγνωσίᾳ (No começo, quando o próprio *Autopátor* continha todas as coisas, as quais nele se encontram imersas num estado de inconsciência...)"[90]; e chama a atenção igualmente para o *anóēton* de Hipólito[91], cuja melhor tradução é "inconsciente". A amorfia diz respeito, como a "agnosia" e o *anóéton*, ao estado inicial das coisas, isto é, à potencialidade dos conteúdos inconscientes, que Basílides, com justeza, formula como sendo o οὐκ ὄν απερμα... τοῦ κόσμου πολύμφοφγον ὁμοῦ καὶ πολυούσιον (a semente desprovida de substância, pluriforme mas, ao mesmo tempo, a todo-poderosa do mundo)[92].

120   Esta imagem da terceira filiação tem certa analogia com o *filius philosophorum* (filho dos filósofos) e o *filius macrocosmi* (filho do macrocosmo) da Idade Média, que representa a alma do mundo adormecida no interior da matéria[93]. Já no próprio Basílides o corpo recebe um significado especial e inesperado, por repousar nele e em

---

90. *Panarium*, XXXI, 5.

91. *Elenchos*, VII, 22,16, p. 200.

92. Op. cit., VII, 21,5, p. 197 – QUISPEL, *Note sur "Basilide"*.

93. Com respeito à natureza psicológica dos ensinamentos gnósticos, cf. QUISPEL. *Philo und die altchristlische Häresie*, p. 432, onde cita Ireneu (*Adv. Haer.*, II, 4,2): "Id quod extra et quod intus dicere eos secundum agnitionem et ignorantiam, sed non secundum localem sententian" ([afirmam que se deve entender] tanto o que está fora quanto o que está dentro, em termos de conhecimento e de ignorância e não em sentido local). Por isso, o que se segue: *in pleromate autem, vel in his quae continentur a patre, facta a Demiurgo aut ab angelis... contineri ab inenerrabili magnitudine, velut in circulo centrum* (no Pléroma, porém, e naquelas coisas contidas pelo Pai, o que o Demiurgo ou os anjos fizeram é abrangido por uma grandeza inefável, do mesmo modo que o centro do círculo) deve ser considerado como uma descrição dos conteúdos inconscientes. Quanto ao conceito de projeção, proposto por Quispel, importa notar criticamente que a projeção de modo algum elimina a realidade do conteúdo psíquico, nem um fato se torna irreal somente por não poder ser qualificado como psíquico. A psique é uma realidade por excelência.

sua materialidade um terço da divindade revelada. Isto outra coisa não é do que atribuir considerável grau de numinosidade à matéria, e neste fato eu vejo uma antecipação daquele significado "místico" da matéria que aparecerá posteriormente na Alquimia e – *last but not least* – também nas ciências naturais e físicas. Psicologicamente, é de particular importância o fato de Jesus ser o correspondente da terceira filiação e, por isso mesmo, constituir o seu paradigma e sustentáculo; os contrários que nele havia se separaram com a paixão, tornando-se assim conscientes, mas permanecendo inconscientes na sua correspondência, ou seja, na terceira filiação, enquanto esta perdura no estado de amorfia (ausência de forma) e de indiferenciação. Isto é o mesmo que dizer que na humanidade inconsciente há uma semente latente que corresponde ao paradigma de Jesus. Assim como o homem Jesus só se tornou consciente devido a luz que veio do Cristo superior e dividiu as naturezas que havia dentro dele, assim também é graças à luz, que se irradia de Jesus, que desperta a semente adormecida no interior do homem inconsciente e se inicia uma diferenciação parecida dos contrários. Esta visão corresponde perfeitamente ao fato psicológico segundo o qual a imagem arquetípica do si-mesmo se manifesta nos sonhos, como já foi demonstrado, mesmo que na consciência do sonhador não haja qualquer representação deste gênero[94].

Eu não queria encerrar este capítulo sem fazer uma observação que se impõem, em face da importância da matéria aqui tratada. O ponto de vista de uma psicologia cujo objeto de consideração é o fenômeno psíquico se inclui, evidentemente, entre aquelas coisas difíceis de entender e que muitas vezes são interpretadas erroneamente. Por isso, se retorno ao fundamental, mesmo com o risco de me repetir, é unicamente com a preocupação de prevenir a ocorrência de certas opiniões falsas às quais minhas exposições poderiam dar origem e, por conseguinte, também a preocupação de poupar os leitores de dificuldades desnecessárias.   121

O paralelo que acabo de traçar entre Cristo e o si-mesmo não é senão um tema psicológico, mais ou menos semelhante ao mitológi-   122

---

94. Cf. *Psychologie und Alchemie* [§ 52s. e "Uber das Mandala", § 122s.], e ainda *Zur Empire des Individuationsprozesses*.

co, em que se emprega a figura do peixe. Não se trata aqui, absolutamente, de uma ingerência no campo da metafísica, isto é, no domínio
da fé. As imagens que a fantasia religiosa constrói a respeito de Deus
e de Cristo são inevitável e declaradamente antropomórficas e, por
isto mesmo, acessíveis a uma radioscopia psicológica, como quaisquer outros símbolos. Assim como a Antiguidade Clássica acreditava
expressar alguma coisa a mais, a respeito de Cristo, com o símbolo
do peixe, assim também os alquimistas estavam convencidos de que,
ao colocá-lo em paralelo com a pedra, esclareciam e aprofundavam a
imagem de Cristo; do mesmo modo que o símbolo do peixe viria a
desaparecer no decurso do tempo, assim ocorreu com o *lapis philosophorum* (a pedra filosofal). A respeito deste, todavia, existem afirmações que no-lo apresentam sob uma luz especial, ou seja, opiniões
que conferem tal significação à pedra, que, no mínimo, seria lícito
perguntar se Cristo não foi, afinal, tomado como um símbolo da pedra. Esboça-se, aqui, uma evolução (baseada em certas concepções
paulinas e joaninas) que leva o Cristo para a esfera da experiência interior imediata, mostrando-o, desta forma, como figura do homem
total. Disto se segue, quase de imediato, a comprovação psicológica
da existência de um certo conteúdo arquetípico dotado de todas
aquelas propriedades que caracterizam a imagem de Cristo na Antiguidade e na Idade Média. Isto coloca, para a psicologia moderna,
uma interrogação semelhante à da Alquimia: é o si-mesmo um símbolo de Cristo, ou Cristo é um símbolo do si-mesmo?

123   No presente estudo, respondi afirmativamente à última parte da
questão. Procurei mostrar como a imagem tradicional de Cristo en-
globa as características de um arquétipo, que, no caso, são idênticas
às do si-mesmo. Em princípio, meu intuito e meu método nada mais
significam, portanto, do que, por exemplo, o empenho de um histo-
riador da arte que tenta individualizar as diversas influências que
concorreram para a formação de uma determinada imagem de Cristo. É por isso que encontramos o termo "arquétipo" não só na história da arte como na crítica ou na história filológica do texto. O arquétipo psicológico só se diferencia de suas aplicações paralelas pelo fato
de se referir a um fato psíquico vital e possível de ser encontrado em
toda parte, o que, na realidade, confere um aspecto bastante diverso
ao estado da questão. Em outras palavras: nessas ocasiões vem-nos

espontaneamente a tentação de atribuir uma importância maior à presença imediata e viva do arquétipo do que à ideia do Cristo histórico. Como já disse anteriormente, é possível encontrar em certos alquimistas a tendência de projetar o *lapis* (a pedra) em primeiro plano, em detrimento de Cristo. Como está longe de mim qualquer preocupação missionária, eu gostaria de explicar que não se trata de uma profissão de fé, mas de uma constatação científica. Se alguém se sente inclinado a considerar o arquétipo do si-mesmo como um agente real e Cristo, portanto, como símbolo do si-mesmo, não deve esquecer que há uma diferença básica entre *perfeição* e *inteireza*: a imagem que temos de Cristo é relativamente perfeita (pelo menos é isto o que se tem pensado), ao passo que o arquétipo (enquanto o conhecemos) indica inteireza, mas está longe de ser perfeito. O arquétipo é um paradoxo; é uma afirmação sobre o indescritível e o transcendental. A realização do si-mesmo, que deveria seguir-se a um reconhecimento de sua supremacia, leva necessariamente a um conflito fundamental, a uma verdadeira suspensão entre os opostos (lembrando o *Crucifixus* [o Crucificado], pendente entre os dois malfeitores) e a uma totalidade aproximada, à qual falta, porém, a perfeição. A aspiração a uma *teleiōsis* (perfeição), tomada no último sentido, é não apenas legítima, como também, e mais ainda, uma característica inata do homem, e uma das mais profundas raízes da civilização. Esta aspiração é, inclusive, tão forte, a ponto de transformar-se em paixão, que tudo submete a seu império. Aspira-se, naturalmente, a uma perfeição em qualquer direção. O arquétipo, pelo contrário, se completa na sua inteireza, que é uma *teleiōsis* de natureza totalmente diversa. Onde ele predomina impõe-se a inteireza, em correspondência com a sua natureza arcaica e em contraposição a qualquer aspiração consciente. O indivíduo pode empenhar-se na busca da perfeição ("Sede perfeitos [teleioi] como vosso Pai celeste é perfeito", Mt 5,48), mas é obrigado a *suportar*, por assim dizer, o oposto do que intenciona, em benefício da sua inteireza ("Por conseguinte, dentro de mim encontro esta Lei: quando quero fazer o bem, é o mal que se acha dentro de mim", Rm 7,21).

A imagem de Cristo corresponde integralmente, por assim dizer, a esse estado de coisas: Cristo como homem perfeito e como crucificado. Dificilmente se poderia encontrar imagem mais verdadeira da meta da aspiração ética. Pelo contrário, qualquer que seja o caso, ja- 124 mais poderá emergir a ideia transcendental do si-mesmo que serve de hipótese de trabalho para a psicologia, pois, embora seja um símbolo, falta-lhe o caráter de um acontecimento da revelação histórica. Ela é, como a ideia aparentada do Atman e do Tao, no Oriente, um produto, pelo menos parcial, do conhecimento que não se baseia na fé, nem na especulação metafísica, mas sim na experiência de que o inconsciente em determinadas circunstâncias produz espontaneamente um símbolo arquetípico da totalidade. Disto se conclui necessariamente que um arquétipo deste gênero se encontra em todas as épocas e em todas as partes, sendo dotado de uma certa numinosidade. Verdadeiramente, há numerosos testamentos históricos e também provas casuísticas modernas a favor desta conclusão[95]. Como bem nos mostra a representação figurativa, ingênua e livre de qualquer influência, do símbolo, acrescenta-se-lhe um significado central e supremo, e isto justamente porque ele constitui uma *coniunctio oppositorum* (integração dos opostos). Naturalmente isto não pode ser entendido senão como um paradoxo, pois uma integração dos opostos só pode ser concebida como um aniquilamento dos mesmos. O paradoxo é inerente a todos os fatos transcendentais, porque eles traduzem adequadamente seu caráter indescritível.

125   Por conseguinte, onde o arquétipo predomina, tem-se, como consequência psicológica inevitável, aquele estado conflituoso expresso plasticamente no símbolo cristão da *crucifixo* (crucificação), ou seja, aquele estado agudo de irredenção que só terminou com o *consummatum est* (está consumado: Jo 19,30). Por conseguinte, o reconhecimento do arquétipo não contorna o mistério cristão, mas cria, por força das circunstâncias, precisamente a condição psicológica preliminar sem a qual a "redenção" pareceria absurda. Em outras palavras: a "redenção" não implica em libertar alguém de um fardo que nunca pensou ter carregado. Só aquele que é íntegro por experiência sabe o quanto o homem é insuportável para si mesmo. Por isso nada haverá a objetar de essencial, sob o ponto de vista cristão – pelo menos segundo me parece –, caso alguém considere a tarefa da individuação e do reconhecimento da totalidade ou integralidade,

---

95. Para isto, cf. *Gestaltung des Unbewussten* [particularmente os dois últimos estudos de *Ges. Werke* (OC 9/1)].

que a natureza nos impôs, como obrigatória. Se o indivíduo efetuar isto de maneira consciente e intencional, evitará todas as consequências desagradáveis que decorrem de uma individuação reprimida; isto é, se assumir de livre e espontânea vontade a inteireza, não será obrigado a sentir na carne que ela se realiza dentro dele contra sua vontade, ou seja, de forma negativa. Isto significa que se alguém está disposto a descer a um poço fundo, o melhor é entregar-se a esta tarefa adotando todas as medidas de precaução necessárias, do que arriscar-se a cair de costas pelo buraco abaixo.

O aspecto intolerável dos opostos na psicologia cristã se deve à exacerbação moral deles mesmos. Isto nos parece muito natural, embora historicamente represente uma herança do Antigo Testamento, isto é, da justiça legal. Esta influência específica não existe de modo notável no Oriente, nas religiões filosóficas da Índia e da China. Quanto a mim, prefiro não entrar no mérito da questão de saber se o exacerbamento dos opostos, que agrava o sofrimento, não corresponde a um grau maior de verdade, expressando simplesmente o desejo de que os acontecimentos mundiais do presente, que dividem a humanidade, agora como nunca, em duas metades aparentemente irreconciliáveis, sejam considerados à luz da regra psicológica acima proposta: quando um fato interior não se torna consciente ele acontece exteriormente, sob a forma de fatalidade, ou seja: se o indivíduo se mantém íntegro e não percebe sua antinomia interior, então é o mundo que deve configurar o conflito e cindir-se em duas partes opostas. 126

O signo de peixes

A figura de Cristo não é tão inequívoca como se poderia desejar. Não pretendi referir-me às imensas dificuldades que decorrem da comparação do Cristo dos Sinóticos com o Cristo do Evangelho de João, mas ao fato singular de que, na hermenêutica patrística, cujos inícios remontam à Igreja primitiva, Cristo tem uma série de símbolos ou *allegoriae* (alegorias) em comum com o demônio. Assim, por exemplo, o leão, a serpente (*serpens*, víbora, *coluber*), a ave (demônio = *nocturna avis*, ave noturna), o corvo (Cristo = *nycticorax*, corvo noturno), a águia e o peixe; acrescentemos que Lúcifer, a *stella matutina* (a estrela da manhã), designa tanto Cristo como o demônio[1]. Ao lado da serpente, o peixe é certamente uma das mais antigas *allegoriae*. Atualmente preferiríamos usar a palavra "símbolo", porque tais sinônimos sempre contêm algo que ultrapassa um pouco as meras alegorias, como é óbvio no símbolo do peixe. É muito pouco provável que ᾿Ιχθύς seja apenas uma abreviação anagramática de ᾿Ι (ησοῦς) Χ (ριστὸς) Θ (εοῦ) Υ (ἱὸς) Σ (ωτήρ) (Jesus Cristo filho de Deus, Salvador)[2]. Trata-se, ao que parece, da denominação simbólica

---

1. No *Ancoratus* de Epifânio e em Agostinho (*Contra Faustum* lib. XII, XXIXs.) encontramos as primeiras coleções destas alegorias. Quanto a *nycticorax* (corvo noturno, coruja e *aquila* (águia), cf. EUQUÉRIO. *Liber formularum spiritualis intelligentiae*, cap. V [col. 740].

2. Agostinho (*De civitate Dei*, lib. XVIII, XXIII [col. 808] conta como o antigo Procônsul Flaciano, com o qual ele discorria sobre Cristo, apanhou um livro que continha os cânticos da Sibila Eritreia e lhe mostrou a passagem onde a sequência de palavras que formam o acróstico ᾿Ιχθύς é também o acróstico de uma poesia, de um vaticínio apocalítico da Sibila, do seguinte modo:

"*Judicii signum tellus sudore madescet.* / *E coelo Rex adveniet per saecla futurus:* / *Scilicet in carne praesens ut iudicet orbem.* / *Unde Deum cernent incredulus atque fidelis.* /

de um fato mais complexo. Como mostrei em outro lugar, não considero o símbolo em sentido alegórico ou semiótico, mas propriamente como a melhor designação e formulação possíveis de um objeto não perfeitamente identificável em todos os seus aspectos. É neste sentido que a profissão de fé chama-se *symbolum* (símbolo). A sequência das palavras dá a impressão de que foram reunidas artificialmente com a finalidade de explicar um *Ichthys* ['Ιχθύς] já existente e bastante difundido[3]. Com efeito, o símbolo de peixes tem uma rica pré-história precisamente da Ásia Menor, começando com o deus-peixe Oanes, da Babilônia, cujos sacerdotes se vestiam de pele de peixe, até os banquetes sagrados do culto da Darqueto-Atárgatis dos fenícios, em que se servia peixe; lembremos as obscuridades da inscrição de Albércio[4], do peixe-*sōtēr* (salvador), de Mani, na Índia longínqua, até a refeição eucarística com peixe dos "cavaleiros trácios" no Império Romano[5]. Para o nosso propósito, não é necessário examinarmos detidamente todo este imenso material. Entretanto, como o mostraram Franz Josef Dölger e outros, no universo das representações originárias puramente cristãs há esboços e motivos suficientes no que concerne ao simbolismo do peixe. Basta lembrar a regeneração do banho batismal onde o batizando nada como um peixe[6].

Dada a grande difusão do símbolo do peixe, sua ocorrência em qualquer lugar ou em qualquer momento da história universal não   128

Celsum cum Sanctis, aevi termino in ipso. / Sic animae cum carne aderunt, quas iudicat ipse..." O original grego se acha no livro VIII dos *Sibyllina Oracula* [p. 723s.]. Como sinal de que é o juízo, a terra ficará úmida de suor e o Rei virá do céu, e reinará na própria carne, a fim de julgar o orbe. Por isto, tanto o crente como o incrédulo verão a Deus que vem acompanhado dos santos, no instante mesmo em que o mundo chegar ao seu término. Assim, as almas estarão presentes em seus corpos, e Ele próprio as julgará...).

3. A este respeito, cf. Jeremias. *Das Alte Testament in Lichte des Alten Orients*, p. 69, nota 1.

4. Gostaria de citar aqui apenas a parte central desta inscrição, onde se lê: "Por toda parte, porém, sempre tive um companheiro de viagem, porque tinha Paulo sentado a meu lado, no carro. A fé, porém, ia à minha frente (como guia) por toda parte, e como alimento oferecia-me sempre um peixe da fonte, imenso, imaculado, apanhado por uma virgem sacra, e o dava sempre a comer também aos amigos. Esta (fé) tem um vinho capitoso, uma mistura que ela ministra junto com o pão" (RAMSAY. *The Cities and Bishoprics of Phrygia*, p. 424). Para mais detalhes cf. abaixo (nota 75).

5. Sobre este ponto, cf. GOODENOUGH. *Jewish Symbols in the Greco-Roman Period*, V, p. 13s.

6. DÖLGER, ΙΧΘΥΣ. *Das Fischsymbol in frühchristlicher Zeit* (Epitáfio de Abércio, p. 88).

constitui, de modo algum, uma peculiaridade. Mas a súbita revives-
cência do símbolo e sua identificação com Cristo nos primórdios da
Igreja nos permitem pressupor uma outra fonte. Trata-se da fonte *astrológica*, para a qual Friedrich Munter[7] foi o primeiro a chamar a
atenção. Alfred Jeremias[8] é da mesma opinião e lembra que um comentário judaico ao livro de Daniel, escrito no século XIV, espera a
vinda do Messias no signo de Peixes. Este comentário é mencionado
por Munter em uma publicação[9] posterior à de Don Isaak Abarbanel
(nascido em 1437, em Lisboa, e morto em 1508, em Veneza)[10]; aí se
explica que a casa de Peixes (♓) é a casa da justiça e da radiosa magni-
ficência (*domicilium Jovis*) ♃ in ♓ domicílio ou casa de Júpiter em Peixes. Que no *anno mundi* [no ano da criação do mundo] 2365[11] houve
uma grande conjunção entre Saturno (♄) e Júpiter (♃) em ♓[12]. Diz-se
também que estes dois grandes planetas são os mais importantes para
o destino do mundo e em particular para o destino dos judeus. Esta
conjunção teria ocorrido três anos antes do nascimento de Moisés
(evidentemente, isto é lendário). Abarbanel espera a vinda do Messias
em ♓ [peixes], isto é, durante ♃ ☌ ♄ em ♓ [= conjunção de Júpiter
com Saturno em Peixes]. Ele não foi o primeiro a expressar tais expectativas. Quatro séculos antes já encontramos semelhantes indicações. Assim, por exemplo, consta que Rabbi Abraham Ben Hijja (falecido por volta de 1136) teria afirmado que o Messias deveria ser es-
perado durante a grande conjunção em ♓ de 1464; o mesmo teria feito Samuel Ben Gabirol (1020-1070)[13]. Estas ideias astrológicas tor-

---

7. *Sinbilder und Kunstvorstellungen der alten Christen*, p. 49. Aqui ele menciona
Abardanel [sic!] "que, segundo toda probabilidade, hauriu de fontes mais antigas".

8. Op. cit., p. 69.

9. *Der Stern der Weisen*, p. 54s.

10. Jshãq Abravanel Ben Jehuda. O comentário de Daniel apareceu sob o título de
Ma'jene haj-jeshua (Fonte da Salvação) 1551, em Ferrara.

11. Corresponde ao ano de 1396 a.C.

12. A conjunção teve lugar, realmente, em ♎. As *coniunctiones magnae* (conjunções
máximas) do Trígono aquático (♋, ♏, ♓) caem nos anos 1800 até 1600, e 1000 até
800 a.C.

13. ANGER. *Der Stern der Weisen und das Geburtsjahr Christi*, p. 396, e
GERHARDT. *Der Stern des Messias. Das Geburts und Todesjahr Jesu Christi nach astronomischer Berechnung*, p. 42s.

nam-se compreensíveis, se considerarmos que Saturno é a estrela de Israel e que Júpiter simboliza o "rei" (da justiça). A Peixes, isto é, ao *domicilium Jovis* (o domicílio, a casa de Júpiter) pertencem a Mesopotâmia, a Báctria, o Mar Vermelho e a Palestina[14]. Kevan (ħ) (Saturno) é mencionado em Amós 5,26 como a "estrela do vosso Deus"[15]. Jacó de Sarug (morto em 521) diz que os israelitas cultuavam Saturno. Os sabeus denominavam-no o "Deus dos Judeus"[16]. O *sabat é Saturday*, *Saturnstag* (dia de Saturno). Albumasar[17] atesta que ħ [Saturno] é a estrela de Israel[18]. Na astrologia da Idade Média, ħ é considerado a sede de Satanás[19]. Tanto Saturno como Jaldabaot, o demiurgo e o Arconte supremo, têm em comum o aspecto de leão. Partindo do diagrama de Celso, Orígenes lembra que Miguel tem "forma leonina" como primeiro anjo do Criador[20]. Ele ocupa, manifestamente, o lugar de Jaldabaot, que é idêntico a Saturno, como o próprio Orígenes o afirma[21]. O demiurgo dos naassenos é um "deus ígneo, o quarto da ordem de sucessão"[22]. Segundo os ensinamentos de Apeles, aparentados aos de Marcião, havia um "terceiro Deus, que disse a Moisés ser

---

14. GERHARDT, op. cit., p. 57. Ptolomeu e a Idade Média, que nele se baseia, ligam a Palestina a Áries.

15. "Assim, pois, levareis Sakkut, vosso rei, e Quevan, vosso deus". É a esta passagem que se refere também Estêvão, em seu discurso de defesa (At 7,43): "E levaste a tenda de Moloc e o astro do deus Quevan". A Vulgata tem *sidus dei vestri Rempham* ('Ρομ–φά), corruptela de Kevan (Quevan).

16. Dozy et de Goeje. *Nouveaux Documents pour l'étude de la religion des Harraniens*, p. 350.

17. Abu-Ma-Ashar, † 885.

18. GERHARDT, op. cit., p. 57. Também Pedro de Alíaco: "Saturnus vero ut ait Messahali significationem habet super gentem judaicam seu fidem eius" (Saturno, como afirma Messahali, é de grande importância para o povo judaico ou sua fé). (*Concordantia astronomiae cum theologia*, III, cap. 34, fol. G4).

19. Reitzenstein. *Poimandres*, p. 76.

20. *Contra Celsum*, VI, 30.

21. Op. cit., VI, 31: "*Hunc autem angelum leoni similem aiunt habere cum astro Saturni necessitudinem*" (Afirmam, porém, que este anjo, que se assemelha a um leão, está ligado, por sua natureza, ao astro Saturno). Também *Pistis Sophia*, cap. 31 (p. 32s.). Para mais detalhes, cf. Bousset, *Hauptprobleme der Gnosis*.

22. Hipólito, *Elenchos*, V, 7,30 [p. 86].

ígneo, e haver ainda um quarto, isto é, o autor do mal"[23]. Há uma estreita relação entre o Deus dos naassenos e o Deus de Apeles e também, como é fácil de ver, com Javé, o demiurgo do Antigo Testamento.

129　　　Saturno é uma estrela "negra"[24], um *maleficus*, desde tempos imemoriais. "Dragons, serpents, scorpions, vipères, renards, chats et souris, oiseaux nocturnes er autres engeances surnoises sont le lot de Saturne", diz Bouché-Leclercq[25]. Estranho é que o asno também faça parte dos animais saturninos[26] e, nesta qualidade, era considerado como um teriomorfismo do Deus dos judeus. Uma de suas representações figuradas é o famoso crucificado burlesco do Palatino (Roma)[27]. Tradições desse gênero encontram-se em Plutarco[28], Diodoro[29], Josefo[30] e Tácito[31], Sabaot, o sétimo arconte, tem a figura de um asno[32]. É a boatos desta natureza que se referem as seguintes observa-

---

23. *Elenchos*, VII, 38,1 [p. 224]. Com respeito ao "quarto", cf. *Versuch zu einer psychologischen Deutung des Trinitätsdogmas* [Interpretação Psicológica do Dogma da Trindade, Petrópolis: Vozes, 2011] [§ 243s.: "O problema do quarto componente"].

24. Por isso afirma-se que a imagem de Saturno dos sabeus era feita de chumbo ou pedra negra (CHWOLSOHN. *Die Ssabier und der Ssabismus*, II, p. 383).

25. (Dragões, serpentes, escorpiões, víboras, raposas, gatos e ratos, pássaros noturnos e outras raças pérfidas da mesma laia pertencem a Saturno). *L'Astrologie grecque*, p. 317.

26. Baseando-se em uma brincadeira referente à pessoa de Diodoro de Mégara, Bouché-Leclercq (op. cit., p. 318) admite uma etimologia antiga bastante conhecida, ou seja, a do onos (asno) encerrado em Cronos (Saturno). O motivo da analogia Saturno-asno se situa, por certo, a um nível mais profundo, ou seja, precisamente o da natureza do asno, que é considerado um *animal frigidum, indocile, tardum... longae vitae* (animal frio, indócil, que vive muito) (citação tirada de *Physiognom. Graec.* II, p. 136 e 139, por Bouché-Leclercq, p. 381, nota). Nos *Physiognomia* de Pólemon deparo com a seguinte informação sobre o asno selvagem: "fugax pavidus stolidus indomitus libidinosus zelotypus feminas suas tuens" (fugidio, medroso, estúpido, indômito, lascivo, ciumento e protetor de suas fêmeas). (*Scriptores physiognomici Graeci et Latini*, I, cap. II, p. 182).

27. A tradição egípcia do martírio de Seth, representado em Denderah, poderia ser modelo desta figura. Está amarrado no "cepo dos escravos", tem uma cabeça de "asno", e Horus se acha diante dele, com uma faca na mão (MARIETTE. *Dendérah* IV, quadro 56).

28. *Quaestiones convivales*, IV, 5.

29. XXXIV, 1.

30. *Contra Apionem*, II, 7-8 [p. 697s.].

31. *Historiarum*, lib. IV, 3.

32. EPIFÂNIO. *Panarium*, XXVI, 10.

ções de Tertuliano: "Somniastis caput asininum esse deum nostrum", e "quod asinarii tantum sumus"[33]. Como já foi indicado acima, o asno pertence a Tifão[34]. Contudo, nos textos antigos ele é um atributo do deus solar, e só posteriormente se converte em figura do infernal (Apep) e do maligno (Seth)[35].

De acordo com a tradição medieval, a religião dos judeus teve origem durante uma conjunção de Júpiter com Saturno, o islão em ♃ ☌ ♀, o cristianismo em ♃ ☌ ☿, e o Anticristo em ♃ ☌ ☾[36]. Ao contrário de ♄, ♃ é um astro benéfico. Na concepção iraniana, Júpiter significa a vida, ao passo que Saturno simboliza a morte[37]. Por isso, a conjunção ♃ – ♄ significa a *união dos contrários*. No ano 7 a.C. ocorreu esta famosa conjunção não menos de três vezes, no signo de Peixes. A aproximação máxima se deu em 29 de maio do ano 7, ou seja, preci-

130

---

33. "Sonhaste que nosso Deus é uma cabeça de asno" e "que nós somos arrieiros de burros" (*Apologeticus adversus gentes*, XVI [col. 364s.].

34. PLUTARCO. *De Iside et Osiride*, cap. 31 e 50. No cap. 31 Plutarco lembra que a saga da fuga de Tifão no lombo de um asno e da geração de seus dois filhos, Jerosólimo e Judeu, não é de origem egípcia, mas pertence aos 'Ιουδαικά.

35. No papiro de Ani há um hino dirigido a Ra, em que se lê: "May I journey forth upon the earth, may I smite the Ass, may I crush the serpent-fiend, Sebau; may I destroy Apep in this hour" (Oxalá que eu viaje através da terra, oxalá que eu mate o asno a pancadas, oxalá que eu esmague a serpente inimiga Sebau; oxalá que eu destrua Apep em sua hora) (BUDGE. *The Gods of the Egyptians* II, p. 367).

36. ALBUMASAR. Lib. II, *De magnis coniunctionibus*, tract. I, diff. 4, p. a8: "Si fuerit (iupiter) complexus saturno significabit quod fides civium eiusdem sit iudaisma... Et si complexa fuerit luna (saturno) significavit dubitationem ac volutionem et mutationem et expoliationem a fide: et hoc propter velocitatem corruptionis lune et celeritatem motus eius et paucitatem more eius in signo" (Quando [Júpiter] está em conjunção com Saturno, isto significa que a fé dos cidadãos é o judaísmo... E quando a lua está em conjunção com Saturno, isto significa dúvida e perturbação dos ânimos e a mudança e perda da fé: é por causa da velocidade com que ela se altera, e da celeridade de seu movimento e da sua permanência no signo). PEDRO DE ALÍACO. *Concordantia astronomicae veritatis*, II, cap. 62, d4. HEIDEGGER. *Quaestiones ad textum Lucae* VII, 12-17, lembra, no cap. IX, que Abu Mansor (Albumansar), no sexto tratado da *Introductio maior*, coloca a vida de Cristo e a vida de Maomé em ligação com as estrelas. Cardano (*Commentarium in Ptolomaeum De astrorum Judiciis*, V, p. 188) atribui ☿ ☌ ♃ ao cristianismo, ☿ ☌ ♄, ao judaísmo e ☿ ☌ ♂ ao islão, enquanto ☿ ☌ ♀ caracterizaria a idolatria.

37. CHRISTENSEN. *Le premier Homme et le premier roi dans l'histoire légendaire des Iraniens* I, p. 24.

samente a 0,21°, portanto a menos da metade da lua cheia[38]. Esta conjunção se deu no centro da comissura *prope flexum lini piscium* (Perto da flexão da linha de Peixes). Do ponto de vista astrológico, esta conjunção deve ter sido considerada de um particular significado, pois a aproximação dos dois planetas foi excepcionalmente grande e, portanto, de uma intensidade luminosa impressionante. Além disso, sob o ponto de vista heliocêntrico, ela teve lugar na proximidade do ponto equinocial, que naquela ocasião se situava entre ♈ e ♓, por conseguinte entre fogo e água[39]. Na qualificação astrológica de nossa conjunção inclui-se também a circunstância – importante para a sua apreciação – de que Marte se achava em oposição (♂ ☍ ♃ ♄), isto é, astrologicamente falando, o planeta de natureza impulsiva estava numa relação de oposição à conjunção, e é isto precisamente o que caracteriza o cristianismo. Como a conjunção calculada por Gerhardt se deu em maio de 7, ter-se-ia, portanto, para a natividade de Cristo, ☉ em ♊. A posição do sol, particularmente importante para a natividade masculina, se encontra no signo duplo de Gêmeos (♊)[40].

---

38. GERHARDT. *Der Stern des Messias*, p. 74.

39. Calculado com base em PETERS and KNOBEL. *Ptolemy's Catalogue of Stars*.

40. A Idade Média engendrou diversos ideais para Cristo. Albumasar e Sto. Alberto consideravam Virgem como ascendente; Pedro de Alíaco (1356-1420), porém, considerava Balança, e assim também Cardano. Pedro afirma: "Nam Libra est signum humanum videlicet Liberatoris hominis utpote hominis discreti et iusti et spiritualis" (Pois a Balança é um signo humano, isto é, um signo do Libertador do homem, ou seja, do homem prudente, justo e espiritual). (*Concordantia*, cap. II). João Kepler, entretanto, declara, em seu *Discurs von der grossen Conjunction* (p. 701) que Deus mesmo traçou "estas grandes conjunções, no alto do céu, com maravilhosas e extraordinárias estrelas visíveis, juntamente com admiráveis obras de sua Divina Providência" e continua: "Desta forma, Ele determinou que o nascimento de Cristo, seu Filho e nosso Salvador, se desse precisamente na época da grande conjunção no signo de Peixes e de Carneiro, em torno do ponto equinocial". Heliocentricamente, esta conjunção se deu um pouco antes do ponto equinocial, o que astrologicamente lhe confere uma importância toda especial. Pedro de Alíaco (*Concordantia*, fl. b^r) afirma: "Magna autem conjunctio est saturni et iovis in principio arietis" [Grande conjunção é a de Saturno e Júpiter no início de Carneiro]. Esta conjunção acontece todos os 20 anos e tem lugar, durante 200 anos, sempre no trígono dos mesmos elementos. Mas a posição idêntica só se repete a cada 800 anos. As posições mais importantes são as que ocorrem entre dois trígonos dos elementos. Albumasar (*De magnis coniunct.*, tract. 3, diff. 1. Fl. d8^r) diz que elas se manifestam "in permutationibus sectarum et vicium et permutationibus legum et... in adventu prophetarum et prophetizandi et miraculorum in sectis et vicibus regnorum" [nas mudanças dos partidos e dos cargos e nas alterações das leis e... com o aparecimento de profetas e de vaticinações nos partidos e nos cargos governamentais].

Esta constatação nos leva a pensar espontaneamente no par dos irmãos egípcios Hórus e Seth, no sacrificante e no sacrificado (cf. nota 27 acima, referente ao "martírio de Seth"), que, de certo modo, prefigurou o drama do mito cristão. No mito egípcio, contudo, mau é aquele que é sacrificado no "cepo dos escravos"[41]. Mas o par de irmãos Heru-ur (o chamado Hórus mais velho) e Seth (como já foi mencionado) acha-se representado, às vezes, como *um só* corpo dotado de duas cabeças. O planeta Mercúrio é associado a Seth, o que, sob o ponto de vista da tradição relativa à origem do cristianismo em ♃ ☌ ☿ [conjunção de Júpiter com Mercúrio] é de considerável interesse. No Novo Império (19ª dinastia), Seth aparece como Suteh, no Delta. Um dos setores da nova capital edificado por Ramsés II era dedicado a Amon, e o outro a Suteh[42]. Afirma-se que foi neste último que os judeus trabalharam como escravos.

A lenda da *Pistis Sophia*, surgida no Egito (século III), faz parte do duplo aspecto de Cristo. (Maria, a mãe, diz a Jesus): "Quando eras pequeno, antes que o Espírito viesse sobre ti, ele desceu do alto e veio ter comigo, à minha casa, enquanto estavas com José, trabalhando em uma vinha. Era parecido contigo, e não o reconheci, pois pensei que eras tu. E o Espírito me disse: 'Onde está Jesus, meu irmão, para que eu possa encontrar-me com Ele?' E ao dizer tais coisas perturbei-me; pensei que um fantasma viera me tentar. Peguei-o e o amarrei ao pé da cama, em casa, e fui ter contigo e com José, no campo, e vos encontrei na vinha, onde José fixava as estacas. E quando me ouviste dizer estas coisas a José, compreendeste as palavras que eu dizia; alegraste-te e me disseste: 'Onde está ele? para que eu o veja, pois o espero neste lugar'. Eis que José, ao ouvir tuas palavras, perturbou-se, e voltamos os três para casa e, ao entrar, encontramos o Espírito amarrado à minha

131

---

41. A crucificação era, como se sabe, punição reservada aos escravos. A este respeito, convém lembrar que a cruz com a serpente (em vez do Crucificado) ocorre com frequência não só na Idade Média, mas também nos sonhos modernos e imagens da fantasia de pessoas que desconhecem inteiramente esta tradição. Um sonho típico deste gênero é o seguinte: *O sonhador assiste a uma representação da Paixão, no teatro. A caminho do Gólgota, o que representa o Salvador transmuta-se, repentinamente, em uma serpente ou em um crocodilo.*

42. ERMAN. *Die Religion der Ägypter*, p. 137; • BUDGE. *The Gods of the Egyptians* II, p. 303.

cama. E olhamos para ti e te achamos parecido com ele; e libertamos o que estava amarrado à cama, ele te abraçou e te beijou, e também o beijaste, e vós dois vos tornastes uma só coisa"[43].

132   Como se depreende do contexto desta perícope, Jesus corresponde aqui à "verdade que brota da terra", enquanto que o Espírito igual a ele corresponde à "justiça (*dikaiosynē*) que nos olha do céu". O texto diz: "A verdade, pelo contrário, é o poder que veio de ti, quando te achavas nas regiões mais baixas do caos. Por isso o teu poder te disse, por intermédio de Davi: 'A verdade brotou da terra porque tu estavas nas regiões mais baixas do caos'"[44]. Jesus é visto, portanto, como uma dupla personalidade que surge, por uma parte, do fundo do caos ou da *hyle*, e pela outra, desce do céu na qualidade de "Pneuma".

133   Dificilmente se conseguiria descrever a *phylokrinesis*, a diferenciação das "naturezas", característica do Salvador gnóstico, de maneira mais plástica do que a determinação astrológica do tempo. Estas verificações astrológicas, tão possíveis na Antiguidade, indicam um duplo aspecto[45] eminente do nascimento que ocorre neste momento preciso, e compreende-se facilmente por que a concepção astrológica daquela época achava inteiramente plausível o mito Cristo-Anticristo que então surgia. Em relação à natureza antinômica de "Pisces", temos um testemunho registrado no *Talmud*, antigo em qualquer hipótese, isto é, anterior ao século VI, e onde se lê: "Quatro mil e duzentos e noventa e um anos depois da criação do mundo (ou seja, *anno Domini* 530 [ano 530 de nossa era]), o mundo ficará órfão; seguir-se-ão as guerras dos *tanninim* (monstros marinhos), as guerras de Gog e Magog[46] e, depois delas, os dias messiânicos. So-

---

43. *Pistis Sophia*, p. 89s.

44. Cf. com isto o peixe que, segundo Agostinho, foi "retirado das profundezas" (op. cit., p. 88).

45. Neste contexto convém mencionar a figura dos "salvadores gêmeos" (σωτῆρες) da *Pistis Sophia* (op. cit., p. 2, 12 e em outras passagens).

46. Mencionado também na Crônica de Tabari (I, cap. 23, p. 67), onde o Anticristo é o Rei dos Judeus que aparece junto com Gog e Magog. Deve haver uma relação com Ap 20,7s.: "Quando terminarem os mil anos, Satanás será solto da prisão, e sairá para extraviar as nações que habitam nos quatro cantos da Terra, a Gog e a Magog, reunindo-os para a guerra". O Conde von Wacker-Barth (*Merkwürdige Geschichte der weltberühmten Gog und Magog*, p. 18s.), conta, baseando-se em uma história universal in-

mente depois de sete mil anos é que o Santo, louvado seja Ele, reerguerá o mundo. Rabbi Aha, filho de Raba, afirmava: "Foi-nos dito que será depois de cinco mil anos"[47]. O comentador do Talmud, Rabbi Salomão Jizchaki, dito Raschi (1039-1105), observa que os tanninim são dagim = peixes. É provável que ele se tenha apoiado em uma fonte mais antiga, pois não a cita como sendo sua própria opinião. Esta observação é importante, em primeiro lugar porque considera a luta de Peixes como um acontecimento escatológico (do mesmo modo que a luta de Beemot e de Leviatã; cf. abaixo) e, segundo, porque constitui certamente o testemunho mais antigo referente à natureza antinômica de Peixes. É mais ou menos desta época (isto é, século XI) que provém também o apócrifo de um Gênesis joanino, no qual se mencionam os dois Peixes, desta vez sob uma forma inequivocamente astrológica. Os dois documentos em apreço surgem na época cristã do começo do segundo milênio da era cristã, e sobre isto voltarei a falar no decorrer deste estudo.

O ano de 531 foi caracterizado por uma conjunção de ♃ e ♄ em   134
Gêmeos. Este signo, que representa o par de irmãos, contém uma an-

---

glesa, editada em alemão no ano de 1760, que certos escritores árabes afirmavam que os "Yajui" eram "mais altos do que ordinariamente", enquanto os "Majui" não tinham mais de três palmos de estatura". Apesar da obscuridade de sua origem, esta notícia indica uma antinomia entre Gog e Magog, graças à qual eles constituem um paralelo com os Peixes. Agostinho interpreta "as nações que habitam os quatro cantos da terra, Gog e Magog", a primeira como *tectum* (teto ou casa) e a segunda como *de tecto* (saído do teto), isto é, como alguém *qui procedit de domo* (que sai da casa). "*...ut illae sint tectum, ipse de tecto*"; isto é, as nações são a casa, enquanto o demônio habita na casa e provém dela (*De Civitate Dei*, Lib. XX, cap. XI [VII, col. 946]). É em Agostinho que se baseia o *Compendium theologicae veritatis*, atribuído sucessivamente a Alberto Magno, a Hugo de Estrasburgo e a João de Paris (Johannes Parisiensis). É a fonte principal da saga do Anticristo. Referindo-se a Agostinho, lê-se aí que Gog é a *occultatio* (a ocultação) e Magog é a *detectio* (a revelação) (Libell. 7, cap. 11). Com isto está assegurada a antinomia entre Gog e Magog, pelo menos para a Idade Média. Trata-se do tema dos irmãos e da duplicação. Albumasar chama o sexto "clima" (declinação no sentido do Polo Norte) o "clima" de Gog e Magog e lhe atribui ♊ e ♍. (*De magnis coniuntionibus*, Tract. 4, diff. 12, p. g8)

47. GOLDSCHMIDT. *Der Babylonische Talmud*, IX, p. 66. Rabbi Hanan ben Talipha, em cuja boca se coloca o vaticínio do qual acima falamos, é mencionado na lista dos amoraim [mestres talmúdicos] [Para a grafia cf. VAN DEN BORN A. et al. *Dicionário Enciclopédico da Bíblia*. Petrópolis: Vozes, 2. ed. 1977, col. 1.468 – N.T.] e pertence ao século III d.C.

tinomia interna. Os gregos os interpretavam como sendo os Dióscu-
ros ("meninos de Zeus"), filhos de Leda geradores por um ganso e saí-
dos do ovo. Pólux era imortal, enquanto Castor participava do destino dos humanos. Uma outra interpretação de Ⅱ diz que eles representam Apolo e Hércules, ou Apolo e Dionísio. Tais interpretações
indicam, ambas, uma certa antinomia. Aliás, astronomicamente falando, o signo aéreo de Gêmeos está situado em um aspecto de quadratura, isto é, desfavorável, com referência à conjunção do ano 7. A
antonomia interna dos Ⅱ parece lançar uma certa luz no vaticínio da
"guerra dos tanninim", que Raschi interpreta como sendo "peixes".
Da datação do nascimento de Cristo resulta Ⓞ em Ⅱ, como já foi
mencionado. O tema dos irmãos também aparece desde muito cedo,
em conexão com Cristo, ou seja, entre os judeu-cristãos ou mais precisamente entre os ebinitas[48].

135   O que acabamos de expor talvez nos permita supor que o vaticínio talmúdico acima referido se baseava em pressupostos astrológicos.

136   O fato da precessão já era bastante conhecido dos astrólogos da
Antiguidade. Assim, Orígenes a utiliza, apoiado nas observações e
cálculos de Hiparco[49], como argumento apropriado contra uma
Astrologia que se baseava nos chamados *morphómata* (as verdadeiras
constelações)[50]. Isto, no entanto, não se aplicava contra a distinção
que já se fazia presente na Astrologia antiga, entre os *morphómata* e

---

48. Cf. EPIFANIO. *Panarium*, XXX.

49. Hiparco é tido como o descobridor da precessão. BOLL. *Sphaera*, p. 199.

50. ORÍGENES. *Commentaria in Genesim*, tomo III, I, 14,11 [col. 79]: "Fertur sane
theorema ostendens zodiacum circulum, perinde ut planetas, deferri ab occasu in or-
tum, intra centrum annos, gradu uno... Cum duodecima pars [1 zódion] alía sit, quae
mente concipitur, alia quae quasi sensu informatur: sic tamen ut ex ea tantum, quae
mente concipiutur, quaeque vis, ac ne vis quidem teneri certo potest, rei veritas habea-
tur"(Há uma teoria segundo a qual o zodíaco recua, como os planetas, de um grau, do
nascente para o poente, no espaço de cem anos. Como, porém, a duodécima parte [=
1 signo do zodíaco] é *diferente* quando concebida pela mente, e outra quando representada através dos sentidos, só é possível deduzir a verdade da coisa a partir daquilo
que a mente concebe e que dificilmente, ou mesmo quase nunca, se pode ter como certa etc.) O ano platônico foi calculado, na época, em 36.000 anos. Tycho de Brahe chegou a 24.120 anos. A constante da precessão é de 50" (ou precisamente: 50,378") e
seu total (360°) de 26.000 (ou exatamente 25.725,6) anos.

os *noētà zōdia* (as imagens fictícias do Zodíaco)[51]. Se considerarmos os 7.000 anos do referido vaticínio como *anno mundi* 7000 (ano 7000 de nossa era), esse ano seria *anno Domini* 3239 (ano 3239 de nossa era). Foi nessa época que o ponto vernal se deslocou de 18° em relação à posição atual na direção de Aquário, isto é, em direção ao próximo éon, precisamente na direção das estrelas do Aguadeiro. Como a precessão era familiar a qualquer astrólogo do século II ou III, é-nos lícito indagar se uma concepção astrológica não estaria ligada, porventura, a estas indicações cronológicas. Seja como for, a Idade Média ocupou-se em calcular as *coniunctiones maximae e magnae*, como o fizeram Pierre D'Ailly e Cardano[52]. O primeiro colocou a primeira *coniunctio maxima* (♃ ♂ ♄ em ♈) depois da criação do mundo, no ano de 5027 a.C. e o segundo colocou a décima no ano 3613 d.C.[53] Mas este último supôs, como o primeiro, um intervalo de tempo demasiado grande que transcorre, até que a conjunção volte ao mesmo signo. Astronomicamente falando, este tempo é aproximadamente de 795 anos. Por este cálculo, a conjunção cairia mais ou menos no ano de 3254 d.C. Para a especulação astrológica, evidentemente, tal momento é de grande importância.

Em referência aos 5.000 anos, isto nos coloca no ano 1239 d.C., época assinalada por uma instabilidade espiritual, por heresias revolucionárias e expectativas quiliásticas, mas também pela fundação das Ordens mendicantes que trouxeram um novo surto de vida ao monaquismo. Uma das vozes mais poderosas e influentes que anunciava o advento da nova era do Espírito foi a de Joaquim de Fiore († 1202), cujos ensinamentos foram condenados no Quarto Concílio do Latrão, em 1215. Ele esperava a abertura do sétimo selo do Apocalipse em um futuro relativamente próximo, ou seja, esperava a era do "Evangelho eterno" e do reino do *intellectus spirituallis*, a era do

137

---

1. BOUCHÉ-LECLERCQ. *L'Astrologie grecque*. 2. ed. p. 591; • KNAPP. *Antiskia*; • BOLL. *Sphaera*.

2. A doutrina das conjunções foi fixada por escrito pelos árabes, em especial por Messahala, em meados do século IX. Cf. STRAUSS. *Die Astrologie des Johannes Kepler*, p. 98.

3. Com sua colocação de 960 anos entre duas *coniunctiones maximae*, Pierre D'Ailly chegaria também o ano 3613 d.C.

Espírito Santo. Este terceiro éon, dizia ele, começou com São Bento, o fundador da Ordem beneditina (o primeiro mosteiro foi construído provavelmente poucos anos depois de 529). Um joaquimita, o franciscano Gerardo de Borgo San Donnino, anunciava, em seu escrito *Introductorius in evangelium aeternum*, aparecido em 1254, em Paris, que as três principais obras escritas por Joaquim são o *Evangelium Aeternum*, e que este substituiria o evangelho de Jesus Cristo no ano de 1260[54]. Como se sabe, Joaquim viu no monaquismo o verdadeiro depositário do Espírito, e por este motivo colocou o misterioso início da nova era no tempo em que viveu São Bento, que criou o monaquismo ocidental com a fundação de sua Ordem.

138   Já Pedro de Alíaco considerava a época de Inocêncio III (1198-1216) como um período importante. Foi por volta do ano 1189, diz ele, que se completou, mais uma vez, a série das revoluções de Saturno (*completae anno Christi 1189 vel circiter*). O papa condenara então uma das obras do abade Joaquim[55], e também a doutrina herética de Amalarico[56]. Este é o filósofo e teólogo Amalarico de Bena (†1204) que faz parte do movimento geral do Espírito Santo daquela época. Foi nessa época também que se fundaram as Ordens mendicantes, *quae res magna et miranda fuit in ecclesia christiana*[57]. Pedro de Alíaco considera e ressalta essas manifestações, que também nos causam espanto, como características daquela época, pouco importando que ele as tenha considerado como astrologicamente previstas.

139   Com a data da fundação do Mosteiro de Monte Cassino aproximamo-nos consideravelmente do ano de 530, que foi vaticinado pelo *Talmud* como uma data crítica. Segundo a concepção joaquimita

---

54. Astrologicamente falando, a grande conjunção de ♃ com ♄ em ♎ do ano de 124(faz parte da caracterização deste período em torno de 1240. A Balança é também ur signo duplo de natureza pneumática, como ♊ (trígono aéreo), e por isso foi tomad(também por Pierre D'Ailly como ascendente de Cristo.

55. No Concílio do Latrão, em 1215 (DENZINGER. *Enchiridion*, p. 120s. [na ediçã de 1960, n. 431s., p. 200s. – N.T.]).

56. "Eius doctrina non tam haeretica, quam insana sit censenda" (Sua doutrina é nã somente herética, como até mesmo insana), diz o Decreto [DENZINGER. Ibid., ▪ 433, p. 203 – N.T.].

57. Foi algo de grandioso e maravilhoso na história da Igreja cristã.

nesta época tem início, não propriamente um novo éon, mas um novo *status* do mundo, ou seja, a era do monaquismo ou o reinado do Espírito Santo. É verdade que este começo tem lugar ainda no âmbito do *status* do Filho, mas Joaquim supõe, em forma psicologicamente correta, que um novo *status* ou – diríamos nós – uma nova disposição aparece primeiramente como um estado preparatório mais ou menos latente, ao qual só depois se segue a *fructificatio*, a florescência e a consumação. Na época de Joaquim este florescimento ainda não tinha começado, como vimos; mas era possível observar um estado de inquietação e um movimento extraordinários e largamente difundidos dos ânimos. Todos sentem a agitação do vento do Pneuma. Era, com efeito, uma época de ideias novas, e em parte inauditas, que se difundiam por toda parte, nos movimentos dos Cátaros, dos Patarinos, dos Concorreçanos, dos Valdenses, dos Pauperes de Lugduno, dos Begardos, dos *Fratres Liberi Spiritus*, dos *Brod-durch-Gott*[58], ou quantos outros nomes tenham. Estes movimentos começaram, pelo menos aparentemente, no início do século XI. Os documentos contemporâneos recolhidos por Hahn lançam uma luz significativa sobre as concepções que circulavam nestes ambientes. Assim, entre outros, lemos o seguinte:

> Item credunt, se esse Deum per naturam sine distinctione... se esse aeternos...
> Item, quod nulo indigent nec Deo nec Deitate...
> Item, quod sunt ipsum regnum coelorum.
> Item, quod sunt etiam immutabiles in nova rupe, quod de nullo gaudent, et de nullo turbantur...
> Item, quod homo magis tenetur sequi instinctum interiorem, quam veritatem Evangelii quod, cottidie praedicatur... dicunt,

---

8. HAHN. *Geschichte der Ketzer im Mittelalter* II, p. 779: "...quod nonnulli qui ibi nomine cuiusdam fictae et praesumatae religionis, quos vulgus Begehardos et chwestrones, Brod durch Gott nominant; ipsi vero et ipsae se de secta Liberi Spiritus et Voluntariae Paupertatis Parvos Fratres vel sorores vocant" (...alguns, que, sob o nome de uma Ordem qualquer, fictícia e pretensa, são conhecidos, na boca do ovo, pelo nome de Begardos e Schwestrones ou *Brod durch Gott*: eles e elas, porém, se autodenominam de irmãozinhos e irmãs da comunidade do Livre Espírito e a Pobreza Voluntária).

se credere multa ibi [in Evangelio] esse poetica, quae non sunt vera[59].

140   Em vez de muitas citações, creio que bastam estas poucas frases para caracterizar a mentalidade reinante nestes movimentos: trata-se de indivíduos que se identificavam (ou eram identificados) com Deus, que se consideravam super-homens, que assumiam uma atitude crítica diante do Evangelho, seguiam os ditames do homem interior e concebiam o Reino dos Céus como um estado interior. De certo modo, trata-se de indivíduos quase modernos, os quais tinham uma inflação religiosa, ao contrário do homem de nossos tempos, cuja psicose consiste em uma aflição racionalista e política. Não podemos, contudo, atribuir estas ideias extremistas a Joaquim, embora ele pertença ao grande movimento do Espírito, sendo inclusive uma de suas figuras mais proeminentes. Conviria aqui indagar as razões psicológicas que o teriam levado, a ele e a seus correligionários, a acalentar expectativas tão ousadas, como a de trocar a mensagem cristã pelo *Evangelium Aeternum*, e substituir a segunda Pessoa, pela Terceira, no governo do *éon*. Esta ideia é de tal modo herética e rebelde que só é possível entender o seu aparecimento, admitindo-se que Joaquim se sentia impulsionado e apoiado por uma corrente universal daquela época. Ele a considerava como uma revelação do Espírito Santo, cuja existência e virtude generativa nenhuma Igreja podia coibir. A numinosidade deste sentimento era acentuada pela coincidência cronológica (sincronicidade) com o início da esfera do peixe anticristão. Por este motivo, alguém poderia sentir-se tentado a interpretar o movimento do Espírito Santo e, consequentemente, as ideias fundamentais de Joaquim como expressão direta da psicologia anticristã que então se iniciava. Seja como for, a sentença condenatória da Igreja é inteiramente compreensível, pois, sob certo aspecto, ta

---

59. HAHN. Op. cit. Acreditam também que são Deus por natureza, sem distinção... que são eternos, não precisam de Deus nem da divindade; eles se denominam irmãozinhos e são o próprio Reino dos Céus. Dizem também que são imutáveis na rocha nova, que se alegram com nada, nem se perturbam com coisa alguma. E que o homem tem mais obrigação de seguir os impulsos interiores do que a verdade do Evangelho que pregado todos os dias. Dizem que muito do que há aí (no Evangelho) são invenções que nada têm de verdadeiro.

posição em relação à Igreja de Jesus Cristo se aproxima bastante de uma rebeldia, e mesmo de uma apostasia. Mas mesmo confiando um pouco na convicção desses inovadores, de que estavam sendo dirigidos pelo Espírito Santo, uma outra opinião é não só possível como até provável.

Quer dizer: do mesmo modo que Joaquim admitia que o *status* do Espírito Santo já havia começado secretamente com São Bento, poderíamos admitir que Joaquim também antecipara secretamente um novo *status*. Conscientemente, ele pensava estar realizando o *status* do Espírito Santo, da mesma forma que o intuito de São Bento era o de consolidar e aprofundar a Igreja e a vida cristã, por meio do monaquismo. Inconscientemente, porém, Joaquim poderia estar possuído pelo arquétipo do Espírito – e isto é psicologicamente o mais provável. Não há dúvida de que ele se fundamenta em uma experiência vital numinosa que é característica de todos aqueles que foram tomados por um arquétipo. Ele entendia o Espírito, como não podia deixar de ser, em sentido dogmático, como Terceira Pessoa da Divindade, e não no sentido do arquétipo empírico do Espírito. Com efeito, este último não é inequívoco, mas constitui originalmente uma dupla figura ambivalente[60], que não apenas voltou a emergir no conceito de Deus, da Alquimia, como também produziu as mais contraditórias manifestações no próprio movimento do Espírito Santo. A era gnóstica já tinha claras intuições desta dupla figura. Por isso, em uma época que coincidia com o começo da segunda era de Peixes e que tinha, portanto, necessariamente um aspecto ambíguo, era muito natural que uma crença no Espírito Santo, de cunho cristão, ajudasse também o arquétipo do Espírito a emergir, com sua característica ambivalência. Seria injustificado considerar a figura tão respeitável de Joaquim como um representante unilateral daquela turbulência revolucionária e anárquica que caracterizava o movimento do Espírito Santo em muitos lugares. Pelo contrário, é lícito admitir que ele mesmo, sem o saber, introduziu um novo *status*, isto é, uma nova disposição religiosa destinada a transpor e a compensar o terrível abismo existente entre Cristo e o Anticristo, e cujos primeiros indícios surgem no

141

---

60. A este respeito, cf. JUNG. *Zur Phänomenologie des Geistes im Märchen*, § 394.

século XI. A era do Anticristo tem isto de inerente: o Espírito se transforma, dentro dela, em Espírito maléfico, e o arquétipo vivificante submerge pouco a pouco no racionalismo, no intelectualismo e no doutrinarismo, conduzindo à tragicidade do modernismo que pende, de modo assustador, qual espada de Dâmocles, sobre nossas cabeças. Na antiga fórmula trinitária, sobre a qual Joaquim se baseia, falta a figura dogmática do diabo que leva uma existência ambígua, como *mysterium iniquitatis*, em qualquer parte, à margem da metafísica teológica. Infelizmente – poder-se-ia quase dizer – seu advento ameaçador já se acha predito no Novo Testamento. Ele é tanto mais perigoso quanto menos o conhecemos. Mas quem poderia adivinhá-lo sob a capa de seus nomes sonoros tais como "bem-estar", "segurança de vida", "paz mundial" etc.? Ele se dissimula sob o manto dos idealismos e de todos os "ismos" em geral, entre os quais o pior é certamente o doutrinarismo, a mais antiespiritual das atividades do espírito. A época de hoje deve se confrontar com o *sic et non* (sim e não), sob sua forma mais drástica, isto é, com a oposição absoluta que não somente dilacera politicamente o mundo, como divide interiormente o coração de cada homem. Precisamos voltar a um espírito originário, vivo, que, precisamente devido à sua ambivalência, também é um mediador e unificador dos opostos[61], ideia esta que ocupou a Alquimia (se bem que de maneira imprópria) durante muitos séculos.

142   Se o *éon* de Peixes foi governado, ao que tudo indica, principalmente pelo tema arquétipo dos "irmãos inimigos", por coincidência, com a aproximação do mês platônico imediato, isto é, de Aquário, coloca-se o problema da união dos opostos. Já não se trata mais de volatilizar o mal como mera *privatio boni*, mas de reconhecer sua existência real. Mas este problema não será resolvido nem pela filosofia, nem pela economia de Estado, nem pela política ou pelas confissões históricas, mas unicamente a partir do indivíduo, isto é: a partir da experiência original do Espírito vivo cuja chama foi transmitida por Joaquim, que é um dentre muitos, não obstante as incompreensões ditadas pela época. A *declaratio solemnis* (definição solene da *Assumptio Mariae* (da Assunção de Maria aos céus) que presencia

---

61. JUNG. *Der Geist Mercurius* [§ 284s.] e *Versuch zu einer psychologischen Deutung des Trinitätsdogmas* [§ 257s.].

mos em nossos dias é bem um exemplo do progresso secular experimentado pela evolução dos símbolos. O que impeliu este acontecimento não proveio das autoridades da Igreja, que deram fartas provas de sua hesitação, através da espera de vários séculos, mas sim do fiel católico que insistiu repetidamente, e de forma crescente, nesta evolução: no fundo, trata-se do impulso profundo do arquétipo que procura tornar-se realidade[62].

Na época subsequente, os efeitos do movimento do Espírito Santo se fizeram sentir sobretudo mediante quatro inteligências de primeira grandeza: Alberto Magno (1139-1280); seu discípulo Tomás de Aquino, o filósofo posterior da Igreja e conhecedor da Alquimia (juntamente com Alberto); Rogério Bacon (c. 1214 – c. 1294), precursor anglo-saxônico das ciências físicas e naturais, e, por último, Mestre Eckhart (cerca de 1260-1327), pensador religioso independente que hoje conhece uma verdadeira ressurreição, depois de um eclipse de seiscentos anos. Pretendeu-se, e com razão, ver no movimento do Espírito Santo um sinal precursor da Reforma. É nesse mesmo período, nos séculos XII e XIII, que se situam os inícios da Alquimia latina, cujo conteúdo espiritual tentei descrever em minha obra *Psychologie und Alchemie*. A imagem do *immutabilis in rupe nova*, acima mencionada[63], tem uma estranha semelhança com a ideia central da Alquimia filosófica, isto é, com o *Lapis Philosophorum* (a Pedra dos Filósofos, ou Sábios) que aparece como paralelo de Cristo, a "rocha", a "pedra" ou a "pedra angular". Assim, Prisciliano (século IV) diz, por exemplo: *Nobis petra Christus, nobis lapis angularis Jesus*[64]. Um texto da Alquimia afirma: *[Petra quae] percutiatur virga Mosaica ter, ut aquae effuant largissimae...*[65] O *Lapis* é chamado "ro-

143

---

62. Cf. *Psychologie und Religion* [§ 122s.] [edição brasileira: *Psicologia e religião*. Petrópolis: Vozes, 2011] e *Antwort auf Hiob* [§ 748s.] [*Resposta a Jó*. Petrópolis: Vozes, 1979].

63. § 139 deste volume – Imutável na nova rocha.

64. *Opera*, p. 24: Cristo é nossa pedra; Jesus "nossa pedra angular".

65. *Beati Thomae Aurora consurgens*. Em: *Harmoniae imperscrutabilis* etc., p. 189, 194: *Percussit petram et effluxerunt aquae metallinae* (Feriu a rocha e jorraram águas metálicas).

cha sagrada" e definido como sendo composto de *quatro partes*[66]. Ambrósio diz que a água que brotou da rocha era uma prefiguração do sangue que escorreu da chaga do lado de Cristo[67]. Um texto alquímico considera a "água que brotou da rocha" como idêntico ao "solvens" [dissolvente] universal, isto é, à *aqua permanens* (água perene)[68]. Khunrath, em sua linguagem floreada, fala até mesmo de um *Petroleum Sapientum* (Óleo da pedra dos Sábios)[69]. Para os naassenos, Adão é a "rocha" e também a "pedra angular"[70]. Entre as *allegoriae* de Cristo, Epifânio menciona, em seu *Ancoratus*, a pedra, a rocha, a pedra angular. O mesmo fazem Fírmico Materno[71] e outros. Esta imagem, comum à linguagem da Igreja e à da Alquimia, apoia-se em certas passagens escriturísticas como 1ª Carta aos Coríntios 10,4 e 1ª Carta de Pedro 2,4.

144   A *nova rupes* substitui Cristo, do mesmo modo que o *Evangelium Aeternum* deve tomar o lugar da mensagem de Cristo. A inabitação do Espírito Santo, da Terceira Pessoa da Trindade, transfere a *hyiotēs*, isto é, a condição de filho, a cada homem, e assim todo aquele que possui o Espírito Santo torna-se uma pedra, uma nova *rupes*, de

---

66. *Gloria mundi alias Paradysi tabula*, em: *Mus, herm.*, p. 212: "Lapis noster sacra rupes nominatur, et quadrifariam digesta, vel significata est" (Nossa pedra chama-se rocha sagrada, e foi dividida e representada em quatro partes). (cf. Ef 3,18). No texto da pirâmide de *Pepis I* menciona-se um deus que ressuscita, portador de quatro faces: "Homage to thee. O thou who hast four faces... Thou art endowed with a soul, and thou dost rise (like the sun) in thy boat... Carry thou this Pepi with thee in the Cabian of thy boat, for this Pepi is the son of the Scarab..." (Louvor a ti, ó tu, que tens quatro faces... És dotado de uma alma, e te elevas (como o sol) no teu barco... Leva este Pépi contigo, no compartimento de teu barco, pois este Pépi é filho do escaravelho) (BUDGE. *Gods of the Egyptians* I, p. 85).

67. *Explanationes in Psalmos*, XXXVIII: "In umbra erat aqua de petra quasi sanguis ex Christo" (Na sombra havia água de pedra, semelhante ao sangue que saiu de Cristo).

68. MÍLIO. *Philosofia reformata*, p. 12: "Unde philosophus eduxit aquam de petra, et oleum de saxo durissimo" (Por isso o filósofo tirou água da rocha e óleo da pedra duríssima).

69. *Von hylealischen Chaos*, p. 272.

70. HIPÓLITO. *Elenchos*, V, 7,34s. Também aqui menciona-se o *lapis de monte abscisus sine manibus* (Dn 2,45) [Bíblia de Lutero: *"einen Stein, ohne Hände vom Berge herabgerissen"* – uma pedra arrancada do monte sem intervenção de mão humana], imagem esta utilizada também pelos alquimistas.

71. *De errore profanarum religionum*, 20,1.

acordo com o que se lê na 1ᵃ Carta de Pedro 2,5: "et ipsi tamquam lapides vivi superaedificamini"[72]. Estamos aqui, portanto, em face de um desenvolvimento lógico e consequente da doutrina do Paráclito e da *filiatio* (filiação), de conformidade com o que se lê em Lucas 6,35: "et eritis filii Altíssimi", e em João 10,34: "Nonne scriptum est in lege vestra: quia Ego dixim dii estis?"[73] Como se sabe, os naassenos já se utilizavam dessa referência, antecipando, deste modo, uma etapa da evolução histórica, evolução esta que conduz ao movimento dos espirituais, através do monaquismo, e diretamente a Lutero, através da *Theologia Deutsch* [Teologia para os alemães] e à ciência moderna através da Alquimia.

Voltemos agora à nossa descrição de Cristo como peixe. Conforme Dölger, o símbolo do peixe surgiu por volta do ano 200, em Alexandria[74], e o recipiente batismal foi chamado, muito cedo, de piscina (tanque dos peixes). Isto significava que os fiéis também eram peixes, como aliás é sugerido pelo próprio Evangelho (por exemplo, em Mateus 4,19). Cristo quer transformar Pedro e André em "pescado-

145

---

72. A este respeito, cf. a construção da torre sem junturas (a Igreja) com "pedras vivas", no *Pastor de Hermas* [E vós mesmos, como pedras vivas, constitui-vos em edifícios].

73. ["E sereis filhos do Altíssimo" – "Não está escrito em vossa Lei: 'Eu disse: Sois deuses?'"].

74. DÖLGER. Op. cit., I, p. 18. O epitáfio de Abércio, importante sob este aspecto, e que é colocado no início do século III (depois de 216), é de origem cristã duvidosa. Dieterich (*Die Grabschrift des Aberkios*) mostra, com brilhante argumentação, que o "pastor sagrado" mencionado na inscrição é Átis, o Senhor do carneiro sagrado e o pastor dos mil olhos das estrelas resplandecentes. Uma forma especial do mesmo é Elogábalo de Emera, o deus do Imperador Heliogábalo, que mandou celebrar o *hierógamos* (núpcias sagradas) de seu deus com Urânia de Cartago, também chamada de *Virgo coelestis*. Heliogábalo era um *gallus* (sacerdote frígio) da Grande Mãe, cujo peixe só os sacerdotes podiam comer. O peixe devia ser apanhado por uma virgem. Supõe-se que Abércio tenha colocado esta inscrição como lembrança de sua ida a Roma para assistir ao grande hierógamos, ou seja, depois de 216. Pelas mesmas razões há também dúvidas quanto à origem cristã da inscrição de Pectório de Autun, na qual aparece igualmente o peixe: Ἔσθιε πινάων ἰχθύν̆εξων παλάμαις. / Ἰχθύι χό[ρταξ] ἄρα, λιλαίω, δέσποτα σῶτερ: "Come [versão incerta] segurando o peixe com as mãos. Alimenta-te, pois, com o peixe; anseio por ti, ó Senhor Salvador". Leitura provável: πινάων, em vez de πεινάων. Cf. CABROL ET LECLERC. *Dictionnaire d'Archéologie chrétienne*, XIII, col. 2884s., verbete Pectorios. Os três primeiros dísticos da inscrição formam o acróstico de Ichtys. A data é incerta (séculos III-V). Cf. DÖLGER. Op. cit., I, p. 12s.

res de homens" e Ele mesmo utiliza a pesca milagrosa (Lc 5,10) como paradigma da atividade apostólica de Pedro.

146   Um dos aspectos astrológicos do nascimento de Cristo se acha indicado diretamente em Mateus 2,1s. Os magos, vindos do Oriente, são intérpretes dos astros; devido a presença de uma estranha constelação eles deduziram a ocorrência de um nascimento igualmente extraordinário. Tal episódio nos mostra que Cristo já era considerado sob o ponto de vista astrológico, ou pelo menos em conexão com certos mitos astrológicos, já na era apostólica. Esta conexão aparece claramente, se analisarmos as afirmações do Apocalipse. Como toda esta problemática já foi estudada por especialistas, podemos apoiar-nos aqui tranquilamente no fato, suficientemente comprovado, de que certos mitos astrológicos transparecem em algumas passagens das narrativas da vida terrena e celeste do Salvador[75].

147   São principalmente as relações com a era contemporânea de Peixes que, como dissemos, se acham documentadas quer nos evangelhos ("pescadores de homens", pescadores como primeiros apóstolos, refeição milagrosa), quer logo depois, na época pós-apostólica, mediante o simbolismo do peixe (Cristo e seus seguidores designados como peixes, o peixe dado como alimento nos ágapes[76], o batismo na piscina etc.). Mas, antes de mais nada, tais representações significam que os símbolos e mitologemas do peixe, que sempre existiram, assimilaram também a figura do Salvador − manifestação parcial da recepção de Cristo no regaço do mundo espiritual dessa época. Sendo, porém, Cristo concebido como um novo *éon*, qualquer conhecedor de astrologia sabia, por um lado, que Ele representava o primeiro peixe de iminente era de Peixes e, por outro lado, que Ele devia ser o último carneiro[77] (*arnion*, no Novo Testamento: o Cordeiro) do *éon*

---

75. Remeto o leitor particularmente aos trabalhos de Franz Boll, *Aus der Offenbarung Johannis*. As obras de Arthur Drews tratam do paralelo com monomaníaca meticulosidade, por assim dizer, o que resulta em prejuízo para a ideia. Cf. sobretudo *Der Sternenhimmel in der Dichtung und Religion der Alten Völker und des Christentums*.

76. Segundo Tertuliano: *Adversus Marcionem*, I, IV [col. 262], o peixe é *sanctior cibus* (o alimento mais sagrado).

77. ORÍGENES. *In Genesim hom.*, VIII, 9 [col. 208]: *"Diximus... quod Isaac formam gereret Christi, sed et aries hic nihilominus formam Christi gerere videtur"* (Dizíamos...

que findava, a morrer[78]. Mateus 27,15s. transmite este mitologema sob a forma do antigo costume da imolação do deus anual. Sintomaticamente, o parceiro de Jesus nesta cerimônia se chama Barrabás, "filho do Pai". Com alguma razão poder-se-ia colocar a tensão interna dos contrários, na psicologia do cristianismo primitivo, em paralelo com o fato de que o *zódion* (símbolo zodiacal) ♓ representa dois peixes que apontam frequentemente para direções opostas, se houvesse algum registro de que seus movimentos opostos ocorrem regularmente em época pré-cristã, ou pelo menos contemporânea a Cristo. Infelizmente não conheço qualquer representação figurada de época mais antiga que me informasse sobre a posição dos peixes. Na bela representação dos *zódia*, em um relevo, da pequena metrópole de Atenas infelizmente faltam Aquário e Pisces. Mas nas proximidades do início de nossa era conhecemos uma representação de Peixes que é insuspeita de influência cristã: trata-se do globo celeste do Atlas Farnesino, conservado em Nápoles. Neste mapa, o primeiro peixe é representado em posição vertical, com a cabeça dirigida para o Polo Norte, ao norte do Equador, e o segundo, em posição horizontal, com a cabeça dirigida para o Ocidente, ao sul do Equador. Esta representação corresponde à configuração astronômica e, por conse-

---

que Isaac trazia a forma de Cristo, embora pareça que o carneiro aqui traz a forma de Cristo). Agostinho (*De civitate Dei*, XVI, XXXII, 1 [col. 707]: *"Quis erat ille aries, qui immolato impletum est significativo sanguine sacrificium?... Quis ergo illo figurabatur, nisi Jesus...?"* (Quem era aquele carneiro, mediante cuja imolação se consumou o sacrifício no sangue significativo? Quem, senão Jesus, foi por ele figurado?) A respeito do Cordeiro como Áries (♈), no Apocalipse, cf. BOLL. *Aus der Offenbarung Johannis*.

78. EISLER. *Orpheus – the Fisher*, p. 51s. O artigo de Eisler, *Der Fisch als Sexualsymbol*, oferece rico material para a interpretação do símbolo do peixe, mas o resultado a que chega é escasso, dado que a colocação do problema está errada. Na realidade, há muito se sabe que todas as forças impulsivas da alma, inclusive a sexualidade, participam da elaboração dos produtos simbólicos. A sexualidade não está "simbolizada" neste processo, como bem o demonstra o próprio material recolhido por Eisler. Em tudo aquilo que o homem participa, acha-se também presente sua sexualidade. A constatação, sem dúvida correta, de que a Basílica de São Pedro é constituída de pedra, madeira e de algum metal, dificilmente terá contribuído para a correta interpretação de seu sentido, como também não contribui para a interpretação do símbolo do peixe, se alguém ainda se admirar de que essa imagem tem evidentes componentes sexuais, como todas as outras imagens. Quanto à terminologia, convém observar que uma coisa conhecida jamais pode ser "simbolizada", mas apenas expressa de forma alegórica ou semiótica.

guinte, é naturalista[79]. O círculo zodiacal do Templo de Hátor, em Denderah (século I a.C.), contém os Peixes representados na mesma direção. O planisfério de Timocares, mencionado por Hiparco[80], só tem *um* peixe no lugar dos "Pisces". Em moedas e pedras preciosas gravadas da época imperial, os Peixes aparecem em posição contrária ou na mesma direção[81]. O mesmo ocorre nos monumentos mitraicos[82]. Talvez se possa atribuir a natureza antinômica de Peixes ao fato de a imagem astronômica mostrar o primeiro (o do lado sul) em posição vertical e o segundo (o do lado norte) em posição horizontal. As direções dos movimentos são quase perpendiculares entre si, formando, por isto, uma *cruz*. Em épocas cristãs posteriores acentua-se muitas vezes o caráter oposto do movimento dos Peixes, desconhecidos em geral pelos documentos mais antigos. Desta enfatização pode-se deduzir a existência de uma certa tendência[83].

148   Embora seja impossível provar qualquer relação entre a figura de Cristo e o início da era astrológica de Peixes, contudo a sincronicidade do simbolismo do peixe do Salvador com o símbolo astrológico é bastante significativa para deixarmos de lhe dar, pelo menos, o devido relevo. Se procuramos mostrar as amplas conexões mitológicas suscitadas por esta colocação em paralelo, foi com o intuito de descrever os múltiplos aspectos e relações de um arquétipo que se mani-

---

79. Sobre este ponto, cf. THIELE. *Antike Himmelsbilder*, p. 29.

80. BOLL. *Sphaera*, pl. I, e EISLER. *The Royal Art of Astrology*, pl. V e p. 64s.

81. GAEDECHENS. *Der marmorene Himmelsglobus... zu Arolsen.*

82. CUMONT. *Textes et monuments figurés relatifs aux mystères de Mithra*, II.

83. A este respeito, cf. os dois peixes nos símbolos de Lambsprinck (*Mus. herm*, p. 343), onde eles representam ao mesmo tempo os opostos que devem ser integrados. Aratos (*Phainomena*, linha 238s.) menciona apenas a posição superior do peixe que está do lado norte, em relação ao que está do lado sul, sem frisar a sua duplicidade ou oposição. Na moderna especulação astrológica, pelo contrário, acentua-se ao duplo caráter (SMITH. *The Zodia, or the Cherubim in the Bible and the Cherubim in the Sky*, p. 279). "Le poisson... qui nage de haut en bas, symbolise le mouvement d'involution de l'Esprit dans la Matière; celui... qui nage de bas en haut, le mouvement d'évolution du composé Esprit-Matière, retournant à son Principe Un" ("O peixe... que nada de cima para baixo [isto é, o peixe do lado sul], simboliza o movimento de involução do Espírito na Matéria; o... que nada de baixo para cima, o movimento de evolução do composto Espírito-Matéria ao voltar a seu Princípio Uno") (SENARD. *Le Zodiaque, clef de l'ontologie appliquée à la psychologie*, p. 446).

festa, de um lado, em uma determinada personalidade e, do outro, sincronisticamente, em um definido período de tempo, anterior a Cristo. Aliás, trata-se de um arquétipo que já fora escrito muito tempo antes, mediante uma projeção no céu, para depois, "quando chegou a plenitude dos tempos", coincidir com a formação do símbolo da nova era. O peixe pertence, por sua natureza, à estação chuvosa do inverno, assim como o Aquário e o Capricórnio (*aigókerōs*)[84]. Como imagem do zodíaco, portanto, não merece maior atenção. A coisa só se torna um pouco estranha quando a precessão dos equinócios desloca o ponto vernal para este signo, dando início assim a uma nova era na qual a palavra "peixe" se transforma em designação do Deus feito homem, o qual, como já referi, foi imolado como carneiro e nasceu como peixe; pescadores são seus discípulos e aos quais Ele quer converter em pescadores de homens; alimenta milhares de pessoas com peixes milagrosamente multiplicados; é comido, Ele próprio, como peixe, como *sanctior cibus*, e seus seguidores são pequenos peixes, os *pisciculi*. De qualquer modo, podemos imaginar que, em face do conhecimento bastante difundido da astrologia, pelo menos alguma coisa de tal simbolismo, em determinados círculos gnóstico-cristãos, provém desta fonte[85]. Mas parece que esta hipótese não pode pretender validade para as descrições dos evangelhos sinóticos, em especial. Falta-nos qualquer prova neste sentido. Não há motivo para imaginar que estas narrativas sejam meros mitos astrológicos com roupagem literária. A impressão que se tem, pelo contrário, é a

---

84. Capricórnio ♑ ou ♑ [Em alemão: *Ziegenfisch*, que, literalmente, significa "peixe-cabra". Em JUNG, C.G. *Memórias, sonhos, reflexões*. 2. ed. Edição brasileira, Nova Fronteira, 1975 (?), p. 293, encontramos a seguinte nota de rodapé: "A constelação do Capricórnio (meio cabra, meio golfinho) foi primitivamente chamada Cabra-peixe..." Por isto é que, no texto, traduzi o referido termo por *Cabra-Peixe* – N.T.].

85. Na *Pistis Sophia* (p. 215) encontramos uma nítida tomada de posição em relação à astrologia, ou seja, uma confrontação de Jesus com os "Fixadores da Natividade": "Mas Jesus respondeu, dizendo a Maria: 'Se os fixadores na natividade' encontram a *Heimarmene* (o destino) e a esfera voltadas para a esquerda, em correspondência com sua primeira expansão, eles pronunciam suas palavras e dirão o que deve acontecer. Mas, se encontram a *Heimarmene* (o destino) e a esfera voltadas para a direita, o que dizem, em geral, não é verdadeiro, porque eu desviei suas influências e seus quadriláteros e seus triângulos (horóscopo!) e sua figura em oito [...]"

de que os episódios dos pescadores são inteiramente naturais e nada há a procurar atrás deles. Tudo aconteceu de maneira muito simples e natural, e não há certeza de que o simbolismo cristão de peixe não tenha surgido também por acaso e espontaneamente. Por isso, poder-se-ia falar de uma coincidência aparentemente casual deste simbolismo com o *éon* de Peixes, tanto mais porque tal era, ao que tudo indica, parece não ter deixado vestígios inequívocos, pelo menos nas culturas do Oriente. Não tenho, porém, condições de afirmar com segurança que esta suposição tem aí algum fundamento, pois conheço muitíssimo pouco a astrologia hindu e a chinesa. Em compensação, o fato de o simbolismo tradicional de peixe possibilitar uma predição verificável, feita no Novo Testamento, constitui uma proposição algo incômoda.

149   O peixe boreal ou oriental que foi alcançado pelo ponto vernal nos inícios de nossa era[86] acha-se ligado ao peixe austral ou ocidental, pela chamada comissura. Esta é constituída por uma faixa de estrelas fracas, nas quais o ponto vernal se achava situado na borda austral da segunda constelação. O ponto de intersecção da eclíptica com o meridiano do segundo peixe (ou de sua cauda) cai aproximadamente no século XVI que, como se sabe, é sumamente importante para a história de nosso símbolo no Ocidente. Desde então o ponto vernal se desloca ao longo da borda sul da constelação do segundo Peixe, para entrar em seguida, paulatinamente, no Aquário, durante o terceiro milênio[87]. A denominação de Cristo como *único* peixe o identifica, na concepção astrológica, com o primeiro, que está em

---

86. O meridiano da estrela O *in lino piscium* [na linha de Peixes] passa pelo ponto vernal, no ano 11 d.C., e o da estrela a 113 no ano 146 a.C. (calculados com base em PETERS & KNOBEL. *Ptolomy's Catalogue of Stars*).

87. Como a fixação dos limites das constelações é sabidamente arbitrária, esta indicação de tempo é muito vaga. Ela se refere à constelação real das estrelas fixas e não ao *zodion noeton*, isto é, ao Zodíaco dividido em setores de 30 graus cada um. Astrologicamente falando, o início do próximo *éon* deverá situar-se entre 2000 e 2200, dependendo do ponto de partida que se escolher. Se nos baseássemos na estrela O em ꓥ, acima mencionada, e se tomássemos o mês platônico como sendo constituído de 2143 anos, chegaríamos ao ano 2154 para o começo da era de Aquário; baseando-nos na estrela a 113, chegaríamos ao ano 1997. Este último corresponde à denominação das longitudes das estrelas como estão no Almagesto, desde a época de Ptolomeu.

posição vertical. O Anticristo sucederá a Cristo no final dos tempos. O início dessa enantiodromia deveria cair, logicamente, entre os dois peixes. Como vimos anteriormente, de fato assim o é. É na vizinhança imediata do segundo peixe que começa a época da Renascença, que dá início àquele espírito que culmina na época moderna[88].

---

88. A especulação astrológica moderna também relacionou ♓ com Cristo: "The fishes, then, the inhabitants of the waters, are fitly in emblem of those whose life being hid with Christ in God, come out of the waters of judgment without being destroyed [alusão aos peixes que não morreram afogados no dilúvio], and shall find their true sphere where life abounds and death is not: where for ever surrounded with the living water and drinking from its fountain, they shall not perish, but have everlasting life... Those who shall dwell for ever in the living water are one with Jesus Christ the Son of God, the Living One". (Os peixes, os habitantes da água, são, portanto, um emblema apropriado para a vida daqueles que – por terem sua vida escondida com Cristo em Deus – saem íntegros das águas do juízo e encontram sua verdadeira esfera onde a vida existe em abundância e já não há morte: onde, envolvidos para sempre pela água viva e bebendo de sua fonte, não perecerão, mas terão a vida eterna... Aqueles que habitarem para sempre na água viva, serão um com Jesus Cristo, o Filho de Deus, o Vivente.) (SMITH. Op. cit., p. 280s.).

VII

Profecias de Nostradamus

150   Foi possível predizer, de algum modo, o desenrolar da nossa história religiosa e, consequentemente, da etapa essencial da evolução psíquica, seja cronologicamente seja quanto ao conteúdo, à luz da precessão do ponto vernal através da constelação de Peixes. De fato, a predição foi feita, como vimos, e coincide com o fato de a Igreja ter se cindido no século XVI; desde então, instalou-se um processo enantiodrômico que poderíamos chamar, talvez, de movimento horizontal (ou seja, de conquista da terra e de domínio da natureza), ao contrário do impulso "gótico" em direção às alturas. A linha horizontal interferiu na linha vertical e a evolução espiritual e moral passou a processar-se numa direção anticristã cada vez mais nítida, e em nossos dias estamos em uma crise da civilização ocidental cujo desenlace é incerto.

151   Neste contexto, eu gostaria de lembrar as predições astrológicas que Maître Michel Nostradamus fez em uma carta[1] dirigida de Salon ao Rei Henrique II da França, em 27 de junho de 1558. Após a descrição de um ano que, entre outras coisas, se caracterizará por ♃ ☌ ☿ com ♂ □ ☿[2], lê-se o seguinte:

---

1. Reproduzida na edição das *Vrayes Centuries et Prophéties de Maistre Michel Nostradamus*, saída em Amsterdã, 1668. Sirvo-me da edição coloniense de 1689, que segue a de Amsterdã (p. 113s.).

2. Como indicamos acima, a conjunção de Júpiter e de Mercúrio é significativa para o cristianismo, segundo uma antiga tradição. O aspecto de quadratura entre Mercúrio e Marte "fere" Mercúrio com violência "marcial". ☿ ☌ ♂ significa a *lex Mahumeti* [a Lei de Maomé], segundo Cardano (*Commentarium in Ptolomaeum*, V, p. 188). Por isso, este aspecto poderia indicar um ataque do islão. É de forma parecida que Albumasar entende ♃ ☌ ♂: *Et si complexus ei [Jovi] fuerit Mars, significavit culturam igneam et fidem paganam* (E se Marte está em conjunção com ele [Júpiter], tal fato significa uma civilização de fogo e a crença pagã). (*De magnis coniunctionibus*, tract. I, diff. 4, p. a 8ʳ). Por analogia histórica, os maus acontecimentos do futuro são atribuídos à meia-lua, mas ninguém pensa que o antagonista do cristianismo repouse no inconsciente europeu.

L'année sera... le commencement comprenant ce de ce que durera etr commençant icelle année sera faite plus grande persecution à l'Eglise Chrestienne que n'a esté faite en Afrique[3], et durera cette icy jusques à l'an mil sept cents nonante deux que l'on cuidera estre une renovation de siècle... Et dans iceluy temps, et en icelles contrées la puissance infernale mettra à l'encontre de l'Eglise de Jesus-Christ la puissance des adversaires de sa loy, qui sera le seconde Antechrist, lequel persecutera icelle Eglise et son vray Vicaire, par moyen de la puissance des Roys temporels qui seront par leur ignorance seduits, par langues qui trancheront plus que nul glaive entre les mains de l'insensé. A respeito dessa perseguição lê-se ainda: La persecution des gens Ecclesiastiques prendra son origine par la puissance des Roys Aquilonaires, unis avec les Orientaux. Et cerre persecution durera onze ans, quelque peu moins, que par lors défaillira le principal Roy Aquilonaire[4].

Nostradamus acredita, entretanto, que son uny meridional [aliado meridional] sobreviverá ao primeiro, cerca de três anos. Ele prevê uma volta do paganismo (sancta Sanctorum destruite par Paganisme), a Bíblia será queimada e haverá um imenso banho de sangue: *Si grandes tribulations que jamais soit advenue telle depuis la premiere fondation de l'Eglise Chrestienne.* Todos os países cristãos serão atingidos pela calamidade.   152

Existem determinantes históricas que podem ter levado Nostradamus a determinar precisamente o ano de 1792 como início de um novo *éon*. Assim é que o Cardeal Pierre D'Ailly (Pedro de Alíaco), apoiando-se em Albumasar, escreve, em as *Concordantia*[5], a respeito da oitava *coniunctio maxima*, localizada no ano de 1693:   153

> Et post illam erit complementum 10 revolutionum saturnalium anno Christi 1789 et hoc erit post dictam coniunctionem per annos 97 vel prope [...] His itaque praesuppositis dicimus quod si mundus usque ad illa tempora duraverit, quod solus deus novit,

---

3. Onde o cristianismo romano sucumbiu ao avanço do islão.

4. Op. cit. [Tradução no final deste capítulo, p. 94].

5. D 2 m cap. 60 e 61. Cf. tb. THORNDIKE. *A History of Magic and Experimental Science IV*, p. 102.

multae tunc et magnae et mirabiles alterationes mundi et mutatio-
nes futurae sunt, et maxime circa leges et sectas, nam cum prae-
dicta coniunctione et illis revolutionibus Saturni ad hoc concurret
revolutio seu reversio superioris orbis, id est, octavae sphaerae per
quam et per alia praemissa cognoscitur sectarum mutatio... Unde
ex his probabiliter concluditur quod forte circa illa tempora veniet
Antichristus cum lege sua vel secta damnabili, quae maxime adversa
erit et contraria legi Christi; nam licet de adventu sui determinato
tempore vel momento haberi non possit humanitus certitudo... Tamen indeterminate loquendo quod circa illa tempora venturus sit
potest haberi probabilis coniectura et verisimilis suspicio per astro-
nomica iudicia. Cum enim dictum sit secundum astronomos circa
illa tempora fieri mutationem sectarum er secundum eos post ma-
chometum erit aliquis potens, qui legem foedam et magicam cons-
tituet. Ideo versimili probabilitate credi potest, quod post sectam
machometi nulla secta veniet, nisi secta antichristi[6].

154   Com referência ao cálculo do ano 1693, lembra D'Ailly as indicações deixadas por Albumasar, segundo as quais *anno mundi* [no
ano da criação do mundo] 3200 houve a primeira *coniunctio maxima* (♄ ☌ ♃) *in capite Arietis* [na cabeça de Áries]. A este número acres-
centaram-se, de cada vez, mais 960, que resulta, por fim, no *anno*

---

6. Tradução: "E depois destas coisas haverá um total de dez revoluções de Saturno, no
ano de 1789 do nascimento de Jesus Cristo, e isto acontecerá depois da mencionada
conjunção, durante 97 anos mais ou menos [...] À base destes pressupostos, portanto,
diremos que se o mundo durar até aquela época, o que só Deus sabe, haverá, então numerosas, grandes e maravilhosas alterações e transformações no mundo, e sobretudo
em relação às leis e seitas [religiosas], pois além da referida conjunção e das revoluções
de Saturno, de que falamos acima, concorrem também para isto a revolução ou inversão do círculo superior, isto é, da oitava esfera, graças à qual, e a outros pressupostos,
se conhece a alteração sofrida pelas seitas [...]" "Por isto pode-se concluir que será talvez por essa época que virá o Anticristo com sua lei ou sua seita condenável, que será
sumamente hostil e contrária à lei de Cristo; com efeito, humanamente falando, é impossível ter alguma certeza a respeito do momento preciso de sua chegada... Contudo,
quando se diz, de modo indeterminado, que ele virá mais ou menos por essa época,
pode-se formular uma hipótese aceitável e uma suposição razoável, baseadas em argumentos astronômicos. Se, por esta época, segundo os astrônomos, deve ocorrer uma
alteração nas seitas, então, segundo eles [os astrônomos], depois de Maomé virá alguém de poderoso que estabelecerá uma lei iníqua e mágica. Por isso, poderemos dizer
com forte probabilidade que, depois da seita de Maomé, não haverá outra seita senão
a do Anticristo".

Domini [ano de nossa era] 1693 como sendo o ano da oitava *coniunctio maxima*[7]. D'Ailly critica esta opinião na terceira parte de sua obra, chamando-a de *falsa deductio*. No seu tratado contra os *superstitiosos astronomos*, de 1410, ele defende, de modo geral, a opinião segundo a qual não se pode submeter a religião cristã às leis da astrologia. Ele visa principalmente a Rogério Bacon, que ressuscitou a teoria segundo a qual o cristianismo se acha submetido à influência de Mercúrio. Só as opiniões supersticiosas ou heréticas, e em particular o advento do Anticristo, são atribuídos por ele às influências astrológicas[8].

Podemos admitir, sem mais, que Nostradamus conhecia estes   155
cálculos e que corrigiu a data de 1789 por 1792. As duas datas são sugestivas e, à luz dos acontecimentos subsequentes, não é difícil mostrar que os fatos ocorridos nessa época foram precursores significativos de acontecimentos modernos. A instalação da *Déesse Raison* antecipou, na realidade, a orientação anticristã que desde então vem sendo seguida.

A expressão *rénovation de siècle* [utilizada por Nostradamus]   156
pode significar um novo *éon*; constitui, no entanto, notável coincidência a adoção da nova era, a contar daquele ano, por parte da Revolução Francesa, que tinha um caráter pronunciadamente anticristão[9]. Tudo aquilo que fora preparado de longa data, ou seja, a enantiodromia que corria paralela com o símbolo astrológico de peixes, e que se inicia claramente com o Renascimento, converte-se então em acontecimento manifesto. O momento pode ter parecido astrologicamente significativo, por diversos motivos. Era sobretudo o momento em que a precessão alcançava as estrelas da cauda do segundo Peixe[10]. Em segundo lugar, no ano de 1791 Saturno estava em Υ,

---

7. *Concordantia*, P. I, Verb. 20.

8. A este respeito, cf. THORNDIKE. Op. cit., p. 103.

9. Já na linguagem antiga o termo *renovatio* às vezes tem o sentido da moderna *révolution*, ao passo que *revolutio* conservou o sentido original, mesmo no latim tardio. Como se pode ver no texto, Nostradamus concebia este momento (1791) como sendo o ponto culminante de uma perseguição que já estava em andamento. Pensemos, aqui, no *Ecrasez l'infâme* de Voltaire.

10. Mas não existem indícios de que se fizesse uma tentativa consciente de profetizar, baseada na precessão.

que é um signo de fogo. Em terceiro lugar, a tradição se ligara à doutrina das *coniunctiones maximae*[11] e considerara o ano da oitava *coniunctio maxima* (♃ ♂ ♄ em ♈), isto é, 1693, como o ponto de partida para os cálculos sobre o futuro[12]. Este ano-referência foi combinado com uma outra tradição baseada em períodos individuais de dez revoluções de Saturno (que se completam a cada 300 anos). Neste sentido, Pedro de Alíaco se apoia em Albumasar que escreve em sua *Magnae coniunctiones*: "Dixerunt enim quod mutatio erit cum completae fuerint 10 revolutiones saturnine et praecipue conveniat illa permutatio saturni ad signa mobilia"[13] (isto é, ♈, ♋, ♎, ♑). De acordo com as indicações de D'Ailly, no ano 11 a.C. encerra-se um período de Saturno, evento ao qual ele associa o aparecimento de Cristo. No ano 289 termina também um outro destes períodos. O maniqueísmo é colocado em relação a este fato. O ano de 589 prenunciaria o advento do islão e 1189 a importante época de Inocêncio III. O ano de 1489 anunciaria um cisma da Igreja, enquanto 1789, por fim, indicaria o advento do anticristo (isto não tomado ao pé da letra, mas

---

11. Como tais se entendem as ♂ em ♈, pelo menos em via de regra. O° ♈ é ponto vernal.

12. Não posso afirmar que entendi as considerações de D'Ailly. Reproduzo aqui seu texto: "Et post illam erit complementum 10 revolutionum saturnalium anno Christi 1789 et hoc erit post dictam coniunctionem per annos 97 vel prope et inter dictam coniunctionem et illud complementum dictarum 10 revolutionum erit status octavae sphaerae circiter per annos 25 quod sic patet: quia status octavae sphaerae erit anno 444 post situm augmentationum [? leitura incerta], quae secundum tabulas astronomicas sunt adaequatae ad annum Christi 1320 perdectum, et ideo anno Christi 1764, quibus annis si addas 25, sunt anni 1789 quos praedicimus. Unde iterum patet quod ab hoc anno Christi 1414 usque ad statum octavae sphaerae erunt 253 anni perfecti" (E depois desta, ter-se-á um total de 10 revoluções de Saturno, no ano 1789 do nascimento de Cristo, e isto acontecerá depois da referida conjunção, por um período de 97 anos, ou pouco mais ou menos, e entre a mencionada conjunção e o total das referidas 10 revoluções haverá uma parada da oitava esfera, pelo espaço mais ou menos de vinte e cinco anos, como se verá pelo seguinte: A parada da oitava esfera se dará no ano 444 depois da fase dos aumentos [?] que, de acordo com as tábuas astronômicas, estão ligados ao final do 1320 do nascimento de Cristo, isto é, dar-se-á no ano de 1764 do nascimento de Cristo; e se lhe acrescentarmos outros vinte e cinco anos, chegaremos a 1789, como predissemos. Vê-se por aí que desse ano de 1414 do nascimento de Cristo até à parada da oitava esfera haverá um total de 253 anos).

13. Tract. 2, dif. 8, p. D 6: [Disseram, com efeito, que a grande mudança se dará quando se completarem as dez revoluções de Saturno e que a inversão de Saturno corresponde, sobretudo, aos signos móveis].

por inferência!). Quanto ao mais, não era difícil completar com a fantasia, pois o arquétipo já estava preparado há muito tempo e só esperava ser completado. Compreende-se sem dificuldade que um usurpador nórdico tome conta do poder[14], tendo-se em vista que o Anticristo é de natureza infernal, isto é, o diabo ou um filho do diabo e também Tifão, que tem sua região de fogo no ponto boreal. O poder tifônico é de natureza *triádica*, por possuir dois aliados: um no Oriente e outro no Sul. Este poder corresponde à chamada "Tríade inferior"[15].

Nostradamos, o sábio médico e astrólogo, certamente conhecia a opinião segundo a qual o Norte é a região do demônio, dos incrédulos e dos maus. Esta concepção se baseia, como informa Euquério de Lião († 450)[16], em Jeremias 1,14: "Ab Aquilone pendetur malum super omnes habitantes terrae"[17] e em outras passagens, como por exemplo, Isaías 14,12s.: "Quomodo cecidisti de coelo lucifer, qui mane oriebaris? Corruisti in terram qui vulnerabas gentes? qui dicebas in corde tuo: in coelum conscendam, super astra Dei exaltabo solium meum, sedebo in monte testamenti, in lateribus Aquilonis" etc.[18] O monge beneditino Rabano Mauro († 856) afirma[19]: "Aquilo est austeritas persecutionis e hostis antiqui suggestio" (Jr 1,13); o vento norte significaria o demônio, concepção esta que derivaria de Jó 26,7: "Qui extendit Aquilonem super vacuum[20], et appendit terram super nihilum", e explica, dizendo "quod illorum mentibus, qui gratia sua vacui, diabolum Deus dominari permittit"[21]. Agostinho ar-

157

---

14. Pelo texto não se sabe claramente se se tratam aqui da mesma ou de uma outra "perseguição".

15. Cf. *Zur Phänomenologie des Geistes im Märchen* [§ 425s.].

16. *Liber formularum spiritualis intelligentiae*, col. 739s.

17. "É do Aquilão que soprará, fervendo, a desgraça sobre todos os habitantes da Terra".

18. "Como caíste do céu, ó Lucífero, ó tu, astro matutino! Como jazes por terra, ó tu, subjugador de nações! Tu dizias em teu coração: 'Subirei até o céu; elevarei o meu trono até acima das estrelas de Deus; sentar-me-ei no monte de Deus, no extremo Norte'".

19. *Allegoriae in Sacram Scripturam* [col. 860].

20. Trata-se de uma clara analogia com o Pneuma, que chocava as águas das profundezas (Gn 1,2). Jó 26,7: "Ele estende o setentrião sobre o vácuo e mantém a terra suspensa sobre o nada".

21. "Porque Deus permite ao diabo dominar a mente daqueles que estão privados de sua graça [de Deus]" (op. cit.).

gumenta como segue: "Quis est iste aquilo, nisi qui dixit: 'Ponam se-
dem meam ad aquilonem, et erro similis Altissimo'? Tenuerat regnum diabolus impiorum, et possederat Gentes" etc.[22]

158   O vitorino Garnério diz que o *malignus spiritus* se chama aquilo.
Sua frieza seria a *frigiditas peccatorum*[23]. Adam Scotus imagina uma
monstruosa cabeça de dragão no Norte, de onde provém tudo o que
é mau. Essa cabeça expele pela boca e pelas narinas uma névoa ou fumaça de *tríplice* natureza[24], ou seja, a "trina ignorantia videlicet boni
et mali, veri et falsi, commodi et incommodi"[25]. "Esta é a névoa – diz
Adam Scotus – que o Profeta Ezequiel viu chegar do Norte, na visão
divina"[26], a "fumaça" de que fala Isaías 14,31[27]. No mínimo é de es-
tranhar-se que o piedoso autor não se tenha preocupado em perguntar como é que a visão divina poderia vir justamente nas asas do vento Norte e nesta névoa demoníaca da tríplice ignorância. Onde há fumaça há também fogo. Por isto se diz que a grande nuvem "estava
cercada de um clarão irradiante e de um fogo inextinguível em cujo
centro cintilava algo como um fulgor de bronze luminoso"[28]. O ven-

---

22. *Enarr. in Ps.*, XLVII, 3 [col. 591]: "Quem é este vento do norte, senão aquele que
disse: 'Erigirei meu trono no Norte e serei semelhante ao Altíssimo' (Is 14,14). O diabo dominara o Reino de Deus e se apoderara dos povos" etc.

23. *Sancti Victoris Parisiensis Gregorianum*, col. 59s.

24. Alusão à tríade inferior.

25. *De tripartito tabernaculo*, III, c. 9, col. 761: "A tríplice ignorância, isto é, a ignorância do bem e do mal, do verdadeiro e do falso, do conveniente e do inconveniente".
Adam Scotus menciona a *fumi obscuritas ab aquilone* (a escuridão da fumaça que vem
do Norte) [op. cit.]. Clemente Romano (*Homiliae*, XIX, 22) destaca τὸ τῆς ἀγνοίας
ἁμάρτημα (o pecado da inconsciência). Honório de Autun (*Speculum de mysteriis ecclesiae*, col. 833) afirma: "Per aquilonem, ubi sol sub terra latet, Matthaeus exprimi-
tur, a quo divinitas Christi sub carne latuisse describitur" (O aquilão, onde o sol está
escondido, debaixo da terra, exprime Mateus que descreve a divindade de Cristo escondida sob a carne), o que confirma a natureza ctônica da Tríade.

26. Ez 1,4: "Et vidi et ecce ventus turbinis veniebat ab aquilone et nubens magna" ("Eu
olhava e eis que do aquilão soprava um vento impetuoso e uma grande nuvem").

27. "Ulula porta clama civitas prostrata est Philistea omnis ab aquilone enim fumus ve-
nit et non est qui effugiat agmen eius" (Dá uivos, ó porta; grita, cidade; todo o país dos
filisteus está por terra, porque do aquilão virá uma fumaça e não há quem possa escapar aos seus batalhões").

28. Ez 1,4.

to do Norte chega justamente da região ígnea e por isso, mesmo a despeito de sua frieza, é um *ventus urens* (um vento abrasador), como Gregório Magno o chama, referindo-se a Jó 27,21[29]. Este vento é o *spiritus malignus* "que atiça as chamas dos apetites do coração" e desperta o vício no íntimo de qualquer vivente. "É com o sopro do mau estímulo às concupiscências terrenas que ele incendeia os corações dos injustos", como afirma Jeremias 1,13: "Vejo um caldeirão a ferver, que surge do lado do aquilão". Em Gregório escutamos o eco da antiga concepção do fogo existente no Norte, concepção esta ainda diretamente presente e viva em Ezequiel, pois sua nuvem de fogo surge *ab Aquilone*, de onde "a desgraça se espalhará por sobre todos os habitantes da terra"[30].

Diante do quadro que acabamos de expor, não é de espantar 159 que, ao fazer sua predição sobre o Anticristo, Nostradamus pense em um "detentor do poder do Norte". Já na época que precedeu a Reforma, a fantasia popular se ocupara abundantemente do Anticristo, como no-lo mostram as numerosas edições do *Enndkrist* [*Anticristo*] da segunda metade do século XV[31]. Este fato é de todo compreensível, em face dos acontecimentos que se achavam em gestação por essa época: o início da Reforma estava às portas. Por isso é que Lutero foi prontamente acolhido como Anticristo, e parece possível que Nostradamus tenha designado o Anticristo que surgiria depois de 1792, como *second Antechrist*, porque o primeiro já havia aparecido na pessoa do Reformador ou mesmo muito antes, na pessoa de Nero ou de Maomé[32]. Não silenciemos a este respeito, aqueles que na Alemanha nazista acalentavam a ideia de que Hitler

---

29. "Tollet eum ventus urens et auferet et velut turbo rapiet eum de loco suo" ("Um vento abrasador o tirará e o levará, e como um redemoinho o arrebatará do seu lugar"). (*In expositionem beati Job Moralia*) [col. 54s.].

30. Jr 1,13s.: "Ollam succensam ego video et faciem eius a facie aquilonis et dicit dominus ad me ab aquilone pandetur malum super omnes habitantes terrae" ("Vejo um caldeirão a ferver que surge do lado do aquilão e o Senhor me disse: Do aquilão se espalhará a desgraça sobre todos os habitantes da terra").

31. O texto dos diversos manuscritos deve provir do *Compendium theologicae veritatis* de Hugo de Estrasburgo (século XIII) [KELCHNER. *Der Enndkrist*, p. 7].

32. Assim em Nânio de Viterbo (1432-1502). Cf. THORNDIKE. Op. cit., p. 263s.

seria o continuador e consumador da obra da Reforma, que Lutero executara apenas pela metade.

160   Baseado nas datas astrológicas já conhecidas e nas possibilidades de sua interpretação, Nostradamus* pôde predizer, sem maiores dificuldades, o breve início da enantiodromia do *éon* cristão; aliás, ao fazer tal previsão, ele mesmo já estava em plena fase anticristã, e lhe servia de porta-voz.

161   Depois desta longa digressão, retornemos ao simbolismo do peixe!

---

* (Tradução do texto de Nostradamus, da página 144: " E este ano será [...] o início de todo o período seguinte; e quando ele começar, a Igreja cristã será perseguida mais violentamente do que o foi na África, e este período durará até o ano de 1792, que será considerado uma renovação do século [...] E nesse tempo e nestes países o poder infernal levantará contra a Igreja de Jesus Cristo o poder dos adversários de sua lei que será o segundo Anticristo, o qual perseguirá essa Igreja e seu verdadeiro representante, com a ajuda do poder dos reis temporais que, na sua ignorância, serão seduzidos por línguas mais cortantes do que uma espada nas mãos do insensato. A perseguição dos eclesiásticos terá sua origem no poder dos reis do aquilão, aliados aos do Oriente. E esta perseguição durará onze anos, um pouco menos, depois do que sucumbirá o principal rei do aquilão. Tribulações tão grandes jamais aconteceram desde a primeira fundação da Igreja cristã").

VIII

Sobre a significação histórica do peixe

Como é fartamente sabido, a alegoria do pastor e das ovelhas de- 162
sempenha, paralelamente à dos *pisciculi Christianorum* (peixinhos
dos cristãos), um papel talvez ainda mais significativo, e o Hermes
Crióforos, o deus protetor dos rebanhos, tornou-se o modelo do
"Bom Pastor". Orfeu também serviu de paradigma na sua condição
de bom pastor[1]. Este aspecto do *poimēn* (ποιμήν, pastor) deu origem
à figura (mistérica) do mesmo nome, no *Pastor de Hermas* (século II),
e, como o peixe "imenso" da inscrição de Abércio, o pastor também
parece estar relacionado com Átis, próximo no tempo e no espaço.
Reitzenstein supõe, inclusive, uma dependência da obra de Hermas
em relação ao *Poimandres*[2] que é, também, de origem puramente
pagã. O simbolismo do pastor, do carneiro e do cordeiro coincide
com o final do *éon* de Áries. No século I de nossa era os dois *éons* são
por assim dizer concomitantes, e dois dos deuses mais importantes
dos mistérios desta época: Átis e Cristo são caracterizados pela figura
do pastor, do carneiro e do peixe. O simbolismo do *poimēn* já foi tão
exaustivamente estudado por Reitzenstein, que não me resta a mínima condição de contribuir com algo de elucidativo sob este aspecto.
Um pouco diferente é o que acontece com o símbolo do peixe. Aqui
não só as fontes jorram mais abundantemente, como a própria natureza do símbolo, e em particular sua duplicidade, possibilitam a colocação de determinados problemas que pretendo discutir mais a fundo nas páginas que se seguem.

---

1. Cf. EISLER. *Orpheus – the Fisher*, p. 51s.
2. *Poimandres*, p. 32s.

163   Como os demais heróis, Cristo também teve uma infância ameaçada (massacre das crianças de Belém, fuga para o Egito). A "interpretação" astrológica relativa a essa circunstância se acha em Apocalipse 12: "Uma mulher revestida do sol, com a lua debaixo dos pés e
na cabeça uma coroa de doze estrelas", aparece atormentada pelas
ânsias de dar à luz, e perseguida por um dragão. Ela dará à luz um filho varão, um pastor que "há de apascentar todas as gentes com vara
de ferro" e "é arrebatado para junto de Deus". Esta história traz-nos
o eco de numerosos temas aparentados que encontramos tanto no
Oriente como no Ocidente. Assim, por exemplo, o tema de Latona e
Pitão, de Afrodite e seu filho que, perseguidos, atiram-se ao Eufrates
e se transformam em peixes[3], e, no Egito, o de Ísis e Hórus. Os gregos
sírios identificaram *Darqueto-Atárgatis*, e seu filho Ichthys, com a
constelação de Peixes[4].

164   Em geral, a deusa-mãe (como é o caso da mulher astral do Apocalipse) é considerada como *parthenos*, *virgo*, virgem. A mensagem
da noite sagrada: "Ἡ παρθένος τέτοκεν; αὐξεί φῶς" (A virgem deu
à luz; a luz aumenta) é de origem pagã. Falando do chamado Córion
de Alexandria, Epifânio[5] diz, com efeito, que os pagãos celebravam
uma grande festa na noite da Epifania (5/6 de janeiro): "Eles passam
toda a noite acordados, entre cantos e músicas de flauta que oferecem à imagem da divindade. E quando encerram a festa noturna, depois do canto do galo, descem com fachos acesos a um santuário subterrâneo, e levam para cima uma imagem esculpida em madeira que
depositam nua em um andor. Esta imagem tem um sinal da cruz na
testa, de ouro, e nas duas mãos dois outros sinais da mesma espécie, e
ainda mais dois nos joelhos. E estes cinco sinais são todos de ouro. Dão
sete voltas com esta imagem esculpida em torno do recinto central do
templo, em meio ao som de flautas e de címbalos, entoando hinos.
Encerrado o cortejo, eles a levam de volta para o recinto subterrâneo.

---

3. EISLER. *The Royal Art of Astrology*, p. 107.

4. BOUCHÈ-LECLERCQ. *L'Astrologie grecque*, p. 147. Sobre a relação da *gyne* (mulher) com o *zódion* de Virgem, cf. BOLL. *Aus der Offenbarung Johannis*, p. 122.

5. *Panarium*, LI, 22. Tradução segundo USENER. *Das Weihnachtsfest*, p. 27s. Esta
passagem não se acha nas edições mais antigas do *Panarium*, porque só recentemente
foi identificada em um manuscrito conservado em Veneza.

Se alguém indagar que atividade misteriosa é esta, respondem: Foi hoje, nesta hora, que Coré, isto é, a virgem, deu à luz o *éon*".

Epifânio diz que isto não é a expressão de uma seita cristã, mas de idólatras, e isto para ilustrar a ideia de que os pagãos dão testemunho, por assim dizer, involuntariamente, da verdade cristã. 165

A Virgo, como *zódion*, é representada com *espigas* ou uma *criança* nos braços. A "mulher" do Apocalipse 12 é posta em relação com ela[6]. Trata-se da profecia do nascimento de um Messias escatológico. Como o autor do Apocalipse certamente era cristão, surge o problema de saber a quem se refere a mulher que se interpreta como sendo a mãe do Messias ou de Cristo. E quem é o filho da mulher, o qual haverá de guardar (*poimainein*, pastorear) as "nações com vara de ferro"? 166

Como esta passagem alude, de um lado, à predição messiânica de Isaías 66,7 e, de outro lado, à fúria de Javé (Sl 2,9), aqui se trataria de uma espécie de um futuro novo nascimento do Messias. Mas é impossível que tenha surgido tal ideia em solo cristão. A respeito da descrição do "Cordeiro" de Apocalipse 5,6s., eis o que diz Boll: "[...] é absolutamente impossível explicar a estranha e bizarra figura de sete chifres e de sete olhos à luz da concepção cristã[7]. O "Cordeiro" também apresenta características insólitas: é um *vencedor belicoso* (Ap 16,15s.). Os poderosos da terra devem ocultar-se de sua *ira* (Ap 16,15s.). É comparado ao "leão da tribo de Judá" (Ap 5,5). Este Cordeiro, cuja recordação alude ao Salmo 2,9 ("Poderás estraçalhá-los com vara de ferro; quais vasos de argila poderás despedaçá-los"), deixa-nos, antes, a sinistra impressão de que se trata de um carneiro demoníaco[8] e jamais daquele outro Cordeiro que se deixa passivamente conduzir ao matadouro. O Cordeiro do Apocalipse pertence indubitavelmente à série dos monstros cornudos desses vaticínios. Por isso podemos levantar a questão de saber se o autor do Apocalipse não 167

---

6. BOLL. Op. cit., p. 121s.

7. Op. cit., p. 44.

8. Seus olhos significam os sete espíritos de Deus (Ap 5,6) ou os sete olhos do Senhor (Zc 4,10). O Cordeiro se acha de pé, acompanhado dos sete anjos, diante do trono de Deus, como Satanás, em companhia dos filhos de Deus (Jó 1,6), sendo Deus então descrito sob o aspecto da visão de Ezequiel e concebido, portanto, em termos javísticos – uma *umbra in lege*! [uma sombra na lei].

terá sido influenciado por uma concepção de algum modo contrária
a Cristo, ou seja, por uma sombria figura psicológica, por uma *umbra
Iesu* [uma sombra de Jesus] que se unirá ao Cristo triunfante, no final
dos tempos, pelo ato de um novo nascimento. Esta hipótese poderia
explicar a repetição do mito do nascimento, e também o estranho
fato de que a expectativa de um evento futuro de tal importância
como o da chegada do Anticristo quase não é mencionada no Apocalipse. O carneiro de sete chifres é tudo, menos o que Jesus parece ter
sido[9]; é, portanto, uma verdadeira *sombra*, e não o Anticristo, o qual
é uma criatura de Satanás. Embora o carneiro monstruoso e belicoso
represente também a sombra, como contraparte do Cordeiro imolado, ele não se contrapõe irreconciliavelmente ao Cristo, como o Anticristo. Não se pode, portanto, estabelecer uma relação direta entre a
duplicidade da figura de Cristo, no Apocalipse, e a dicotomia entre
Cristo e o Anticristo. Esta duplicação deve sua existência, provavelmente, a um ressentimento antirromano por parte dos judeu-cristãos,
cujas origens remontam ao deus vingativo Javé e a seu Messias guerrei-
ro. Parece que o autor do Apocalipse conhecia bem as especulações ju-
daicas, de cuja existência sabemos através de uma tradição posterior.
No *Bereshit Rabba* do Rabi Moisés Há-Darshan narra-se que Elias encontrou uma jovem mulher, em Belém, sentada à porta da casa, e junto
dela, no chão, uma criança recém-nascida, coberta de sangue. Ela explicou a ele que seu filho nascera em má hora, isto é, no momento em
que o templo era destruído. Elias exortou-a a cuidar da criança. Quando voltou, depois de cinco anos, perguntou-lhe pelo filho. A mulher
respondeu: Ele não anda, não vê, não fala e não ouve, e jaz como uma
pedra. Veio, então, de repente, um vento dos quatro cantos da terra,
que arrebatando o menino precipitou-o no mar. Elias lamentou-se, então, de que a salvação de Israel se desvanecera. Mas uma *baktol* (uma
voz) lhe disse: "[...] não é assim [...]; ele permanecerá 400 anos no
seio do grande mar e 80 anos na fumaça que sobe dos filhos de Coré,
e 80 anos entre os loucos, em Roma, e o restante do tempo vagueará
pelas grandes cidades, até que chegue o fim dos dias"[10].

---

9. Se quisermos abstrair de certas passagens como Mt 21,19; 22,7 e Lc 19,27.
10. WUNSCHE. *Die Leiden des Messias*, p. 92.

Esta narrativa descreve um Messias nascido em Belém, mas arre-   168
batado em seguida para o além (mar = inconsciente), por intervenção divina. Sua infância acha-se de tal modo ameaçada, desde o início
da existência, que ele é quase incapaz de viver. A lenda fala sintomaticamente de uma fraqueza e de uma situação de ameaça extraordinárias do elemento messiânico, presentes no judaísmo, à base das quais
se explica a demora de sua manifestação. O Messias ficará oculto durante 560 anos e somente então iniciará sua atividade missionária. A
diferença entre este período e o de 530 anos da profecia talmúdica,
acima mencionados (cf. § 133), não é tão grande que não se possa
compará-los entre si, caso seja lícito referir esta lenda a Cristo. Aliás, é
bem mais provável que haja tais pontos de contato entre as duas partes, dada a ausência de barreiras que distingue a especulação judaica.
Assim, a existência do Messias, ameaçado de morte, ou sua morte violenta, é também um tema que se repete em outras narrativas. A tradição posterior, sobretudo a cabalística, conhece *dois* Messias: o Messias ben José (ou ben Efraim) e o Messias ben Davi. Eles são comparados com Moisés e Aarão, ou também com duas corças, à base de uma
passagem do Cântico dos Cânticos 4,5: "Teus seios são como dois cer-
vatos gêmeos de uma gazela"[11]. O Messias ben Davi é, segundo a expressão de Deuteronômio 33,17, "seu touro primogênito", e o Messias ben José monta em um asno[12]. O Messias ben José é o primeiro e o
Messias ben Davi é o segundo[13]. O Messias ben José deve morrer para
reconciliar "o povo com Javé", por meio de seu sangue[14]. Cairá na luta
contra Gog e Magog, e será *Armilo* quem o matará. Este Armilo é o
Antimessias, gerado por Satanás com uma pedra de mármore[15]. Ele
será morto, por sua vez, pelo Messias ben Davi, que, depois disto,

---

11. Targum sobre *Ct* IV, 5. WUNSCHE. op. cit., p. 111. O Messias visto como mãe, no
Sohar. A este respeito, cf. SCHOETTGEN. *Horae Hebraicae et Talmudicae*, p. 10. Remeto o leitor aos "salvadores-gêmeos" da *Pistis Sophia* (cf. acima [§ 133 deste volume,
nota 46]).

12. *Sohar* (Ed. solisbac.), fol. 118, col. 3, sobre Hab 2,3. WUNSCHE. Op. cit., p. 100.

13. *Sohar*, fol. 25, col. 2. WUSCHE. Op. cit., p. 114.

14. WUNSCHE. Op. cit., p. 115.

15. Armilus ou Armillus = 'Ρωμύλος, o Anticristo. Em Metódio: *Romulus, qui et
Armaeleus* ("Rômulo, também denominado Armeleu").

fará a nova Jerusalém descer do céu e ressuscitará o Messias ben José que fora assassinado[16]. Este último aparece exercendo um papel estranho, na tradição posterior. Já Tabari, o comentador do Corão, lembra que o Anticristo será um rei dos judeus[17], e no *Mashmia Jeshua* de Abarbanel o Messias ben José é simplesmente o Anticristo. Ele é caracterizado, portanto, não só como Messias sofredor, em contraposição ao Messias vitorioso, mas chega a ser concebido até mesmo como o seu oposto[18].

169   Como estas tradições indicam, a fraqueza do elemento messiânico, acima mencionada, consiste em uma divisão interior do mesmo, que aumenta até transformar-se em antinomia. Por um lado, esta evolução corresponde à ideia da enantiodromia dos grandes períodos de tempo, já manifesta na literatura religiosa pérsica anterior ao cristianismo, ou seja, a ideia da deterioração do bem, tal como se lê em *Bahman Yast* 1,3 (a quarta idade de bronze): "is the evil sovereignty of the demons with dishevelled hair of the race of Wrath"[19]. Por outro lado, a cisão da figura do Messias expressa um estado de inquietação interior com respeito à natureza de Javé, cujo caráter injusto e não merecedor de confiança devia constituir, desde a época de Jó, motivo de escândalo para qualquer crente que pensasse[20]. Jó coloca o problema com toda clareza, e o cristianismo lhe dá uma resposta igualmente clara. A mística judaica, pelo contrário, seguiu seu próprio caminho e sua especulação gira em torno de profundezas que o pensamento cristão se empenhou, ao máximo, em superar. Não quero desenvolver este tema aqui; menciono apenas uma narrativa de Ibn Esra, para exemplificar. Havia na Espanha um grande sábio do qual se diz que jamais conseguiu ler o Salmo 89, pois achava difícil fazê-lo. Trata-se do Salmo 89,34s.:

---

16. WUNSCHE. Op. cit., p. 120.

17. *Crônica*, cap. 23, p. 67.

18. BOUSSET. *Der Antichrist*, p. 70.

19. *Sacred Books of the East* V, p. 193 [é o domínio maligno dos demônios de cabelos desgrenhados da raça da ira].

20. A este respeito, cf. a antinomia, mencionada anteriormente, entre a misericórdia e a justiça dentro da essência divina.

Mas não lhe retirarei o meu favor,
nem faltarei à minha fidelidade.
Não violarei a minha aliança
e nada mudarei do que meus lábios pronunciaram.
Uma coisa eu jurei por minha santidade –
jamais faltarei com minha palavra a Davi –:
"Sua descendência durará para sempre,
seu trono será como o sol diante de mim;
como a lua, subsistirá eternamente" –
testemunha fiel nas nuvens.
Mas tu rejeitaste e repudiaste,
e te encolerizaste contra o teu Ungido.
Renegaste a aliança com o teu servidor,
profanaste sua coroa (lançando-a) por terra
....
Aniquilaste o seu esplendor,
e derrubaste por terra o seu trono.

Trata-se aqui do mesmo problema que encontramos em Jó. 170
Como valor máximo ou como dominante suprema, a imagem de
Deus se acha imediatamente ligada ou identificada ao si-mesmo, e
tudo o que acontece com a primeira repercute inevitavelmente no último. Uma incerteza com relação àquele significa um estado de profunda inquietação por parte do segundo, e por isto a questão, em geral, é ignorada, por causa de seu caráter melindroso. Mas isto não significa de modo algum que ela não se proponha no inconsciente. Pelo
contrário: é respondida, por exemplo, mediante concepções e crenças que se difundem como epidemias, tais como o materialismo, o
ateísmo e seus sucedâneos, que surgem quando se espera inutilmente
uma resposta legítima. Os substitutivos sufocam o problema real, e
com isto rompem a continuidade da tradição histórica que é o traço
fundamental de qualquer cultura. As consequências disto são a desor-
dem e a confusão. O cristianismo, por seu lado, insistiu na bondade
de Deus como Pai amoroso e tentou, pelo menos, privar o mal de
qualquer substancialidade. A profecia do Anticristo, feita na Igreja
primitiva, e certas ideias da teologia judaica tardia, porém, poderiam
estar indicando que falta ainda uma premissa menor na resposta cristã ao problema de Jó, premissa cuja realidade sinistra a divisão do
mundo em dois blocos coloca-nos ameaçadoramente diante dos

olhos: *a supressão da imagem divina é seguida de perto pela anulação da personalidade*. O ateísmo materialista forma, com suas utopias quiméricas, a religião daquelas correntes racionalísticas que fazem a liberdade da personalidade depender da massa, com o que a destroem. Os representantes do cristianismo se consomem com a mera conservação do patrimônio recebido, sem dar continuidade à construção da própria casa, para torná-la mais espaçosa.

171   Como já nos mostrou Bousset, de maneira bastante plausível, a duplicidade da figura do Cristo do Apocalipse se baseia em especulações judaico-gnósticas, cujos ecos encontramos nas tradições acima mencionadas. A intensidade com que os gnósticos se ocupam do problema do mal contrasta notavelmente com a forma peremptória pela qual os Padres da Igreja o destroem e é indício de que esta questão provavelmente já se tornara aguda no início do século III. É lícito lembrar neste contexto, como já indicamos anteriormente, aquela concepção de Valentino[21], segundo a qual Cristo "nasceu sob uma certa sombra" da qual Ele, porém, posteriormente "se separou"[22]. Valentino viveu e exerceu sua atividade na segunda metade do século II, enquanto o Apocalipse foi composto provavelmente por volta do ano 90 d.C., sob o Imperador Domiciano. Como o fizeram outros gnósticos, Valentino também submeteu o Evangelho a um processo de reflexão e por isto não me parece impossível que ele tenha entendido a "sombra" como sendo a lei javística sob a qual Cristo nasceu. É bem possível que o Apocalipse e outras passagens do Novo Testamento tenham levado Valentino a abraçar tal ideia, independentemente das concepções mais ou menos da mesma época, a respeito dos demiurgos ou da ogdóada composta de luz e de sombra[23]. Não se sabe ao certo se a dúvida de Orígenes quanto ao destino definitivo do diabo é original[24]. Seja

---

21. Parece que se tratava de um clérigo que, ao que se diz, chegou mesmo a candidatar-se à cátedra episcopal romana.

22. *Adversus haereses*, I, 11,1.

23. A doutrina do Valentino Segundo (IRENEU. Op. cit., I, 11,2).

24. "...ita ut summus ille peccator et in Spiritum Sanctum blasphemus per totum hoc praesens saeculum a peccato detineatur, et post haec in futuro ab initio ad finem sit nescio quomodo tractandus" (de modo que aquele sumo pecador e blasfemo contra o Espírito seja retido pelo pecado, durante todo o presente século, e depois disto não sei como será tratado no futuro, do princípio ao fim). (*De oratione*, 27). Daí surgiu a opinião de que *"diabolum ipsum aliquando fore salvandum"* (de que até mesmo o diabo um dia se salvaria).

como for, esta dúvida mostra-nos que a possibilidade de uma reconciliação do diabo com Deus há muito já era e devia ser objeto de discussão, caso a filosofia cristã não quisesse desembocar num dualismo. Não devemos esquecer, com efeito, que a doutrina da *privatio boni* por si só não elimina a eternidade do inferno e da condenação. A doutrina do Homem-Deus é uma das expressões do dualismo, como no-lo mostra a controvérsia entre os monofisitas e os diofisitas no seio da Igreja Antiga. À parte o significado religioso da decisão em favor da plena união das duas naturezas, este dogma – seja dito de passagem – encerra um aspecto psicológico digno de nota: isto é, ele nos afirma (quando o traduzimos em termos psicológicos) que Cristo, pelo fato de corresponder ao eu enquanto homem, e ao si-mesmo enquanto Deus, é, ao mesmo tempo, o eu e o si-mesmo, ou seja, a parte e o todo. Empiricamente, a consciência é incapaz de abarcar a totalidade, mas é muito provável que a totalidade esteja presente, inconscientemente, no eu. Isto corresponderia a um estado da mais alta *teleiōsis* (perfeição ou integralidade).

Examinei um pouco mais detidamente os diversos aspectos dualísticos da cristologia porque, com o simbolismo do peixe, Cristo foi recebido em um universo conceitual aparentemente estranho aos evangelhos, universo originariamente pagão e impregnado da crença nos astros e da astrologia, a um tal grau, que hoje dificilmente o poderíamos imaginar corretamente: Cristo se acha no início do *éon* de Peixes. Não fica absolutamente excluída a possibilidade de que houvesse cristãos instruídos, os quais sabiam da existência da *coniunctio magna* ♃ ♂ ♄ em ♓ do ano 7, do mesmo modo que havia, segundo se sabe pelo relato evangélico, caldeus que encontraram até mesmo o local do nascimento de Cristo. Mas os Peixes são um sinal duplo. 172

Na noite sagrada, quando o sol entra em Capricórnio, por volta da meia-noite (conforme o cômputo antigo), Virgo se acha sobre o horizonte oriental, logo seguida pela serpente que Ofiúcio segura na mão. Esta parte da coincidência astrológica me parece digna de nota, como também a concepção segundo a qual os dois peixes são mãe e filho. Esta ideia possui um significado todo particular, pelo fato de esta relação indicar uma unidade original. De fato, só havia *um* peixe[25], 173

---

5. Ou seja o *Piscis austrinus* (Peixe austral), fundido com Pisces, e cuja estrela principal é Fomalhaut.

tanto no âmbito babilônico como indiano. Posteriormente esta mãe deu à luz um filho que também é peixe. Uma correspondência disto é a Darqueto-Atárgatis fenícia que tendo, ela própria, metade do corpo em forma de peixe, possuía um filho chamado Ichthys. Não é impossível que o "sinal de Jonas" (Mt 12,39; 16,4; e Lc 11,29s.) tenha se inspirado em uma tradição mais antiga da "viagem noturna pelo mar" e na vitória do herói sobre a morte, durante a qual o protagonista é tragado e dado de novo à luz pelo peixe ("dragão-baleia")[26]. O nome soteriológico de Joshua[27] (Jehoshua, Jeshua, em grego: *Iēsous*) está ligado ao peixe: com efeito, Josué é o filho de Nûn[28]. O Joshua ben Nûn da lenda de Hadir se refere a um peixe destinado a ser comido, mas que foi reanimado com uma gota d'água tirada da fonte da vida[29].

174   As mães primordiais da mitologia costumam ser perigosas para os filhos. Jeremias menciona uma representação dos peixes em uma lâmpada cristã primitiva, na qual um dos peixes devora o outro[30]. Parece que o nome da estrela principal do *piscis austrinus*, denominada *Fom-al-haut* (*fom al-hût*), "boca-do-peixe", se refere a este fato, da mesma forma que, na história dos símbolos, imputaram-se aos Peixes todas as formas possíveis de *concupiscentia* (concupiscência) devoradora, como, por exemplo, de que são *ambitiosi, libidinosi, voraces, avari, lascivi*; numa palavra: uma imagem completa da *vanitas mundana* e da *voluptas terrena*[31]. Eles devem suas más qualidades, de modo particular, à sua relação com a deusa-mãe e deusa do amor Ishtar, Astarte, Atárgatis e Afrodite. Esta última tem sua *exaltatio* [elevação máxima], como planeta Vênus, justamente no *zódion* de Peixes. Como na história dos símbolos, também na tradição astrológica eles aparecem, desde tempos imemoriais, sob o peso das mencio-

---

26. Sobre este ponto, cf. FROBENIUS. *Das Zeitalter des Sonnengottes*, e minha obra *Symbole der Wandlung* § 308s.

27. "Javé é salvação".

28. Nûn significa "peixe".

29. *Corão*, sura 18. Cf. JUNG. *Über Wiedergeburt*, § 244s. E também VOLLERS. *Chidher*, p. 241.

30. JEREMIAS. *Das alte Testament im Lichte des alten Orients*, p. 69. Não foi possível saber, porém, onde se localiza esta lâmpada.

31. [Ambiciosos, sensuais, vorazes, insaciáveis, lascivos – vaidade mundana – prazeres terrenos]. PICINELO. *Mundus symbolicus*, liv. VI, cap. 1.

nadas qualidades[32]. Por outro lado, porém, reclamam um significado especial e elevado. Esta pretensão se baseia, pelo menos no âmbito da astrologia, no fato de que o nascido em Peixes está predestinado a ser pescador ou marítimo e, como tal, a apanhar peixes ou dominar o mar, no que vemos um eco da primitiva identidade totêmica entre o caçador e o animal de presa. Assim, Oanes, o civilizador babilônico, é, ele próprio, um peixe, e o Ichthys cristão é o pescador por excelência. No âmbito da história dos símbolos, é também o anzol ou a isca colocada no caniço com que Deus apanha o Leviatã, entendido como a morte e o diabo[33]. Na tradição judaica, é uma espécie de alimento eucarístico reservado aos justos, na vida futura. Estes últimos se revestirão de um manto de pele de peixe depois da morte[34]. Cristo não é apenas o peixe, mas também o peixe que é comido "eucaristicamente". Assim Agostinho nos diz, por exemplo, nas suas *Confissões*: "[...] embora sobre esta mesa que preparaste em presença dos fiéis, ela [a terra] coma este peixe misterioso, tirado do fundo do mar, e que foi tirado das profundezas juntamente para alimentar a terra (*aridam*, isto é, *terram*). Agostinho alude aqui à refeição com peixe, tomada pelos discípulos em Emaús[35] (Lc 24,42s.). Encontramos o "pei-

---

32. BOUCHÉ-LECLERCQ. Op. cit., p. 147.

33. É precisamente o tema do anzol, atribuído a Cipriano (século III), que nos mostra como os sentidos positivo e negativo se acham intimamente associados: "Sicut hamum, esca conseptum, si piscis rapiat, non solum escam cum hamo non removet, sed et ipse de profundo... educitur: ita ut is, qui habebat mortis imperium, rapuit quidem in mortem corpus Iesu, non sentiens in eo hamum divinitatis inclusum, sed ubi devoravit, haesit ipse continuo" etc. (Do mesmo modo que um peixe, ao abocanhar o anzol escondido na isca, não arranca a isca com o anzol, mas é retirado, ele mesmo, das profundezas das águas, assim também aquele que detinha o poder sobre à morte arrastou, é verdade, o corpo de Jesus a morte, não percebendo que havia um anzol escondido nele, ficando nele preso para sempre, assim o engoliu). (Em PICINELO. Op. cit., p. 432s.). Estêvão de Cantuária (cuja obra: *Lib. Alleg. in Habacuc* não me é acessível) escreve: "In hamo esca voluptatis desiderabilis ostenditur, sed unus tenax latet, qui cum esca comeditur. Sic in concupiscentia carnis ostendit diabolus escam voluptatis, sed latet aculeus peccati" (O anzol mostra a isca do prazer apetecível, mas oculta algo de resistente, que é engolido juntamente com a isca. Assim também o diabo apresenta a isca do prazer na concupiscência da carne, mas nela se esconde o aguilhão do pecado). PICINELO. Op. cit.).

34. SCHEFTELOWITZ. *Das Fischsymbol im Judentum und Christentum*, p. 365.

35. [Jerusalém] Liber XIII, cap. XXI.

xe medicinal" já na lenda de Tobias: o Anjo Rafael ajuda Tobias a capturar o peixe que ameaça devorá-lo e o ensina a preparar uma poção mágica de defesa, com o coração e o fígado do peixe; ela o livrará dos maus espíritos, e o fel servirá para curar a cegueira de seu pai.

175   Pedro Damião († 1072) compara os *monges* com peixes[36], pois os justos, em geral, representam os peixinhos que se debatem na rede do grande Pescador[37]. Na inscrição de Pectório (início do século IV), os fiéis são descritos como *ichtyos ouraniou theion genos* (a "divina progênie do Peixe celeste")[38].

176   O peixe de Manu é um salvador, um *sōtēr*[39], lendário e identificado com Vishnu, sob a forma de um peixinho de ouro. Este pede a Manu que o acolha junto a si, porque teme ser devorado pelos monstros aquáticos[40]. Ele cresce, então, vigoroso, como se sabe, e salva enfim Manu do grande dilúvio[41]. No dia 12 do primeiro mês do ano hindu coloca-se um peixe dourado numa vasilha com água, fazendo-se a seguinte invocação: "Assim como tu, ó Deus, salvaste, sob a forma de um peixe, os vedas que se achavam no mundo infernal, salva-me também a mim, ó Kesava"[42]. De Gubernatis e depois dele outros pesquisadores pretenderam encontrar a origem do peixe cristão

---

36. *"Claustrum quippe Monasterii vivarium est animarum ibi quippe vivunt pisces"* (C claustro do mosteiro é verdadeiramente um viveiro de almas, que aí vivem como peixes). (PICINELO. Op. cit.).

37. Um hino alexandrino do século II diz: "Peixe, que atrai os peixinhos consagrados ao bem, com uma vida doce, salvando-os das maldades das águas perversas e depositando-os em terra firme" (DÖLGER. IXΘΣ I, p. 4). Tertuliano (*De baptismo*, cap. I escreve: "Nos pisvivuli secundum IXΘTN nostrum Iesum Christum in aqua nascimur nec aliter quam in aqua permanendo salvi sumus" (Nascemos na água, como peixinhos, conformes com o nosso IXΘTN (peixe) Jesus Cristo, e só nos salvamos, permanecendo dentro d'água). Os discípulos do Rabi Gamaliel, o Velho (início do século I) eram designados com os nomes de diversos tipos de peixe (Abot de Rabbi Natan, cap 40, citado em SCHEFTELOWITZ. Op. cit., p. 5).

38. POHL. *Das Ichthys-Monument von Autun*, e DÖLGER. Op. cit., I, p. 12s.

39. *I have saved thee* (Eu te salvei). [*Satapatha-Brâhmana*, p. 217].

40. DE GUBERNATIS. *Die Thiere in der indoger, amanischen Mythologie*, p. 596.

41. *Satapatha-Brâhmana*, p. 216s.

42. DÖLGER. Op. cit., p. 23. Kesava significa: "ser cabeludo, ou ter cabelo fino" cognome de Vishnu.

na Índia[43]. Não é impossível que a Índia haja influído, pois já havia relações pré-cristãs com essa região, e no início da era cristã era sensível uma certa influência espiritual do Oriente, tal como é possível concluir de certas informações de Hipólito e Epifânio. Mas, mesmo assim, não há motivo determinante para se derivar o peixe cristão da Índia, uma vez que o simbolismo do peixe é abundantemente desenvolvido e ao mesmo tempo muito arcaico, a ponto de podermos considerá-lo, tranquilamente, como autóctone.

Como os dois peixes representam a mãe e o filho, certamente 177 pressupõem a tragédia mítica da morte prematura e ressurreição do filho. Como duodécima constelação zodiacal, os Peixes significam o término do ano astrológico e, consequentemente, o início de um novo ano da mesma natureza. Tais peculiaridades coincidem com o acentuado caráter definitivo do cristianismo, bem como de sua expectativa do iminente fim escatológico do mundo e do reino vindouro de Deus[44]. As características astrológicas de Peixes contêm, portanto, elementos essenciais do mito cristão: a cruz, o contraste moral e a sua separação entre os opostos Cristo e Anticristo; o filho da Virgem; a tragédia clássica entre mãe e filho; os perigos que cercam o nascimento do herói e a figura do libertador e salvador. Por isso, não erraríamos se relacionássemos a designação de Cristo como peixe com o início do novo *éon* de Peixes, ocorrido naquela época. Se esta relação já existia na Antiguidade, devia ser um pressuposto tácito ou mantido intencionalmente em segredo, pois, ao que eu saiba, não há provas documentais na literatura antiga de que o simbolismo cristão do peixe derive das imagens do zodíaco. Também os achados astro-

---

43. DÖLGER. Op. cit., p. 21s.

44. ORÍGENES. *De oratione*, cap. 27: "Ut anni consummatio mensis ultimus est post quem instat initium alterius mensis; sic fortasse cum plurima saecula veluti annum saeculorum impleverint, consummatio est praesens saeculum, post quod futura quaedam instabunt saeculo, quorum principium sit futurum saeculum; et in futuris illis ostendat Deus divitias gratiae suae in bonitate" (Considerando que o último mês é o encerramento do ano, depois do qual seguir-se-á um novo mês, e visto que muitos séculos formaram, por assim dizer, um ano de séculos, talvez o século atual seja a consumação, depois da qual virão outros séculos cujo início é a próxima era; e será nesses tempos futuros que Deus talvez há de mostrar "as superabundantes riquezas de sua graça, pela bondade que tem para conosco" (Ef 2,7)).

lógicos até o século II não são de natureza que nos permitam estabelecer uma relação *causal* entre os opostos Cristo-Anticristo, de um lado, e a antinomia de Peixes, de outro, pois, como vemos pelo material citado, naquela época ainda não se insistira sobre a importância desta antinomia. Além disto, no caso de Ichthys, trata-se sempre apenas de *um único* peixe, como bem o frisou Dölger; convém entretanto notar, quanto a isto, que, na interpretação astrológica, Cristo é apenas um dos peixes, cabendo ao anticristo o papel do outro peixe. Na realidade, porém, estas provas e achados não oferecem quaisquer pontos de apoio para a hipótese segundo a qual o *zódion* de Peixes poderia ter sido o protótipo do Ichthys cristão.

178   O que predomina, pelo contrário, é o simbolismo pagão dos peixes[45]. Da maior importância é talvez o material judaico apresentado por Scheftelowitz. O "cálice da bênção" judaico[46] às vezes era ornamentado com figuras de peixes, pois os peixes eram considerados como a comida dos bem-aventurados no além. Este cálice era doado ao morto como um dos acessórios funerários tradicionais[47]. Os peixes encontraram ampla difusão como símbolos sepulcrais. É principalmente o peixe cristão que comparece dessa forma. Os israelitas piedosos, que vivem "mergulhados na água da doutrina", são comparados aos peixes. Essa analogia era óbvia e natural por volta do ano 100 d.C.[48] O peixe possui também um significado *messiânico*. De acordo com o Apocalipse siríaco de Baruc, o Leviatã também surge do mar, com a chegada do Messias[49]. É ele, certamente, o "peixe imenso" da inscrição

---

45. Merece atenção especial o culto da pomba e do peixe, praticado na vizinha região da Síria, onde o peixe desempenhava o papel de comida "eucarística" (CUMONT. *Die orientalischen Religionen im römischen Heidentum*, p. 138 e 284). O deus principal dos filisteus chamava-se Dagon, derivado de dag = peixe.

46. Tò ποτήριον τῆς εὐλογίας, *calix benedictionis* (cálice da bênção). Bíblia de Zuri que: 1Cor 10,16 ["Cálice da ação de graças"].

47. SCHEFTELOWITZ. Op. cit., p. 375.

48. Ibid., p. 3.

49. O Beemot se manifestará, também, ao mesmo tempo que ele, e então os dois "servirão de alimento para todos os que tiverem restado" (Apocalipse Siríaco de Baruc 29, em KAUTZSCH. *Apokryphen und Pseudoepigraphen des Alten Testaments*, II, p. 423). A visão do homem que surge do coração do mar, em 4Esd 13,25, está em conexão com a ideia de Leviatã que sobe das profundezas das águas (WISCHNITZER-BERNSTEIN. *Symbole und Gestalten der jüdischen Kunst*, p. 122s. e 134s.).

de Abércio e corresponde ao "peixe da fonte", que significa a Hera babilônica de um diálogo sobre a religião travado na corte dos sassânidas (por volta do século IV), mas, no âmbito cristão, refere-se a Maria, que é invocada como fonte, *pēgē?*, tanto pelos *gnósticos* (no ato de *Tomé*) como pelos cristãos ortodoxos. Assim lemos num hino de Sinésio (cerca de 350): Παγὰ παγῶν, ἀρχῶν ἀρχά, 'ριζω~ν 'φίζα μονὰς εἴ μονάδων[50] (Tu és a fonte das fontes, o começo dos começos, a raiz das raízes, a mônada das mônadas). Mas, a respeito da fonte de Hera, se diz que "contém um único peixe" (*monon ichthyn*), que é apanhado com o "anzol da divindade" e "alimenta o mundo inteiro com a sua própria carne"[51]. Na pintura de um vaso beócio a "mãe dos animais" é representada com um peixe entre as pernas ou dentro do corpo (?)[52], presumivelmente para caracterizar o peixe na condição de filho. Embora no referido diálogo o mito de Maria seja transferido para a figura de Hera, contudo, o símbolo do peixe não corresponde ao símbolo cristão, pois neste último, o *Crucifixus* [Crucificado] é o anzol ou a isca com que Deus apanha o Leviatã[53]. A concepção cristã identifica este último com a morte ou com o diabo (a "antiga serpente"), e de modo algum com o Messias. O *pharmakon athanasias* (o remédio da imortalidade) da tradição judaica é a carne do Leviatã, o "peixe messiânico", como o denomina Scheftelowitz. Lê-se no *Talmud Sanhedrin* (98a) que o Messias só se manifestará quando o enfermo desejar ardentemente o peixe que não se pode encontrar em parte alguma[54]. Mas Beemot é também comida eucarística, ao lado de Leviatã[55], segundo o Apocalipse de Baruc, como vimos

---

50. WIRTH. *Aus orientalischen Chroniken*, p. 199.

51. Op. cit., p. 161, 195.

52. EISLER. *Orpheus – the Fisher*, p. LXIV.

53. Cf. figura 28 em *Psychologie und Alchemie*.

54. SCHEFTELOWITZ. Op. cit., p. 9. Cf., neste sentido, o Ἔσθιε πινάων da inscrição de Pectório.

55. É importante para a interpretação de Leviatã uma passagem de Moisés Maimônides, *More Nebuhim*, III, cap. XXIII. Kirchmaier a refere com as seguintes palavras: 'Eadem fabulatus R. Mos. Maiemon... per Leviathan complexum generalem omnium corporalium proprietatum quae dispersae sunt in quolibet animali" ("R. Moisés Maiemon repete a mesma fábula, afirmando que Leviatã nos oferece um complexo geral das qualidades corporais de todos os animais, que são repartidas um pouco para cada animal" (*Disputationes zoologicae*, p. 73)]. Embora o autor, com sua mentalidade ra-

anteriormente. Este é um aspecto que se ignora facilmente. Como expliquei em outra obra[56], parece que os dois animais primordiais de Javé constituem um par de contrários, pois um deles é nitidamente um animal terrestre, enquanto o outro é um animal marinho. Como já vimos acima, Leviatã é claramente associado à figura do Messias, na tradição judaica.

179   Desde épocas imemoriais, o nascimento de um personagem eminente era identificado, não só no judaísmo, como em todo o Oriente Próximo, com o surgimento de uma estrela. Assim Balaão faz a seguinte predição (4Moisés [Números] 24,17): "Eu o vejo, mas não agora; eu o contemplo, mas não de perto: nascerá uma estrela de Jacó [...]"

180   A esperança messiânica aparece sempre associada ao nascimento de uma estrela. Conforme o *Sohar*, o peixe que engoliu Jonas morreu e ressuscitou depois de três dias, e então Jonas foi cuspido fora. "No peixe teremos um remédio que curará os males do mundo inteiro"[57]. Este texto é medieval, mas procede de fonte insuspeita. O peixe "enorme[58] e puro da fonte", mencionado na inscrição de Albércio, segundo afirma Scheftelowitz[59], não é mais do que o Leviatã, considerado o maior dos peixes e também "puro". Para corroborar sua asserção, o autor indica as fontes correspondentes da literatura talmúdica. É neste contexto que se insere também, por certo, o *heis monus ichthys* (o peixe único e singular) das "discussões na Pérsia"[60].

---

cionalista, rotule de *nugamentum* (ridicularias) este modo de pensar, contudo parece-me que este último indica, em certo sentido, a ideia de um arquétipo (*complexus generalis*) do espírito de gravidade.

56. *Psychologische Typen* (*Tipos psicológicos*) [§ 521s.].

57. SCHEFTELOWITZ. Op. cit., p. 10. Cf. com Mt 12,39 e 16,4, onde Cristo alude ao prodígio do peixe de Jonas como sinal da era messiânica e como prefiguração do destino que aguarda a Cristo.

58. *Pammegethes*.

59. Op. cit., p. 7s.

60. "Tà en Pérsidi prachthenta". Cf. WIRTH. *Aus orientalischen Chroniken* ("Diálogo sobre a religião, na corte dos sassânidas", p. 143s.).

IX

A ambivalência do símbolo

de peixes

A época que precede o advento do Messias se divide em doze 181
partes, segundo o Apocalipse Siríaco de Baruc. É no décimo período
que aparecerá o Messias. O número 12, como divisão cronológica,
refere-se aos 12 *zódia*. O duodécimo *zódion* corresponde ao de Peixes. "Os dois grandes monstros marinhos que criei no quinto dia da
obra da criação e que reservarei até aquele momento (isto é, até ao
fim do mundo) servirão de alimento para todos os que tiverem restado"[1]. Como Beemot não é um animal marinho, mas como diz um midraxe, "pasta sobre mil montes"[2], os "monstros marinhos" acima indicados devem referir-se a uma dupla natureza de Leviatã. De fato,
ele aparece dividido em sexos, isto é, há um Leviatã masculino e um
Leviatã feminino[3]. Isaías 27,1, alude também ao duplo aspecto de Leviatã. O Senhor "castigará Leviatã, a serpente fugidia, Leviatã, a serpente tortuosa, e matará o dragão [*Vulgata: cetum*] que habita no
mar". Foi provavelmente este caráter duplo de Leviatã que deu origem, posteriormente, na alquimia medieval, à ideia das duas serpen-

---

1. 29,1s., em KAUTZSCH. *Apokryphen und Pseudoepigraphen des Alten Testaments*,
p. 422s.
2. Midraxe Tanhuma de 3 Moisés [Nm], cap. 11,1 e de 5 Moisés [Josué] 29,9, apud
SCHEFTELOWITZ. *Das Fisch-Symbol im Judentum und Christentum*, p. 39s.
3. Baba Batra 74b, em GOLDSCHMIDT. *Der Babylonische Talmud*, VIII, p. 207.
Deus já havia morto e salgado o Leviatã *feminino*, reservando-o, deste modo, para o final dos tempos. O mesmo aconteceu com o Beemot feminino. Mas Ele emasculou os
homúnculos, para que não se multiplicassem e não levassem o mundo à ruína.

tes que lutam entre si, sendo que uma tem asas e a outra não[4]. A referida natureza antitética se manifesta no Livro de Jó, onde Leviatã aparece apenas no singular, como Beemot, seu contrário. Uma poesia do Rabi Meir Ben Jizchak descreve a luta que se trava, no final dos tempos, entre Leviatã e Beemot, na qual ambos são mortalmente feridos. Em seguida Deus os despedaça e com os pedaços prepara uma refeição para os justos[5]. Esta ideia se acha certamente em conexão com o costume da refeição pascal do judaísmo posterior, a qual cai no mês de Adar (Peixes). Apesar da dualidade de natureza de Leviatã nos textos posteriores, é bastante provável que no início só houvesse um Leviatã cuja existência é atestada desde muito cedo, ou seja, nos textos ugaríticos de Ras Shamra (cerca de 2000 a.C.). Virolleaud nos dá a seguinte tradução:

> Quand tu frapperas Ltn, le serpent brh,
> Tu achèveras le serpent 'qlyn,
> Le puissant aux sept têtes.

182   Ele nota, a este respeito: "Il est remarquable en effet que les deux adjectifs brh et 'qltn sont ceux-là mêmes qui qualifient, dans Isaie 27,1, un serpent d'une espèce particulièrement dangereuse, que nous appelons Léviathan, en hébreu Liviatan"[6]. Dessa época existem também representações de um combate travado entre Baal e a serpente Ltn[7], tanto mais digno de nota quando se sabe que aqui a oposição é entre Deus e o monstro, e não entre dois monstros, como posteriormente é o caso.

183   O exemplo de Leviatã mostra-nos que o grande "peixe" se cinde paulatinamente em dois contrários, depois de ele próprio ter sido

---

4. Elas representam o par característico de opostos. Cf., com este ponto, o combate do dragão no livro *I Ging*, na figura Kun (2° hexagrama), na sexta linha.

5. À semelhança do Midraxe Tanhuma. Op. cit.

6. (Quando ferires Ltn, a serpente brh, aniquilarás a serpente 'qltn, a serpente poderosa de sete cabeças. Com efeito, é notável como os dois adjetivos *brh* e '*qltn* sejam justamente os mesmos termos usados em Isaías 27,1 para designar uma serpente de espécie particularmente perigosa e que chamamos Leviatã, em hebraico *Liviatan*). *Note complémentaire sur le poème de Mot et Aleïn*, p. 357.

7. VIROLLEAUD. *La Légende de Baal, dieu des Phéniciens*, p. IX.

originariamente o contrário de Deus e portanto, de algum modo, a sombra dele, isto é, o seu lado nefasto[8].

Com a cisão do monstro em dois novos contrários, o seu caráter antitético em relação a Deus passa a segundo plano e o monstro entra em conflito, por assim dizer, consigo próprio ou com outro monstro correlato (como, por exemplo, Leviatã e Beemot). Com esta evolução, a divindade se liberta de seu conflito e o elemento conflituoso aparece, doravante, como um par de monstros-irmãos adversários. Na tradição posterior do judaísmo, segundo o referido testemunho de Scheftelowitz, Leviatã, que ainda é combatido por Javé, em Isaías 27, tem a tendência a tornar-se "puro", em alimento "eucarístico", e se alguém pretendesse derivar daqui o símbolo do Ichthys, teria necessariamente de admitir que Cristo substituiu realmente a figura de Leviatã, sob a forma de peixe, e que os dois monstros marinhos foram rebaixados à mera condição de atributos do diabo e da morte. 184

Esta divisão corresponde à duplicação da sombra, bastante frequente nos sonhos, onde as duas metades apresentam características distintas ou opostas entre si. Isto acontece quando a personalidade consciente (do eu) não encerra todos os conteúdos ou componentes que seria capaz de abranger. Uma parte da personalidade continua separada e se incorpora à sombra, em geral inconsciente, passando a formar com ela uma dupla personalidade (muitas vezes antagônica). Se aplicarmos esta experiência da psicologia prática ao presente caso mitológico, o resultado será que o monstro antagonista de Deus se desdobra porque a imagem divina aparece incompleta, por não conter tudo quanto logicamente deveria abranger. Enquanto Leviatã é um ser semelhante ao peixe e, por conseguinte, primitivo e de sangue frio, habitando as profundezas do oceano, Beemot é um quadrúpede (semelhante a um touro?) de sangue quente, que habita nas montanhas (pelo menos assim é na exegese posterior). Por isto, está para 185

---

8. Talvez encontremos um eco desta evolução psicológica na opinião de Moisés Maimônides, o qual escreve: "Aquilo de que Deus trata mais vezes e com mais detalhes é da descrição de Leviatã, pois nele estão reunidas todas as energias (ou capacidades) físicas que nos outros animais só se encontram separadamente, ao passo que este caminha, nada e voa" (*More Nebuhim*, p. III, cap. 23). Segundo tal opinião, Leviatã é uma espécie de superanimal, assim como Javé é uma espécie de super-homem.

Leviatã assim como um ser de condição mais elevada, superior, está
para o ser mais baixo e ínfimo, como, por exemplo, na Alquimia, o
dragão alado está em relação ao dragão não alado. Todos os seres
alados (*volucres*) são *volatilia* (voláteis), isto é, vapores e gases, ou
seja, *pneuma*. Da mesma forma que Cristo, em Agostinho, é o peixe
levatus de profundo[9], assim também em 4Esdras 13,2s., o "Homem"
sai do seio do mar como um vento[10]. É precedido pela águia e pelo
leão, ou seja, por dois símbolos teriomórficos caracterizados como
negativos, tal como Beemot, que em Jó suscita principalmente o pa-
vor. O peixe "tirado do fundo" tem uma ligação misteriosa com Leviatã: é a isca com que se atrai e se pesca Leviatã. Este peixe deriva
provavelmente de uma duplicação do grande peixe, e representa o
seu aspecto pneumático. Que Leviatã possua um aspecto deste gênero decorre do fato de ser alimento eucarístico. Que nessa duplicação
se trate de um ato de tomada de consciência conclui-se de Jó 26,12,
onde se lê que Javé abate Raab com sua "inteligência" (*tebūnā*).
Raab, o monstro marinho, corresponde a Tiamat, a qual Marduk en-
cheu com o *imhullu*, o vento norte, que a despedaça[11]. *Tebūnā* vem
do hebraico *bîn* = separar, dividir, apartar, e implica discriminação
que é por excelência a característica da tomada de consciência[12]. Neste sentido, Leviatã e particularmente Beemot representam estágios do
desenvolvimento da consciência, e portanto, de uma assimilação do
homem. Através do quadrúpede de sangue quente o peixe se transforma em criatura humana corporal, e na medida em que a figura do
Messias se transforma na segunda pessoa da divindade, manifesta-se
a *incarnatio Dei* (a encarnação de Deus) mediante a segunda figura
que se separou do peixe[13]. O ser humano era portanto a parte que estava faltando na imagem divina.

---

9. *Confessionum*, Liber XIII, cap. XXI.

10. KAUTZSCH. Op. cit., p. 395.

11. A penetração e a perfuração (*penetratio* e *perforatio*), na Alquimia, são estreitamente aparentadas com o tema da divisão. Cf. tb. Jó 26,13: "Sua mão furou a serpente
fugidia".

12. Devo esta informação à senhorita Dra. R. Schärf.

13. 4Esdras é uma obra judaica escrita no final do século I d.C.

O papel que o peixe desempenha na tradição judaica tem certamente uma relação com o culto siro-fenício do peixe na figura de Atárgatis. Junto aos templos desta deusa havia tanques contendo peixes sagrados que a ninguém era lícito tocar[14]. Nesses templos realizavam-se também refeições cultuais. "Foram provavelmente esse culto e esses costumes, originários da própria Síria, que produziram o símbolo do Ichthys na época do cristianismo", diz Cumont[15]. Na Lícia cultuava-se o peixe divino Orfos ou Di-orfos, filho de Mitra e da "pedra sagrada", isto é, Cibele[16]. É um dos casos especiais daquelas divindades-peixes semíticas que já mencionamos, como Oanes, o Nûn babilônico, Dagão ou Adônis, que os gregos chamavam Ichthys. Ofereciam-se sacrifícios de peixes a Tanit, em Cartago, e a Ea e Nina, na Babilônia. No Egito, encontram-se também vestígios de um culto ao peixe. Por exemplo, proibia-se aos sacerdotes egípcios comer peixe, pois eram impuros como o mar tifônico. "Todos eles se abstinham de peixes do mar", diz Plutarco[17]. Segundo o testemunho de Clemente de Alexandria, os habitantes de Siene, de Elefantina e de Oxirrinco cultuavam um peixe. Segundo Plutarco, costumava-se comer um peixe assado diante da porta da casa, no dia do primeiro mês do ano. Dölger se inclinou a admitir que este costume talvez houvesse preparado o caminho que conduziu ao peixe eucarístico[18].

A situação ambivalente em relação ao peixe se reflete na sua dupla natureza: de um lado, é impuro e sinal de ódio, e de outro, é objeto do culto religioso. Parece que foi, inclusive, considerado um símbolo da alma, como se pode ver através de uma representação em um sarcófago da época do helenismo posterior: a múmia jaz em um esquife de forma leonina. Embaixo do esquife ficam os quatro canopos cujas tampas correspondem às três cabeças teriomórficas e a única cabeça humana dos quatro filhos de Hórus. Por sobre a múmia adeja

186

187

---

14. CUMONT. *Die orientalischen Religionen im römischen Heidentum*, p. 283.

15. Op. cit., p. 138 e 284.

16. EISLER. *Orpheus – the Fisher*, p. 20.

17. *De Iside et Osiride*, cap. VII [p. 9 e 10].

18. ΙΧΘΤΣ I, p. 126. O Ressuscitado come um pedaço de "peixe assado" (Lc 24,42).

um peixe em lugar do habitual pássaro-alma[19]. Pelo que se deduz do desenho, trata-se do Oxirrinco[20], um dos três peixes mais detestados do mundo, a respeito dos quais se afirma que comeram o falo de Osíris despedaçado por Tifão[21]. Eles pertencem a Tifão, que é o "elemento passional da alma, o titânico, o irracional e irrefletido"[22]. Os peixes eram também considerados na Idade Média uma alegoria dos condenados por causa de sua voracidade[23]. Tanto mais estranho é que o peixe aparece como símbolo da alma, no Egito. A mesma ambivalência manifesta-se também na figura de Tifão-Seth. Em épocas posteriores este é um deus da morte, da destruição e do deserto, o opositor insidioso de seu irmão Osíris. Nos primeiros tempos ele aparece estreitamente ligado a Hórus, como amigo e auxiliador dos mortos. Em um texto das pirâmides ajuda a Osíris a escalar o céu, em companhia de Heru-ur ("o Hórus mais velho"). O pavimento celeste é constituído de uma laje de ferro em alguns pontos tão próxima dos cumes das montanhas, a eles podendo-se chegar por meio de escadas. A laje se apoia, em seus quatro cantos, sobre quatro colunas que correspondem aos quatro pontos cardeais. Nos textos das pirâmides elogia-se a escada dos deuses-gêmeos (texto de *Pepi I*), e no texto de *Unas* se lê: "Unas cometh forth upon the Ladder which his father Ra hath made for him, and Horus and Set take the hand of Unas, and they lead him into the Tuat"[24]. Outros textos mostram que há uma rivalidade entre Heru-ur e Seth, pelo fato de o primeiro ser um deus diurno e o segundo, um deus noturno. A forma hieroglífica do nome de Seth tem por determinativo o sinal que designa a pedra ou o ani-

19. SPIEGELBERG. *Der Fisch als Symbol der Seele*, p. 574.

20. Este peixe era considerado sagrado em todo o Egito. BUDGE. *The Gods of the Egyptians* II, p. 382.

21. PLUTARCO. Op. cit., cap. XVIII [p. 30].

22. τυφῶν δὲ τῆς ψυχῆς τὸ παθητικὸν καὶ τιτανικοςν καὶ ἄλογον καὶ ἔμπληκαὶ τον (PLUTARCO. Op. cit., cap. XLIX [p. 88]).

23. PICINELO. *Mundus symbolicus*, liv. VI, cap. I.

24. [Unas sobe pela escada que seu pai Ra lhe fizera, e Hórus e Seth pegam-lhe a mão e o conduzem a Tuat]. BUDGE. Op. cit., II, p. 242. Cf., aqui, a transfiguração de Cristo em presença de Moisés e Elias (Mt 17,3) e os "salvadores-gêmeos" da *Pistis Sophia*; cf. acima [§ 133, nota 46 e 168, nota 11 – N.T.].

mal (não identificado) de Seth, cujas orelhas são compridas. Há representações em que as cabeças de Heru-ur e de Seth aparecem juntas em um mesmo corpo, o que nos permite reconhecer a identidade dos opostos, representados por ambos. A respeito desses dois, Sir Wallis Budge diz o seguinte: "The attributes of Heru-ur changed somewhat in early dynastic times, but they were always the opposite of those of Set, whether we regard the two gods as personifications of two powers of nature, i.e., Light and Darkness, Day and Night, or as Kosmos and Chaos, or as Life and Death or as Good and Evil"[25].

A dupla de deuses representa a oposição (latente) que existe em Osíris, o deus superior, tal como Beemot e Leviatã em relação a Javé. Estranho é que os dois opostos se unem obrigatoriamente numa tarefa comum, quando se trata de ajudar o *Uno* a chegar à quaternidade. Esta quaternidade era representada e personificada também pelos quatro filhos de Hórus: Mestha, Hápi, Tuamutef e Qebhsennuf, a respeito dos quais se lê que se acham "por trás da coxa norte do céu", isto é, da coxa de Seth, cuja morada se situa na constelação da Grande Ursa. Os quatro filhos de Hórus são inimigos de Seth, mas, ao mesmo tempo, intimamente ligados a ele. Formam uma analogia das quatro pilastras celestes que sustentam a laje quadrangular de ferro. Como três dos filhos de Hórus são representados, não poucas vezes, com cabeças de animais, enquanto um quarto se distingue por ter cabeça humana, podemos referir-nos à situação parecida das visões de Ezequiel; das figuras dos querubins derivam, como se sabe, os símbolos dos evangelistas (três animais e um anjo). Ademais, em Ezequiel 1,22 lê-se o seguinte: "Por sobre as cabeças dos seres vivos [os querubins] havia algo que se assemelhava a um firmamento, cintilante como um cristal estupendo, erguido por sobre suas cabeças", e em 1,25s.: "E eis que por sobre o firmamento, que ficava acima de suas cabeças, havia uma pedra semelhante à safira, contendo algo em forma de trono por cima dela; e sobre o que parecia um trono havia uma figura com semblante de homem que se erguia sobre ele".

188

---

25. [Os atributos de Her-ur modificam-se um pouco, na época das dinastias mais antigas, mas foram sempre opostos aos de Seth quer consideremos os dois deuses como personificações de dois poderes da natureza, isto é, como a luz e as trevas, o dia e a noite, ou como o cosmos e o caos, a vida e a morte, o bem e o mal]. BUDGE. Op. cit., p. 243.

189   Dadas as estreitas relações que havia entre Israel e o Egito, é provável que haja uma conexão entre os referidos símbolos[26]. Curioso é que a tradição árabe distingue na região situada em torno do Polo Norte uma figura semelhante ao peixe. Eis o que diz Kazwini: "O Polo Norte é visível. Em volta dele se encontram as Benât Na'sh[27] menores e as estrelas opacas que, vistas em conjunto, formam a imagem de um peixe, no centro do qual está o Polo Norte[28]. Isto quer dizer que o Polo Norte, que para os egípcios era a região de Tifão e, ao mesmo tempo, a morada dos quatro filhos de Hórus, encontrava-se, por assim dizer, dentro do corpo do peixe. Segundo uma tradição babilônica, a morada de Anu fica no céu boreal, e o próprio Marduk é, como deus supremo, o criador do universo e controlador do curso circular do mundo, quer dizer: é o Polo Norte, como se lê a seu respeito no *Enuma elish*: "Aquele que fixou o curso das estrelas e deve apascentar todos os deuses como ovelhas"[29].

190   O reino do fogo (o purgatório e a passagem para o céu de Anu) se encontra no ponto norte da eclíptica. Por isso, o ângulo norte do templo próximo à torre de Nipur forma a chamada Kibla (isto é, orientação). Os sabeus e mandeus também se voltam para o norte, quando oram[30]. Neste contexto, convém lembrar o Mitra da *Liturgia de Mitra*. Na visão final, aparece o deus "segurando a espádua de ouro de um novilho, que é, aí, a estrela da Ursa que põe o céu em movimento, fazendo-o recuar". O texto confere uma multidão de atributos de fogo a este deus que vem, indubitavelmente, do Norte[31].

191   As representações babilônicas do significado do Norte nos mostram, de modo particular, o motivo pelo qual a visão divina vem precisamente do Norte, conquanto esta região signifique também o lu-

---

26. A este contexto pertence o episódio de Dn 3: os três jovens na fornalha acesa, os quais vem se juntar um quarto, "um ser celeste" [3,25].

27. Literalmente: as "filhas do ataúde", ou seja, provavelmente, as carpideiras que marcham à frente do esquife (IDELER. *Untersuchungen über den Ursprung und die Bedeutung der Sternnamen*, p. 11).

28. IDELER. Op. cit., p. 15.

29. JEREMIAS. *Das Alte Testament im Lichte des Alten Orients*, p. 21.

30. Ibid., p. 29s.

31. DIETERICH. *Eine mithrasliturgie*, p. 15.

gar de origem de todo mal. A *coincidentia oppositorum* constitui a norma na concepção primitiva de Deus, pois a divindade é admitida em seu estágio irreflexo, pura e simplesmente como é. Mas, ao nível da consciência reflexiva, a coincidência dos opostos se converte em um problema de primeira ordem, que é contornado, sempre que possível. Esta é a razão pela qual a posição do diabo na dogmática cristã é uma questão tratada de modo bastante insatisfatório. Se as representações coletivas supremas, isto é, as dominantes de nossa orientação consciente, apresentam lacunas deste gênero, então podemos admitir certamente a existência de evoluções complementares, ou melhor, compensatórias, no inconsciente. Encontramos tais concepções compensatórias nas especulações alquímicas. Dificilmente se poderá admitir que os adeptos não tinham, absolutamente, consciência delas. Pelo contrário: parece que se trata de uma reconstituição mais ou menos consciente da imagem divina primitiva. Esta é a razão pela qual se chega a paradoxos tão chocantes como, por exemplo, a ideia do Deus de amor que arde no fogo do inferno[32], e que outra coisa não pretende ser, senão o conceito cristão de Deus em uma conexão nova, mas necessária com aquilo que significa o inferno. Foi sobretudo Jacob Böhme que, influenciado pela Alquimia e pela Cabala, traçou uma imagem paradoxal de Deus, imagem na qual a natureza divina possui ambos os aspectos – o bom e o mau – em um grau que poderia ser comparado à concepção de Clemente Romano.

A história antiga nos apresenta uma imagem contraditória da Região Norte: é sede dos deuses supremos, mas é sede também do opositor; as orações são dirigidas para o Norte, mas é daí também que sopra uma pneuma maligno, o Áquilo, "cuius nomine malignus spiritus intelligitur"[33]; por último, é o cubo do mundo, mas é também o inferno. Bernardo de Claraval, exclama, interpelando Lúcifer: "Et tu praepostero ordine tendis ad aquilonem? Quanto magis ad alta festinas tanto celerius ad occasum declinas"[34] (E tu te diriges para o Norte, subvertendo a ordem? Quanto mais te apressas para as alturas, tanto

192

---

32. *Psychologie und Alchemie* [§ 446].

33. GARNÉRIO. *Gregorianum*, col. 49 [por este nome entende-se o espírito maligno].

34. *Tractatus de gradibus superbiae*, col. 961.

mais rapidamente te encaminhas para o ocaso). Esta passagem é o *sous-entendu* (subentendido) do *roy Aquilonaire* de Nostradamus[35]. Nas palavras de Bernardo aflora também a ideia da majestade do poder, à qual Lúcifer aspira e que se acha ligada ao Norte[36].

---

35. Cf. no capítulo VII deste volume.

36. Uma das qualidades malignas do vento norte – *ventus aquilo constringet in frigore* (o vento norte nos entorpece com o frio) = *"torpor maligni spiritus"* (o torpor do espírito maligno): ele endurece os corações dos homens maus – ajudou a Alquimia a formular uma hipótese sobre a origem dos corais: "Corallus est quoddam vegetabili, nascens in mari, radices et ramos habens, et generatur humidus. Vento autem Spetentrionali flante, indurescit, et fit corpus rubeum quod cum videt, qui per mare navigat, secat ipsum sub aquis: cum vero exit, verititur in lapidem, cuius color est rubeus" (O coral é uma espécie de planta que nasce no mar e tem raízes e ramos; ao nascer, é úmido. Mas quando sopra o vento norte, endurece e se converte em um corpo vermelho, que o navegante vê e corta debaixo d'água; mas quando sai transforma-se em uma pedra de cor vermelha). (*Allegoriae super librum Turbae*, em *Art. aurif.* I, p. 143).

X

O peixe na Alquimia

1. A medusa

O médico e astrólogo Miguel Nostradamus por certo conhecia 193
também a Alquimia, uma vez que esta arte era exercida sobretudo
por médicos. Não se sabe ao certo, todavia, se tinha conhecimento de
que ela utilizava o símbolo do peixe para designar a substância arcana e o *lapis* [a pedra]. Mas é muito provável que conhecesse as obras
clássicas da Alquimia, dentre as quais uma das de maior autoridade é
a *Turba Philosophorum*, há muito traduzida (séculos XI/XII) do árabe para o latim. Simultaneamente, ou um pouco depois, talvez, foram traduzidos também seus apêndices, ou seja, as *Allegoriae super librum Turbae*, as *Allegoriae Sapientum et Distinctiones XXIX supra
Librum Turbae*[1], além dos *Aenigmata Philosophorum* e *In Turbam
Philosophorum exercitationes*: A *Turba* pertence à esfera de pensamento da *Tabula Smaradigma*, ou seja, àqueles testemunhos do espírito helenístico posterior, que nos foram transmitidos em árabe principalmente, através da escola neoplatônica de Harran (Tabit Ibn
Qurra e outros), que floresceu até o começo do século XI[2]. O tesouro
espiritual nelas encerrado é "alexandrino", e as receitas, principalmente as mencionadas nas *Allegoriae super librum Turbae*, seguem de
perto o espírito e a letra dos *Papyri Graecae magicae*[3].

---

1. Este tratado não foi impresso juntamente com a *Turba*, como os outros. Mas parece
que pertence ao mesmo gênero literário. A vigésima oitava *Distinctio* contém, entre
outras coisas, também os *Dicta Belini* (Bel no = Apolônio de Tiana).

2. A este respeito, cf. sobretudo RUSKA. *Turba Philosophorum*.

3. Edit. por Preisendanz.

194   Ora, são justamente estas *allegoriae*[4] que constituem a fonte mais antiga do simbolismo do peixe na Alquimia. Por esta razão, podemos situar o peixe da Alquimia em época bastante recuada, ou seja, antes do século XI[5]. É difícil encontrar um motivo para fazê-lo derivar do peixe cristão. Isto, porém, não impede que depois de representar primeiro a substância arcana, ele se transforme, pela mudança desta última, em símbolo do *lapis*, termo este que, como sabemos, designa não só a matéria inicial (*materia prima*), como também o produto final do processo (*lapis philosophorum, elixir vitae, aurum nostrum, infans, puer, filius philosophorum, Hermaphroditus* etc.) (pedra filosofal, elixir da vida, nosso ouro, criança, menino, filho dos sábios, hermafrodito etc.). Tal *filius*, como já mostrei em outra parte, foi posto em paralelo com Cristo. Deste modo, o peixe da Alquimia alcançou também, pelo menos por via indireta, a dignidade de símbolo do *Salvator mundi* (Salvador do mundo). Seu Pai também é Deus; sua mãe, porém, é a *Sapientia Dei* (Sabedoria de Deus) ou Mercúrio, na sua qualidade de *virgo* (virgem). O *filius philosophorum* ou *macrocosmi* (do macrocosmo), ou o *lapis*, significa, a julgar por todos os seus atributos e particularidades, o *si-mesmo*, tal como mostrei exaustivamente em outro estudo.

195   O texto no qual encontramos a mais antiga menção do peixe é o seguinte:

> Est in mari piscis rotundus, ossibus et corticibus carens, et habet in se pinguedinem, mirificam virtutem, quae si lento igne coquatur, donec eius pinguedo et humor prorsus recedit... et quousque lucescat, aqua maris imbuatur[6].

---

4. Além da *Artis auriferae* I, p. 139s., acham-se reproduzidos também em MANGET. *Bibliotheca chemica curiosa* I, p. 467s. e 494s. [e ainda em *Theatrum chemicum* V, p. 64s.].

5. Faço abstração, aqui, do peixe como material técnico. Como tal, ele já era, naturalmente, conhecido na Alquimia grega. Lembro, por exemplo, o "Método de Salmana" (BERTHELOT. *Collection des anciens alchimistes* V, VIII [p. 349s.], usado para produzir a "pérola redonda". Muitas vezes empregava-se a cola de peixe como aglutinante.

6. *Art. aurif.* I, p. 141: "No mar existe um peixe redondo, sem ossos, nem envoltório; é cheio de gordura, e possui uma força maravilhosa; quando posto a cozinhar em fogo lento, até que sua gordura e seu humor desapareçam, embebe-se da água do mar, e então brilha".

Esta passagem se repete em um outro tratado (posterior?) do mesmo gênero literário, ou seja, nos *Aenigmata philosophorum*[7]. Aqui o *piscis* se transformou em *pisciculus* e o *lucescat* em *candescat*. Os dois textos têm em comum a conclusão (irônica) da receita: Quando aparece a *citrinitas* (*xanthosis*, amarelecimento), "produz-se o colírio (*collyrium*) dos filósofos". Se eles lavarem os olhos com este colírio, poderão compreender facilmente os mistérios da filosofia.

Este peixe "redondo", porém, não é um peixe no sentido moderno do termo, mas um molusco. Isto é indicado pela ausência dos ossos (ou das espinha) e do *cortex* que no latim tardio significa simplesmente concha ou marisco[8]. Em qualquer caso, trata-se de um ser vivo, de aspecto redondo, que habita no mar, provavelmente uma cifomedusa, muito frequente nos mares do Mundo Antigo. Sua forma, que flutua livremente, ou a medusa acróspede, é a de um corpo redondo, em forma de sino ou de disco, de estrutura radial e que, em geral, aparece dividida em oito segmentos, graças aos quatro assim denominados perrádios e quatro interrádios (cujos ângulos se acham cortados ao meio por adrádios). Como todos os cnidários[9] ou nematóforos[10] (aos quais pertencem as cifomedusas), têm tentáculos que encerram as *cnidae*, isto é, células urticantes, cujo veneno mata os animais de presa.   196

Nosso texto observa que o "peixe redondo", quando aquecido ou cozinhado a fogo lento, "reluz" (*lucescit*); quer dizer que preexiste nele um calor que se torna visível como a luz. Esta circunstância nos leva a supor que o autor de nossa receita foi influenciado por Plínio ou, no mínimo, pela mesma tradição que influiu este último. Com efeito, este descreve um "peixe", o qual teria causado admira-   197

---

7. *Art. aurif.* I, p. 146s.

8. Cf. DU CANGE. *Glossarium ad scriptores mediae et infimae Latinitatis*, no verbete cortex.

9. De *knide* = *urtica* = urtiga. É assim que Plínio (*Hist. nat.* XXXII, XI, 53) qualifica a chamada urtiga-do-mar [água-viva].

10. De *nema* = fios = tentáculos.

ção a vários grandes filósofos[11], ou seja, a *stella marina* (estre-la-do-mar). Afirma-se que este peixe é muito quente e queima, e que tudo o que ele toca no mar, queima como se fosse fogo[12]. O fato de Plínio mencionar a *stella marina*[13], juntamente com o *pulmo marinus*[14], que flutua livremente nas águas do mar[15] e cuja natureza é de tal modo quente que, ao se esfregar nele um bastão, pode ser usado como tocha[16], indica a possibilidade de o nosso autor não tê-los considerado com a rigorosa diferenciação zoológica, e talvez os ter confundido com os pulmones. Seja como for, a Idade Média, voltada como era para os símbolos, apoderou-se avidamente da lenda da *stella marina*. Nicolau Caussino entendeu e descreveu corretamente este "peixe" como sendo a estrela-do-mar. Este animal, diz ele, contém um calor tão forte, que não só queima tudo o que toca, como o transforma imediatamente em seu alimento. Por isso significa *veri amoris vis inextinguibilis* (a força inextinguível do verdadeiro amor)[17].

198 Semelhante interpretação soa talvez estranha a um ouvido moderno. A Idade Média, porém, "considerava tudo o que é passageiro apenas como uma imagem" do drama divino, e o homem de hoje dificilmente poderá fazer uma ideia do que isto significa. A mesma interpretação é dada por Picinelo, com a única diferença de que sua amplificação vai muito mais longe. Assim, diz ele, por exemplo: "Este peixe arde sempre no meio das águas, e tudo o que ele toca se aquece e pega fogo"[18]. Este calor é um fogo que significa o Espírito

---

11. Caussino (*Polyhistor symbolicus*, no verbete *stella*), cita Aristóteles como fonte.

12. Op. cit., IX, 60.

13. Também se poderia pensar em uma estrela-do-mar, que, como diz o autor, tem o revestimento exterior duro.

14. Op. cit., XVIII, 35.

15. Op. cit., IX, 47.

16. Op. cit., XXXII, 10.

17. *Polyhistor symbolicus*, p. 414.

18. [*Mundus symbolicus*, no verbete *stella*].

Santo. Para isto ele recorre ao Eclesiástico (48,1)[19] e às línguas de fogo do prodígio de Pentecostes. O prodígio, que consiste em o fogo da *stella marina* não se apagar dentro d'água, lembra a *divinae gratiae efficacitas* [a eficácia da graça divina], que torna a inflamar os corações mergulhados "no mar dos pecados" (*in peccatorum pelago*). Pela mesma razão o peixe significa também a *caritas* e o *amor divinus*, como se lê no Cântico dos Cânticos 8,7: "Aquae multae non potuerunt extinguere caritatem nec flumina obruent illam"[20]. O peixe espalha, assim pensa o autor, um brilho à volta de si, desde o começo, indicando deste modo a religião cuja luz alimenta os crentes.

Como nos mostra a citação do Cântico dos Cânticos, a interpretação da ardente estrela-do-mar sugere uma relação com o *amor profanus*. Picinelo chega mesmo a dizer que ela (a estrela) é verdadeira e realmente o hieróglifo do coração de um amante cujo ardor nem mesmo o mar é capaz de extinguir, pouco importando que este amor seja um amor *divinus* ou *profanus*. O peixe, com efeito, diz nosso autor, de maneira incongruente, arde, mas não brilha. E cita Basílio[21]: "Adhaec cogites profundum barathrum, inextricabiles tenebras, ignem carentem splendore, urendi quidem vim habentem, sed privatum lumine" (Considera, a este respeito, o mar profundo, as trevas impenetráveis, o fogo sem brilho que tem o poder de queimar, mas é privado de luz). *Ignem infernalem haec idea describit* (Esta ideia descreve o fogo do inferno), exclama ele. É a *concupiscentia*, a *scintilla voluptatis* (a concupiscência, a centelha da volúpia).

É estranho como os simbolistas da Idade Média muitas vezes nos oferecem interpretações diametralmente opostas de um mesmo símbolo, aparentemente sem se darem conta da ampla e perigosa possibilidade e de que é a sua unidade que assegura, de algum modo, a uni-

199
200

---

19. Op. cit., p. 468: *"Surrexit Elias propheta quasi ignis et verbum ipsius quasi facula ardebat"* (Surgiu o Profeta Elias como um fogo e as suas palavras ardiam como um facho). (*Die Sprüche Jesus, des Sohenes Sirachs*, em KAUTZSCH. *Die Apokryphen und Pseudoepigraphen des Alten Testaments* I, p. 463: "Até que surgiu um profeta como fogo e suas palavras eram como uma fornalha ardente").

20. Bíblia de Zurique: "Grandes águas não extinguem o amor, torrentes não o submergem".

21. *Homilia in Ps.* XXXIII [col. 371].

dade dos opostos. Daí o terem surgido certas opiniões, na Alquimia, de que o próprio Deus "arde" nesse fogo subterrâneo ou submarino[22]. Eis, por exemplo, o que diz a *Gloria mundi*:

> Recipito ignem, vel calcem vivam, qua de Philosophi loquuntur, quod in arboribus crescat, in quo (igne) Deus ipse ardet amore divino... Item, Naturalis Magister ait ad artem hanc de igne, Mercurium putrefaciendum... et fixandum in igne indelebili, vel vivo, quo in Deus ipse ardeat, sed cum sole in amore divino, ad solatium omnium hominum; et absque isto igne ars numquam perfici poterit. Item, ignis Philosophorum quem occultatum occlusumque illi habent... Item, ignis nobilissimus ignis est, quem Deus in terra creavit, millenas enim virtutes habet: Ad haec respondet didascalus quod Deus tantam virtutem efficaciamque tribuerit, ...ut divinitas ipsa cum hoc igne commixta siet: Et iste ignis purificat, tamquam purgatorium in inferno...[23]

---

22. Disto nos recorda a visão de Arisleu, na qual os filósofos sofrem grandes tormentos dentro de uma estufa no fundo do mar, devido ao grande calor ali reinante (*Aenigma ex visione Arislei*, em *Art. aurif.* I, p. 146s., e RUSKA. *Die Vision des Arisleus*, p. 22s.).

23. "Toma do fogo ou da cal virgem que, no dizer dos filósofos, cresce nas árvores [corais!]. O próprio Deus arde de amor divino neste fogo... De igual modo, diz o Mestre Natural, a respeito do fogo, que Mercúrio deve ser decomposto e fixado em um fogo inextinguível, isto é, vivo, em que o próprio Deus arde, mas com o sol, no amor divino, para consolo de todos os homens. E sem este fogo a obra nunca poderá consumar-se. [É] também o fogo dos filósofos que eles mantêm oculto e fechado... Também é o fogo mais nobre que Deus criou na terra. Ele possui milhares de virtudes. O Mestre observa, a este respeito, que Deus lhe conferiu tamanha força e eficácia, que a própria divindade se misturou a este fogo. E este fogo purifica como o purgatório no inferno". (*Mus. herm.*, p. 246s.). A *Gloria mundi* é um tratado acerca do qual não se tem certeza se foi escrito originalmente em latim. Ao que se sabe, apareceu pela primeira vez em 1620 e em alemão. Pelo que sei, ele é citado, pela primeira vez, nos tratados do século XVII. Foi muito apreciado e olhado como obra particularmente perigosa. No *Theatrum chemicum* VI, p. 513s., há um excerto bastante extenso desse tratado, em que, de maneira pouco comum, conjura-se o leitor a ser muito cuidadoso: "Omnes hujus libri possessores per amorem Jesu Christi admonitos et rogatos volo, ut hanc artem coram omnibus temerariis, gloriosis, injustis pauperum oppressoribus, superbis, mundanis, irrisoribus, contemptoribus, criminatoribus et similibus indignis hominibus abscondant, nec hanc scripturam in illorum manus pervenire sinant, si iram Dei et poenas, quas profaatoribus temerariis irrogare solet, effugere volunt" (A todos os que possuírem este livro eu gostaria de exortar e pedir pelo amor de Jesus Cristo que escondam esta obra dos olhos de todos os temerários, dos ávidos de glória, injustos opressores dos pobres, mundanos, zombadores, acusadores falsos, e outros homens indignos, e que não deixem este escrito chegar às suas mãos, se quiserem escapar da ira de Deus e dos castigos que Ele inflige aos temerários profanadores).

O fogo é *inextinguibilis*. *Philosophi hunc ignem Spiritus Sancti ignem appellant*[24]. Ele une Mercúrio ao Sol, *adeo ut omneis tres, una res fiant, quas nemo separaturus siet*[25]. *Pari modo*, continua o Tratado, "*quo hisce tribus sese uniunt, Deus pater, Deus filius et Deus spiritus sanctus, S.S. Trinitas in tres personas, et tamen unicus verus Deus remanet*[26]: *ita quoque ignis unit hasce tres res: utpote corpus, spiritum, et animam, hoc est, Solem, Mercurium et Animam*". "*In igni hoc invisibili artis mysterium inclusum est, quemadmodum tribus in personis Deus Pater, Filius, et Spiritus S. in una essentia vere conclusus est*"[27]. Este fogo é "simultaneamente fogo e água" (*ignis et simul aqua*). Os filósofos chamaram-no de "fogo vivo", em honra a Deus, que se mistura, Ele próprio, à "água-viva" (*qui seipsum sese in vivam aquam miscet*)[28].

Um outro tratado diz que a água é *occultatio et domicilium omnis theasauri*[29]. Com efeito, é em seu centro que está o *Ignis Gehennalis*[30], que contém "esta máquina do mundo em seu ser"[31]. O fogo é provocado e ateado pelo *primum mobile* e pelas influências dos astros. É inextinguível em seu movimento universal (*motu universal*) e é ateado "por forças celestes" (*influentia coelestium virtutum accendi*)"[32].

201

---

24. "Os filósofos o chamam de fogo do Espírito Santo" (op. cit., p. 247).

25. "De sorte que os três se tornam, juntos, uma só coisa que ninguém pode separar" (op. cit.).

26. "Do mesmo modo que nestes três se unem Deus Pai, Deus Filho e Deus Espírito Santo, [isto é], a Santíssima Trindade em três Pessoas, sem que, no entanto, deixem de ser um único e verdadeiro Deus, assim também o fogo une estas três coisas, isto é, o corpo e o espírito e a alma, quer dizer, o Sol, Mercúrio e a Alma".

27. "O mistério da arte está contido neste fogo invisível, assim como o Pai, o Filho e o Espírito, um só Deus em três Pessoas, estão contidos realmente em uma única essência" (op. cit., p. 248).

28. Op. cit., p. 247. Provavelmente tomado da água da piscina de Betesda, movimentada pelo anjo (Jo 5,2).

29. "Ocultação e paradeiro de todo o tesouro" (*Novi luminis chemici tractatus alter de sulphure*, em *Mus. herm.*, p. 606).

30. *Gehenna* = Inferno (op. cit.).

31. "*Continens hanc machinam Mundi in suo esse*" (op. cit.).

32. Op. cit., p. 609.

202   É um fogo "antinatural" (*innaturalis s. contra naturam*). Submete os corpos ao sofrimento, e é o próprio dragão que arde e queima
como o fogo do inferno[33]. O espírito vital, Fitão, que reina no seio da
natureza, tem duplo aspecto: uma de suas formas é o fogo do inferno
com o qual se prepara um banho infernal. O tratado de Abraão Eleazar diz que Fitão é um "deus"[34].

203   Segundo Blaise de Vigenère o fogo tem quatro aspectos, e não
somente dois, ou sejam: o inteligível (da pura luz), o celeste (do calor
e da luz), o dos elementos (que pertence ao mundo inferior e se distingue pela luz, pelo calor e pelo ardor, e, por fim, o infernal, oposto
ao inteligível, carente de luz e que apenas arde e queima)[35]. Neste autor, reaparece a quaternidade, ligada desde tempos antiquíssimos ao
fogo, como no-lo mostram a ideia egípcia de Tifão e dos quatro filhos de Hórus[36] e a visão de Ezequiel que indica a região do Norte
como a do fogo. É de todo improvável que Vigenère tenha pensado,
por exemplo, em Ezequiel, nesse contexto[37].

204   No tratado *Introitus apertus* de Filaleta a substância é designada
como *chalybs* (aço). Este é, diz o autor, a *auri minera* (a prima materia do ouro), *Operis nostri vera Clavis, sine quo ignis lampadis nulla
arte potest accendi*. Chalybs é, "sobretudo, um espírito muito puro" é
o *ignis infernalis*[38], "secretus... mundi miraculum, virtutum superio-
rum in inferioribus systema, quare signo illum notabili notavit Omni-

---

33. *Georgii Riplei Duodecim portarum axiomata philosophica*, em *Theatr. chem.*
(1602), II, p. 128.

34. *Uraltes Chymisches Werk*, p. 80s.

35. *De igne et sale*, em *Theatr, chem.* (1661), VI, p. 39.

36. São também filhos de Seth, pelo fato de Heru-ur e Seth terem em comum um só
corpo com duas cabeças.

37. Os símbolos quaternários que surgem espontaneamente nos sonhos indicam, a
meu ver, a totalidade ou o si-mesmo. O fogo significa paixão, afeto, concupiscência e
as forças impulsivas e emocionais da natureza humana em geral, ou seja, portanto,
tudo o que se pode entender sob o termo "libido" (cf., a este respeito, minha exposição
em *Symbole der Wandlung*). O fato de os alquimistas atribuírem uma natureza quaternária ao fogo significa simplesmente que o si-mesmo é fonte de energia.

38. O fogo do inferno se identifica com o diabo. A autoridade de Artéfio (*Clavis maioris sapientiae*, em *Theatr. chem.*, 1613, p. 237) atribui a este fogo um corpo exterior,
de matéria aérea, e um corpo interior, de natureza ígena.

potens, cuius nativitas per Orientem in Horizonti Hemisphaerii sui philosophicum annunciatur. Viderunt Sapientes in Evo Magi, et obstupuerunt, statimque agnoverunt Regem serenissimum in mundo natum. Tu cum ejus Astra conspexeris, sequere ad usque cunabula, ibi videbis infantem pulcrum, sordes semovendo, regium puellum honora, gazam aperi, auri donum offeras, sic tandem post mortem tibi carnem sanguinemque dabit, summam in tribus Terrae Monarchiis medicina"[39].

Esta passagem é de particular interesse porque nos permite ter uma visão profunda do universo das representações arquetípicas obscuras de quem estava cheio o espírito dos alquimistas. O aço, que é ao mesmo tempo o fogo infernal, a "chave da obra", é atraído pelo magneto, e, por esta razão, diz o autor, o *magnes noster* é o verdadeiro bronze (*minera = prima materia*) do aço. O magneto tem um centro misterioso que se volta, *appetitu archetico*[40], na direção do Polo, onde a força do aço aumenta. O centro tem sal em abundância (*sale abundans*): trata-se, evidentemente, do *sal sapientiae*, pois, logo em seguida, o texto diz: "Sapiens gaudebit, stultus tamem haec parvi

---

39. Em *Mus. herm.*, p. 654s. Tradução: "[...]a verdadeira chave de nossa obra, sem a qual nenhuma arte é capaz de acender o fogo da lâmpada [...] – o fogo infernal, secreto... o milagre do mundo, a conjunção das forças superiores no submundo. Por isso, o Onipotente pôs em destaque este [fogo] por meio de sinais notáveis: seu nascimento [de Deus] é anunciado no horizonte de seu hemisfério pelo nascente filosófico. Os sábios magos viram-no [no começo] do *éon* e ficaram tomados de espanto e logo reconheceram que o Rei sereníssimo viera ao mundo. Quando vires sua estrela, segue[-a] até o berço e verás uma linda criança; se removeres a sujeira, presta honras à criança régia, abre o teu tesouro, oferece-lhe presentes de ouro. E assim, depois de tua morte, ela te servirá, por fim, carne e sangue, o remédio supremo nas três monarquias da Terra". Filaleta (Philaleta = amigo da verdade) é um pseudônimo. Waite (*The Works of Thomas Vaughan: Eugenius Philaletha*) supõe que por trás deste nome está o filósofo hermético Thomas Vaughan (1621-1665), hipótese esta, entretanto, duvidosa, por uma série de razões (cf. Waite, *Lives of Alchemystical Philosophers*, p. 187, e Ferguson, *Bibliotheca chemica* II, p. 194 e 197).

40. Derivado do conceito paracelsiano de "Arqueu" (*Archeus*). Cf. JUNG. *Paracelsus als Arzt* [§ 39]. Ruland (*Lexicon Alchemiae*) [p. 52 e 53] define: "Archeus est summus, exaltatus, et invisibilis spiritus, qui separatur a corporibus, exaltatur, et ascendit: occulta naturae virtus, generalis omnibus, artifles, et medicus... dispensator, et compositor omnium rerum" (Arqueu é o espírito supremo, glorificado e invisível, separado do corpo, glorificado e que sobe: é a força oculta da natureza, presente em todas as coisas, o artífice e médico... aquele que distribui e compõe todas as coisas).

pendet, nec sapientiam discet, etiam licet Polum centralem extraversum conspexerit notatum signo Omnipotentis notabili"[41].

206   No Polo, segundo este mesmo autor, encontra-se o coração de Mercúrio, "qui verus est Ignis, in quo requies est Domini sui, navigans per mare hoc magnum, ad utramque pertigat Indiam, cursum dirigat per aspectum Astri Septentrionalis, quod faciet tibi apparere Magnes noster" (Que é o verdadeiro fogo, no qual seu Senhor repousa. Prouvera a Deus que aquele que navegue nesse mar alto encontre o caminho que o conduza às duas Índias (Oriental e Ocidental); que oriente a sua rota pela presença da Estrela Setentrional que o nosso magneto te mostrará)[42]. Este texto alude à viagem mística, à *peregrinatio*, que é feita, o mais das vezes, como expliquei em outra parte, no sentido dos pontos cardeais que aqui estão indicados pelas duas Índias e pela direção norte da bússola[43]. Estes movimentos produzem uma cruz, isto é, uma quaternideda inerante à natureza do Polo. Com efeito, é deste que partem os quatros pontos cardeais, e é aí também que se faz a separação dos hemisférios (ao oriente e ao ocidente do meridiano de Greenwich). *O Hemisphaerium Septentrionale* (hemisfério ou cúpula esférica do Norte) acima mencionado aparece, assim, como se fosse o corpo da hidromedusa redonda cuja superfície superior esferiforme se acha dividida por quatro (ou por um múltiplo de quatro) rádios, o que o faz assemelhar-se a um globo terrestre ou celeste, quando visto do Polo.

207   Gostaria de mencionar, nesse contexto, o sonho de um estudante de vinte anos que ficou um pouco desorientado, quando descobriu que a Faculdade de Filosofia I, na qual ele se matriculara, não lhe satisfazia por motivos à primeira vista ignorados. Sua confusão era grande, pois não sabia que profissão pretendia realmente abraçar. Então um sonho lhe veio em ajuda, sonho este que lhe apontou a meta a seguir, do modo mais amplo possível.

---

41. Op. cit., p. 655. "O sábio se alegrará, mas o espírito o menosprezará e não aprenderá a sabedoria, mesmo que veja o polo central, dirigido para fora e destacado por um sinal notável do Altíssimo. Este sinal talvez seja o magnetismo".

42. Op. cit.

43. Sobre este ponto, cf. *Psychologie und Alchemie* [§ 457].

Sonhou que estava passeando numa floresta. Pouco a pouco, po-   208
rém, esta floresta se tornou cada vez mais solitária e selvagem. Por fim,
o sonhador verificou que estava numa floresta virgem. As árvores eram
tão altas e a ramagem tão espessa, que embaixo, no chão, quase reinava
o crepúsculo. Os caminhos e atalhos haviam desaparecido há muito,
mas impelido por uma expectativa e curiosidade indefinidas ele prosse-
guiu e não demorou a encontrar uma piscina circular, de cerca de 6-7
metros de diâmetro. Era uma fonte de águas subterrâneas, cujas águas
cristalinas pareciam quase negras à sombra escura das árvores. Na água
do centro da piscina flutuava um corpo que luzia debilmente e tinha o
brilho da madrepérola – era uma hidromedusa, cuja umbrela tinha cer-
ca de 50 centímetros de diâmetro. Neste momento o sonhador desper-
tou, dominado por uma emoção muito forte, e optou imediatamente
pelo estudo das ciências, decisão esta que foi também duradoura.
Devo acentuar que o sonhador não estava sob nenhuma influência
psicológica que lhe sugerisse uma interpretação de qualquer tipo
para o sonho. A conclusão tirada do sonho foi correta, sem dúvida,
mas isto não esgotou todo o sentido do símbolo. Tal sonho é de natureza arquetípica – um dos assim chamados "grandes" sonhos. A floresta que escurece, a ponto de seu interior mergulhar na penumbra e
regredir ao estado de mata virgem, significa um transportar-se ao
seio do inconsciente. A piscina com a medusa no centro representa
um mandala tridimensional, ou seja, o si-mesmo, a totalidade como
meta apontada pelo *appetitus archeticus*, o ponto Norte que orienta a
viagem através do *pelagus mundi* [mar do mundo].

Retornando agora ao nosso texto, gostaria de salientar, retrospec-   209
tivamente, que o *ignis infernalis* outra coisa não significa senão o *Deus*
absconcilus (o Deus escondido) que habita no "Polo Norte e que se revela no magnetismo. Seu sinônimo é Mercúrio, cujo coração se encontra no Polo e guia o homem em sua perigosa viagem através do mar do
mundo. A ideia de que o ponto Norte, do qual o mecanismo do mundo recebe o seu impulso, como acima foi mencionado, representa também o inferno e que este último representa um sistema de forças superiores, presentes no mundo inferior, é – seria o caso de dizer – abala-
dora. Mas o mesmo tema ressoa, ao ouvirmos Mestre Eckhart afirmar
que, ao voltar-se para dentro de si mesmo, "aí se mergulha mais profundamente do que no próprio inferno". Por isso não podemos deixar

de reconhecer uma certa grandiosidade nas ideias alquimistas, por mais grotesca que possa parecer sua maneira de se expressar. O que elas nos podem oferecer de particularmente interessante consiste na natureza da imagem que representa, efetivamente, a projeção da figura arquetípica ordenadora[44], o mandala, ou seja, a representação da totalidade do homem. O procedimento de colocar o centro no inferno que, por outro lado, é também Deus, baseia-se na experiência direta de que aquilo que há de mais alto e de mais baixo, surgindo das raízes da alma, pode levar o pequenino barco de nossa consciência ao naufrágio ou a um porto seguro, com ou sem a nossa participação. Por isso, a experiência deste "centro" é verdadeiramente numinosa.

210   Picinelo acha que sua *stella maris*, *hic piscis* [este peixe], que *in mediis aquis ardet quidem, non tamen lucet*[45] [que arde no meio das águas, mas não brilha], representa não só o Espírito Santo, a *caritas* (a caridade), a graça ou a religião, mas também algo que existe no homem, a saber, a sua língua, ou a sua fala e sua capacidade de expressão, mediante as quais se manifesta a existência de uma vida psíquica em geral. Ele pensa, aí, em uma atividade psíquica instintiva e não reflexa, como se deduz da circunstância de citar, a este respeito, a Carta de Tiago 3,6: "Et lingua ignis est universitas iniquitatis: lingua costituitur in membris nostris, quae maculat totum corpus, et inflammat rotam nativitatis nostrae, inflammata a gehenna"[46].

---

44. *A este respeito, cf. JUNG. Zur Psychologie östlicher Meditation [§ 943s.]; e também Über Mandalasymbolik.*

45. *P. 469.*

46. Novum Testamentum Latinum. O texto de onde a citação foi tomada *(Tg 3,5-8, Bíblia de Zurique) é o seguinte:* "Vede com um pequeno fogo basta para incendiar uma grande floresta. Também a língua é um fogo. Como um mundo de iniquidade, a língua está entre nossos membros, a contaminar todo o corpo. E inflama o ciclo da existência sendo, por sua vez, inflamada pelo inferno. Todo gênero de feras, aves, répteis e animais marinhos, com efeito, é domado e tem sido pela criatura humana. Mas a língua nenhum homem é capaz de domá-la. É um mal irrequieto, e está cheia de veneno mortífero" [Tradução segundo o Novo Testamento da Editora Vozes, 1978 – N.T.]. *Isto nos lembra Eclo 9,25:* Terribilis est in civitate sua homo linguosus *(Bíblia de Lutero,* Jesus de Sirac *10, 25:* "Coisa perigosa é um homem maledicente na cidade". *Kautzsch* Die Sprüche Jesus', des Sohnes Sirachs *9,18:* "O homem falador é temido em sua cidade"). *Por sua vez, a língua de fogo é uma alegoria (ou símbolo?) do Espírito Santo –* dispertitae linguae tanquanignis *("línguas repartidas de fogo") (At 2,3).*

Assim o "peixe" maligno coincide com nossa tendência indômita   211
e aparentemente indomável, que, como um pequeno fogo, põe a ar-
der uma floresta imensa, contamina todo o corpo e incendeia a "roda
do nascimento" [existência]. O *trochos tēs geneseōs* (*rota nativitatis*)
é verdadeiramente uma expressão curiosa neste contexto. A roda,
aqui, expressa uma alegoria, ou seja, o ciclo, o roteiro ou o curso da
vida. Mas esta interpretação pressupõe concepções quase budistas,
desde que não se entenda, com isto, apenas o ciclo estatístico um tanto banal de nascimentos e mortes. Saber de que modo este ciclo pode
ser posto em chamas constitui uma questão difícil de responder sem
mais nem menos. Antes, será preciso levar em conta que aqui se trata
de um caso paralelo da contaminação de todo o corpo, ou seja, de
uma destruição da alma.

Desde o *Timeu* [de Platão] tem sido costume lembrar que a alma é   212
o *elemento redondo*[47]. Como *anima mundi* ela gira conjuntamente
com a roda do mundo cujo cubo é o Polo. É por isso que aí se acha o
coração de Mercúrio que é, com efeito, a *anima mundi*[48]. É ela, realmente, o motor do céu. À roda do universo estrelado corresponde o
horóscopo, o *thema tēs geneseōs*, isto é, a divisão do céu em doze casas, que é orientada, juntamente com a primeira casa, para ascendente
no momento preciso do nascimento. Talvez porque o firmamento assim dividido gira como uma roda é que o astrônomo Nigídio[49] recebeu
a alcunha de Fígulo (oleiro) por causa da semelhança da roda com o
torno do oleiro[50]. O tema (ou seja, propriamente falado, o que é estabelecido, imposto) é realmente um "trochos", uma roda. O sentido
fundamental do horóscopo consiste em que ele traça, antes de tudo,
um quadro da constituição psíquica e depois, também, da constituição
física do indivíduo, sob a forma das posições dos planetas e suas relações (aspectos), bem como da repartição dos zódia pelos diversos pon-

---

47. A este respeito, cf. *Psycologie und Alchemie* [§ 109].

48. JUNG. *Der Geist Mercurius* [§ 245 e 263].

49. P. Nigídio Fígulo viveu no século I a.C.

50. "Figuli nomen accepisse dicitur, quia... dixerit, se didisse orbem ad celeritatem rotae figuli torqueri" (Recebeu o nome de Figulo = oleiro, porque... disse ter sabido que
o orbe gira com a velocidade da roda do oleiro (figulus)) (HERTZ. De P. *Nigidii Figuli
tudiis atque operibus*, p. 5).

tos cardeais. O horóscopo representa, portanto, sobretudo um sistema das qualidades originais e fundamentais do caráter, e, por isso, deve ser tido como o equivalente da psique individual. Foi neste sentido, evidentemente, que Prisciliano († 385) entendeu a *rota* [roda]. Eis o que ele nos dizia, a respeito de Cristo: "Somente Ele tem o poder de atar as amarras das Plêiades e abrir as barreiras de Órion. Conhecendo a mudança do firmamento e destruindo a roda do nascimento, Ele superou o dia de nosso nascimento, mediante a reparação do batismo"[51]. Daqui ressalta claramente que a *rota nativitatis* era concebida, no século IV, realmente como um horóscopo. Por isso, a *inflamatio rotae* (incêndio da roda) é uma expressão figurada de uma rebelião catastrófica de todas as componentes da psique, uma conflagração que corresponde a um pânico ou a uma outra emoção desenfreada e, por isso mesmo, fatal[52]. A totalidade da catástrofe se explica pela posição central da chamada "língua", ou seja, do elemento diabólico cuja tendência destrutiva é inerente a todas as almas. A *stella maris* representa aquela fornalha da qual provém a ação criadora ou destrutiva.

2. O peixe

213   Tratando do simbolismo do peixe na Idade Média, ocupamo-nos até aqui de um quase peixe, ou seja, da hidromedusa redonda, sem atender seriamente à circunstância de que ela não é um peixe no sentido zoológico e – o que é de particular importância – de que ela não tem a figura de peixe. Aparentemente, foi o fato de ser chamada *piscis* (peixe) que a transformou em objeto de nossa atenção. Mas na Idade Média não foi assim, porque conhecemos as expressões de um adepto do século XVI, as quais revelam que, pelo menos este, considerava o *piscis* como um verdadeiro peixe. Enumerando as várias designações sinônimas da tintura, ele menciona o seguinte: "Estes também compararam-na (isto é, a tintura) com os peixes. Por

---

51. "Solus potens colligare vinculum Pliadae et Orionis septa reserare, sciens demutationem firmamenti et distruens rotam geniturae reparatione baptismatis diem nostrae nativitatis evicit" (Tract. I, 31, em: *Opera*). A respeito de Cristo como destruidor da Heimarmene (destino) cf. *Pistis Sophia*, p. 21.

52. O fogo ocorre frequentemente nos sonhos com este sentido.

isso é que Mundo diz na *Turba*: Toma um pedaço do fel de um peixe e um pouco de urina de uma vitela etc. E nos enigmas dos sábios (lê-se): Em nosso mar há um peixe redondo, sem ossos e sem pernas *(cruribus)*[53]. Como o fel mencionado na citação só pode provir de um verdadeiro peixe, Hoghelande entendeu o *pisciculus rotundus* evidentemente neste sentido e como, a rigor, pode-se conceber um peixe sem espinhas, mas não sem envoltório ou pele, os *cortices* incompreensíveis do texto original[54] forçosamente se converteram nos *cru-ra* (pernas) da citação. Afinal, é óbvio, nenhum peixe tem pernas. Esta passagem de um texto do século XV nos mostra que o "peixe redondo" dos *Aenigmata* era considerado como um verdadeiro peixe na tradição alquímica, e não como medusa. Nas *Cirânidas* se descreve um peixe redondo e transparente (ou seja, sem tegumentos), de natureza estranha: O peixe cnidário vive no mar das costas da Síria, Palestina e Líbano; tem o tamanho de seis dedos (= polegadas) e é um *pisciculus rotundus*. Possui duas estrelas na cabeça e outra na terceira vértebra caudal *(spondilo)* ou no nó do dorso *(nodo dorci)*, especialmente resistente e usado como feitiço amoroso[55]. Esta pedra cnidária era conhecida, por ser muito rara. Chama-se também *opsia-nus*, que se traduz por *serotinus* (o que chega tardiamente, cresce tardiamente e acontece tardiamente) e *tardus* (lento, hesitante)[56]. Pertence a Saturno. "Esta pedra é gêmea ou dupla. (E) uma é escura e negra, enquanto a outra é negra (mas) 'transparente'[57] e luminosa como

---

3. HOGHELANDE. *De alchemiae difficultatibus*, em: *Theatr. chem.* (1602), I, p. 63. A citação extraída do Sermo XVIII de mundo (RUSKA. *Turba philosophorum*, p. 28) é a seguinte, no original: "Accipite ergo ex gumma alba intensissimi candoris partem unam et ex albi vituli urina partem unam, et ex felle piscis (partem) unam, et ex umae corpore, sine quo emendari non potest, partem unam". A palavra "Mundo" resulta de uma mutilação, através de uma transcrição, do nome de Parmênides = (Bar)Inds. Cf. RUSKA. Op. cit., p. 25.

4. *Ossibus et corticibus carens.*

5. Corrigia vel ligaturae Afroditis. "Ligaturae", "alligaturae" e "ligamenta" são amutos "ad depellendos morbos [para expulsar as doenças]. Suballigaturae são veneficiae (enefícios), "praecautationes" (feitiçaria, bruxaria) etc. Cf. DU CANGE. *Glos.*, no erbete *ligaturae*. Corrigia = atadura.

6. *Opsianos lithos* = pedra negra, obsidiana.

7. Lucidus significa propriamente claro, luminoso, e também branco, o oposto de reto. Por isto traduzi claro (lucidus) por transparente.

um espelho. É a ela que muitos procuram sem conhecer: trata-se, com efeito, da pedra do dragão "*(dracontius lapis)*"[58].

214   Esta descrição confusa só nos permite saber com certeza que se trata de um vertebrado, ou seja, provavelmente, de um verdadeiro peixe. O que não se percebe claramente é o argumento utilizado para justificar o emprego do termo "redondo". Que o peixe seja principalmente um mitologema ressalta, claramente, do fato de que ele deve conter a "pedra do dragão". Esta pedra já era conhecida de Plínio[59], como também da Alquimia medieval onde era chamada de *draconites, dracontias ou drachates*[60]. Devia ser uma pedra preciosa (*gemma*), que se obtinha decapitando o dragão adormecido. Quer dizer, só era uma pedra preciosa, quando em seu interior ficava retido um pedaço da alma do dragão[61], ou seja, a *invidia a animalis mori se sentientis* [o ódio do animal que sente estar morrendo]. Deve ser de cor branca e constituir um poderoso *alexipharmakon* (contraveneno). Entre nós, onde não se encontram dragões, algumas vezes teriam sido encontradas semelhantes dracônitas nas cabeças das cobras-d'água. Ruland afirma ter visto tais pedras, de cor azul ou preta.

215   A pedra cnidária possui uma dupla natureza que, como se vê pelo texto, não é de todo clara[62]. Somos quase tentados a supor que a duplicidade da pedra se expressa originalmente em uma variedade branca e uma variedade preta, e que um copista, ao se deparar com a contradição, acrescentou um *niger quidem*. Ruland realça, sem mais e claramente, a sua cor branca (*coloris candidi est*). O fato de pertencer a Saturno deve, a meu ver, lançar uma luz esclarecedora sobre este dilema. Saturno, astrologicamente chamado "estrela do Sol", é considerado preto, em sua significação alquímica, onde é chamado

---

58. *Textes latins et vieux français relatifs aux Cyranides*, p. 56 [cf. nota 62].

59. *Hist. nat.*, XXXVII, 10.

60. RULAND. *Lex. alch.*, no verbete *draconites*.

61. Op. cit., *sed nisi viventi abscidatur, numquam gemmascit* ("Se não for separado do [dragão] vivo, nunca se converterá em pedra preciosa").

62. "Iste lapis est geminus vel duplex: unus quidem est obscurus et niger, alter autem niger quidem, lucidus et splendidus est sicut speculum" [Tradução, cf. no § 213 acima, no final]. Este último aspecto aplicar-se-ia perfeitamente no caso da obsidiana.

inclusive de *sol niger* e tem uma dupla natureza, como substância arcana[63], isto é, por fora é escuro como o chumbo, mas branco por dentro. João Grasseu cita a opinião do monge agostiniano Degenardo: o chumbo dos filósofos, dito chumbo do ar (*Pb aeris*), conteria a *splendida columba alba*, denominada "sal dos metais"[64]. Blaise de Vigenère garante que se pode converter o chumbo (*quo nihil est magis opacum*) [outra coisa mais opaca do que ele não existe] em jacinto e este, por sua vez, em chumbo[65]. O mercúrio, lê-se em Mílio[66] provém do "coração de Saturno" e "é Saturno", onde, porém, o brilho claro e argênteo de Mercúrio se contrapõe à "negrura" do chumbo. A água clara[67] que brota da planta satúrnia é "a mais perfeita das águas e o sangue do mundo", segundo George Ripley[68]. O quanto esta ideia seja antiga deduz-se da observação que se lê em Hipólito[69], segundo a qual Cronos (isto é, Saturno) "é uma força da cor da água que tudo destrói".

Ponderadas todas as circunstâncias, a dupla natureza da pedra cnidária poderia significar uma antinomia e ao mesmo tempo uma união dos contrários, o que evidentemente confere ao *Lapis Philosophorum* (pedra filosofal) seu significado especial como "símbolo de unificação" (compare-se o paralelo *Lapis*/Cristo)[70] e, concomitantemente, também uma força mágica ou divina. Assim, nossa dracônia possui forças mágicas extraordinárias (*potentissimus valde*) que a tornam apta para as *ligaturae Afroditis* (ligaduras de Afrodite), isto é, para o seu emprego como feitiço amoroso. A magia significa uma *compulsão* que se impõe, contra a consciência e contra a vontade consciente da vítima, isto é, na pessoa enfeitiçada surge uma determi-

216

---

63. "O sagrado chumbo dos sábios" do qual se extraem o *mercurius* [mercúrio] e o *sulphur* [enxofre]. (CHARTIER. *Scientia plumbi sacri sapientum*, em *Theatr. chem.* VI, p. 571s.).

64. *Arca arcani*, em *Theatr. chem.* VI, p. 314.

65. [O que é mais opaco do que qualquer outra coisa]. *De sale et igne*, em *Theatr. chem.* VI, p. 131.

66. *Philosophia reformmata*, p. 305.

67. PANTHEUS. *Ars transmutationis metallicae*, fol. 9rº.

68. *Opera,* p. 317.

69. *Elenchos,* V, 16,2 [p. 111].

70. *Psychologie und Alchemie*, III, 5.

nação da vontade que lhe é estranha e se mostra mais forte do que o seu eu. Semelhante efeito, psicologicamente verificável, só é produzido pelos conteúdos inconscientes que manifestam, justamente por esse seu poder de compulsão, a sua subordinação ou dependência em relação à totalidade do homem, ou seja, ao si-mesmo, com suas determinações "cármicas"[71]. Já vimos que o símbolo alquímico do peixe designa um arquétipo da ordem de grandeza do si-mesmo. Sendo assim, não há mais razão para espantar-nos de que o mesmo princípio da má aparência externa, universalmente válido para o chumbo e para o *lapis* [pedra], seja aplicado também ao Cristo. Efrém Sírio († 373), por exemplo, atribui ao Cristo as mesmas qualidades que se devem aplicar ao *Lapis Philosophorum: Figuris vestitur, typos portat... thesaurus eius absconditus et vilis est, ubi autem aperitur, mirum visu....*[72]

217   Por fim, num tratado do século XVII, composto por um anônimo francês[73], o "peixe redondo", este estranho híbrido, converte-se em um verdadeiro vertebrado zoologicamente demonstrável, ou seja, na *Echeneis Remora L* (o conhecido peixe-pegador [também chamado agarrador]), que pertence ao gênero das cavalas e se caracteriza pelo fato de haver desenvolvido um disco adesivo alongado, na cabeça e na nuca, em vez da parte espinhenta da barbatana dorsal. Por meio deste disco ele se fixa ao corpo de outros peixes maiores ou no fundo das embarcações, deixando-se levar por eles.

218   O texto que se refere a este peixe é o seguinte: "Se tiveres o verdadeiro conhecimento da singular matéria (da pedra), então poderá

---

71. Sob esta expressão podemos conceber, por exemplo, as influências hereditárias, isto é, remanescentes da vida dos ancestrais, embora esta concepção não traduza fielmente tudo o que o termo "carma" significa para o indiano.

72. *Hymni et sermones*, II [col.770] (*Hymnus de resurrectione Christi*, XXI, 6: "É revestido de imagens; carregado de símbolos [...] Seu tesouro é escondido e desprezível, mas quando aberto, torna-se um espetáculo maravilhoso".

73. "Fidelissima et jucunda instructio ex manuscripto Gallico philosophi anonymi desumpta, per quan pater filio suo omnia declarat, quae ad compositionem et praeparattionem magni lappidis sapientum sunt necessaria, decem capitibus comprehensa" (Instrução fidelíssima e agradável, tirada do manuscrito francês de um filósofo anônimo, e segundo a qual um pai transmite a seu filho tudo o que é necessário para a composição e a preparação da grande pedra dos sábios, exposta em dez capítulos). O título abreviado do tratado reproduzido no *Theatrum chemicum* VI, de 1661, *Instructio de arbore solari* [p. 163s.].

extrair dela o Mercúrio dos sábios, a terra virgem dos sábios, o sal precioso da natureza, a água-viva e inesgotável dos filhos dos sábios, e com ele prepararás o ouro ou o enxofre metálico e comporás o seu fogo raro, misteriosíssimo e inextinguível. Mas, por mais claramente que eu me expresse, é quase de todo impossível descobrir e experimentar o que seja a verdadeira e única matéria da pedra dos sábios, se ela não for revelada fielmente por um amigo que a conheça, por que aquilo que nós recebemos, para preparar, com ele, a obra filosófica, outra coisa não é senão o peixinho equeneido que não tem sangue nem espinhas e permanece encerrado na região central e profunda do grande mar do mundo. Este peixinho é muito pequeno, solitário e único em sua forma, enquanto o mar é grande e vasto, e por isto aqueles que não sabem em que parte do mar ele habita não podem capturá-lo. Acredita-me que aquele que, no dizer de Teofrasto, não compreender a arte de trazer a lua do firmamento e de transportá-la do céu para a terra e convertê-la em água e depois em terra, jamais conseguirá encontrar a matéria da perda dos sábios; mas não é mais difícil fazer uma dessas coisas do que descobrir a outra. Se, entretanto, falarmos em segredo e sem receio de perigos, a um amigo merecedor de confiança, ensinar-lhe-emos o segredo oculto dos sábios, que consiste em saber como capturar de modo natural, rápido e fácil, o peixinho denominado rêmora, o qual é capaz de fazer parar as soberbas embarcações do grande mar oceano (que é o espírito do mundo). Mas os que são filhos da sabedoria são completamente ignorantes e não conhecem os preciosos tesouros que, por natureza, estão encerrados na água preciosa e celeste da vida de nosso mar. Mas para que eu possa transmitir-te a clara luz de nossa matéria singular ou nossa terra virgem, e te ensinar a suprema arte dos filhos da sabedoria, isto é, de que modo poderás adquiri-la, é necessário que eu te instrua, primeiramente, a respeito do magneto dos sábios. Este magneto tem o poder de atrair o peixinho equeneido, também chamado rêmora, do centro e das profundezas de nosso mar. Quando é apanhado, de conformidade com a natureza, ele se converte naturalmente em água e seguidamente em terra. Esta, por sua vez, quando devidamente preparada mediante o engenhoso segredo dos sábios, tem o poder de dissolver e volatizar todos os corpos sólidos e purificar [do veneno] *todos* os corpos venenosos" etc.[74]

219   Ficamos sabendo, por este texto, que o peixe se encontra no centro do oceano, se é que se pode ser encontrado realmente. Mas o mar, como se lê aí, é o *spiritus mundi*. Pela amostragem acima se vê que nosso texto provém de uma época em que a Alquimia abandona cada vez mais o procedimento de laboratório e se converte em uma filosofia. O "espírito do mundo" parece tanto mais estranho para a Alquimia da primeira metade do século XVII porquanto, ao que sabemos, a expressão usada preferentemente era "anima mundi". A alma ou, no presente caso, o espírito do mundo, constitui uma projeção do inconsciente, porque não se encontra um método ou uma aparelhagem capazes de proporcionar uma experiência objetiva deste gênero e, consequentemente, de oferecer uma prova da existência objetiva de uma animação do mundo. Esta ideia nada mais é, portanto, do que uma analogia ao fato de o homem pensar e saber que é dotado de alma. A "alma" e o "espírito", isto é, a psique em geral é, em si e por si, totalmente inconsciente enquanto substância. Quando ela

---

74. [Texto original a partir de "porque aquilo que recebemos [...]"]. "Quia illud quod accipimus ut opus Philosophicum ex eo praeparemus, nihil aliud est quam pisciculus Echen[e]is sanguine et ossibus spinosiscarens, et in profunda parte centri magni maris mundi est inclusus. His pisc[ic]ulus valde est exiguus, solus et sua forma unicus, mare autem magnum et vastum unde illum capere impossibile est illis, qui qua in parte mundi moretur ignorant. Certam mihi fidem habe, illum qui ut Theophrastus loquitur, artem illam callet, qua Lunam de firmamento trahat, et de coelo super teriam adducat, et in aquam convertat, et postea in terram mutet, nunquam materiam lapidis sapientum inventurum, unum tamem non est difficilius facere, quam alterum invenire. Nihilominus tamem, cum fido amico aliquid in au[re]m fideliter dicimus, tunc ipsum occultum secretum sapientum docemus, quomodopisc[ic]ulum Remora dictum na uraliter cito et facile capere possit, qui navigia magni maris Oceani (hoc est spiritus mundi) superba retinere potest, qui cum filii artis non sint, prorsus ignari sunt et preciosos thesauros, per naturam in preciosa et coelesti aqua vitae nostri maris delitescentes, non noverunt. Sed ut clarum lumen unicae nostrae materiae, seu terrae vigineae nostrae tibi tradam, et summam artem filiorum sapientiae, quomodo videlicet illam acquirere possis, te doceam, necesse est ut prius de magnetae sapientum te instruam, qui potestatem habet, pis[ic]ulum Echen[e]is vel Remora dictum est ex centro et profunditate nostri maris attrahendi. Qui si secunndum naturam capitur, naturaliter primo in aquam deinde in terram convertitur. Quae per artificiosum secretum sapientum debito modo praeparata potestatem habet, omnia fixa corpora dissolvendi, et volatilia faciendi et ominia corpora venenata purgandi" etc. (op. cit., p. 172s.).

é pressuposta em alguma passagem, isto não pode ser entendido, sobretudo, senão no sentido de uma projeção do inconsciente. O que se pretende dizer com isto será muito ou será pouco, dependendo da respectiva maneira de considerar. Em qualquer dos casos, sabemos que o *mare nostrum* da Alquimia representa um símbolo do inconsciente em geral, como acontece também no simbolismo empírico dos sonhos. O diminuto peixinho que habita, significativamente, no coração do vasto mar é capaz de reter grandes embarcações. Na descrição do equeneido verificamos, sem dificuldade, que o autor conhecia bem o *pisciculus rotundus ossibus et corticibus carens* dos *Aenigmata*. Por isso, podemos entender, tranquilamente, a interpretação do peixe redondo como um símbolo do si-mesmo ao equeneido. O símbolo do si-mesmo aparece aí como um "pequeno nada" (*valde exiguus*), dentro do imenso mar do inconsciente , tal qual o homem no *pelagus mundi*. O fato de o si-mesmo aparecer simbolizado como peixe, distingue-o como *conteúdo inconsciente*, neste estágio. Não haveria esperança alguma de capturar algum dia este ser vivo, se não existisse um *magnes sapientum* (magneto dos sábios) no sujeito consciente. Este magneto constitui, é claro, aquilo que um mestre pode transmitir a seu discípulo, ou seja, a *theoria*, que representa o único bem verdadeiro que o adepto pode tomar como ponto de partida. A primeira coisa que ele deve encontrar é a *prima materia*, e para isto lhe serve o *artificiosum secretum sapientum* (engenhoso segredo dos sábios), ou seja, a teoria transmissível.

Isto é confirmado por Bernardo Trevisano (1406-1490) em seu   220
tratado *De secretissimo philosophorum opere chemico*. Foram os sermões de Parmênides na *Turba* que o livraram, pela primeira vez, do erro e o colocaram no caminho certo[75]. Mas Parmênides afirmava a mesma coisa que Arisleu na *"Turba"*[76], a saber: "Natura non emendatur nisi in sua natura"[77], e Bernardo acrescenta, confirmando-o: "Nossa matéria, portanto, não pode ser corrigida senão na própria [matéria]". Foi a teoria de Parmênides que ajudou Bernardo a encon-

---

75. "Qui me primum retraxit ab erroribus, et rectam viam direxit" (*Theatr. chem.*, 1602, I, p. 795).

76. Arisleu é lendário. É tido como o autor da *Turba*.

77. "Só se corrige a natureza dentro da própria natureza" (*Theatr. chem.*, I, p. 795).

trar a verdadeira trilha, depois de muito trabalho infrutífero de laboratório, e conta-se que ele conseguiu fabricar o *Lapis Philosophorum*. No que se refere à doutrina, ele acha, evidentemente, que sua ideia fundamental está contida na frase acima citada: a *natura*[78] só pode corrigir-se ou libertar-se do erro em si e por si própria. A mesma ideia é expressa na repetida exortação de outros tratados, no sentido de não se acrescentar nada de fora ao conteúdo do vaso hermético [o Krater], pois naturalmente ele "contém em si tudo de que necessita"[79].

221   É muito pouco provável que os alquimistas tenham tido consciência do que escreviam, pois, do contrário, teriam sucumbido de espanto perante as enormidades saídas de sua pena, fato este do qual não se encontra qualquer vestígio na literatura. Mas quem tem tudo aquilo de que necessita? Mesmo um meteoro solitário gira em torno de um sol distante, ou se aproxima, hesitante, de um enxame de irmãos. Todas as coisas se acham necessariamente ligadas umas às outras. *Per definitionem*, só a totalidade absoluta e definitiva contém tudo em si mesma, e nem a necessidade nem a compulsão a prendem a qualquer coisa exterior. Isto implica, indubitavelmente, a ideia de um Deus absoluto que abrange em si tudo o que existe. Quem poderia arrancar a si mesmo do atoleiro, puxando-se pelos próprios cabelos? Quem é que se corrige, vivendo num isolamento completo? Até mesmo o anacoreta que habita a três dias de viagem deserto adentro precisa, não somente comer e beber, encontrando-se, ainda por cima, na terrível dependência do Deus incansavelmente presente[80]. Só a absoluta totalidade pode renovar-se a si própria e gerar-se sempre de novo.

222   Que é, portanto, que um adepto sussurra, ao ouvido de um outro, olhando em torno a si, com receio da presença de traidores, ou melhor, de adivinhos? É, nada mais nada menos, do que isto: que o Uno e o Todo, o infinitamente grande em suas manifestações, deve

---

78. *Natura* e *naturae* correspondem, na terminologia da *Turba,* ao φῦσεις do alquimista Demócrito (século I. Cf. BERHTELOT. *Alch. grecs*). São substâncias e estados de substâncias.

79. *Omne quo indiget.*

80. "Quem poderá habitar perto de um fogo devorador? Quem poderá habitar entre as chamas eternas?" (Is 33,14).

ser apanhado, mediante a doutrina, sob sua forma de infinitamente pequeno, o próprio Deus em seus fogos eternos, como um peixe no seio do mar, *de profundo levatus* (tirado do fundo das águas), e incorporado ao homem ou transposto para a sua esfera, por um ato de integração eucarística (que os astecas denominavam de teoqualo = manducação do deus).

Esta doutrina é o magneto misterioso e "engenhoso" graças ao qual o peixinho rêmora, tão "pequeno em tamanho", mas tão "grande em poder", obriga as soberbas fragatas a parar, como Plínio nos conta, de forma tão divertida quanto interessante, a respeito da aventura que envolveu a nave quinquerreme do Imperador Calígula "em nossa época". O pequeno peixe, de apenas meio pé de comprimento, aderiu à roda do leme, no momento em que o imperador regressava de Estura para Êncio, e deteve o barco. Calígula foi assassinado em Roma pelos seus próprios soldados, no momento em que regressava dessa viagem. Como frisa Plínio, o equeneido comprovou, assim, suas qualidades de *praesagium* (premonição). A mesma peça pregou esse peixe a Marco Antônio, antes da batalha naval contra Augusto, e na qual o primeiro sucumbiu. Plínio não se farta de admirar o poder do equeneido. Manifestamente foi seu espanto que tanto impressionou os alquimistas, a ponto de estes identificarem o "peixe redondo" de nosso mar com a rêmora, a qual, deste modo, se tornou o símbolo de um pequeno nada no vasto âmbito do inconsciente e que, no entanto, é de importância decisiva; trata-se do si-mesmo, do *atman*, a respeito do qual se firma que é "mais pequeno do que pequeno e mais grande do que grande"[81].

É evidente que o símbolo do peixe dos alquimistas, ou, mais precisamente, o equeneido, foi assumido por Plínio. Mas os peixes surgem em Ripley[82], e aí, justamente em seu papel "messiânico": eles carregam, com a ajuda dos pássaros, a pedra, e são eles também que, no papiro de Oxirrinco[83], apontam, com a ajuda de todos "os ani-

223

224

---

81. *Svetâstara-Upanishad,* Third Adhyâya, p. 248. Cf. *Symbole der Wandlung,* § 182.

82. *Opera,* p. 10.

83. GRENFELL & HUNT. *New Sayngs of Jesus,* p. 16.

mais que estão em cima da terra e debaixo da terra", o caminho do
Reino dos Céus (tema dos "animais auxiliadores"!). Os peixes paralelamente opostos do zodíaco simbolizam a matéria arcana nos símbolos de Lambsprinck[84]. Este teriomorfismo outra coisa não é senão
uma ilustração do si-mesmo inconsciente, que se revela através de
impulsos de natureza instintiva ("animais"). Estes impulsos são constituídos, de uma parte, por movimentos que podemos atribuir, sem
dificuldade, a determinados instintos conhecidos, e, de outra parte,
por certezas, convicções, compulsões, indiossincrasias, fobias, que
podem ser contrárias aos chamados impulsos biológicos, sem que sejam, forçosamente, de natureza patológica. A manifestação da totalidade é necessariamente de caráter paradoxal, caráter este de que os
dois peixes paralelamente opostos entre si ou a cooperação entre o
peixe e o pássaro constituem ilustrações elucidativas. A matéria arcana se refere, conforme nos mostram seus atributos, ao si-mesmo, tal
como acontece com a *basileia tōn ouranōn* (o Reino dos Céus) ou a
"cidade"[85], nos *logia* de Oxirrinco.

3. O símbolo do peixe entre os cátaros

225   O emprego dos peixes como símbolos do *psichopompos* (condutor das almas) e da natureza antinômica do si-mesmo aponta para
uma outra tradição que parece paralela à do equeneido. Realmente
encontramos uma indicação bastante estranha disto, não na literatura alquímica, mas na história das heresias. Ela diz respeito a um
documento proveniente dos arquivos da Inquisição de Carcassona,
que Benoist nos comunica na sua *Histoire des Albigeois et des Vau-
dois,* publicada em 1691[86]. Trata-se de uma pretensa revelação que
João, o discípulo predileto, teria recebido, "no momento em que
repousava sobre o peito do Senhor". João queria saber do Senhor
em que estado se achava Satanás antes de sua queda, e recebe esta

---

84. *Mus. herm.*, p. 343 [*prima figura*].
85. Este último ponto é uma conjectura.
86. Reproduzido em HAHN. *Geschichte der ketzer im Mittelalter* II, p. 815s.

·esposta: "Ele estava num estado de glória, que governava as forças los céus". Pretendia ser igual a Deus, e para isto desceu através dos ·lementos do ar e da água e descobriu que a terra estava coberta de ·gua. Penetrando sob a superfície da terra, *invenitduos pisces jacenes supra aquas et erant sicut boves juncti ad arandum tenentes to-·am terram invisibilis Patris praecepto ab occasu usque ad solis or-·um: Et cum descendisset, invenit nubes pendentes tenentes pela-·um maris: et cum descendisset seorsum, invenit suu, ossop quod est ·enus ignis* etc. (Achou dois peixes que jaziam na superfície das ·guas, e eram como bois ligados [por um jugo], obrigados a arar a ·erra inteira por ordem do Pai invisível, desde o nascer até o pôr do ·ol. E, ao descer, encontrou nuvens suspensas que cobriam toda a ·xtensão do mar. E descendo encontrou um lugar separado, seu ·Ossop', que é uma espécie de fogo). Não pôde continuar a descer ·or causa das chamas, voltou então para cima e anunciou aos anjos ·ue pretendia ocupar seu trono nas nuvens e ser semelhante ao ·Altíssimo. Tratou, então, os anjos como o intendente infiel aos de-·edores de seu patrão, depois do que foi expulso do céu, por Deus, ·m companhia deles[87]. Mas Deus teve compaixão dele e permi-·iu-lhe e a seus anjos que mandassem e desmandassem à vontade du-·ante sete dias: Satanás criou, então, neste período, o mundo e os ·omens, segundo o modelo de Gênesis 1.

Um cátaro proeminente, João de Lúgio, professa uma crença de ·aráter análogo[88]. Esta última parece ter sido professada também nos ·írculos cátaros dos séculos XI-XII, porque se encontra no seio de di-·ersas seitas a crença de que foi o diabo quem criou o mundo. É bem ·rovável que João de Rupescissa tenha feito parte dos Pauperes de ·ugduno (Pobres de Lião, França), de influência cátara e que ele cha-·na de *poures hommes evangelisans* (homens pobres evangelizado-

226

---

37. Isto está em contradição com o Evangelho, onde o patrão louva seu administrador ·nfiel por causa de sua prudência.

38. Embora a seita deste João condenasse os concorreçanos. É do círculo destes últi-·nos que provém nosso Apocalipse de João (cátaro). *Na Summa Fratris Reineri (De ·ropriis opinionibus Joh. de Lugio)* lê-se o seguinte: *Item dicit quod iste mundus est dia-·olo* (Ele diz que este mundo provém do diabo) (HAHN. Op. cit., I, p. 580).

res)[89]. Em qualquer dos casos, ele poderia ser considerado como uma parte desta tradição.

227   Quanto ao nosso texto, o que logo nos chama a atenção é a circunstância de que contém a palavra "Ossop" do antigo búlgaro. Ossop, ocoѣb é traduzido por Karl H. Meyer como χατ'ἰδίαν, em seu dicionário de páleo-eslavo eclesiástico[90]. Ocoѣb (ossóba), em russo, polaco e tcheco, significa "indivíduo, personalidade". Podemos, portanto, traduzir *suum ossop* por "o que lhe é específico"[91]. E isto, naturalmente, é o fogo[92].

228   A ideia dos dois peixes que jazem sobre as águas e a comparação com bois que aram, são estranhas e necessitam alguma explicação. Para este fim, devemos antes de tudo lembrar aqui a interpretação que Agostinho dá a respeito dos dois peixes do milagre da multiplicação dos pães: para ele, representam a pessoa do rei e o poder sacerdotal[93] que sobrevivem à turbulência das massas populares, como os

---

89. RUPESCISSA. *La Vertu et la propriété de la quinte essence*, p. 31: "Pour ce que nous entendons consoler et reconforter par l'aide de nostre livre les poures hommes evangelisans, à celle fin que leurs prieres et oraison ne soyent vaines et peerdues en ce labeur, et qu'ils ne soyent fort empeschés en ceste oeuvre, à leur declaireray et donneray un secret tiré du ventre des secrets des tresors de Nature, qui est une chose veritablement digne d'admiration, et doit estre honoree" (Como temos a intenção de consolar e reconfortar os pobres pregadores do Evangelho, com a ajuda deste livro, para que suas súplicas e sua oração não sejam vãs e perdidas neste seu labor, e também para que não sejam muitos impedidos nesta obra, eu lhes darei e explicarei um segredo extraído do seio dos segredos dos tesouros da natureza, que é uma coisa verdadeiramente digna de admiração e de veneração.) No tratado de RUPESCISSA. *De confectione veri lapidis* (em Gratarolo. *Verae alchemiae artisque metallicae, citra aenigmata*, II, p. 229), encontra-se o invocativo *Credas vir Evangelice* pouco frequente na literatura alquímica. Podemos presumir que se tratava originalmente de um *homme evangelisant*.

90. Altkirchenslavisch-griechisches Wörterbuch des Codex Suprasliensis.

91. Dragomanov *(Zabelezhki vrkhy slavyanskite religioznoeticheski Legendi*, p. 7) observa, a respeito de *suum ossop*, que há uma lenda cigana segundo a qual o diabo é impedido, pela areia ardente, de trabalhar na obra da criação.

92. O exterior e a aparência do *corpus Diaboli* são a do ar, *ejus vero ocultum* [sic] *est ignis* (o que ele traz escondido, porém, é fogo) (ARTEFIO. *Clavis maioris sapientiae*, em *Theatr. chem.*, 1613, IV, p. 237).

93. *Duo autem pisces... duas illas personas videntur significare, quibus popolus ille regebatur... regiam scilicet et sacerdotalem* (Parece que os dois peixes significam aquelas duas pessoas que governam aquele povo, a saber, a régia e a sacerdotal). (*Liber de di-*

peixes às tormentas do mar. Esses dois poderes acham-se unidos em Cristo: Ele é, ao mesmo tempo, rei e sacerdote[94].

Embora os dois peixes do texto cátaro não se relacionem, por certo, com os do milagre da multiplicação dos pães, contudo, a interpretação agostiniana nos ensina algo que era essencial para o pensamento de então: os peixes eram concebidos como "potências que nos governam". Como, entretanto, o texto em questão é, sem dúvida , herético e como se trata particularmente de um documento bogumila, não se pode falar de uma interpretação homogênea dos dois peixes como se referindo a Cristo. Talvez, como se poderia supor, eles simbolizem duas "pessoas" ou duas potências pré-mundanas, e isto no sentido desta heresia, ou seja, a pessoa de Satanael, o filho mais velho, e Cristo, o filho mais novo de Deus[95]. Já Epifânio nos conta, na trigésima heresia de seu *Panarium*, falando dos ebionitas, que estes admitiram uma dupla filiação divina: "Mas são dois, afirmam eles, os que foram estabelecidos por Deus: um é o Cristo, e o outro é o diabo"[96]. Esta doutrina parece ter sido muito difundida, evidentemente, na Ásia anterior, pois foi entre os paulicianos e euquetas dessa região que surgiu a doutrina bogumila de Satanael como demiurgo[97]. Nosso documento, com efeito, outra coisa não é senão uma versão do relato que se encontra na *Panoplia* de Eutímio Zigadeno, que remonta, por sua vez, à declaração prestada pelo bispo bogumila Basílio, no ano de 1111, perante o Imperador Aleixo Comneno[98].

229

---

versis quaestionibus LXXXIII, VI/1 [col. 72]. A tentativa de derivar os peixes dos dois animais de 4Esd 6,49s. (KAUTZSCH. Op. cit., p. 367) (cf. SOEDERBERG. *La Religion des Cathares*, p. 97) me parece duvidosa. A passagem é a seguinte: "Naquela época reservaste para ti dois dos seres 'que criaste'; a um chamaste Beemot e ao outro Leviatã. Tu, porém, os separas um do outro" etc. O que se pretende exprimir com esta imagem não corresponde exatamente aos dois peixes do texto cátaro.

94. *Ita Dominus noster Jesus Christus ostenditur rex noster. Ipse est etiam sacerdos noster in aeternum secundum ordinem Melchisedech* (Assim Nosso Senhor Jesus Cristo nos é mostrado como nosso Rei. Ele é também nosso sacerdote para sempre, segundo a ordem de Melquisedec). AGOSTINHO. Op. cit. (col. 73).

95. Cf. § 77.

96. Cap. XVI ed. Oehler, I, p. 266.

97. Cf. PSELO. *De daemonibus,* na edição de Marcílio Ficino de 1497. (*Auctores Platonici*), fol. N. V. vº, que tenho diante de mim.

98. *Panoplia dogmatica,* col. 1.290s. Escreve-se também Zigabeno.

230   Satanás encontra os dois peixes – note bem – antes da criação do
mundo, e, portanto, no estado primordial pré-mundano, quando o
Espírito de Deus ainda incubava as águas tenebrosas (Gn 1,2 [no he-
braico]). Se se tratasse de *um só peixe,* poderíamos interpretá-lo
como uma prefiguração do futuro Salvador, isto é do Cristo preexis-
tente do Evangelho de João, o Logos, que "estava com Deus, no princípio" (No texto considerado, Cristo diz a João 1,2: *Ego autem sede-
bam apud patrem meum* (Eu estava sentado junto de meu Pai). Mas
são *dois* os peixes, unidos por uma comissura (ou seja, por um jugo
de bois), os quais só podem referir-se aos peixes do zodíaco. Na ho-
roscopia os *zódia* desempenham o papel de fatores importantes que
modificam essencialmente as influências dos planetas que estão situados nele, ou, independentemente dos planetas, conferem um caráter
especial às casas individuais. Por isso, em nosso caso, os peixes caracterizariam o ascendente, o momento preciso do nascimento do mundo[99]. Ora, sabemos que os mitos cosmogônicos, no fundo, são *símbolos do surgimento da consciência* (o que aqui já não nos é possível
provar com documentos)[100]. O estágio pré-temporal nestes mitos
corresponde ao inconsciente; alquimicamente falando, corresponde
ao caos, à massa confusa ou *nigredo* (negror), e graças ao *opus* (obra
alquímica), que o adepto compara com à obra da criação, produz-se a
albedo ou *dealbatio*, o embranquecimento, que, por sua vez, é comparado ora com a lua cheia ora com o nascer do sol[101]. Significa também a iluminação, isto é, o alargamento da consciência, que caminha
passo a passo com a "obra" (alquímica). Psicologicamente falando, os
dois peixes, que o diabo encontra na água primordial, caracterizariam,
portanto, o mundo da consciência em seu estágio de surgimento.

231   A comparação dos dois peixes com uma junta de bois atrelados
ao arado merece particular atenção. Os bois representam as forças
que movimentam o arado. Por isso os peixes significam, também, as
forças propulsoras do mundo vindouro, isto é, do futuro estado da
consciência. Desde tempos imemoriais o arado é um sinal da domina-

---

99. Esta interpretação corresponde também às modernas especulações astrológicas.
100. Sobre este ponto, cf. NEUMANN. *Ursprungsgeschichte des Bewusstseins.*
101. RIPLEY. *Chymisch Schriften,* p. 35.

ção da terra: onde o homem ara, ali ele arranca um pedaço da terra ao estado original, pondo-a a seu serviço. Isto significa, portanto, que os peixes governarão o mundo e o submeterão a si, agindo (astrologicamente) através do homem, formando-lhe o estado de consciência. Curioso é o fato de que a aradura não começa no Oriente, como todas as outras coisas, mas no Ocidente. Voltamos a encontrar este tema na Alquimia: "Sabei, portanto", diz Ripley, "que o teu começo deve ser no poente, de onde te dirigirás em direção à meia-noite, na qual as luzes perdem totalmente seu brilho, e aí permanecerás durante noventa noites, em meio ao fogo tenebroso, sem luz. A seguir, encaminharás teus passos para o Oriente, aonde chegarás, depois de passares por cores de diversas espécies" etc.[102] A obra alquímica começa justamente com a descida às trevas (*nigredo*) ou ao inconsciente. A aradura, isto é, a tomada de posse da terra, se faz *patris praecpto*, por ordem do Pai. Deus, portanto, previu não só a enantiodromia, que começou no ano 1000, como também a incluiu nos seus planos. O mês universal dos peixes será governado por dois princípios. Os peixes aqui são paralelos entre si, como os bois, isto é, acham-se orientados para o mesmo destino, embora um deles represente Cristo e o outro, o Anticristo.

É assim, talvez, que devemos conceber a maneira de raciocinar (*Räsonnement*) do início da Idade Média (caso caiba aqui esta expressão). Ignoro se tal argumento foi discutido alguma vez, de maneira consciente. De qualquer maneira, isto seria possível, pois a profecia talmúdica, anteriormente mencionada, tendo como data fixada de realização o ano 530 de nossa era (*anno Domini*)[103] nos permite, de um lado, supor a existência de um cálculo astronômico e, de outro, uma alusão astrológica aos ♓ [peixes] preferidos pelos mestres judeus. Mas é possível também que tenhamos aqui, diante de nós, não uma referência a concepções astrológicas, mas sim um produto do inconsciente. Como nos têm ensinado sobejamente a experiência com os sonhos e a análise dos contos de fada e mitos[104], sabemos que

232

---

102. Op. cit., p. 33.

103. Cf. § 133.

104. Da literatura mais recente gostaria de mencionar LAIBLIN. *Vom mythischen Gehalt unserer Märchen*, em Schloz un Laiblin. *Vom Sinn des Mythos*.

o inconsciente é plenamente capaz de fazer semelhantes "reflexões". A figura dos peixes como tal era um patrimônio geral consciente e pode ter expresso – inconscientemente – o significado de maneira simbólica. Foi nesta época (século XI) que os astrólogos judeus começaram a calcular, como já mencionamos, o nascimento do Messias em ♓ [Peixes], e foi Joaquim de Fiore quem deu expressão clara ao sentimento generalizado de que havia começado uma nova era.

233   O texto do referido Apocalipse de João[105] dificilmente terá surgido antes do século XI, mas também não muito depois. Com o início do século XI, ou seja, astrologicamente, no meio de *éon* de Peixes, medram heresias por toda parte, como cogumelos da terra, e significativamente logo no início surge a contraparte de Cristo, o segundo peixe, ou seja, o diabo, como *demiurgo*. Historicamente considerada, esta ideia é uma espécie de Renascença gnóstica, pois o demiurgo do gnosticismo era considerado um ser inferior ou, pior ainda, maligno, do qual procede o mal[106]. Importante, nesta manifestação, é sua *sincronicidade*, ou seja, o momento astrologicamente definido em que ela se realiza.

234   Não é de espantar que ideias cátaras tenham se introduzido na Alquimia. Mas não chegou ao meu conhecimento qualquer texto que provasse ter o simbolismo cátaro dos peixes se veiculado através da Alquimia e que, por conseguinte, deva responder pelo símbolo do peixe da matéria arcana de Lambsprinck e sua antinomia interior. O símbolo de Lambsprinck certamente não surgiu antes do final do século XVI, e significa uma revitalização do arquétipo. Representa dois peixes paralelamente opostos entre si que nadam no mar – *in mare nostro* – quer dizer na *aqua permanens*, na matéria arcana. Foram chamados de *spiritus et anima*, como o veado e o unicórnio, os dois leões, o cachorro e o lobo, ou dois pássaros que lutam entre si, indicando, assim, a dupla natureza de Mercúrio[107].

---

105. Trata-se de um pseudo-Apocalipse joaneu, de origem cátara, e não do Apocalipse canônico do século I. Cf. no § 225 do presente volume [N.T].

106. Entre os gnósticos do Ireneu o demiurgo é o irmão mais novo de Cristo, como mencionamos acima.

107. *Mus. herm.*, p. 343.

Se são legítimas as minhas considerações, que se apoiam em um   235
certo conhecimento do pensamento simbólico da Idade Média, então estamos aqui diante de uma confirmação não negligenciável de
minha hipótese, desenvolvida no início. Isto é, no ano 1000 começa
um mundo novo, que se manifesta inicialmente em estranhos movimentos religiosos como o dos bogumilas, dos cátaros, dos albigenses,
dos valdenses, dos *pauperes spiritus* (pobres espirituais), dos *fratres
liberi Spiritus* (irmãos do livre Espírito), dos beguinos e begardas etc.,
e na religião do "Espírito Santo de um Joaquim de Fiore. Entre tais
movimentos se conta a ascensão da Alquimia e – *last but not least* – o
protestantismo, o Iluminismo e as ciências naturais e físicas, acompanhados de um estado de exacerbação que chega ao verdadeiramente
diabólico. Nossa época é testemunha disto, concomitantemente com
uma deliquescência do cristianismo em confronto com o racionalismo, o intelectualismo, o materialismo e o "realismo".

Eu gostaria de mostrar, mediante um exemplo concreto, de que   236
maneira o símbolo surge, autóctone, do seio do inconsciente. Trata-se do caso de uma jovem senhora que sempre tivera sonhos extraordinários vivos e plásticos. Ela se achava sob a influência da cosmovisão materialista de seu pai, que tivera um matrimônio muito pouco
feliz. Ela opunha uma barreira a esta situação desfavorável do mundo
exterior, construindo para si uma vida interior intensa, e isto já nos
tempos de criança, quando substituía os pais por duas árvores do jardim. Entre o sexto e o sétimo ano de idade, sonhara que *o bom Deus
lhe prometia um peixe de ouro*. A partir desta época, sonha frequentemente com peixes. Mais tarde, pouco antes de iniciar um tratamento psíquico, devido a seus inúmeros problemas, sonhara que *estava à
beira do Limmat e olhava para a água embaixo: Um homem atira
uma peça de ouro no rio e nesse exato momento a água se torna transparente, a ponto de se poder enxergar até o fundo*[108], *onde há um recife de coral e uma grande quantidade de peixes. Entre estes havia alguns de ventre brilhante como a prata e dorso de ouro*. Durante o tratamento, ela teve o seguinte fragmento de sonho: *Chego à margem de*

---

108. O fato de a água se tornar transparente é devido a que se dá atenção (valor, ouro)
ao inconsciente. É um sacrifício oferecido ao gênio tutelar das fontes. Sobre este ponto, cf. a visão de Amitayur-Dhyana-Sutra, em JUNG. *Zur Psychologie östlicher*, § 913s.

um largo rio. Inicialmente não enxergo nada a não ser água, terra e rochas. Atiro na água as folhas em que estão minhas anotações e tenho a sensação de estar devolvendo alguma coisa à torrente. Logo em seguida, recebo um anzol e começo a pescar. Continuo a não ver nada, a não ser água, terra e rochas. De repente, um grande peixe morde a isca. Seu ventre é de prata e o dorso, de ouro. Ao puxá-lo para terra, a paisagem se anima: a rocha surge como a base mais antiga da terra; brotam ervas e flores e o bosque se amplia, até se converter em floresta. Ergue-se uma ventania que põe tudo em movimento. Estou sentada, dominada por uma tensão indizível; mas, apesar disso, me sinto muito tranquila. De repente, por trás de mim, como vinda de lado, ouço a voz do Sr. X [X é um senhor idoso, que ela só conhece por uma fotografia e por ouvir dizer, mas que lhe parece revestido de autoridade]. *Ele me diz, em voz suave, mas decidida: Aquele que perseverar na faixa mais interna, receberá o peixe, o alimento das profundezas. Neste momento traça-se em torno de mim um círculo que toca parcialmente a água. Então ouço de novo a voz: Quem for corajoso na segunda faixa, poderá ser o vencedor, pois é ali que se trava o combate. Em seguida traça-se um círculo maior em torno de mim, desta vez já tocando a margem oposta. Ao mesmo tempo a visão se alarga e descortino uma paisagem de múltiplos aspectos. O sol se levanta no horizonte. Ouço a voz como que vinda de longe: A terceira e quarta faixas se originam das duas anteriores, tendo a mesma largura. Mas a quarta faixa – e aqui a voz se detém, como que a refletir por alguns instantes – A quarta faixa se junta às primeiras*[109]. *Ela é, ao mesmo tempo, a que fica mais em cima e a que fica mais embaixo, pois o mais alto e o mais baixo se encontram. No fundo, constituem uma só e mesma coisa.* Neste ponto a paciente desperta com zoeira nos ouvidos.

237   Este sonho possui todas as características dos chamados "grandes sonhos" e apresenta, além disto, a qualidade de "coisa refletida", que é própria do tipo de natureza intuitiva. Mesmo que a sonhadora tivesse alguns conhecimentos de psicologia nesta época, faltava-lhe, contudo, qualquer informação histórica sobre o simbolismo do peixe. No que tange aos detalhes, convém observar o seguinte: A mar-

---

109. A este respeito, cf. cap. XII.

gem do rio representa, por assim dizer, o limiar do inconsciente. O ato de pescar é uma tentativa intuitiva de "fisgar" ou apreender os conteúdos (peixes) inconscientes. A prata e o ouro do peixe designam (em linguagem alquímica) os elementos feminino e masculino, isto é, o aspecto hermafrodita do peixe, que o mostra como uma *complexio oppositorum* (complementaridade dos opostos)[110]. O peixe produz uma animação mágica[111]. O homem idoso é uma personificação do arquétipo do velho sábio. O peixe "como alimento milagroso" já nos é bastante conhecido. É o alimento (eucarístico) dos "perfeitos" (*teleioi*). A primeira circunferência, que toca a água, ilustra a integração (parcial) do inconsciente. A luta corresponde ao conflito dos opostos, entre a consciência e a sombra, por exemplo. A segunda circunferência toca a "margem oposta", ou seja, ali onde se realiza a união dos opostos. Por isso, no "sistema de Mercúrio" indiano, a substância arcana se chama *pâra-da*, "o que proporciona a outra margem", e é idêntica a Mercúrio, como no Ocidente[112]. A quarta faixa, sublinhada por um hiato significativo, é o *uno* que se junta às outras três, transformando-as, juntas, em uma unidade[113]. Os círculos formam, naturalmente, um mandala, no qual a periferia coincide paradoxalmente com o centro. Isto nos trás à memória a antiga imagem divina: *Deus est circulus cuius centrum ubique, circunferentia vero nusquan*[114]. O tema da coincidência do primeiro elemento com o segundo já se acha expresso no axioma de Maria: "O um se converte em dois, o dois em três, e é do terceiro elemento que provém o uno como quarto componente" (*to hen tetarton*).

---

110. Quanto a este ponto, cf. *Psychologie und Alchemie,* no verbete *coniunctio*, passim.

111. O Ichthys (= Cristo ou Átis) é o alimento que confere a vida (imortal).

112. DEUSSEN. *Allgemeine Geschichte der Philosophie,* I, 3, p. 336s. JUNG. *Der Geist Mercurius,* cap. 9.

113. *Psychologie und Alchemie* [§ 26 e 209] e *Der Geist Mercurius* [§ 272], como também *Versuch einer psychologischem Deutung des Trinitätsdogmas* [*Interpretação psicológica do Dogma da Trindade*. Petrópolis: Vozes, 2011] [§ 184s.].

114. Deus é um círculo cujo centro está em toda parte e cuja periferia não está em lugar algum.

238   Este sonho resume, por assim dizer, em forma concentradíssima, toda a simbólica do processo de individuação, e isto em uma pessoa que ignora por completo a literatura referente a este assunto. Casos como este, que não constituem absolutamente raridades, devem dar-nos o que pensar. Eles nos provam simplesmente que existe um "conhecimento" inconsciente do processo de individuação e de sua simbólica histórica.

XI

A interpretação do peixe

na Alquimia

Voltemo-nos, mais uma vez, para o problema levantado pela *Instructio de arbore solari*, citada acima, ou seja, à questão de saber como o peixe deve ser capturado. O equeneido exerce uma atração sobre as embarcações, que se poderia comparar, principalmente, com a força do magneto sobre o ferro. Essa atração provém do peixe, como nos mostra a tradição, e faz parar a embarcação governada e dirigida a remo pelo homem[1]. Menciono este traço aparentemente insignificante porque, como veremos, na concepção alquímica a atração não provém agora do peixe, mas de um magneto que se encontra em poder do homem e exerce, por sua vez, aquela atração que até então era a força misteriosa do peixe. Se tivermos presente a importância deste último, compreenderemos facilmente que deste centro arcano se irradia uma poderosa força de atração que pode muito bem ser comparada com o

---

1. "Echenais est semipedalis pisciculus, nomen sumsit quod navem adhaerendo teneat, licet ruant venti, saeviant procellae, navis tamen quasi radicata in mari stare videtur nec moveri potest... Hunc Latini moram (Remora) appellant". (Equeneido é um peixinho de meio pé de comprimento, assim denominado porque, aderindo à embarcação, fá-la parar, de tal modo que a nave, mesmo que os ventos soprem e as tempestades se enfureçam, parece como que enraizada firmemente no mar, e é impossível colocá-la em movimento... Por isso os latinos o chamam de Remora [demora]). (DU CANGE. *Glossarium*, no verbete Echenais. Citação do manuscrito de um bestiário). Esta passagem foi extraída literalmente *do Líber etymologiarum* (XII, VI) de Isidoro Hispalense, onde o nome do peixe é "echinus", o que, em termos rigorosos, significa ouriço-do-mar. Por causa de sua estrutura radiolada, ele pertence à mesma linha da *stella maris* (estrela-do-mar) e da medusa.

magnetismo do Polo Norte.[2] Como veremos mais adiante, os gnósticos também afirmam algo semelhante sobre a ação magnética de sua figura central (ponto, mônada, filho etc.). Por isso, constitui uma novidade notável o fato de o alquimista se dispor a manejar um instrumento do qual ele espera que se irradiem as mesmas forças do equeneido, mas em sentido inverso. Esta inversão é importante para a psicologia da Alquimia, porque constitui um caso paralelo da pretensão que tinham os adeptos de serem capazes de produzir o *filius macrocosmi* (o filho do macrocosmo), correspondente a Cristo, com sua arte – *Deo concedente* (com a graça de Deus). Isto faz com que o *artifex* (o artífice) ou seu instrumento substituam, de algum modo, o equeneido e tudo aquilo que ele significa como ser arcano. Ele surpreende, por assim dizer, o mistério do peixe e pretende trazer o arcano à tona, para com ele produzir o *filius philosophorum* (o filho filosofal), *o lapis* [a pedra].

240   Em outras palavras, o "magneto dos sábios", que deve extrair o estranho peixe, pode ser *ensinado*, como o dá a entender o texto. O conteúdo desta doutrina secreta constitui o arcano propriamente dito da Alquimia, cujo objeto é a descoberta ou a produção da *prima materia* [matéria primordial]. A *doctrina* ou *theoria* foi personificada, ou melhor, concretizada, sob a figura de *Mercurius non vulgi id est philosophorum* (do Mercúrio, não do povo, mas dos filósofos). Este conceito é ambíguo, como o Hermes da Antiguidade Clássica, que ora é uma substância secreta, semelhante ao Mercúrio, ora é uma filosofia. Dom Pernety exprime esta confusão, drasticamente, com as seguintes palavras: "La matière du mercure philosophique... a une vertu aimantive qui attire des rayons du Soleil et de la Lune le mercure des Sages"[3]. Os adeptos falam muitas coisas a res-

---

2. Que a força do equeneido era considerada de natureza magnética infere-se da lenda segundo a qual será preciso atirar um equeneido salgado a um poço para que ele atraia o ouro aí existente e o traga à superfície. Cf. MASÊNIO. *Speculum imaginum veritatis occultae*, no verbete Echeneis. O "magneto" é também chamado amoníaco, o qual, quando adicionado a soluções metálicas, "em um instante atrai consigo, para o fundo do vaso, tudo quanto ali se encontra, seja ouro, seja tintura" ("in momento alies was gut darinnen ist / es sey Gold oder Tinctur, zu sich auff den Boden des Glases" zieht) (*Lexicon Medico-chymicum*, p. 156).

3. *Dictionnaire mytho-hermétique*, no verbete Magnès, p. 263. (tradução: "A substância do mercúrio filosófico [...] tem uma força de imantação que atrai os raios do sol e da lua, o mercúrio do sábio").

peito da *prima materia*, mas dizem muito pouco, e tão pouco que em geral é impossível ter uma ideia clara do que ela venha a ser[4]. Este procedimento significa uma considerável dificuldade de pensar, em primeiro lugar, porque não havia semelhante matéria com a qual se pudesse produzir o *lapis* e também porque nunca se chegou a produzir alguma coisa com tais características e que respondesse, de algum modo, às expectativas; em segundo lugar, as designações da matéria-prima indicam algo que não consiste em uma determinada substância, mas que deve ser, certamente, o conceito intuitivo de uma *situação psíquica inicial*, como por exemplo a água da vida, a nuvem, o céu, a sombra, o mar, a mãe, a lua, o dragão, Vênus, o caos, a massa confusa, o microcosmos etc.

Na extensa lista de semelhantes números figura também a "magnésia", que não deve ser confundida com a *magnesia usta* (óxido de magnésio) da farmacopeia.[5] A magnésia em questão é, antes, a *tota mixtio* (mistura total) ou a *copulata mixtio* (mistura combinada), *de qua extrahitur ista humiditas* (da qual se extrai este líquido)[6] (*scl. radicalis lapidis nostri* [isto é, de nossa pedra radical])[7]. No tratado *Aristoteles de perfecto magisterio*[8] descreve-se o complicado processo de fabricação da *magnesia*. Ela representa a substância arcana branquejada[9]. Pandolfo diz o seguinte, na *Turba*: *Iubeo capere occultum*

241

---

4. Sobre este ponto, cf. *Psychologie und Alchemie* (§ 425s.).

5. Berthelot diz, a respeito da "magnésie" (magnésia): "Jusqu'au XVIIIe siècle, [le mot] n'a rien eu de commun avec la magnésie des chimistes d'aujourd'hui". (Até o século XVIII, [o termo] nada tinha em comum com a magnésia dos químicos de hoje) (*Alch. grecs*, Introduction, p. 255). Em Plínio e Dioscórides designa a pedra magnética.

6. MÍLIO. *Phil. ref.*, p. 31.

7. O *corpus magnesiae* (o corpo da magnésia) é a *radix domus clausae* (a raiz da casa fechada), o *venter* (ventre), no qual o Sol e a Luna (Lua) se acham unidos (*Aurora consurgens*, em *Art. aurif.* I, p. 191).

8. *Theatr. chem.* (1602), III, p. 88s.

9. Mílio denomina o décimo grau do processo de *exaltatio*: *Quae est nostrae magnesiae dealbatae ingeniosa nobilitatio* (exaltação, que é o enobrecimento artificioso da nossa magnésia embranquecida). (*Op. cit.*, p. 129). Por isso diz o *Rosarium philosophorum* (*Art. aurif.* II, p. 231): *Magnesia est Luna plena* (A magnésia é a lua cheia).

et honorabile arcanum quod est, magnesia alba[10]. Em Heinrich Khunrath a magnésia é sinônimo de *chaos* (caos) e de *Aes Hermetis* (bronze de Hermes). "Um ente ou ser uno e trino ao mesmo tempo, naturalmente composto de corpo, espírito e alma, católico e universal, isto é, um ser comum e presente no mundo inteiro, tal é o único e real sujeito católico, a única e verdadeira matéria universal da pedra filosofal"[11]. A magnésia é de natureza feminina[12], e o magneto é de natureza masculina[13]. Por isso ela traz "em seu ventre o sal *Armoniacum et vegetabile*", ou seja, a substância arcana da pedra[14]. Já na Alquimia grega a magnésia ou o magneto é a substância geradora da transformação hermafrodita[15]. Para o alquimista, a magnésia se acha relacionada com o "magneto" (*magnes*) não só quanto ao termo em si, como também quanto ao sentido, segundo o que se lê na "receita" de Rosino: "Toma, portanto, esta pedra animada, isto é, a pedra que contém uma alma, a pedra mercurial[16] que é dotada de sentimento, quer dizer: que sente a presença e a influência da magnésia e do magneto, e a calaminar e a pedra viva que opera por movimento local, avançando e repelindo" etc.[17]

---

10. "Ordeno também que se tome o arcano oculto e venerável que é a magnésia" (Sermo XXI, p. 19).

11. *Von hylealischen Chaos* (dita *Confessio*), p. 5s.

12. *Magnesia, id est, foemina* (Magnésia, isto é, a mulher) [RULAND. *Lexicon alchemiae*, p. 317].

13. Existe, porém, na região de Alexandria e em Trôade uma pedra magnética *sexus foeminei, et nullius usus* (do sexo feminino e sem nenhum uso). [RULAND. Op. cit., p. 315].

14. Cf. *Duodecim tractatus de lapide philosophorum*, em: *Theatr. chem.* (1613), IV, p. 499s.

15. BERTHELOT. *Alch. grecs*, Introduction, p. 255.

16. "A magnésia é a água misturada, congelada no ar, que resiste ao fogo / a terra da pedra / nosso mercúrio, *mistio substantiarum* [mistura de substâncias], que é todo o mercúrio aí presente" (RULAND. Op. cit., p. 317).

17. *Rosinus ad Sarratantam* (Art. aurif. I, p. 311): "Recipe ergo hunc lapidem animalem: id est, animam in se habentem, scilicet Mercurialem sensibilem: id est, sentientem praesentiam, et influent am magnesiae et magnetis, et calcinarem [et lapidem] per motum localem, prosequendo et fugando vegetabilem" etc. Em vez de *et lapidem*, o texto de 1593, que tenho diante de mim, traz *ac apicem*, o que não tem sentido. Percebe-se facilmente o erro do copista. Rosinus (Rosino) vem do grego Zósimo, mutilado por uma transcrição errada do árabe.

Deste texto ressalta com suficiente clareza que, no método alquí-   242
mico verdadeiro, não se trata de processos químicos reais, uma vez
que para isto o corpo que deve ser mudado não precisa ser animado
nem dotado da capacidade de sentir exteriormente. Mas necessita
sempre de funções psíquicas, porquanto a magnésia é uma das inúmeras expressões de que se serviam os adeptos para designar o inconsciente, ou seja, aquela parte oculta da alma que lhes escapava pela projeção espontânea na matéria química desconhecida, deles zombando,
em milhares de substâncias arcanas; isto é, desafiavam os estultos que
nada perceberam por longo tempo, embora seus textos clássicos conti-
vessem não poucas alusões que poderiam ter-lhes apontado o caminho
certo. Infelizmente, ainda hoje não saímos de todo da Idade Média
para podermos compreender imediatamente os intuitos da Alquimia,
sem primeiro termos de vencer grandes dificuldades.

O *lapis animalis* de Rosino é concebido, portanto, como um ser   243
dotado de alma, o qual se supõe *perceber* o influxo da magnésia e do
magneto, ou *sentir* (*sentientem*) a sua presença. Mas, ao invés disto, o
magneto é que é uma "coisa animada". O jurisconsulto e alquimista
basileense João Crisipo Faniano declara, por exemplo: "Se um Tales
de Mileto achou por bem dizer que a pedra de Hércules, isto é, o
magneto, é uma coisa animada, porque parece atrair e forçar o ferro,
por que não podemos dizer que também o sal é dotado de alma?"[18]
Dorn afirma: "A pedra magnética na qual não se vê (com os olhos do
corpo) aquela força magnética que atrai o ferro, porque nela está escondido um espírito (*spiritus*) que os sentidos não podem captar, nos
ensina"[19]. Agostinho descreve, de maneira muito viva, a impressão

---

18. *De arte metallicae metamorphoseos et Philiponum líber singularis*. Reproduzido
em: *Theatr. chem.* (1602), I, p. 44.

19. *Philosophia chemica*, em: *Theatr. chem.* (1602), I, p. 497. Nesta passagem o autor
discute sua doutrina da *anima rerum* (alma das coisas): "Corpus... cuiusque rei carcer
est, quo virtutes animae rerum detinentur, ac impediuntur, quo minus earum spiritus
naturales in illam vires et actiones suas libere possint imprimere. Talis est et eiusdem
efficaciae spiritus eiusmodi rerum insensatarum pro sui subjecti ratione, qualis est in
homine fides indubia" (O corpo... é o cárcere de qualquer coisa, e nele as virtualidades
da alma das coisas são aprisionadas e de tal modo impedidas de agir, que seus espíritos
naturais não conseguem imprimir livremente nele suas virtudes e suas ações. O espírito destas coisas irracionais é da mesma espécie e eficácia, em relação a seu próprio sujeito, que a fé inabalável para o indivíduo humano). As forças divinas aprisionadas nos
corpos não são mais do que Dioniso disperso na *hyle* (matéria).

numinosa que a impossibilidade de apreender a natureza do magnetismo causou nos homens dos tempos antigos: "Sabemos", escreve ele, "que a pedra magnética atrai o ferro de maneira admirável, o que me deu um certo calafrio (*vehementer inhorrui*), à primeira vez que o vi"[20]. O humanista André Alciati († 1550) exclama: "Quare qui primum magnetis virtutem trahentis ferrum agnoverit et viderit, non potest non illico in admirationem rapi... Neque satis est, si aliqui harum rerum arcanam quandam vim tam vulgo tritam nobis obtrudant. Quomodo enim definient occultam illam vim, de qua nihil preter nomen possunt ostendere?"[21] Do famoso anatomista e astrólogo Gabriel Falópio (1490-1563) se diz que considerava o magneto, juntamente com o mercúrio e os purgativos, maravilhas inexplicáveis, cujo *effectus cum stupore sit admirandus*, como refere Libávio em sua *Ars prolatoria*.[22] Tais manifestações permitem-nos conhecer a reação ingênua de pessoas inteligentes e ponderadas para as quais fenômenos desta natureza constituíam maravilhas inexplicáveis. Por isso se compreende que elas considerassem os objetos que suscitavam espanto como *dotados de vida* (a *calx* viva, o *lapis animatus* etc.). Assim também o magneto é um ser animado, como a pedra misteriosa, dotada da capacidade de sentir. Nos *Duodecim tractatus*[23], o *magnes* (magneto) figura como símbolo da *aqua roris nostri* (água de nosso rocio) "cuja mãe é o centro do Sol, da *Luna* (lua) e das coisas celestes, assim como das coisas terrestres". O autor anônimo apostrofa esta água (a famosa *aqua permanens*) do seguinte modo:

> O sancta et admirabilis natura, quae filios doctrinae errare non permittis, sicuti in vi ta humana in dies demonstras. Porro in

---

20. *De civitate Dei*, XXI, cap. IV. Agostinho acha a cal viva (*calx* viva) também maravilhosa: "Quam mirum est, escreve ele, quod cum extinguitur, tunc accenditur?" (Quão maravilhoso é o fato de ela se acender justamente quando se extingue?) [col. 996 e 995].

21. *Emblemata*, CLXXI, p. 715a: "Por isto, quem vê e reconhece pela primeira vez o poder que tem o magneto de atrair o ferro não pode senão espantar-se imediatamente [...] e não basta que alguns queiram obrigar-nos a admitir determinada força secreta em tais coisas, bastante conhecida. Pois como hão de definir aquelas forças ocultas a respeito das quais não podem apresentar mais do que um mero nome?"

22. (Cujo efeito se deve admirar com espanto.) Em: *Cammentariorum alchymiae*, pars II, lib. V, cap. XVII, p. 101.

23. *Duodecim tractatus de lapide philosophorum*, em: *Theatr. chem.* (1613), IV, p. 499.

*hisce... Tractatibus tot rationes naturales in medium attuli,
ut... Lector intelligere possit ea omnia, quae oculis meis Deo
benedicente vidi* etc.[24]

Vemos transparecer aqui a ideia da doutrina, da *aqua doctrinae*   244
(água do ensinamento). Como vimos anteriormente, o magneto ou o
"orvalho do céu" pode ser ensinado. Ele simboliza a própria doutrina, tal como a *aqua*. A esta se contrapõe, no entanto, a "pedra animada", que "sente" o influxo do magneto, ou melhor, do par magne-
to-magnésia. A própria pedra é, como o magneto, uma matéria arcana, e só se combinam aquelas substâncias cuja ligação conduz, afinal,
ao objetivo procurado do *lapis philosophorum* (pedra filosofal): o
corpo, a alma e o espírito. Dorn afirma: "[Gentiles pagani] Inquiunt
enim, natura naturam sibi similem appetit, et congaudet suae naturae; si alienae iungatur, destruitur opus naturae"[25]. Ele está se referindo ao axioma que se costuma atribuir a Demócrito: "Η φύσις τῇ
φύσει τέρπεται, καὶ ἡ φὺσις τὴν φύσιν νικᾷ, καὶ ἡ φύσις τὴν
φύσιν κρατεῖ" ("A natureza se alegra com a natureza; a natureza
vence a natureza; a natureza domina a natureza")[26].

Como se sabe, da mesma forma que o magneto e a magnésia for-   245
mam um par, assim também o *lapis animatus sive vegetabilis*[27] constitui um *Rebis* e um *Hermafrodita*, que é fruto das núpcias régias. Con-

---

24. [Op. cit.] "Ó santa e admirável natureza, que não permite que os filhos da doutrina
sigam o caminho do erro, tal como mostras diariamente na vida dos homens. Por isso é
que nestes tratados apresentei tantos argumentos tirados da natureza para que [...] o leitor possa compreender tudo aquilo que presenciei com meus próprios olhos, com a graça de Deus". A extraordinária importância da água na Alquimia remonta, ao que me parece, a fontes gnósticas: Τετίμηται δὲ καὶ τὸ ὕδωρ, καὶ τοῦτο ὡς θεὸν ἡγοῦνται, σχε-
δὸν φάσκοντες εἶναι τὴν ζωὴν ἐκ τούτου (A água eles a consideram também como um
deus, afirmando que a vida provém dela). EPIFÂNIO. *Panarium*, LIII, cap. I).

25. *Ars chemistica*, em: *Theatr. chem.* (1602), I, p. 252. "Dizem [os pagãos], com efeito, que à natureza apetece uma natureza semelhante à dela e assim se compraz. Se ela
se liga, porém, a uma (natureza) estranha, então se destrói a obra da natureza".

26. Δημοκρίτον φυσικά καὶ μυστικά (BERTHELOT. *Alch. grecs*, II, I, 3). De acordo
com o que conta Demócrito, foi seu falecido mestre que lhe revelou este axioma (op.
cit.). Sinésio diz, em seu tratado dirigido a Dióscuro (BERTHELOT. Op. cit., II, III, p.
57), que o mestre de Demócrito foi Ostanes e é dele que provém o referido axioma.

27. "Vegetabilis" em nossos textos significa "vivo", "vivente", quando aplicado a
Mercúrio, e "vivificante" quando aplicado à quinta essentia.

frontam-se assim dois pares que formam, por atração, um quatérnio,
isto é, uma base quádrupla da totalidade.[28] Como se deduz da simbologia, os pares em questão constituem uma só e mesma coisa, ou seja,
uma *complexio oppositorum* ou um "símbolo de unificação"[29]. Se os
nossos textos os apresentam como sendo uma só e mesma coisa, e
idênticos à matéria arcana, deve haver uma razão, que os símbolos estabelecidos para as duas substâncias não permitem identificar: de um
lado, por exemplo, a magnésia e, do outro, o magneto; de um lado, o
magneto e, do outro, o peixe, embora tanto um como outro signifi-
quem a matéria-prima que dá origem ao nascimento miraculoso de
que acima se falou. Uma passagem de um tratado do século XVI, da
autoria de João Collesson, da Ordem de São Bento, nos mostra em
que consistia a diferença para os adeptos:

> Quantum autem ad substantiam, qua naturaliter et Philosophi-
> ce aurum et argentum vulgare solvuntur attinet, nemo sibi ima-
> ginari debet, ullam aliam, quam animam mundi generalem,
> quae per magnetes et media Philosophica trahitur et attrahitur
> de corporibus superioribus maxime vero de radiis Solis et Lu-
> nae. Unde liquet illos Mercurii seu menstrui Philosophici nul-
> lam habere cognitionem, qui naturaliter et physice metalla
> perfecta dissolvere cogitant etc.[30]

246   Há que distinguir, evidentemente, duas categorias de símbolos.
A primeira é constituída por aqueles que se referem à substância química extrapsíquica ou seu equivalente metafísico, tais como a *serpens
mercurialis*, o *Sanctus Spiritus*, a *anima mundi*, a *veritas*, a *sapientia*

---

28. A este respeito, cf. *Die Psychologie der Ubertragung* (§ 433s.) e *Zur Phänomenolog-
te des Geistes im Marchem* (§ 429s.).

29. *Psychologische Typen* (V, 3: "Significado do símbolo de união" (§ 315s.) Tipos psicológicos, OC, 6. N.T.).

30. No que se refere, porém, à substância por meio da qual se dissolvem o ouro e a prata
comuns, por processos naturais e filosóficos, não se deve pensar que os magnetos atraíam
qualquer coisa relativa aos corpos superiores, e, de modo particular, os raios solares e lu-
nares, afora a alma do mundo. Por aí se vê claramente que aqueles que acreditam poder
dissolver os metais perfeitos por processos naturais e físicos, revelam não ter o mínimo
conhecimento do mercúrio e do líquido filosófico (*Idea perfecta philosophiae hermeticae*, em: *Theatr. chem.*, 1661, VI, p. 152). A primeira edição desse tratado traz a data de
1630. Parece que não se conhece nenhuma obra de autoria de Collesson.

etc. (a serpente mercurial, o Espírito Santo, a alma do mundo, a verdade, a sabedoria etc.); a segunda categoria é a dos símbolos que designam os meios produzidos pelo adepto, tais corno os *solventia* (solventes) (*aqua, acetum, lac virginis*) (a água, o vinagre, o leite de virgem) ou seu equivalente "filosófico", como seja a *theoria* ou *scientia* – a qual, quando certa, exerce efeitos miraculosos sobre a matéria, como ensina Dorn em seus tratados filosóficos[31].

Os alquimistas confundem frequentemente estas duas concepções: ora parece que a substância arcana nada mais é do que um corpo químico, ora é uma ideia a que hoje chamaríamos de conteúdo psíquico. Dom Pernety descreve esta confusão de modo muito vivo e plástico, ao explicar a natureza do magneto: 247

> Mais il ne faut pás s'imaginer que cet aiman soit l'aiman vulgaire. Ils (os alquimistas) ne lui ont donné cê nom qu'à cause de sa sympathie naturelle avec cê qu'ils appellent leur acier (adamas). Celui-ci est la mine [materia prima] de leur or, et l'aiman est la mine de leur acier. Le centre de cet aiman renferme un sel cache, un menstrue propre à calciner l'or philosophique. Ce sel prepare forme leur mercure, avec lequel ils font le magistere des Sages au blanc et au rouge. Il devient une mine de feu celeste, qui sert de ferment à leur pierre etc.[32]

Segundo este ponto de vista, portanto, o magneto encerra um sal preparado pelo adepto, como segredo de seu trabalho. Todas as vezes que um alquimista fala de "sal", muito raramente tem em mente o

---

31. "Est in rebus naturalibus veritas quaedam quae non videtur oculis externis, sed mente sola percipitur, cuius experientiam fecerunt Philosophi, eiusque talem esse virtutem compererunt, ut miracula fecerit" (Nas coisas naturais há uma certa verdade que não se pode ver com os olhos externos, só podendo ser percebida pela mente. Os filósofos tiveram tal experiência, e notaram que seu poder era tão grande, que operava milagres.) *Speculativa philosophia*, em: *Theatr. chem.*, 1602, I, p. 298.

32. *Dictionnaire mytho-hermétique*, no verbete *aiman*, p. 12. (tradução: "Mas não se deve pensar que este ímã seja o ímã vulgar. Eles [os alquimistas] lhe deram este nome, por causa de sua atração natural por aquilo que eles chamam seu aço (*adamas*). Este é a mina (matéria-prima) de seu ouro, e o ímã é a mina de seu aço. O centro deste ímã contém um sal oculto, um líquido que se presta a calcinar o ouro filosofal. Este sal preparado constitui seu mercúrio, com o qual eles exercem o magistério (obra) dos sábios, em branco e vermelho. Torna-se uma mina de fogo celeste, que serve como fermento de sua pedra". – N.T.].

NaCl (cloreto de sódio), ou qualquer outro sal. Podemos, com bastante certeza, supor que ele não era capaz de abstraí-lo de seu significado simbólico, incluindo portanto o *sal sapientiae* (sal da sabedoria) na substância química. Trata-se do sal escondido no seio do magneto e produzido pelo adepto, isto é, trata-se de um produto de sua arte, mas, por outro lado, ele já se encontra presente e escondido na natureza. Resolve-se facilmente esta contradição mediante a hipótese de que se trata simplesmente da projeção de um *conteúdo psíquico*.

248   Encontramos uma situação parecida em Dorn, embora aqui não se trate do sal da sabedoria e sim da veritas que, para ele, se acha oculta nas coisas naturais, mas ao mesmo tempo constitui evidentemente um conceito "moral". Para ele, a veritas significa a medicina, corrigens et transmutans id, quod non est amplius, in id quod fuit ante corruptionem, ac in melius, et id quod non est, in id quod esse debet.[33] Esta "verdade" é uma *substantia metaphysica* que se acha oculta não só dentro das coisas materiais, como no corpo humano: "in corpore humano latet quaedam substantia metaphysica, paucissimis nota, quae nullo... indiget medicamento, sed ipsa medicamentum est incorruptum"[34]. Por isto o *Chemistarum... studium* consiste em *in sensualibus insensualem illam veritatem a suis compedibus liberare*[35]. Daí é que todo aquele que pretende adquirir o conhecimento da arte química deve estudar a "verdadeira filosofia", mas não a "aristotélica", acrescenta Dorn, porque a verdadeira doutrina é, como diz Collesson, o magneto por meio do qual é possível libertar o *centrum veri* (o centro do verdadeiro) do interior dos corpos e, com isto, transformá-los. *Philosophi*, escreve Dorn,

> divino quodam afflatu cognoverunt hanc virtutem, caelestemque vigorem a suis compedibus liberari posse; non contrario...

---

33. "O medicamento que corrige e transmuta aquilo que já não existe naquilo que era antes de se corromper, e precisamente para melhor, aquilo que não existe naquilo que deve ser" (op. cit., p. 267).

34. "No corpo humano está escondida uma certa substância metafísica conhecida por pouquíssimos. Ela não precisa de remédio, mas é, ela própria, o remédio não corrompido" (op. cit., p. 265).

35. "A preocupação dos adeptos da Alquimia é libertar, nas coisas sensíveis, aquela verdade das cadeias que a prendem" (op. cit., p. 271).

sed suo si-mili. Cum igitur tale quid, sive in homine sive extra ipsum inveniatur, quod huic est conforme substantiae, [...] similia
si-milibus esse corroboranda, pace potius, quam bello etc.[36]

Por conseguinte, a doutrina que consiste na aquisição e na posse   249
a consciência – *divino quodam afflatu* – é, ao mesmo tempo, o ins-
rumento que torna possível libertar o objeto da *doctrina* ou "theo-
ia", de sua prisão no "corpo", pois o símbolo que representa a dou-
rina designa e é, a um só tempo, o misterioso objeto sobre o qual ela
ersa. A doutrina surge na consciência do adepto como um dom do
spírito Santo. É um *thesaurus* (tesouro), por se tratar de um conhe-
imento do segredo da arte, isto é, do segredo do tesouro escondido
a *prima materia*, concebido como algo existindo fora do homem. O
esouro da doutrina e o precioso *arcanum* que se supõe presente no
nterior da matéria tenebrosa são uma só e mesma coisa, o que para
ós não constitui novidade, pois já sabemos, há muito tempo, que
ais arcanos devem sua existência à projeção inconsciente. Dorn foi o
ensador que pela primeira vez e mais claramente reconheceu o ex-
raordinário dilema da Alquimia: *É sempre uma só e mesma substân-
ia, quer ela se encontre dentro ou fora do homem*. O processo "alquí-
nico" se realiza tanto exteriormente quanto interiormente. Quem
ão sabe libertar a *veritas*, presente em sua alma, das cadeias em que
stá presa, também não conseguirá o *opus* (a obra) físico, e, quem
abe fabricar a pedra, só é capaz de fazê-lo, graças à doutrina correta,
nediante a qual ele próprio se transforma ou que é por ele produzida
raças à sua própria transformação.

Com base nestas considerações, Dorn percebeu que o autoconhe-   250
imento é de fundamental importância. *Fac igitur*, diz ele, *ut talis eva-
das, quale tuum esse vis quod quaesieris opus*[37]. Em outras palavras: as
speranças depositadas na obra devem ser dirigidas ao próprio eu. A
rodução da substância, isto é, a *generatio Mercurii* (a geração do mer-

---

6. "Os filósofos conheceram, por inspiração divina, que esta força e vigor celeste po-
em ser libertados de suas cadeias, não através do seu contrário, mas do que lhe é se-
nelhante. Uma vez que tal coisa se encontra dentro ou fora do homem, como corres-
onde a esta substância [...], o semelhante deve ser fortalecido pelo semelhante; mais
ela paz do que pela guerra" (op. cit., p. 265).

7. "Procura tornar-te tal como queres que seja a obra por ti buscada" (op. cit., p. 277).

cúrio) só é possível para aquele que tem pleno conhecimento da doutrina, mas *non possumus de quovis dubio certiores fieri, quam experi-
endo, nec melius quam in nobis ipsis*[38]. A doutrina expressa, portanto,
a experiência interior e depende essencialmente dela:

> Cognoscat hominis in homine thesaurum existere maximum,
> et non extra ipsum. Ab ipso procedit interius... per quod ope-
> ratur extrinsecus id, quod oculariter videt. Ergo nisi mente ca-
> ecus fuerit, videbit (id est) intelliget, quis et qualis sit intrinse-
> cus, luceque naturae seipsum cognoscet per exteriora[39].

O *arcanum* se encontra primeiramente no homem; é o seu próprio si-mesmo[40], que ele ainda ignora, mas de que tomará consciência através da experiência com as coisas do mundo exterior. Por isso,
Dorn exige do alquimista:

> Disce ex te ipso, quicquid est et in caelo et in terra, cognosce-
> re, ut sapiens fias in omnibus. Ignoras caelum et elementa pri-
> us unum fuisse, divino quoque ab invicem artificio separata,
> ut et te et omnia generare possent[41]?

251 Como o "conhecimento" do mundo "reside dentro do próprio
peito", o adepto deve extrair o conhecimento a respeito do mundo
do que ele sabe acerca de "si próprio", pois o seu si-mesmo, que ele
deve conhecer pela primeira vez, constitui parte de uma natureza surgida da unidade primordial de Deus, simultaneamente com o mun-

---

38. "Não podemos certificar-nos a respeito de qualquer dúvida, a não ser através da experiência, e não há nada melhor do que (experimentar) em nós mesmos" (*Philosophia
meditativa*, em: *Theatr. chem.*, 1602, p. 467).

39. "Reconheça que o maior tesouro do homem está no próprio homem e não fora
dele. De dentro dele provém aquilo [...] mediante o qual realiza exteriormente o que
ele vê com os olhos. Portanto, se não for cego espiritualmente, verá (isto é), compreen-
derá quem e de que modo ele é interiormente, e conhecer-se-á a si mesmo pelas coisas
exteriores, ajudado pela luz da natureza" (*Speculativa philosophia*, em: *Theatr. chem.*,
1602, I, p. 307).

40. O alquimista e místico John Pordage (1607-1681) considera o homem interior
"eterno" como um compêndio e um sumário do "macrocosmo" (*Sophia*, p. 34).

41. "Aprende a conhecer por ti mesmo tudo o que existe no céu e na terra, para que te
tornes sábio em todas as coisas. Ignoras que o céu e os elementos que foram separados
por um ato criador de Deus constituíam uma só coisa, no início, para que pudessem
criar a ti e a todas as outras coisas?" (op. cit., p. 276).

do. *Não* se trata aqui, evidentemente, daquele conhecimento a respeito da natureza íntima do eu, que se pode cômoda e facilmente confundir com o autoconhecimento. É por esta razão que quem procura seriamente reconhecer-se a si mesmo como objeto torna-se suspeito de egoísmo e de extravagância. Mas um conhecimento desta espécie nada tem a ver com o conhecimento subjetivo de uma consciência do eu a respeito de si mesmo. Este último é como o cachorro que corre atrás da própria cauda. O primeiro constitui um estudo penoso que a chamada psicologia desconhece por completo e o público culto quase ignora. Certamente o alquimista tinha pelo menos um pressentimento indireto do mesmo: ele sabia, no mínimo, que, como parte do todo, trazia também consigo uma imagem do todo, isto é, o "firmamento" ou "Olimpo", na expressão de Paracelso.[42] O microcosmos interior era o objeto involuntário da pesquisa alquímica. Na atualidade, daríamos a este objeto o nome de *inconsciente coletivo*, que deve ser tido como objetivo, pelo fato de permanecer sempre idêntico a si próprio em todos os indivíduos, sendo, portanto, um só. É deste único universal que se origina a consciência subjetiva, isto é, o eu, em cada indivíduo. É talvez neste sentido que deveríamos hoje entender o *unum fuisse* e o *separatum divino artificio* de Dorn.

É ao conhecimento objetivo do si-mesmo que se refere o nosso autor, quando diz: "Nemo vero potest cognoscere se, nisi sciat quid, et non quis ipse sit, a quo dependeat, vel cuius sit... et in quem finem factus sit"[43]. A distinção entre *quid* e *quis* é altamente significativa: enquanto *quis* possui um aspecto inegavelmente personalístico, referindo-se, portanto, ao eu, *quid* é um neutro que nada pressupõe 252

---

42. Ideia esta que atingiu o pleno desenvolvimento dois séculos mais tarde, na monadologia de Leibniz, para em seguida cair em pleno esquecimento, durante mais dois séculos, devido ao avanço da trindade que caracteriza as ciências modernas: tempo, espaço e causalidade. Herbert Silbeeer, que se ocupou também com a Alquimia, afirma: Eu gostaria de entregar-me quase inteiramente à linguagem figurada e dar ao subconsciente mais profundo o nome de nosso céu das estrelas fixas [...]" (*Der Zufall und die Koboldstreiche des Unbewussten*, p. 66). Para mais ampla explanação deste ponto, cf. meu artigo: *Der Geist der Psychologie*.

43. "Ninguém pode conhecer-se [a si próprio], se não souber *que coisa* ele é, e não *quem* ele é; se não souber de quem [ou de que] é que depende ou a quem (a que coisa) pertence ou para que fim foi criado" (op. cit., p. 272).

como objeto e cujo caráter pessoal simplesmente se ignora. Não se refere aqui à consciência subjetiva do eu da psique: a própria psique é o objeto desconhecido, não determinado por ideias preconcebidas, e ainda a ser explorado. Dificilmente poder-se-ia distinguir melhor o conhecimento do eu e o autoconhecimento, do que mediante este *quis* e este *quid*. Um alquimista do século XVI conseguiu aquilo que certos psicólogos (ou aqueles que se permitem emitir julgamentos em coisas de psicologia) ainda hoje tropeçam. *Quid* refere-se ao si-mesmo, que é de gênero neutro; refere-se ao *dado objetivo da totalidade*, pois, de um lado, "depende" e "pertence", quer dizer, é causalmente determinado, enquanto, de outro, acha-se orientado para um fim. Esta última circunstância nos recorda a primeira e importante frase do *Fundamentum* (fundamento) de Inácio de Loyola: *"Homo creatus est [ad hunc finem], ut laudet Deum Dominum nostrum, ei reverentiam exhibeat, eique serviat et per haec salvet animam suam"*[44].

253   Presumivelmente o homem só conhece uma diminuta parte de sua psique, do mesmo modo que só possui uma visão limitada da fisiologia de seu organismo. Assim como a causalidade de sua existência psíquica situa-se, em grau elevado, em processos inconscientes, à margem da consciência, assim também estão presentes, agindo nele, as determinações finais que têm sua origem e existência no inconsciente. A psicologia de Freud demonstrou elementarmente o primeiro destes fatores, e a psicologia de Adler o segundo. Tanto as *causae* (causas) como os *fines* (fins) são, portanto, realidades que transcendem apreciavelmente os limites da consciência, e isto significa, ao mesmo tempo, que sua natureza e eficácia são imutáveis e insuprimíveis, até se tornarem objeto da consciência. Só se verificam correções desses fatores na consciência mediante uma intuição e um ato de decisão moral; por este motivo o autoconhecimento é, ao mesmo tempo, tão temido quanto necessário. Se despojarmos a mencionada frase do *Fundamentum* de sua linguagem teológica, o seu sentido será o seguinte: A consciência foi produzida com a finalidade de reconhecer (*laudet*) que sua existência provém de uma unidade superior (*Deum*); de considerar atentamente esta fonte (*reverentiam*), cujas determinações ela deve executar de modo

---

44. *Exercitia spiritualia*, primeira semana, p. 26: "O homem foi criado para louvar Deus, nosso Senhor, honrá-lo, servi-lo e, assim, salvar a sua alma".

inteligente e responsável (*serviat*), proporcionando deste modo um grau ótimo de vida e de possibilidade de desenvolvimento à psique em sua totalidade (*salvet animam suam*).

Esta tradução não somente parece, mas deve ser racionalista, isto é, conforme à razão, pois o espírito moderno não compreende mais a linguagem teológica, que breve será bimilenar, apesar de um sério esforço neste sentido. O perigo de que a compreensão falha seja substituída por sentimentos artificiais, pela afetação e pela crispação religiosa ou pela resignação, não somente ameaça agora, como já o vem fazendo há muito tempo.   254

As determinações finais eficazes nada mais são do que aqueles talentos que o *homo quidam nobilis* (Lc 19,13s.) confiou a seus *servis* (escravos), para que "negociassem" com o dinheiro. Não é preciso muita fantasia para ter uma ideia do que este envolvimento nas coisas do mundo significa moralmente. Só um homem infantil é capaz de pensar que o mal não está presente sempre e em toda parte, e quanto mais inconsciente estiver disto, tanto mais o diabo lhe subirá na garupa. Por causa desta íntima relação com o aspecto tenebroso, o homem-massa tem uma incrível facilidade de participar impensadamente os mais terríveis crimes. Só o autoconhecimento mais amplo e severo possível, que olhe o mal e o bem numa relação correta e seja capaz de ponderar todos os aspectos, oferece uma certa garantia de que o resultado final não será muito ruim.   255

É no alquimista Dorn, da segunda metade do século XVI, que encontramos expressa mais claramente a importância do autoconhecimento para o processo da transformação alquímica. A ideia, porém, é muito mais antiga e se encontra já em Morieno Romano (séculos VII-VIII), na sentença que, segundo sua narração, ele escreveu na borda do vaso hermético: "Omnes qui secum omnia habent, alieno auxilio nullatenus indigent"[45]. Trata-se aqui não da possessão de todas as substâncias químicas necessárias, mas de uma questão "moral", como se deduz claramente do texto[46]. Deus, diz Morieno, colo-   256

---

5. *De transmutatione metallica*, em: *Art. aurif.* II, p. 11. "Quem tudo possui não precisa absolutamente da ajuda de estranhos".

6. *Non scil., ut ab eo divitias, seu dona inquirerem, sed ut diligenter donis spiritualius instruerem* (Isto é, não para pedir-lhe riqueza, dons materiais, mas para me ornar com dons espirituais). Op. cit., p. 10.

cou o homem como "ornamento maior" (*maius ornamentum*) entre os elementos.

> Haec enim res a te extrahitur, cuius etiam minera tu existis, apud te namque illam inveniunt, et ut verius confitear, a te accipiunt: quod quum probaveris, amor eius [rei] et dilectio in te algebitur[47].

Esta "coisa" é o *lapis* (pedra), o qual, afirma Morieno, contém os elementos e é comparável ao cosmos e à sua estrutura. O processo requerido para a produção da pedra "não pode ser praticado com as mãos"[48]. Trata-se, com efeito, de uma "disposição humana" (*dispositio hominum*). Só ela realiza a "transformação das naturezas" (*naturarum mutatio*). Esta é produzida pela *coniunctio*, que constitui a essência da obra[49].

257   O tratado *Rosinus ad Sarratantam Episcopum*, mencionado anteriormente, o qual, se não é de origem árabe, remonta pelo menos aos mais antigos arabizantes, cita um Magus Philosophus (Mago Filósofo)[50]: "Hic lapis est subtus te, quantum ad obedientiam: supra te, quod ad dominium: ergo a te, quantum ad scientiam: circa te, quantum ad aequales"[51]. Esta passagem é bastante obscura. Mas dela res-

---

47. "Esta coisa, com efeito, é extraída de ti; tu também és sua *prima materia* [mina] pois a encontram em ti, e, para dizê-lo mais claramente, recebem-na de ti. Quando ti veres dado mostras disto, o amor e a predileção por esta coisa crescerão dentro de ti (op. cit., p. 37).

48. "*Haec est illa dispositio, quae scilicet manibus perfici non potest*" (op. cit., p. 40s.)

49. "*Omnis huius magisterii perfectio in captura corporum coniunctorum, et concordantium constat*" (Toda a perfeição deste magistério consiste em apoderar-se dos corpos ligados e concordes) (op. cit., p. 43). – A *Interpretatio cuiusdam epistolas Alexandri Macedonum regis* (*Art. aurif. I, p. 384*) diz o seguinte: "*Et scias quod nullus nascitur absque mare et foemina*" (E fica sabendo que nada é gerado sem o concurso de macho e fêmea). – E no *Tractatulus Avicennae* (*Art. aurif.* I, p. 422) lê-se: *Et matrimonium est commiscere subtile cum spisso* (E a união matrimonial consiste em misturar o sutil com o espesso). Sobre este ponto, cf. minha explanação no verbete coniunctio, em: *Di Psychologie der Ubertragung*.

50. O texto traz *Malus* [Maio] (*Art. aurif.* I, p. 310), provavelmente uma transcrição errônea de *Magus* [Mago], como é conhecido o autor.

51. "Esta pedra está abaixo de ti, no que se refere à obediência; acima de ti, quanto ao domínio; portanto, procede de ti, no que toca à ciência; em torno de ti, na medida en que se trata de indivíduos da mesma categoria" (*Art. aurif.* I, p. 310).

salta que a pedra tem uma relação indubitavelmente psíquica com o homem: de um lado, o adepto pode esperar que ela lhe obedeça, enquanto, de outro lado, é a pedra que domina. Como esta pedra diz respeito à "Ciência", ela provém do homem. Mas se encontra fora do homem, isto é, em seu meio ambiente, entre os *aequales*, expressão esta que traduzi como: "pertencentes à mesma categoria". Poderíamos também traduzir por "partidários das mesmas ideias". Esta descrição corresponde ao fato paradoxal do si-mesmo, como vemos pela sua simbologia: ele é a menor de todas as coisas que pode ser facilmente preterida e colocada de lado. De fato, ele precisa de ajuda e necessita ser percebido, protegido e como que formado pela consciência, e isto de tal modo, como se antes não existisse e só tivesse sido chamado à existência pelo cuidado e dedicação do homem. Mas, muito pelo contrário, a experiência nos mostra que ele existe há muito tempo e é mais antigo do que eu; e é nada mais nada menos do que o secreto *spiritus rector* (espírito diretor) de nosso destino. O si-mesmo, portanto, não se torna *eo ipso* (automaticamente) consciente, mas sempre tem sido ensinado por uma tradição de saber, como, por exemplo, a doutrina do *atman-purusha*. Como o si-mesmo constitui a quintessência da individuação, e como esta é absolutamente impossível sem a inclusão do ambiente individual no processo, ele se encontra também naquelas pessoas partidárias das mesmas ideias e com as quais é possível estabelecer relações individuais. Além disto, o si-mesmo é um arquétipo que representa sempre uma situação em que o eu se acha incluído. Por isto, como acontece com todo arquétipo, o si-mesmo não pode ficar circunscrito ao âmbito da consciência do eu, mas se comporta como uma atmosfera que envolve o homem e cujos limites é difícil de ser fixado com certeza, tanto espacial quanto temporalmente. (Daí os fenômenos ditos sincrônicos, frequentemente ligados a arquétipos!)

No *Tratado de Rosino* encontramos uma passagem paralela ao que afirma Morieno[52]:   258

> Hic lapis talis est res, quae in te magis fixa est, a Deo creata, et tu eius minera es, ac a te extrahitur, et ubicunque fueris, tecum

---

52. A datação destes textos é muito incerta. Salvo engano, parece-me que Morieno é mais antigo.

inseparabiliter manet... Et ut homo ex quatuor elementis est compositus, ita et lapis, et ita est ex homine, et tu es eius minera, scil. per operationem: et de te extrahitur, scil. per divisionem: et in te inseparabiliter manet, scil. per scientiam. Aliter in te fixa, scil. in Mercúrio sapientum: tu eius minera es: id est, in te est conclusa et ips[a]m[53] occulte tenes, et ex te extrahitur, cum a te reducitur et solvitur: quia sine te compleri non potest, et tu sine ips[a] vivere non potes, et sic finis respicit principium et contra[54].

259   Tem-se a impressão de que este é um comentário à passagem paralela de Morieno. Por ele sabemos que a pedra foi implantada por Deus no homem; que o homem é a *prima materia* (*minera*) da pedra no processo (*operatio*); que a extração corresponde à chamada *divisio* (divisão) ou *ratio* (separação) do *procedere* (processo) alquímico; e que o homem permanece inseparavelmente ligado ao eu pelo conhecimento da pedra. Não seria difícil ver o processo de conscientização de um conteúdo inconsciente, sob o processo aqui descrito. Neste caso, a fixação em Mercúrio corresponderia ao conhecimento hermético tradicional, porque Mercúrio simboliza o *nous* (a inteligência)[55] e, graças a este conhecimento, o si-mesmo se torna consciente como conteúdo do inconsciente e se fixa na consciência. Como se sabe, a apercepção é impossível sem conceitos conscientes preexistentes. Este fato explica a existência de muitos distúrbios neuróticos que, no fundo, são devidos à circunstância de que no incons-

---

53. O texto traz *ipsum* (mesmo), mas o objeto aqui é *res* (coisa).

54. "Esta pedra é aquela coisa que se acha mais em ti [do que em outra parte], criada por Deus, e tu és sua matéria-prima, e ela é extraída de ti, e onde quer que estiveres, ela estará também inseparavelmente junto de ti [...] E da mesma forma que o homem é composto de quatro elementos, assim também ela provém do homem, e tu és sua matéria-prima, isto é, por via operativa; e é extraída de ti, isto é, por via de separação; ela permanece inseparavelmente em ti, isto é, graças à ciência. Ou, dito em outros termos: a coisa está fixa em ti, isto é, está no mercúrio dos sábios; tu és sua *prima materia* ela está encerrada em ti; e tu a conservas ocultamente; e é extraída de ti, porque tu a reduzes [à sua essência] e a dissolves, porque sem ti ela não pode ser completada, e tu não podes viver sem ela, e deste modo o fim olha para o começo, e vice-versa" (*Art. aurif.*, I, p. 311s.).

55. *Der Geist Mercurius* ("Mercúrio como espírito no sentido incorporal, metafísico" § 264s.).

ciente se acham constelados certos conteúdos que, por falta de conceitos aperceptivos (de "captar", *capere, concipere, comprehendere,* compreender), não podem ser assumidos pela consciência. Por isto é muito importante contar histórias e lendas às crianças e ensinar conceitos religiosos (*dogmata,* dogmas) aos adultos, uma vez que eles constituem símbolos instrumentais mediante os quais são introduzidos conteúdos inconscientes na consciência, para aí serem interpretados e integrados. Com efeito, se isto não acontece, a energia considerável desses conteúdos se transfere para conteúdos conscientes, normalmente menos acentuados, e cresce de intensidade, até os limites do patológico. Surgem daí fobias e obsessões aparentemente sem motivo, bem como ideias extravagantes, idiossincrasias, imagens hipocondríacas, perversões intelectuais que se camuflam sob uma roupagem social, religiosa ou política, de acordo com as circunstâncias.

Como nos mostra o texto, o velho mestre vê no *opus* (obra) alquímico uma espécie de *apokatástasis,* o restabelecimento de um estado inicial na ordem escatológica (*finis respicit principium et contra*)[56]. É precisamente isto que acontece no processo de individuação, mas este processo transcorre neste caso como transformação cristã. ("Se não vos tornardes como as crianças") ou como experiência do *satori* no Zen ("Mostra-me tua face original"), ou ainda como processo de evolução psicológica, no qual as disposições globais do início se tornam um acontecimento consciente.

260

Para o alquimista, não havia qualquer dúvida de que o *centrum,* isto é, aquilo que nós denominamos si-mesmo, não estava na consciência do eu, mas *fora* dela, e precisamente já "em nós"; não, porém, *in mente nostra,* e sim naquilo que somos e ainda não conhecemos, isto é, naquele *quid* que, segundo Dorn, precisamos conhecer. Hoje em dia damos-lhe o nome de inconsciente, distinguindo, então, entre um inconsciente pessoal, a que chegamos pelo conhecimento da própria "sombra", e um inconsciente impessoal, que conhecemos mediante o símbolo arquetípico do si-mesmo. Como esta concepção ainda era inacessível ao alquimista, ele não tinha qualquer ideia a respeito da teoria do conhecimento e, por isso, precisava situar seu arquétipo

261

---

56. O fim olha para o começo, e vice-versa.

exteriormente no espaço, na forma tradicional; no presente caso, o situava na matéria, embora sentisse, como aconteceu indubitavelmente com Dorn e outros, que o centro ficava, paradoxalmente, no homem e ao mesmo tempo fora dele.

262   O "remédio incorruptível", ou precisamente o *lapis* (a pedra filosofal), não pode ser encontrado, diz Dorn, a não ser no céu, pois ele "penetrou todos os elementos com raios invisíveis que convergem de todas as partes até o centro da terra, e produz e incuba tudo o que é criado". "Nemo in seipso, sed in sui simili, quod etiam ex ipso sit, generare potest"[57].

263   Vemos como Dorn encontra aqui saída para o seu paradoxo: Ninguém pode produzir alguma coisa, se não dispõe de um *objectum* semelhante a ele próprio. É semelhante a ele, porque provém da mesma fonte. Se quiser produzir a *medicina incorruptibilis* (o remédio incorruptível), isto é, a pedra, só poderá fazê-lo naquilo que corresponde ao seu próprio centro, que é o centro situado no coração da própria terra e de toda a criação. Ele provém, como algo que lhe é inerente, da mesma fonte, que é a divindade. A divisão em coisas aparentemente dissemelhantes, como, por exemplo, o céu, os elementos, o homem etc., era necessária apenas para a produção. Tudo o que for separado, deve ser unificado de novo na produção da pedra, a fim de que se restabeleça o estado primitivo do Uno. Mas afirma Dorn:

> Ex aliis numquam unum facies quod quaeris, nisi prius ex te ipso fiat unum... nam talis est voluntas Dei, ut pii pium consequantur opus quod quaerunt, et perfecti perficiant aliud cui fuerint intenti... Fac igitur ut talis evadas, quale tuum esse vis quod quaesieris opus[58].

---

57. "Ninguém pode produzir algo em si próprio, mas (somente) no que lhe é semelhante e que dele procede (o céu)" (*Speculativa philosophia*, em: *Theatr. chem.*, 1602, I, p. 276).

58. "Nunca conseguirás fazer aquele uno que procuras, com coisas diferentes, se tu próprio não te tornares primeiramente uno [...] Pois esta é a vontade de Deus: que os piedosos se entreguem à obra piedosa que buscam, e os perfeitos levem a termo seu propósito [...] Procura tornar-te tal como queres que seja a obra por ti buscada" (op. cit., p. 276s.). (Cf., acima, a nota 37, referente ao § 250, p. 250. – N.T.).

A união dos contrários, na pedra, só será possível se o próprio   264
adepto se tornar *uno*. A unidade da pedra corresponde à individuação, à unificação do homem. Diríamos que a pedra é uma projeção
do si-mesmo unificado. Esta formulação é psicologicamente correta.
Mas não leva suficientemente em conta o fato de que o *lapis* (a pedra)
é uma unidade transcendente. Por isto é preciso afirmar expressamente que o si-mesmo pode certamente tornar-se um conteúdo simbólico da consciência, mas é também, sem dúvida, transcendental
como grandeza inevitavelmente superior à consciência. É verdade
que Dorn afirmara a identidade da pedra com o homem (transforma-
do), ao exclamar em certa passagem: *Transmutemini de lapidibus
mortuis in vivos lapides philosophicos!*[59] Mas falta-lhe o conceito de
uma existência inconsciente, para dar uma expressão satisfatória à
identidade tanto do centro subjetivo e psíquico quanto do centro objetivo alquímico. De qualquer modo, ele conseguiu explicar a atração
magnética existente entre o símbolo proposto, a *theoria*, e o *centrum*
pressuposto no interior da matéria, da terra ou mesmo no Polo Norte, por uma identidade entre os dois extremos. Por isso ele chama de
veritas não só a doutrina, como o *arcanum* existente na matéria. Esta
verdade "brilha" em nós, afirma ele, mas não provém de nós, *"non in
nobis quaerenda (veritas), sed in imagine Dei quae in nobis est"*[60].

Dorn identifica, portanto, o centro transcendente do homem   265
com a *imago Dei* (imagem de Deus). Esta identificação permite-nos
entender por que motivo os símbolos alquímicos da totalidade valem
tanto para o *arcanum* presente no homem como para a divindade, e por
que, em suma, substâncias como o *mercurius* (mercúrio) e o *sulphur*
(enxofre), ou elementos como a água e o fogo, são relacionados com
Deus, com Cristo ou com o Espírito Santo. E Dorn vai mais longe
ainda, conferindo o predicado do *ser* única e exclusivamente a esta

---

59. "Transformai-vos de pedras mortas em pedras filosofais vivas" [op. cit. p. 267].
Inspira-se em 1Pd 2,4: *Ad quem accedentes lapidem vivum, ab hominibus quidem re-
probatum, a Deo autem electum et honorificatum: et ipsi tamquam lapides vivi superaedificamini* etc. (Achegai-vos a Ele, a pedra viva rejeitada pelos homens, mas escolhida
e honrada por Deus, e vós também, como pedras vivas, erigi-vos em edifício).

60. "A verdade não deve ser procurada em nós, mas na imagem de Deus que está em
nós" (op.cit., p. 268).

veritas: "Ulterius, ut definitioni veri faciamus satis, dicimus esse, vero nihil adesse, nam uni quid adest quaeso, quid etiam deest, aut quid contra niti potest? cum nihil vere praeter illud unum existit"[61]. Para ele, o único ser verdadeiramente existente é, portanto, o si-mesmo, que se identifica com a divindade.

266   Dorn é talvez o primeiro dos alquimistas a fazer o balanço da multidão de termos simbólicos e a expressá-lo claramente, e isto foi, há muito, o motivo propulsor da Alquimia filosófica. Estranho é que este pensador, muito superior em clareza a Jacob Böhme, de época posterior, tenha permanecido ignorado na história da Filosofia. Com isto ele participa da sorte do Hermetismo, que, sem o conhecimento da moderna psicologia do inconsciente, permaneceria um livro fechado com sete selos. Mas este livro precisa ser aberto um dia, se quisermos chegar a uma compreensão da situação espiritual de nosso tempo, pois é a Alquimia e não a Escolástica a mãe dos conteúdos teóricos essenciais e do pensamento substancial da ciência moderna. À Escolástica só devemos a disciplina e o adestramento do intelecto.

---

61. "Além disto, para atender à definição de verdadeiro, dizemos que ele é, mas que nada se lhe acrescenta; pois, pergunto eu, como pode se acrescentar a algo aquilo que ainda não existe, ou em que poderá se apoiar? Com efeito, na verdade nada existe, exceto esse uno" (op. cit., p. 268).

XII

Considerações gerais sobre a psicologia do simbolismo alquímico–cristão

Mater Alchimia (Mãe Alquimia) não constitui um fato primeiro e   267
inicial, mas uma época que começa mais ou menos com o cristianismo e dá nascimento à era das ciências da natureza nos séculos
XVII-XVIII, para, em seguida, definhar, desconhecida, malcompre-
endida, e dissolver-se, como era extinta, na corrente dos séculos.
Mas assim como toda a mãe um dia também foi filha, o mesmo se dá
com a Alquimia: sua natureza própria deriva daqueles sistemas dos
gnósticos que Hipólito considera, com razão, filosóficos (naturais);
estes, servindo-se, de um lado, da filosofia grega clássica e, do outro,
das mitologias grega, do Oriente Próximo e egípcia, bem como da
dogmática cristã e da cabalística judaica, fizeram tentativas, sumamente interessantes do ponto de vista moderno, de construir uma
cosmovisão nas quais os *physika* (os elementos físicos) desempenha-
vam um papel igual ao dos *mystika* (dos elementos místicos). Se estas
tentativas tivessem sido bem-sucedidas, o mundo não teria presencia-
do o estranho espetáculo de duas cosmovisões paralelas e contempo-
râneas que não queriam, ou não podiam, ouvir falar uma da outra.
Hipólito ainda se achava invejavelmente em condições de poder
comparar, por assim dizer, a doutrina cristã com suas irmãs pagãs, e
encontramos tentativas semelhantes, neste sentido, em Justino Már-
tir; para honra do pensamento cristão devemos recordar que até à
época de Kepler não faltaram tentativas dignas de nota de explicar e
compreender a natureza, no seu sentido mais amplo, à luz do dogma.

Mas estas tentativas falharam, diante do conhecimento insuficien-   268
te dos fatos naturais. Chegou-se então, no decurso do século XVIII, à

notória incompatibilidade entre fé e ciência. À fé faltava a experiência e à ciência, a alma. Em compensação, a ciência acreditava em uma
objetividade absoluta e intencionalmente, pela dificuldade de princípio, não viu que a verdadeira portadora e geradora do saber é a psique; e foi justamente esta o que mais se ignorou, durante muito tempo. Ela era considerada um sintoma de reações químicas, um epife-
nômeno de processos celulares, ocorridos no cérebro; e ela não exis-
tiu mesmo, realmente, por algum tempo. Agindo assim, a ciência não
percebia absolutamente que para suas observações se servia, por assim dizer, de um aparelho fotográfico, cuja disposição e estrutura ignorava quase completamente e cuja existência ela muitas vezes se re-
cusava a admitir. Uma das aquisições mais modernas é a consciência
de que se deve levar em conta a realidade objetiva do fator psíquico.
Significativamente, foi justamente a microfísica que mais clara e ines-
peradamente colidiu com a psique. Entende-se que faremos abstração, aqui, da psicologia do inconsciente, pois sua hipótese de trabalho consiste precisamente na realidade da psique. O significativo,
neste momento, é o inverso, isto é, seu embate com a Física[1].

269   Para os gnósticos – e é nisto que consiste seu verdadeiro segredo –
assim como para os alquimistas, a psique existia como fonte de conhecimento. Exceção feita para a psicologia do inconsciente, as ciências naturais e a filosofia de nossa época só conhecem o exterior, enquanto a fé só conhece o interior, e precisamente sob aquela forma
que os primeiros séculos do cristianismo, a começar por Paulo e pelo
Evangelho de João, lhe conferiram. A fé é absoluta, como a objetividade tradicional das ciências naturais, e, por isso, nem a fé e a ciência
nem os cristãos entre si conseguem chegar a um consenso.

270   A doutrina cristã é um símbolo altamente diferenciado que expressa o elemento psíquico transcendente, a *imago Dei* (imagem de
Deus) e seus atributos (como diz Dorn). O Credo é o *symbolum* (símbolo). Praticamente ele abrange tudo o que se pode constatar a respeito das manifestações do fator psíquico no plano da experiência
anterior, mas não se estende à natureza, pelo menos de modo identificável. Por isso, em todos os séculos do cristianismo sempre existi-

---

1. Cf. JUNG. *Der Geist der Psychologie.*

ram correntes paralelas e subterrâneas do espírito que procuraram conhecer, não apenas a natureza exterior, mas também a natureza interior em seu aspecto empírico.

Embora o dogma, do mesmo modo que a mitologia, em geral, expresse a essência da experiência interior e, assim, também formule os princípios da psique objetiva, isto é, do inconsciente coletivo, ele o faz, em linguagem e forma conceitual, que se tornaram estranhas à orientação espiritual de nossos dias. A palavra "dogma" assumiu um tom nem sempre agradável, e é usada não poucas vezes para dar ênfase à rigidez de um preconceito. Isto fez com que ela perdesse seu sentido – enquanto *símbolo* de um fato "real" (isto é, atuante), e em si incognoscível – para a maioria dos homens ocidentais. Até mesmo no seio da teologia quase cessara toda verdadeira discussão, excetuando a mais recente definição dogmática[2], indício claro de que o símbolo começara a definhar, se é que já não murchara de todo. Esta evolução constitui um perigo para a cultura espiritual, pois não temos conhecimento de qualquer outro símbolo que expresse melhor o mundo do inconsciente. Por isso é que nosso olhar se volve não poucas vezes em busca de representações exóticas, na esperança de encontrar um sucedâneo, na Índia, por exemplo. Esta expectativa é ilusória, pois os símbolos da Índia, como os do cristianismo, expressam o inconsciente que representa, em grau considerável, o respectivo passado espiritual. As doutrinas indianas constituem a essência da experiência multissecular do homem indiano. É verdade que podemos aprender muita coisa a respeito do pensamento indiano, mas ele nunca exprime aquele passado que se acha presente dentro de nós. Nosso pressuposto é, e permanecerá, o cristianismo, que compreende de onze a dezenove séculos, dependendo do caso. Anteriormente, para a maior parte dos ocidentais, estende-se o período, imensamente maior, do estágio da mentalidade politeísta e polidemonista. Em certos lugares da Europa, a história do cristianismo abrange apenas um pouco mais de

---

2. Parece que o autor se refere à proclamação do dogma da Assunção de Maria que ele tanto apreciava do ponto de vista de suas teorias. Cf., por exemplo, o que ele diz em *Interpretação psicológica do Dogma da Trindade*. Petrópolis: Vozes, 2011, § 252 e respectivas notas 15-17, e em *Resposta a Jó*. Petrópolis: Vozes, 2011, § 748-755, e também na sua autobiografia. – N.T.

cinco séculos, ou seja, não mais do que cerca de dezesseis gerações. A última bruxa foi queimada na Europa no ano em que meu avô nasceu, e a barbárie, com seu aviltamento da natureza humana, voltou a eclodir no século XX.

272   Mencionei estes fatos, para ilustrar o quão tênue é o muro que nos separa dos primórdios do paganismo. Acresce ainda que os povos germânicos nunca se desenvolveram organicamente de um primitivo polidemonismo para o politeísmo e seu processo de refinamento filosófico; pelo contrário, em muitos lugares receberam o monoteísmo cristão e a doutrina da salvação das pontas de lança das legiões romanas, do mesmo modo que na África a metralhadora significa o argumento latente da invasão cristã[3]. A difusão do cristianismo no seio dos povos bárbaros não só favoreceu, como exigiu mesmo uma certa inflexibilidade e rigidez do dogma. Observa-se também algo de semelhante na difusão do islamismo, que foi levado ao fanatismo e à rigidez. Na Índia, a evolução do símbolo transcorreu de modo muito mais orgânico e tranquilo. Até mesmo a grande reforma do hinduísmo, o budismo, fundamenta-se de maneira tipicamente indiana, na ioga; ela foi, porém, reassimilada pelo hinduísmo – excetuando um pequeno número – no espaço de um milênio, pelo menos na Índia, e o próprio Buda hoje troneja no panteão como avatar de Vishnu, juntamente com Cristo, Matsia (peixe), Kurma (tartaruga), Vamana (anão), e outros.

273   Não se pode absolutamente comparar a evolução histórica do espírito ocidental com a do espírito indiano. Por isso, quem acredita que pode assumir diretamente certas formas conceituais do Oriente desenraíza-se, pois essas formas não exprimem o passado ocidental; são simplesmente conceitos teóricos e sem sangue, incapazes de fazer vibrar as cordas profundas de nosso ser. Nossas raízes mergulham em solo cristão. Este fundamento, porém, não é muito profundo, e, como dissemos acima, tem-se mostrado inquietantemente tênue em muitos pontos; assim, o paganismo primitivo pôde, com uma face mudada e mediante a forma econômica que lhe é inerente, a escravidão, assenhorear-se, de novo, de grande parte da Europa.

---

3. Pude convencer-me da existência deste medo no próprio local.

Esta evolução moderna confirma as correntes pagãs evidentes na   274
Alquimia, e que se mantiveram vivas sob a superfície cristã desde a
Antiguidade Clássica. Nos séculos XVI-XVII a Alquimia atingiu seu
maior florescimento para, em seguida, aparentemente deixar de existir. Na realidade, ela teve uma continuidade através das ciências naturais; no século XIX, estas últimas levaram ao materialismo e, no século XX, ao chamado "realismo", cujo fim por enquanto não se pode
prever. O cristianismo acha-se impotente diante disto, apesar de todas as afirmações bem-intencionadas que sustentam o contrário. A
Igreja ainda dispõe de um certo poder, mas apascenta suas ovelhas
sobre os escombros da Europa. Sua mensagem, ao que se sabe, procura atuar no sentido de estabelecer uma união entre sua linguagem,
suas concepções e costumes, e a compreensão do presente. Mas, para
muitos, ela já não fala, como Paulo na praça de Atenas, a linguagem
do presente; sua mensagem, ao contrário, se reveste de palavras sa-
crossantas que a idade sacramentou. Qual seria o resultado da pregação de Paulo, se ele tivesse se servido da linguagem e do mito da época minoica, para anunciar o Evangelho aos atenienses? Negligencia-
mos, infelizmente, que hoje se exige muito mais do homem moderno, do que se exigia do homem da época apostólica: para este último
não havia a menor dificuldade em acreditar na concepção virginal do
herói e semideus, e por isto Justino ainda usou deste argumento em
sua Apologia. Também a ideia de um homem-deus Salvador não
constituía algo de inaudito, porque, por assim dizer, todos os poten-
tados asiáticos, do mesmo modo que o César romano, eram considerados de natureza divina. Em nossos dias já nada mais sabemos a respeito da investidura dos reis por graça divina! As narrativas acerca
dos milagres dos evangelhos, que convenciam os homens daquela
época, significariam uma *petra scandali* (pedra de tropeço) em qualquer biografia atual, e produziriam o oposto da fé. A natureza estranha ou singular dos deuses era tida como evidente, o mito era algo
vivo, particularmente importante e convincente, no próprio processo
de refinamento filosófico. *Hermes ter unus*[4] não constituía de modo
algum um absurdo intelectual, mas era uma verdade filosófica. Nestas bases é que se pôde formular o dogma da Trindade de maneira

---

4. "Hermes três vezes um".

convincente. Mas, para o homem moderno, este dogma constitui um mistério inacessível ou uma curiosidade histórica, sobretudo esta última. Para o homem da Antiguidade a *virtus* (poder) da água benta ou a transformação das substâncias não representava um absurdo, pois havia também fontes de água medicinal cujos efeitos eram incompreensíveis, e mudanças químicas cuja natureza parecia miraculosa. Em nossos dias, qualquer menino de escola sabe, em princípio, muito mais a respeito da constituição da natureza do que toda a *História naturalis* de um Plínio.

275   Atualmente, se Paulo tentasse tocar o ouvido dos homens sensatos, no Hyde Park Corner, já não se contentaria com citações da literatura grega e algum conhecimento da história judaica, mas teria de acomodar sua maneira de exprimir-se às possibilidades de compreensão de um moderno público inglês. Se não fizesse isso, teria proclamado pessimamente sua mensagem, pois a não ser um filólogo da Antiguidade, ninguém estaria apto para compreendê-lo, mesmo aproximativamente. Mas é esta a situação atual da querigmática[5] cristã. Não que ela se sirva literalmente de uma linguagem morta e estranha. Ela se exprime em imagens que, por um lado, parecem muito conhecidas e enganosamente familiares, mas, por outro, distam infinitamente de uma moderna compreensão consciente, conseguindo, no máximo, tocar o inconsciente. Mas isto só no caso em que a alma do pregador se ache plenamente identificada com sua obra. Portanto, na melhor das hipóteses, o efeito se limita à esfera dos sentimentos. Em geral, porém, nem mesmo esta última é atingida.

276   Falta a ponte que liga o dogma com a experiência interior do indivíduo. Em compensação, "acredita-se" no dogma[6]. Este foi hipostasiado, do mesmo modo que, entre os protestantes, a Bíblia foi ilegitimamente erigida em autoridade suprema, apesar de suas contradições e da controvérsia das interpretações. (Como se sabe, através da

---

5. Teoria referente ao exercício da pregação [do grego χηρύσσειν = proclamar anunciar – N.T.).

6. Pe. Victor White, O.P., muito amavelmente chama a minha atenção para o conceito de *veritas prima* (verdade primeira) em Tomás de Aquino (*Suma Teológica* II/II, questão l, artigos l e dois: esta "verdade primeira" é invisível e desconhecida. É ela, e não o dogma, que se encontra na base da fé).

Bíblia é possível legitimar tudo!) Ele já não formula, não exprime: é apenas um dogma em si e por si, que não se apoia em nenhuma experiência comprovável[7]. Sim, a própria fé converteu-se nesta experiência. A fé do apóstolo Paulo, que não experimentou a presença do Senhor segundo a carne, ainda podia apelar para a avassaladora aparição que ocorrera a caminho de Damasco e para a revelação do Evangelho, num êxtase. A crença dos cristãos da Antiguidade e da Idade Média jamais se chocava com o *consensus omnium* (consenso universal), mas era precisamente sustentada por ele. Tudo isto mudou radicalmente nos três últimos séculos. Mas que mudança de princípios se operou paralelamente na concepção teológica?

Existe o perigo – sobre isto não há a mínima dúvida – de que o vinho novo rompa os odres velhos e que se jogue para o monte de coisas velhas aquilo que não se compreende, como já aconteceu outrora, na época da Reforma. O protestantismo perdeu, então, o rito (uns poucos e pálidos restos), indispensável a qualquer religião, apoiando-se agora apenas na *sola fides* (unicamente na fé). Constantemente se destacam fragmentos do conteúdo da fé, do símbolo. Que resta ainda dela, na verdade? A pessoa de Jesus Cristo? Qualquer leigo sabe, porém, que a personalidade do fundador biograficamente pertence ao que de mais obscuro o Novo Testamento nos transmitiu, e, sob o ponto de vista psicológico-humano, esta personalidade é um enigma impenetrável. Como disse um dia acertadamente um escritor católico, os relatos evangélicos são, ao mesmo tempo, a história de um homem e de um Deus. Ou resta apenas Deus? Que é feito, então, da encarnação, peça essencial do símbolo da fé? Na minha opinião, seria melhor aplicar a palavra de certo papa: *Sit ut est, aut non sit*[8] ao símbolo de fé, e deixá-lo, por enquanto, como está, em sua totalidade; como é notório, já não se sabe mais ao que ele se refere, verdadeiramente. Pelo menos é

277

---

7. Não queremos, com isto, negar a legitimidade e a importância do dogma. A Igreja não lida somente com pessoas que têm uma experiência religiosa própria, mas também com indivíduos dos quais não pode esperar senão que aceitem como verdadeiro qualquer dogma e se satisfaçam com esta fórmula. Por certo que a maioria dos "crentes" não transpõe este limite superior. Neste nível, o dogma conserva seu papel como magneto, e por isso pode reivindicar o direito de ser a verdade "definitiva".

8. "Ou seja como é, ou não seja".

isto o que me parece. De outro modo, como se poderia explicar o abandono dos dogmas, patente em inúmeros lugares?

278   Talvez pareça estranho ao leitor que eu, como médico e psicólogo, insista no dogma. Devo acentuá-lo, e isto pelos mesmos motivos que levaram outrora o alquimista a atribuir uma importância especial à sua "theoria". Sua doutrina é a quintessência do simbolismo de processos inconscientes, da mesma forma que os dogmas constituem uma condensação ou um destilado da chamada "história da salvação", ou seja, do mito da natureza e da ação divina desde os primórdios. Se quisermos entender o que a doutrina alquímica pretende dizer, devemos recorrer à fenomenologia, não só histórica como individual dos símbolos, e se pretendermos aproximar-nos da compreensão do dogma é preciso, forçosamente, levar em conta o mundo dos mitos da Ásia anterior que está originalmente na base do cristianismo e, depois, a mitologia, como expressão de uma disposição humana geral. A esta disposição, como se sabe, dei o nome de inconsciente coletivo, cuja existência só é possível conhecer a partir da fenomenologia individual. Em ambos os casos, a pesquisa se desenrola em torno do indivíduo, pois sempre se trata de certas formas representativas complexas, isto é, dos chamados *arquétipos*, que é preciso supor como ordenadores inconscientes das representações. É impossível distinguir a força motriz que está na origem destas formas, do fator transcendente ao qual se dá o nome de instinto. Não há, portanto, nenhuma razão para se ver no arquétipo outra coisa senão a *forma do instinto humano*[9].

279   Não se deve encarar precipitadamente tal reflexão como se ela implicasse uma redução do mundo das representações religiosas a fundamentos "apenas" biológicos, nem tampouco deve alimentar-se a opinião errônea de que este modo de ver "psicologiza" o fenômeno religioso, dissipando-o em fumaça. A uma pessoa de juízo são jamais ocorreria a ideia de que reconduzir a figura humana a um sáurio quadrúpede equivaleria a declarar a invalidade da figura humana ou então que esta última se explicaria, de algum modo, por si mesma. Por trás disto subjaz, evidentemente, o grande e insolúvel enigma da vida

---

9. *Der Geist der Psychologie* (*Theoretische Uberlegungen zum Wesen des Psychischen*, § 415s.).

e da evolução em geral; a importância primordial, enfim, não reside propriamente na origem da evolução, mas no fim para o qual ela tende. Mas quando um ser vivo é separado de suas raízes, falta-lhe a ligação com as bases da existência, e neste caso ele secará inevitavelmente. É aí, então, que a *Anamnesis*[10] é de vital importância.

O conto de fadas e o mito expressam processos inconscientes e sua narração produz sempre um revivescimento e uma recordação de seu conteúdo, operando, consequentemente, uma nova ligação entre a consciência e o inconsciente. É sobretudo o médico que sabe o que significa a separação entre as duas metades da psique. Ele a conhece sob o nome de *dissociação da personalidade*, que é a origem de todas as neuroses: a consciência vai para a direita e o inconsciente para a esquerda. Como é impossível unir os contrários em seu próprio nível (tertium non datur! – não há um terceiro termo), é preciso encontrar um terceiro elemento de ordem superior, no qual as partes possam encontrar-se. Como o símbolo provém tanto da consciência como do inconsciente, ele é capaz de unir ambas as partes. O caráter antitético e ideal deles, devido à sua forma, corresponde ao caráter antitético emocional de sua numinosidade. `280`

Por isso ele é frequentemente, e desde tempos imemoriais, comparado à água, por exemplo, sob a forma de *Tao*, no qual Yang e Yin se acham unidos. Tao é o "espírito dos vales", o curso sinuoso dos rios. O símbolo de fé da igreja é a "água da doutrina" (a *aqua doctrinae*), à qual corresponde a maravilhosa água "divina" da Alquimia, água cujo duplo aspecto se acha representado como *duplex*, através de Mercúrio. A natureza medicinal e renovadora desta água simbólica, sob a forma de Tao ou como água batismal, ou panaceia, revela o aspecto terapêutico das conexões mitológicas a que pertence esta representação. Os próprios médicos de orientação alquímica estavam conscientes de que seu *arcanum* curava, ou pelo menos devia curar, não somente certas enfermidades do corpo, como também as da alma; a psicoterapia moderna sabe que há muitas soluções intermediárias, tratando-se no fundo de um problema moral de opostos, racionalmente insolúvel, e que só terá solução mediante um terceiro `281`

---

10. Recordação.

elemento de natureza superior, isto é, mediante um símbolo que exprima ambas as partes. Os velhos alquimistas empenharam-se na busca desta *veritas* (Dorn) ou *theoria* (Paracelso), e não o puderam conseguir, senão recebendo a revelação cristã no seu universo de representações. Eles deram prosseguimento à obra dos gnósticos (que, até certo ponto, eram bem mais teólogos do que propriamente hereges) e dos Padres da Igreja, em uma nova era, reconhecendo instintivamente que o vinho novo não deve ser colocado em odres velhos. Da mesma forma que a serpente troca de pele, assim também o mito precisa de nova roupagem em cada renovado *éon*, para não perder a sua força terapêutica.

282   Os problemas que a integração do inconsciente traz ao médico e psicólogo moderno só podem ser resolvidos dentro da linha histórica que acabamos de traçar, e o resultado equivalerá a uma nova recepção do mito transmitido, sendo porém pressuposta a continuidade da evolução. A tendência moderna à destruição e perda de consciência de toda tradição poderá, entretanto, interromper o processo normal de evolução durante vários séculos, e constituir um intervalo de barbárie. Isto já acontece onde impera a utopia marxista. Mas uma formação de sentido predominantemente técnico-científico, como a que caracteriza os Estados Unidos, pode gerar um retrocesso da cultura espiritual, acarretando um aumento considerável da dissociação psíquica. O homem não goza de saúde só mediante a higiene e o bem-estar, pois, se assim fosse, as pessoas mais ricas e esclarecidas seriam também as mais sadias. Mas não é isto o que acontece, quando se trata das neuroses; muito pelo contrário. O desenraizamento e a ruptura com a tradição neurotizam as massas e as preparam para a histeria coletiva. Esta última exige terapia coletiva, que consiste na privação da liberdade e na implantação do terror. Por isso, onde impera o materialismo racionalista, os Estados transformam-se gradativamente menos em prisões do que em asilos de loucos.

283   No que precede, tentei mostrar em que espécie de *matrix* (matriz) a figura de Cristo foi recebida ao longo dos séculos. Se não houvesse uma afinidade ("magneto"!) entre a figura do Redentor e certos conteúdos do inconsciente, jamais uma mente humana teria podido enxergar a luz em Cristo e abraçá-la com toda a intensidade do coração. O elo entre os dois é o *arquétipo do Homem-Deus*; de um lado,

este tornou-se realidade histórica em Cristo, e, de outro, domina a alma na sua condição de existente "eterno", como totalidade superior, o si-mesmo. O Homem-Deus, como o sacerdote da visão de Zósimo, é um *Kyrios tōn pneumatōn*, isto é, não apenas um "Senhor dos espíritos", mas também um "Senhor que domina os espíritos (malignos)", aspecto este que constitui um significado essencial do κύριος cristão[11].

O símbolo não canônico do peixe conduziu-nos à matriz psíquica e, com isto, à esfera das coisas experimentáveis onde os arquétipos incognoscíveis vivem e atuam, trocam de nome e de roupagem, numa sucessão infinita; graças a esta troca, eles descrevem, como que deambulando em torno de um centro, sua natureza jamais contemplada. O *lapis* (pedra filosofal) que significa o Deus feito homem ou o homem feito Deus, tem "mil nomes". Não é Cristo, mas seu paralelo, isto é, aquilo que o dogma designa como Cristo no âmbito do sujeito. Por isso, a Alquimia nos proporciona uma ideia clara daquilo que Cristo significa ao nível da experiência subjetiva e dos véus de natureza ao mesmo tempo luminosa e ilusória, sob os quais se experimenta sua presença viva e atuante, e seu caráter inapreensível e transcendente. Poderíamos mostrar que o mesmo ocorre na psicologia do indivíduo moderno, como o fiz na segunda parte do meu livro *Psychologie und Alchemie*[12]; só que esta última tarefa é muito mais exigente e complicada, implicando uma multidão de dados biográficos individuais com os quais se poderiam encher volumes inteiros. Um empreendimento desta natureza estaria acima de minhas forças. Por isto, eu me contento em ter colocado alguns fundamentos teóricos e históricos para este trabalho do futuro.

Resumindo, gostaria de frisar, mais uma vez, que o símbolo do peixe constitui uma representação espontânea da figura do Cristo do

284

285

---

11. Como o Javé Sabaot do Antigo Testamento, o Senhor dos Exércitos. Cf. MAAG. *Jahwäs Heerscharen.*

12. Como também em *Psychologie und Religion* (*Psicologia e religião.* Petrópolis: Vozes, 2011), *Die Beziehungen zwischen dem Ich und dem Unbewussten* [*O eu e o inconsciente,* editado em volume separado. Petrópolis: Vozes, 1978, e reproduzido no vol. 7, da Obra Completa de C.G. Jung, sob o título *Estudos sobre Psicologia Analítica.* Petrópolis: Vozes, 1978 – N.T.] e (de parceria com Richard Wilhelm) em: *Das Geheimnis der Goldenen Blüte* (*O segredo da flor de ouro*).

Evangelho e também um sintoma que mostra de que modo e com que significado ele foi assumido pelo inconsciente. Sob este aspecto, a alegoria patrística da captura do Leviatã (a cruz entendida como anzol e o Cristo preso a ela como isca) é sumamente característica: Capturou-se um conteúdo (peixe), do fundo do inconsciente (mar), que ficou preso à figura de Cristo. Daí provém, provavelmente, a expressão característica de Agostinho: *de profundo levatus* (tirado das profundezas), que se aplica ao peixe. E também a Cristo? A figura do peixe surge das profundezas do inconsciente, ao encontro de Cristo, e quando Cristo era invocado como *Ichthys* (peixe), tal designação dizia respeito àquilo que fora arrancado das profundezas do inconsciente. O símbolo do peixe representa, portanto, uma ponte entre a figura histórica de Cristo e a natureza psíquica do homem na qual repousa o arquétipo do Redentor. Por esta via, Cristo se converteu na experiência interna, no "Cristo em nós".

286   Como acabo de mostrar, o simbolismo do peixe na Alquimia conduz em linha reta ao *lapis philosophorum* (pedra filosofal), ao *salvator*, *servator* e *deus terrenus* (salvador, conservador, deus terreno), ou seja, psicologicamente falando, ao si-mesmo. Assim surge um novo símbolo, em lugar do peixe, ou seja, um conceito psicológico da totalidade do homem. Do mesmo modo que o peixe significa mais ou menos o Cristo, assim também o si-mesmo significa a divindade. Mas se trata de correspondência e experiência interior, de uma recepção de Cristo na matriz psíquica ou de uma nova realização do Filho de Deus, não mais sob um simbolismo teriomórfico e sim sob um simbolismo conceitual ("filosófico"). Desse modo se expressa claramente uma tomada de consciência[13], ao invés de um peixe mudo e inconsciente.

---

13. Sobre o significado da tomada de consciência relativamente ao simbolismo mitológico, cf. NEUMANN. *Ursprungsgeschichte des Bewusstseins.*

XIII

Símbolos gnósticos do si-mesmo

1

Como todo conhecimento é, de algum modo, um reconhecimen- 287
to, percebe-se a circunstância de que aquilo que descrevi como sendo
um processo paulatino de evolução já existia mais ou menos como
antecipação e prefiguração por volta do início de nossa era – e não
parece um dado incomum. Já deparamos com estas imagens e ideias
no gnosticismo para o qual devemos agora voltar a nossa atenção.
Como o gnosticismo constitui em grande parte um fenômeno de assimilação, é de sumo interesse explicar e determinar os conteúdos que
foram constelados pela pregação do Redentor através do aparecimento histórico ou da sincronicidade do arquétipo[1].

No *Elenchos* de Hipólito menciona-se três vezes, se não me en- 288
gano, a atração existente entre o magneto e o ferro. A primeira vez é
na doutrina dos naassenos: estes ensinavam que os quatro rios do paraíso correspondiam aos sentidos da vista, da audição, do olfato e à
boca. A boca, da qual sai a oração e através da qual entra o alimento

---

1. Infelizmente não posso explicar ou documentar detalhadamente esta referência no
presente contexto. Como no-lo mostram os experimentos de Rhine Esp (ESP = *ex-
tra-sensory perception*) (percepção extrassensorial), um interesse (emocional) reforçado
ou uma fantasia vêm acompanhados, em certa medida, por fenômenos que só podemos
explicar por um relativismo psíquico de tempo, espaço e causalidade. Como o arquétipo
quase sempre possui um caráter numinoso, pode provocar aquele tipo de fascinação
que, por sua vez, é acompanhado pelos chamados fenômenos de sincronicidade. Estes
fenômenos consistem em uma coincidência analógica de dois ou mais fatos, não causalmente ligados, mas de sentido concordante. Remeto o leitor à minha obra *Die Synchronizität ais ein Prinzip akausaler Zusammenfiange* [aparecida em 1952].

no homem, corresponde ao quarto rio: o Eufrates. A conhecida importância atribuída ao "quarto componente" explica, de certo modo, a relação com o homem "todo", pois este quarto elemento vem completar e transformar uma tríade, tornando-a uma totalidade. "Esta água (isto é, a do Eufrates), continua o texto, "é aquela que fica por cima do firmamento[2] e a respeito da qual dizem que o Salvador declarou: se conhecesses quem é que te pergunta, pedirias a Ele e Ele te daria de beber água viva"[3]. Nesta água mergulha tudo o que é criado (literalmente: a natureza), pois ela (a criatura) escolhe suas próprias essências, e é desta água que vem tudo o que a criatura tem de próprio, mais do que o ferro provém da pedra heráclica"[4] etc.[5]

289   A água maravilhosa do Eufrates tem, como mostra a referência a Jo 4,10, o significado da *aqua doctrinae* (água da doutrina), que completa a individualidade de toda a criação e, por conseguinte, totaliza o homem, conferindo-lhe, de certo modo, uma força magnética capaz de atrair o que lhe pertence e de integrá-lo. A doutrina naassena é, como se pode ver claramente, um paralelo perfeito da concepção alquímica acima descrita: a doutrina é o magneto que possibilita a integração ao mesmo tempo do *lapis* (pedra) e do homem.

290   Na doutrina perática voltamos a encontrar conceitos semelhantes a estes; Hipólito repete, inclusive, as mesmas comparações, embora haja uma sutil mudança de perspectiva em relação ao que fora até então descrito: "Ninguém, lê-se aí, pode salvar-se sem o Filho. Mas este é a serpente. Da mesma forma que Ele trouxe do alto as características paternas, assim também Ele as conduzirá de volta para o alto, depois que forem despertadas do sono e quando Ele transferir para baixo as características paternas que promanaram substancialmente daquilo que é sem substância. É isto, dizem eles, que está contido na palavra: "Eu sou a porta"[6]. Mas Ele transfere (as característi-

---

2. Gn 1,7.

3. Citação não literal de Jo 4,10

4. Magneto.

5. *Elenchos*, V, 9, 18s., p 101.

6. Jo 10,9: "Ego sum ostium. Per me si quis introierit, salvabitur" ("Eu sou a porta. Quem entrar por mim, será salvo").

cas), àqueles que fecham as pálpebras[7], do mesmo modo que a nafta atrai a si o fogo, de todos os lados[8], mais do que a pedra de Hércules atrai o ferro...[9] É assim, dizem eles, que a serpente reconduz deste mundo a linhagem feita à imagem divina, perfeita e consubstancial (*homoousion*), não atraindo nenhuma outra coisa que tenha enviado também (isto é, da esfera divina) para baixo" etc.[10]

A situação neste texto é inversa da anterior: a atração magnética não parte da doutrina, da água, mas do "Filho", simbolizado pela serpente (de acordo com Jo 3,14)[11]. Cristo é o magneto que atrai a si aquelas partes ou substâncias de origem divina contidas no homem, os *patrikoi charakteres* (características paternas), reunindo-as e arrebatando-as consigo ao lugar celeste de origem. A serpente constitui um equivalente do peixe. Do mesmo modo que o *consensus* (concordância) do povo interpretou a figura anunciada do Redentor no sentido do peixe, assim também a identificou com a serpente: como peixe, porque emergiu de profundezas desconhecidas; como serpente, porque proveio misteriosamente da obscuridade. O peixe e a serpente são, com efeito, símbolos populares, empregados para designar movimentos ou experiências psíquicas que emergem, de forma surpreendente, assustadora ou salvadora, do fundo do inconsciente. É por isto que aparecem expressos, com tanta frequência, no tema dos animais auxiliadores. A comparação de Cristo com a serpente é mais autêntica do que a comparação com o peixe, embora menos popular nos círculos do cristianismo primevo. A serpente se recomendava aos gnósticos como símbolo comum e conhecidíssimo do gênio local, o

291

---

7. Utilizei aqui a versão χαμμύουσιν ὀφθαλμοῦ βλέφαρον. Seria isto uma referência àqueles que fecham os olhos ao mundo?

8. A comparação com a nafta volta nos basilidanos (*Elenchos*, VII, 24,6s., p. 203). Trata-se, aí, do filho do Arconte supremo, que se utiliza dos νοήματα ἀπὸ τῆς μαχαρίας υἱότητος (ideia da bem-aventurada filiação [estado de filhos]). Parece que a descrição de Hipólito, aqui, é um pouco desordenada.

9. Seguem-se, aqui, outras comparações, por sinal as mesmas que as da passagem acima citada (*Elenchos*, V, 9,19, p. 101).

10. *Elenchos*, V, 17,8s., p. 115s.

11. "Et sicut Moses exaltavit serpentem in deserto, ita exaltar! opprtet Filium hominis" ("E tal como Moisés exaltou a serpente no deserto, assim também é preciso que o Filho do Homem seja exaltado").

Agathodaimon (Agatodêmon) bem como do *Nous*, que eles tanto prezavam. Esses dois símbolos são de valor inapreciável, sob o ponto de vista da interpretação natural e instintiva da figura de Cristo. Símbolos teriomórficos são muito frequentes nos sonhos e em outras manifestações do inconsciente. Eles expressam o estágio em que se acham os conteúdos designados por eles, ou seja, um estado de inconsciência, tão distante da consciência humana, quanto à psique do animal. A este respeito, os vertebrados de sangue quente ou de sangue frio e mesmo os invertebrados das mais diversas espécies revelam, por assim dizer, gradações no estado de inconsciência. É importante que a psicopatologia tenha conhecimento disto, pois tais conteúdos podem desencadear, em qualquer estágio, sintomas de natureza funcional e, consequentemente, localizados. Assim é que há formas de sintomas cérebro-espinhais simpáticos. Os setianos devem ter pressentido algo de semelhante, pois Hipólito refere, em conexão com a serpente, que os setianos comparavam o "Pai" com o cérebro (*enkephalon*), o "Filho" com o cerebelo e com a medula espinhal (*parenke phalis drakontoeides*). A serpente simboliza, de fato, conteúdos e tendências "de sangue frio", inumanos, de natureza espiritual abstrata e de natureza animal concreta; em uma palavra: o *extra-humano*, presente no homem.

292   A terceira menção do magneto se acha no relato de Hipólito sobre a doutrina setiana. Esta doutrina tem analogias notáveis com a doutrina alquímica da Idade Média, embora seja impossível demonstrar que tenha havido uma transmissão direta. De acordo com o que diz Hipólito, ela representa uma teoria sobre a "composição e a mistura": o raio luminoso vindo de cima se mistura com a água tenebrosa das profundezas, sob a forma de uma centelha diminuta. Com a morte do organismo, as duas substâncias se desmisturam, o mesmo acontecendo no tocante à morte figurada em forma de experiência mística. Esta é a *divisio* (divisão) e a *separatio* (separação) do composto (τὸ διχάσαι χαὶ χωρίσαι τὰ συγχεχραμένα). Usei aqui, de propósito, os termos latinos da Alquimia medieval que, no essencial, guardam o mesmo sentido dos conceitos gnósticos. A Alquimia utiliza a separação para extrair a *anima* ou o *spiritus* da *prima materia*. Mercúrio, que ajuda nesta operação, aparece equipado com a espada da separação (o mesmo acontecendo com o adepto!), e os setianos re-

correm a Mt 10,34: *"Non veni pacem mittere sed gladium"* ("Não vim trazer a paz, mas a espada"). O resultado da separação é que tudo o que estivera misturado com "outra coisa", de agora em diante é atraído para o seu *chorion idion* (seu próprio lugar) e *prós ta oikeia* (para o que lhe é análogo e próprio), *hōs sídēros* (pros) *Herakleion lithon* (como o ferro para o magneto)[12]. Da mesma maneira a centelha ou raio luminoso se apressa, "depois de ter participado, de seu próprio lugar, graças à instrução e ao ensinamento, em direção ao Logos que veio do alto sob a figura do servo [...]"; apressa-se em direção a Ele, "mais do que o ferro em relação à pedra heráclica"[13].

A atração magnética, aqui, parte do Logos. Este significa o pensamento ou o conceito expresso e articulado, ou seja, um conteúdo e ao mesmo tempo um produto da consciência. Com isto o Logos se aproxima da *aqua doctrinae* (água da doutrina), sendo que o primeiro goza da preferência da personalidade autônoma, enquanto o segundo representa um objeto passivo do comportamento humano. Do mesmo modo que o Logos se acha próximo da figura histórica de Cristo, assim também a *aqua* está próxima da água mágica utilizada nos ritos (ablução, aspersão, batismo). Nossos três exemplos de ação magnética apontam igualmente para três diferentes formas de agentes magnéticos, a saber:

1. O agente é uma substância em si inanimada, passiva: a *água*. Esta água é extraída, por meio de um vaso, do fundo do poço, e manipulada por mãos humanas e usada de conformidade com as necessidades do homem. Significa a doutrina intuitiva, a *aqua doctrinae* ou o Verbo (Logos), e é transmitida aos outros pela palavra e pelos ritos.

293

---

12. Aqui mencionam-se, de novo, o *eléctron* e o gavião-pescador, como nas passagens anteriores do *Elenchos*, referentes ao magneto (p. 123), e onde a ênfase é colocada no kentron (centro) da ave.

13. *Elenchos*, V, 21,8 (p. 124). Na Alquimia, o raio luminoso (radius) desempenha papel análogo. Dorn (*Theatr. chem.*, 1602, I, p. 276) fala dos "raios invisíveis do céu, que confluem para o centro da terra" e aí, como diz Maier (*Symbola aureae mensae*, p. 377), brilham como um "raio celeste semelhante a um rubi". A matéria arcana é extraída do "raio", e é ela que forma sua "sombra" (*umbra*), como se lê no *Tractatus aureus Hermetis* (em: *De arte chemica*, p. 15). A *aqua permanens* é extraída dos raios do sol e da lua (MÍLIO. *Philosophia reformata*, p. 314), ou os raios do sol se reúnem na "água de prata" (*Aurelia occulta*, em: *Theatr. chem.*, 1613. IV, p. 563).

2. O agente é um ser animado e autônomo: a *serpente*. Esta se manifesta espontaneamente, ou é encontrada de surpresa; ela fascina. Seu olhar é parado e não fixo em um alvo preciso. A serpente não reconhece o homem. Arrasta-se por cima de quem está deitado, em repouso. Podemos encontrá-la num sapato descalço, ou no bolso da veste. Por isso, ela expressa simultaneamente o medo do homem em relação a tudo o que é inumano e um "temor reverencial" (*Ehr-Furcht*) em face do sublime, do que se acha subtraído à esfera do humano. Ela representa o que há de mais ínfimo e o diabo, e, ao mesmo tempo, o que há de mais alto, o Filho de Deus, o Logos, o *Nous*, o *Agathodaimon*. A serpente está assustadoramente presente em toda a parte, e se encontra nos lugares e momentos em que menos se espera. Como o peixe, ela representa e personifica também o mundo obscuro e abissal, as profundezas das águas, a floresta, a noite e o inferno. Quando a consciência do primitivo pronuncia a palavra "serpente", está exprimindo uma experiência do extra-humano. Não é, de modo algum, uma alegoria ou uma metáfora; pelo contrário: a forma que lhe é peculiar constitui, em si, um símbolo, e o essencial aqui é que o "Filho" tenha a figura de uma serpente e não o inverso: que a serpente signifique o "Filho".

3. O agente é o Logos, que é, de um lado, uma ideia filosófica e uma abstração conceitual do Filho de Deus corpóreo e pessoal e, do outro, a *dynamis* [a força] do pensamento e da palavra.

294   É evidente que estes três símbolos procuram descrever a natureza incognoscível do Deus encarnado. Mas é igualmente óbvio que eles se hipostasiam em sumo grau: é água verdadeira, e não somente figurada, que se usa no rito. O Logos se acha no começo, em *archê*, e o Logos é Deus, indubitavelmente muito antes da encarnação. Punha-se tanta ênfase na "serpente", que os ofitas celebravam sua eucaristia com uma serpente verdadeira e não menos realista do que a serpente de Esculápio, em Epidauro. O "peixe" também não é apenas uma palavra da linguagem secreta dos mistérios, mas, como no-lo mostram os monumentos, significa algo em si mesmo. Além disto, o peixe adquiriu sua significação no cristianismo primitivo, sem uma fundamentação objetiva na tradição escrita, ao passo que a serpente pode apelar, pelo menos, para um *lógion* (dito) autêntico.

Esses três símbolos constituem fenômenos de assimilação que,   295
em si, são de natureza numinosa e, por isso mesmo, possuem uma
certa autonomia. Sim, se eles não se tivessem manifestado, isto significaria que o anúncio da figura de Cristo não produzira efeito algum.
Tais fenômenos provam não apenas a eficácia da pregação, mas constituem também os requisitos necessários para que ela possa ser efici-
ente. Em outras palavras: trata-se de modelos correspondentes à figura anunciada, existentes no inconsciente, e que são despertados e
atraídos como que magneticamente pelo aparecimento de Cristo.
Por isto é que Mestre Eckhart se serve também do mesmo simbolismo para descrever a relação de Adão, o homem primordial, de um
lado, com Deus, e, do outro, com as criaturas[14].

Este acontecimento revoluciona a psique orientada para o eu,   296
colocando ao lado dele ou – melhor – contrapondo a ele outra meta e
outro centro designados por diversos nomes e símbolos, tais como:
peixe, serpente, centro do gavião-pescador, ponto, mônada, cruz,
paraíso, etc. O mito do Demiurgo ignorante que se considera um
Deus supremo descreve a perplexidade do eu que não pode mais se
furtar à constatação de que foi destronado e expulso do seu domínio
absoluto por uma instância de ordem superior. Os *mille nomina* (mil
nomes) do *lapis philosophorum* (pedra filosofal) correspondem, por
assim dizer, aos múltiplos títulos que os gnósticos atribuíam ao homem (*ánthropos*), e através dos quais se percebe claramente o significado fundamental: trata-se do maior e mais amplo ser humano, daquela totalidade que é impossível descrever, constituída pela soma

---

14. "[...] und dar umbe diu oberste kraft schouwet in gote ir bestez unde giuzet daz fur
baz in di nidersten, daz sie underscheit wizzent boeses unde guotes. In dirre vereinunge was Âdâm, unde die wile er in dirre vereinunge was, die wile hâte er aller crêatûren
kraft an siner obersten kraft. Alse der agestein giuzet sine kraft an die nâdlen und ziuhet sî an sich, sô enpfât diu nadel der kraft als vil, daz sî fur baz giuzet in alie die nâde-
len, die under ir sint, unde hebet sie alie ûf unde ziuhet sie zuo dem agesteine" ("[...] e
por isso a força suprema contempla, em Deus, o que ela tem de melhor, e o projeta no
mais profundo, a fim de distinguir entre o bem e o mal. Nesta união esteve Adão, e enquanto nela permaneceu possuía, em sua força suprema, a força de todas as criaturas.
Quando a pedra ímã derrama sua força nas agulhas atraindo-as para ela a agulha da
força recebe aquilo que foi derramado, embaixo, em todas as agulhas que estão sob ela,
e as levanta e atrai para a pedra ímã") (Ed. Pfeifer, XI: *Von der ubervart der Gotheit*, p.
496s.).

dos fatos psíquicos conscientes e inconscientes. A esta totalidade objetiva, em oposição à subjetividade da psique do eu, denominei-a si-mesmo, que corresponde perfeitamente à ideia do *ánthropos*.

2

297   Quando a terapia procura complementar, num caso de neurose, a disposição (ou o trabalho de adaptação) insuficiente da consciência, sua meta é a de produzir uma personalidade mais ampla, criando um novo centro de gravidade que não coincide necessariamente com o eu, mas, muito mais, pelo conhecimento amplificado de que se é capaz, até mesmo pode contrariar as tendências do eu. O novo centro atrai, tal como um magneto, aquilo que lhe pertence, "os sinais paternos", ou seja, tudo o que pertence aos atributos imutáveis e originais do plano individual básico, tudo o que é mais antigo do que o eu. Por isto mesmo, está para com este na mesma relação em que o *makários ouk on theós* (o Deus feliz e sem ser) dos basilidanos se acha relativamente ao Arconte da Ogdóada, o Demiurgo, e – paradoxalmente – na mesma relação em que o Filho deste último está para o seu pai, o Arconte. O Filho mostra-se superior, por possuir um conhecimento da mensagem recebida do alto e, por conseguinte, pode mostrar ao Pai que este não é o Deus supremo. Esta aparente contradição se desfaz, logo que se tenha presente a experiência psicológica subjacente: por um lado, o si-mesmo aparece, *a priori*, nos produtos do inconsciente, ou seja, nos conhecidíssimos símbolos circulares e quaternários que já podem surgir nos sonhos iniciais da infância, isto é, muito antes de qualquer possibilidade de conscientização e compreensão; por outro lado, só uma confrontação paciente e penosa com os conteúdos do inconsciente e a síntese de dados conscientes e inconscientes daí resultante é capaz de conduzir a uma "totalidade" que se serve, por sua vez, dos símbolos circulares e quaternários para descrever-se a si-própria[15]. É também nesta fase que se relembram e se compreendem os símbolos originais da infância. Os alquimistas que, a seu

---

15. A este respeito, cf. *Psychologie und Alchemie* (§ 127s.) e *Zur Empirie des Individuationsprozesses*.

modo, sabiam muito mais a respeito da natureza do processo de individuação do que nós, da Idade Moderna, expressaram esta situação
paradoxal, desde épocas remotas, mediante a figura da serpente que
morde a própria cauda.

Os gnósticos também possuíam idêntico conhecimento, embora   298
expresso de maneira diferente, em conformidade com a época. O
conceito de inconsciente não lhes era estranho. Assim se lê na carta
de Valentino, da qual Epifânio transcreve extratos: Ἐξ ἀρχῆς ὁ
Αὐτοπάτωρ αὐτὸς ἐν ἑαυτῷ περιεῖχε τὰ πάντα ὄντα ἐν ἑανυτῷ ἐν
ἀγνωσίᾳ...[16] "Desde o início, o *Autópator* (autor de todas as coisas)
continha em si tudo o que existe em si mesmo, no inconsciente" (literalmente: na ausência de conhecimento, ignorância). Foi o Dr. Gilles
Quispel quem gentilmente me chamou a atenção para esta passagem.
Ele menciona também o "ὁ Πατὴρ ... ὁ ἀνεννόητος χαὶ ἀνούσιος, ὁ
μήτε ἄρρεν μήτε θῆλυ..." de Hipólito, que ele traduz: "lê Père... qui
est dépourvu de conscience et de substance, celui qui est ni masculin,
ni féminin"[17]. O Pai é, portanto, não somente inconsciente de si próprio e sem qualidade do ser, como também *nirdvandva* = livre de
contrastes, isto é, desprovido de qualidades e, por conseguinte, incognoscível. Temos, com isto, a descrição do estado de inconsciência. O texto valentiniano confere atributos mais positivos ao *Autópator*: "Alguns o consideram como o *éon* sem idade, eternamente jovem, ao mesmo tempo masculino e feminino, que abrange o universo
por todos os lados e [ele próprio] não é abrangido por coisa nenhuma". Nele já existia a *ennoia* [a consciência] que comunica "os tesouros da grandeza àqueles que provêm da grandeza [como o dom da
graça]". A existência da "ennoia" não comprova o estado de consciência do Autópator, porque a diferenciação só decorre das sizígias
(duplas) e tétradas subsequentes que simbolizam processos de conjunção e composição. A *ennoia*, neste caso, deve ser concebida, certamente, como uma possibilidade de se tornar consciente o existente
em estado de latência. Oehler traduz a palavra *ennoia* por "mens",
Cornário por *intelligentia* e *notio*. A oposição "consciente-incons-

---

16. *Panarium*, XXXI, cap. V.

17. *Elenchos*, VI, 42,4, p. 174. (O Pai, que é desprovido de consciência e de substância, não é masculino nem feminino) (QUISPEL. Note sur "Basilide").

ciente", "conhecido-desconhecido" me parece muito mais plástica e, por isso mesmo, mais provável.

299   O conceito paulino de *agnoia* (*ignorantia*) não me parece muito distante do conceito de "agnosia", pois ambos designam o estado inconsciente inicial do homem. Deus "olhava, de cima", este estado, sendo que o termo "hyperidōn" (vulgata: *despiciens*) usado aqui tanto pode significar "menosprezar" como "desdenhar"[18]. Em qualquer dos casos, a tradição gnóstica sabe que o Deus supremo viu que tipo de criaturas míseras e inconscientes eram os homens criados pelo Demiurgo, que nem sequer eram capazes de andar eretos. Foi por isso que Ele deu andamento à obra da redenção[19]. Na mencionada passagem dos Atos dos Apóstolos lê-se que Paulo recorda aos atenienses serem eles "da linhagem divina" − *Genus ergo cum simus Dei*[20] − e que Deus, lançando por assim dizer um olhar de reprovação para "estes tempos de ignorância (inconsciência)", enviou à humanidade a mensagem: *pantas pantachōn metanoein*, isto é, que em toda parte todos se arrependessem (mudassem de pensar); como, ao que parece, o estado inicial fora inteiramente deplorável, o verbo *metanoein* (mudar de mente) assumiu caráter moral de arrependimento dos pecados, de modo que a Vulgata o traduziu por *poenitentiam agere* (fazer penitência)[21]. O pecado do qual se deve fazer penitência é evidentemente a *agnoia* ou "agnosia", a inconsciência (ignorância)[22]. Mas não é só o homem que se acha neste estado; como vimos, este é também o caso do "anennoètos", do Deus carente de consciência, de acordo com a apreciação gnóstica. Esta opinião coincide, de certo

---

18. At 17,30.

19. Cf., por exemplo, SCOTT, B. (org.), *Hermética* I, Libellus IV, 3s., p. 150/151, onde se encontra a descrição do krater (taça) cheio do "nous", que Deus envia a terra. Certos homens cujo coração procura a consciência (o conhecimento) (*gnorizousa epi ti gegonas*), podem mergulhar (baptizein) neste *krater* e, deste modo adquirir, o "nous". No *Libellus* I, 21 [p. 126-127] se lê: "Deus disse: O homem cheio do *nous* (*ennous*) deve conhecer-se a si mesmo".

20. *Genos oun hyparchontes tou theou* (Somos da raça de Deus) (op. cit., 17,29).

21. O mesmo acontece com o "metanoeite" (mudai de mente) do Batista (Mt 3,2).

22. A este respeito, cf. "to tes agnoias hamartema", os pecados da inconsciência (insciência), em Clemente Romano (Hom. XIX, cap. XXII), com referência ao cego de nascença (Jo 9,1s.).

modo, com uma concepção cristã tradicional segundo a qual Deus, convertendo o Antigo Testamento no Novo, converte-se do Deus da ira, que era, no Deus do amor. O jesuíta Nicolau Caussino confere uma expressão clara a esta ideia no século XVII[23].

Neste contexto, devo remeter o leitor às conclusões que pode- **300** mos tirar da pesquisa de Riwkah Schärf a respeito de Satanás no Antigo Testamento: com a mudança do conceito de Satanás, na história, modifica-se também a imagem de Javé, de modo que se poderia falar de uma diferenciação da imagem divina no Antigo Testamento, sem, entretanto, se falar de uma diferenciação também no Novo Testamento[24]. Na literatura indiana encontramos a ideia de que o Deus criador do mundo talvez não fosse consciente, mas sonhasse:

> Quem conseguiu investigar,
> Quem foi capaz de saber de onde provém a criação? Foi dela
> que os deuses nasceram neste mundo!
> Quem pode dizer, portanto, de onde eles surgiram?
>
> Aquele que fez a criação,
> Aquele que a contempla da suprema luz celeste,
> Que a fez ou não fez,
> Este o pode dizer! – Ou também não o pode?[25]

A teologia de Mestre Eckhart conhece uma "divindade" à qual **301** não se pode atribuir nenhuma outra qualidade[26], exceto a da unidade do ser[27]. Ela "atua" (*west*); ainda não é dona de si própria e repre-

---

3. *Polyhistor symbolicus*, p. 348: Deus antea ultionum, tonans, fulminans, permis-ens mundum, in Virginis sinu, imo útero conquievit, et amore captus est (Deus, ante-iormente um Deus de vingança que misturava o mundo com trovões e raios, acal-nou-se no coração, ou melhor, no útero da Virgem, e aí ficou aprisionado pelo amor).

4. *Die Gestalt des Satans im Alten Testament*.

5. *Rigveda* 10,129 (estrofes 6 e 7; em: DEVSSEN. *Allgemeine Geschichte der Philo-ophie*, p. 127).

6. Este último aspecto é controvertido. O Mestre afirma: "Got in der gotheit ist ein geis-ich substancie, diu apgrüntlich ist, alsô daz nieman dâ von gesprechen kan, dan daz es niht nsî. Swer sprêche, daz es iht wêre, daz wêre mêr gelogen dan wâr" (Deus, na divindade, uma substância espiritual, que é abissal, de modo que ninguém pode dizer o que não eja. Quem o dissesse, estaria mentindo e não dizendo a verdade") (op. cit.).

7. "Diz ende enhât keine wise, ez entwehset der wise" (Este ser não tem forma; ele arece de forma) (PFEIFFER, II, p. 268, 24s.).

senta uma coincidência absoluta dos opostos: "Doch sin einveltigiu nâtúre ist von formen formelôs, von werdenne werdelôs, von wesenne weselos und ist von sachen sachelos" etc. (Entretanto, sua natureza simples é, quanto à forma, sem forma; quanto ao devir, sem devir; quanto à essência, sem essência, e quanto ao conteúdo, sem conteúdo)[28]. Até onde a lógica humana alcança, a unificação dos opostos equivale a um estado de inconsciência, pois o estado de consciência pressupõe, ao mesmo tempo, uma diferenciação e uma relação entre o sujeito e o objeto. Onde não existe um "outro" ou ainda não chegou a existir, cessa a possibilidade de se tornar consciente. Somente quando o Pai, "que flui" da divindade, isto é, de Deus, "percebe-se a si mesmo", é que "se torna consciente" e "se contrapõe a si próprio como pessoa". É deste modo que o Filho emana do Pai como conceito que este último tem de sua própria essência. Na sua unidade original "Ele nada conhece", exceto o "Uno suprarreal" que Ele é. Do mesmo modo que a divindade é essencialmente inconsciente[29], assim também o é o homem que vive em Deus. No seu sermão a respeito dos "Beati pauperes spiritu" (Mt 5,3), diz o Mestre: "[...] der mensche, der diz armüete haben sol, der sol haben allez, daz er was dó er niht enlebte, in keiner wise weder ime noch der wârheit noch gote. mêr: er sol alsô quit unde ledic sîn alles wizzennes, alse niht bekennennes gotes in im lebende ist; wan dô der mensche stuont in der êwigen art gotes, dô lebte in me niht ein anderz: waz dâ lebte, daz was er selbe. Alsô sprechen wir, daz der mensche alsô ledic sol sîr. sînes eigenen wizzennes, als er tete dô er niht enwas, unde lâze got würken, was er welle, unde stande der mensche ledic, als dô er vor gote kam" ("O homem que tem esta pobreza, tem tudo o que era quando não existia, em absoluto, nem para si, nem para a verdade nem para Deus; e mais: deve tão somente tomar consciência de s próprio, tal como se nele não existisse nenhum conhecimento de Deus. Quando o homem se encontra na eterna forma de Deus, então nele já não vive outra coisa: o que vive é o que ele próprio era. Po

---

28. Op.cit., p. 497, 34s.
29. "[...] daz er sich wirfet in die unwizzenheit, diu got ist" ("...que ele se atire na in consciência [insciência] que Deus é") (op. cit., p. 496, 21). Cf., acima, a agnosia da di vindade.

isso dizemos que o homem deve conhecer-se apenas a si mesmo, como se não tivesse outra coisa a fazer, deixando Deus realizar nele o que lhe aprouver. Que o homem seja apenas o que era quando veio de Deus")[30]. É por isso que o homem deve "conceber" (*minnen*) Deus da seguinte maneira: "Dû solt in minnen als er ist: ein nihtgot, ein nihtgeist, ein nihtpersône, ein nihtbilde, mêr: als er ein lûter pûr klâr ein ist, gesundert von aller zweiheite, und in dem einen sülen wir êwiclîche versinken von nihte zuo nihte. Des helf uns got. Âmen" (Tu deves concebê-lo tal como Ele é: um não Deus, um não espírito, uma não pessoa, uma não imagem; e mais: como um ser uno, puro, luminoso, isento de toda dualidade, e neste uno devemos mergulhar por toda a eternidade, do nada para o nada. Assim Deus nos ajude! Amém")[31].

O pensamento universal e abrangente de Mestre Eckhart conhece, sem o saber, tanto a primitiva experiência indiana quanto a gnóstica, e é inclusive a mais bela flor da árvore do *liber spiritus* (do livre espírito) que caracteriza o início do século XIV. Por certo que os escritos do Mestre permaneceram sepultados no esquecimento durante 600 anos, uma vez que "seu tempo ainda não havia chegado". Só no século XIX é que se encontrou um público em condições de avaliar de perto a grandiosidade do pensamento de Eckhart.

302

Semelhantes afirmações a respeito da natureza de Deus constituem transformações das imagens de Deus, em paralelismo com mudanças que se verificam no estado de consciência do homem, em que se possa precisar sempre qual é a causa um do outro. A imagem divina não é uma invenção qualquer, mas uma *experiência* que ocorre *sua sponte* (espontaneamente) ao indivíduo, fato que qualquer um pode saber à saciedade, desde que não prefira o obcecamento dos conceitos ideológicos à clareza da verdade. Por isso a imagem de Deus (de início, inconsciente) tem condições de modificar o estado de consciência, do mesmo modo que este pode introduzir suas correções na imagem (consciente) de Deus. É óbvio que isto nada tem a ver com a *veritas prima* (verdade primeira), o Deus desconhecido, como

303

---

30. Op. cit., p. 282, 6s.

31. Final do sermão *Renovamini autem spiritu* (Renovai-vos pela transformação do espírito) (Ef 4,23); op. cit., p. 320, 27s.

poderíamos provar de algum modo. Psicologicamente, porém, a ide
da "agnosia" (inconsciência) de Deus ou do *anennoètos theos* é d
máxima importância, na medida em que ela assimila a identidade d
divindade com a numinosidade do inconsciente; deste fato dão test
munho a filosofia do Atman e do Purusha, no Oriente, e Mestr
Eckhart – como vimos – no Ocidente.

304   Se a Psicologia se apodera destes fenômenos, só o pode faze
quando renuncia expressamente a fazer julgamentos metafísicos,
desiste da presunção de sustentar uma convicção que sua experiênci
científica pretensamente autoriza. Mas não é isto que vem ao caso. (
que a Psicologia pode constatar é única e exclusivamente a existênci
de símbolos plásticos cuja interpretação, *a priori*, é totalmente ince
ta. O que se pode dizer com alguma certeza é que os símbolos apr
sentam um certo caráter de totalidade e por isso, presumivelment
significam "totalidade". Em geral, trata-se de símbolos "de unifica
ção", isto é, de conjunções de opostos de natureza simples (dualida
de) ou dupla (quaternidade), ou seja, quatérnios. Eles surgem do er
trechoque da consciência com o inconsciente e da confusão causad
por este choque, que os alquimistas chamavam de *Chaos* (caos) ou *n*
gredo (negror). Empiricamente, tal confusão se expressa sob a form
de inquietação e de desnorteamento. Este simbolismo circular e qu
ternário aparece então sob a forma de um *princípio ordenador con*
pensatório, que apresenta a unificação dos opostos conflitantes com
já realizada e prepara um estado de inquietação salutar ("redenção"
De início, a única coisa que a Psicologia consegue constatar é que
símbolo da totalidade expressa a totalidade do indivíduo[32]. Mas, p
outro lado, ela deve não só admitir como também ressaltar que
simbolismo da totalidade emprega imagens ou esquemas que expr
mem a essência do mundo e a divindade, desde tempos imemoriais,
nas mais diversas religiões. O círculo é, portanto, um dos conhecid

---

32. Há pessoas que, comicamente, consideram uma fraqueza minha o propósito c
abster-me de juízos metafísicos. A consciência científica impede-nos de afirmar cois
cuja existência não pode ser demonstrada ou cuja plausibilidade não pode, pelo m
nos, ser apresentada. Uma afirmação por si só jamais fez com que o objeto correspo
dente adquirisse existência. "Aquilo que Ele diz, se torna realidade" é uma prerrogat
va exclusivamente divina.

símbolos de Deus, como também o é a cruz (em certo sentido) e a quaternidade em geral: visão de Ezequiel, o *Rex gloriae* com os quatro evangelistas, a Barbelo = Deus em quatro, no gnosticismo, Colorbas = todos os quatro, a díade (Tao, hermafrodito, pai-mãe etc.), e, por fim, a figura humana (a criança, o filho, o *Ánthropos*) e a personalidade individual: Cristo e Buda, para só mencionarmos os temas mais conhecidos.

Todas estas imagens manifestam-se na experiência psicológica 305 como expressões da *totalidade* unificada do homem. O fato de tal objetivo e *desiderato* terem recebido o nome de "Deus" é indício de que possuem caráter numinoso e de que, na realidade, as experiências, os sonhos e as visões desta espécie têm uma natureza fascinante e estranha, apreendida espontaneamente como tal, mesmo por pessoas não influenciadas em seus julgamentos por conhecimentos psicológicos anteriores. Por isso não devemos admirar-nos de que as inteligências ingênuas não façam nenhuma distinção entre Deus e a imagem experimentada. Sempre que aparecem símbolos indicadores de uma totalidade psíquica, depara-se também com a ideia ingênua de que Deus está neles representado. No caso, por exemplo, de uma das representações românicas do Filho do Homem acompanhado de três anjos com cabeças de animais e de um anjo com cabeça de homem, nada mais natural do que admitir que o Filho do Homem é o homem usual e que o problema – de um *versus* três – alude ao conhecido esquema de uma função diferenciada e das três funções não diferenciadas. Mas esta interpretação estaria depreciando o símbolo entendido em sentido tradicional, pois o símbolo significa a segunda pessoa da divindade no seu aspecto universal e múltiplo. Naturalmente, a Psicologia não pode adotar esta interpretação; ela pode apenas constatar a existência desta afirmação e compará-la com o fato de que, em princípio, os mesmos símbolos e especialmente o dilema do um e do três surgem frequentemente nos produtos espontâneos do inconsciente, onde aparecem relacionados com a totalidade psíquica do indivíduo. Eles indicam a existência de um arquétipo de natureza correspondente, cujo derivado parece ser a quaternidade das funções de orientação da consciência. Como, porém, a totalidade ultrapassa os limites da consciência numa medida ao mesmo tempo indeterminada e determinável, ela abrange sempre o inconsciente e, portanto, todo

o conjunto de arquétipos. Estes últimos são correspondentes complementares do "mundo exterior" e, por isso mesmo, possuem caráter
"cósmico". Daí se explica sua numinosidade e, concomitantemente,
seu "caráter divino".

3

306   Para completar minha exposição eu gostaria de mencionar aqui
certos símbolos gnósticos do fundamento do mundo ou *arcanum*, sobretudo os sinônimos que significam o "fundamento do mundo".
Nessa representação a Psicologia vê uma imagem do substrato inconsciente e gerador da consciência. Primeiramente, trata-se aqui da
figura do Demiurgo. Os gnósticos possuem um grande número de
símbolos que exprimem a origem, o centro da natureza, o Criador e a
substância divina, presentes na criatura. Não se assuste o leitor com
esta multidão de símbolos, lembrando-se de que qualquer nova imagem representa um aspecto diferente do mistério divino presente em
todas as criaturas. O elenco de símbolos gnósticos que recolhi nada
mais é do que a amplificação de uma ideia transcendental única; esta
é de tal modo abrangente, não sendo diretamente acessível à consciência que precisa de numerosas e diferentes expressões para poder
expor a multiplicidade de seus aspectos.

307   Entre os gnósticos de Ireneu, a Sofia constitui o mundo da
Ogdóada[33] que representa uma dupla quaternidade. Ela desce em

---

33. *Adversus haereses*. I, 30,3. – No sistema da gnose da Barbelo (op. cit., I. 29,4) a
Προύνιχος corresponde à Sofia. A primeira mergulha *in inferiores partes* (nas regiões
inferiores). Seu nome Prúnikos = προύνειχος; significa aquele que carrega a carga, ou
voluptuoso. Esta última significação é a mais provável, porque a referida seita gnóstica
acreditava poder reconduzir a Barbelo o Pneuma perdido por causa do ato sexual. Em
Simão Mago é Helena, a *meter* (mãe) e *ennoia* (pensamento), a respeito da qual se lê:
"degredi ad inferiora et generare angelos et potestates" (que desceu às regiões inferiores
produziu os anjos, as potestades e os firmamentos). Ela é mantida presa, à força, pelos
poderes inferiores (Ireneu, I, 29,1-4). Um análogo disto é a concepção alquímica, bem
posterior, da *anima in comped bus* (alma aprisionada em cadeias). (cf. DORN. *Specu*
lativa philosophia, em: *Theatr. chem.*, 1602, I, p. 298; *Philosophia chemica*, op. cit., p.
497. MÍLIO. *Philosophia reformata*, p. 262; *Rosarium philosophorum*, em: *Art. aurif*
II, p. 284; *Platonis liber quartorum*, em: *Theatr. chem.*, 1622, V, p. 185s.; Blaise de Vi
genère, *De igne et sale*, em: *Theatr. chem.*, 1661, VI, p. 19). A ideia provém da Alqui

forma de pomba à água e aí gera Saturno que é idêntico a Javé. Como já vimos, Saturno é o "outro sol", alquimicamente o *sol niger* (sol opaco). Na Alquimia, é considerado como *primus anthropus* (primeiro homem). É ele quem faz o primeiro homem o qual, porém, só pode rastejar como um verme[34]. Entre os naassenos, o Demiurgo Esaldaio se contrapõe, como *theos pyrinos arithmón tétartos* (um deus de fogo que ocupa o quarto lugar), à trindade do pai, da mãe e do filho. O mais elevado dos três é o pai, o *archânthropos* (o homem primordial), o *acharaktéristos* (sem qualidades), *ho anō Adamas* (o Adão do alto). Em diversos sistemas, a Sofia ocupa o lugar do *protânthropos*[35]. Epifânio cita como doutrina ebionita o fato de ser Adão idêntico a Cristo enquanto homem primordial[36]. Em Teodoro Bar-Kuni o homem primordial são os cinco elementos (isto é, quatro + um)[37]. Nos *Atos de Tomé* o dragão diz, a respeito de si mesmo: "Υἱός εἰμι ἐχείνου τοῦ βλάψαντος χαί πλήξαντος τοὺς τέσσαρας ἀδελφοὺς τοὺς ἑστῶτας" ("Sou filho daquele que feriu e golpeou os quatro irmãos que estavam de pé")[38].

A imagem primordial da quaternidade se unifica, entre os gnósticos, na figura do Demiurgo ou do *Ânthropos*. Este torna-se, de certo modo, vítima de seu próprio ato criador, ao ser aprisionado pela *Physis*

308

---

mia grega e se encontra em Zósimo (Berthelot), *Alch. grecs*, III, XLIX, 7 (p. 231/234). Tradução em: *Psychologie und Alchemie* (§ 456s.). No *Líber Quartorum* ela é de origem sabeia (cf. apud CHWOHLSOHN. *Die Ssabier und der Ssabismus* II, p. 494: "L'âme se tourna une fois vers la matière, elle s'en éprit, et brûlant du désir d'éprouver les plaisirs corporels, elle ne voulut plus s'en détacher. Ainsi naquit le monde" (A alma voltou-se, uma vez, para a matéria, enamorou-se dela e, ardendo do desejo de sentir os prazeres corporais, não quis mais separar-se dela. Foi assim que nasceu o mundo). Entre os valentinianos, a Sofia Acamot é a Ogdóada. Na Pistis Sophia (p. 264 e 49) é a filha da Barbelo. Enganada pela falsa luz do demônio Autades, ela cai prisioneira do caos. Ireneu, I, 5,2 denomina o Demiurgo de hebdômada (setenário) e Acamot, de Ogdóada (octonário), I, 7,2: O Salvador é composto de quatro coisas, numa repetição da primeira quaternidade. A quaternidade dos elementos é uma imagem ou cópia do quatro (I, 17,1), como o são também os quatro luzeiros situados em torno do Autógenes da gnose da Barbelo (I, 29,2).

34. IRENEU. Op. cit., l, 24,1.

35. BOUSSET. *Hauptprobleme der Gnosis*, p. 170.

36. *Panarium*, XXX. 3.

37. Inscriptions mandaïtes des coupes de Khouabir. II, p. 185.

38. § 32 ("Terceiro fato", em HENNECKE. *Neutestamentlictie Apokryphen*, p. 267).

(natureza) no seio da qual ele desce[39]. A imagem da *anima mundi* ou do homem primordial latente na escuridão da matéria expressa a existência de um centro que transcende a consciência e que concebemos como um símbolo da totalidade, por causa de sua quaternidade e rotundidade. Assim procedendo, não podemos admitir senão com cautela que se trata de uma totalidade psíquica (como, por exemplo, consciente + inconsciente), embora a história do símbolo nos mostre que ele sempre foi utilizado como imagem de Deus. A Psicologia, como já dissemos, não está em condições de fazer afirmações metafísicas. O que pode é constatar que o simbolismo da totalidade psíquica coincide com a imagem divina, embora não possa demonstrar que uma imagem divina é o próprio Deus ou que o si-mesmo substitui Deus.

309   Esta coincidência aparece com toda clareza na festa de Heb-Sed, do Antigo Egito, da qual Colin Campbell nos dá a seguinte descrição:

> [...] the king comes out of an apartment called the sanctuary, then he ascends into a pavilion open at the four sides, with four staircases leading up to it. Carrying the emblems of Osiris, he takes his seat on a throne, and turns to the four cardinal points in succession [...] It is a kind of second enthronement... and sometimes the king acts as a priest, making offerings to himself. This last act may be regarded as the climax of the deification of the King[40].

310   É nesta psicologia que se radica toda realeza e é por isso que, para os indivíduos anônimos do povo, o rei também é portador do símbolo do si-mesmo. Todas as insígnias – coroa, manto real, cetro, globo imperial, condecorações (estrelas!) etc. – o caracterizam como o *Ânthropos* cósmico que não somente produz o mundo, mas é, ele mesmo, o mundo. É aquele *homo maximus* (homem supremo) que voltamos a encontrar nas especulações de Swedenborg. Constitui

---

39. BOUSSET. Op. cit., p. 114s.

40. O sacerdote sai de seu aposento chamado santuário e em seguida sobe a um pavilhão aberto dos quatro lados, ao qual se chega por uma escada. Traz consigo os emblemas de Osíris, senta-se num trono e se volta sucessivamente para os quatro pontos cardeais. É uma espécie de segunda entronização, e algumas vezes o rei age como sacerdote, oferecendo sacrifícios à sua própria pessoa. Este último ato pode ser considerado como o clímax da deificação do rei. *The miraculous Birth of King Amon-Hotep* III, p. 81.

também uma das preocupações gnósticas imprimir uma forma plástica e uma roupagem conceitual adequada a este ser que é concebido como o fundamento da consciência, como sua matriz e seu princípio ordenador. Ele é, como dizem os frígios (naassenos) de Hipólito[41], *hē ameristos stigmē*, o ponto indiviso, o *kokkos tou sinapeos*, o grão de mostarda que se converte em Reino de Deus. Este ponto é *enyparchousa tō sōmati* (existente dentro do corpo). Mas só os *pneumatikoi*, isto é, os homens espirituais (em oposição aos "psíquicos" [*psychikoi*] e aos materiais [*hylikoi*]) é que o sabem. É *to rhēma tou theou*, a "elocução de Deus" (*sermo Dei*) e a "*matrix* (a matriz) dos *éons*, das potências, das inteligências, dos deuses, dos anjos e dos espíritos mensageiros, do que possui e do que não possui o ser, do gerado e do não gerado, do compreensível incompreensível, dos anos, das luas, dos dias e das horas [...]" Este ponto, "que absolutamente não existe (*hē mēden ousa*) e não é constituído de coisa alguma", torna-se uma "grandeza inapreensível (*megethos ti akatalēpton*)". Hipólito lembra, criticando, que os naassenos introduziram sincretisticamente tudo na própria concepção. Na realidade, ele não conseguia entender o modo pelo qual este "ponto" (entendido como *rhēma theou* [elocução de Deus]) era capaz de assumir figura humana: os naassenos, com efeito, denominam-no também de o *polymorphos Attis* (Átis multiforme), o filho de sua mãe, que morre prematuramente, ou, como diz o hino citado por Hipólito: *to katēphes akousma Rheas* (o boato tenebroso de Rea). Como sinônimos do "ponto" o hino menciona: Adônis, Osíris, Adão, Coribas, Pã, Baco e *poimēn leukōn astrōn* (o pastor das estrelas brancas).

Os próprios naassenos concebem sua instância divina central   311
como Naas (serpente) e consideram-na uma "substância úmida" (*hygra ousia*), em concordância com Tales de Mileto, que concebia a água como a substância primordial. Do mesmo modo que tudo depende desta água, assim também tudo o que tem vida depende do Naas (*ophis* [serpente]) e "ele contém em si a beleza de todas as coisas, como no chifre do touro de um só chifre". Ele "percorre todas as coisas, tal como [a água que] corre do Éden e se divide em quatro ori-

---

41. *Elenchos*, V, 9,5s., p. 98s.

gens (*archas*)". "Eles comparam o Éden", diz Hipólito, "com o cérebro". Três dos rios do paraíso são funções sensoriais (Físon = vista,
Gíon = audição, Tigre = olfato), enquanto o quarto, o Eufrates, é a
boca "através da qual sai a oração e entra o alimento". Como quarta
função, ele possui, como de costume[42], um duplo significado: de um
lado, a atividade sumamente material da alimentação corporal, e de
outro, "alegra[43], nutre e molda (*charaktērizei*) o homem espiritual e
completo (*teleion*)"[44]. O "quarto elemento" é um ser especial, ambivalente, um *daimonion*. Um bom exemplo disto pode ser encontrado
em Dn 3,24s., quando aos três jovens da fornalha ardente vem jun-
tar-se um quarto, que tem o "aspecto de um ser celeste".

312   Assim, a água do Eufrates é também *to hyperanō tou stereōmatos*
(aquela que fica acima do firmamento e da qual o *sotēr* (Salvador)
fala como sendo a água viva (*zōn hydōr*)[45], que possui aquela qualidade magnética que já mencionamos anteriormente. É a água maravilhosa, da qual a oliveira retira o óleo e a videira o vinho e as demais
espécies, o que é seu. "Aquele homem (*ekeinos*)", prossegue Hipólito, como se falasse ainda da água do quarto rio, "é desonrado no
mundo [...]" Ele se refere ao *teleios anthrōpos* (homem pleno); a água
é inclusive este homem, isto é, o *rhēma theou* (a Palavra de Deus) e
que este enviou ao mundo. "Da água viva nós, homens espirituais, es-
colhemos o que nos é específico (*to oikeion*)"[46], pois toda criatura
que mergulha nesta água escolhe (*eklegousa*), aí, a natureza que a caracteriza, e "é desta água que toda criatura recebe o que lhe é próprio"[47]. A água ou este Cristo constitui uma espécie de "panspermia"
(universalidade seminal), matriz de todas as possibilidades, na qual o
pneumático (o espiritual) escolhe (*eklegein*) *suum ossop*, ou seja,
aquilo que lhe é próprio[48], sendo atraído por ele (*proserchestai*), mais

---

42. Cf. *Psichologie und Alchemie*, no verbete "Axioma de Maria".

43. *Euphrainei*, jogo de palavras com *euphrathes* = aquele que fala bem.

44. *Elenchos*, V, 9,15s., p. 101.

45. Referência a Jo 4,10.

46. *Elenchos*, V, 9,21, p. 102.

47. *Elenchos*, V, 9,19, p. 101.

48. Trata-se aqui da integração do si-mesmo, indicada de modo semelhante no documento bogumila, acima mencionado, acerca do diabo como criador do mundo. Ele encontra o que lhe é próprio (ἴδιον).

do que o ferro pelo magneto. Mas ela só alcança sua natureza pneumática, quando passa através da "verdadeira porta" que é *Jēsous ho
makários* (Jesus, o bem-aventurado) e adquire, assim, o conhecimento de sua própria totalidade, ou seja, especificamente, do "homem
pleno". Este homem, que o mundo não honra, é o homem interior,
espiritual, de que só se apercebem aqueles que passaram através de
Cristo como através de uma porta que conduz à vida, e que foram
por Ele iluminados. Aqui se misturam duas imagens, uma da "porta
estreita"[49] e outra de Jo 14,6 ("Eu sou o caminho, a verdade e a vida.
Ninguém vai ao Pai senão por mim")[50]. Estas imagens representam,
obviamente, um processo de integração, característico da individuação psicológica. Na formulação destas imagens, o símbolo da água se
mistura constantemente com Cristo, e este com o *esō ánthrōpos*, o
homem interior. Isto me parece menos uma falta de clareza do que,
propriamente, uma representação psicologicamente correta, dado
que Cristo é verdadeiramente a "água-viva", na sua qualidade de
"Palavra" (Verbo), e também o símbolo do homem interior e "pleno", ou seja, do si-mesmo.

A essência do mundo, segundo os naassenos, é o homem primordial Adão. Eles consideram o conhecimento dela como o início da ple-
nificação (*archē teleiōseōs gnōsis anthrōpou*) e, ao mesmo tempo,
como a ponte que conduz ao conhecimento de Deus[51]. Ela é, ao mesmo tempo, masculina e feminina. É dela que "provêm o pai e a mãe"[52].
É composta de três partes: do elemento racional (*noëron*), do elemento psíquico e do elemento terreno (*choïkon*). Estes "três elementos
desceram simultaneamente ao interior do homem único, Jesus", e "estes três homens comunicaram suas próprias verdades, falando cada um
aos que lhes eram próprios" (isto é, comunicando o que era racional
aos que eram racionais, etc.). Esta doutrina coloca Jesus em relação
com o homem primordial (Cristo como segundo Adão): Sua alma é
"composta de três partes e, ao mesmo tempo, una" (isto é, uma Trin-

313

---

49. Mt 7,14: "[...] estreita é a porta e apertado o caminho que leva à vida eterna".

50. O contexto aqui tratado se encontra em *Elenchos*, V, 9,4s., p. 98.

51. *Elenchos* V, 6,6, p. 78: θεοῦ δὲ γνῶσις ἀπηρτισμέη τελείωσις (O conhecimento
de Deus é a suma perfeição).

52. ἀπὸ σοῦ πατὴρ χαὶ διὰ σέ μήτερ (Elenchos, V, 6,5, p. 78).

dade)[53]. Entre os exemplos de homens primordiais o texto menciona Cabiros[54] e Oanes. Este último teria uma alma capaz de padecer, para que "a forma (plasma) do grande, do homem mais belo e completo, rebaixado à condição de escravo", sofresse os castigos. Ele é "a *makaria physis* (natureza bem-aventurada) de tudo o que foi feito ou do que (ainda) está se formando", "o Reino dos Céus, que deve ser procurado no interior do homem (*entos anthrōpou*)", e mais especialmente "nas crianças de sete anos (para cima)"[55], pois são elas que depositam "a natureza procriadora do todo (*tēn archegonon*[56] *physin tōn holōn*) no sêmen gerador (*en archegonō spérmati*)". Para um observador superficial, encontram-se aqui os germens de uma "teoria sexual" da substância psíquica subjacente, que nos lembra as modernas tentativas deste gênero. Mas não se deve perder de vista que, na realidade, acontece justamente o contrário, pois a potência geradora do homem é apenas um caso especial da *archégonos physis tōn holōn*[57]: "Para eles [os naassenos] trata-se do Logos secreto (*aporrhētos*) e místico" que o texto subsequente sintomaticamente coloca em paralelo com o falo de Osíris – "e eles dizem que Osíris é água". Embora a essência (*ousia*) deste sêmen seja a causa de todas as coisas, contudo ela não participa de sua natureza. Por isto dizem eles: "Eu me torno aquilo que quero, e sou aquilo que sou". Isto é, aquele que tudo move é imóvel. "Este, dizem eles, é o único que é bom (*agathon monon*)"[58]. Outro sinônimo é o Hermes Quilênio itifálico. "Eles dizem, com efeito, que Hermes é o Logos, o intérprete e o autor (*dēmiourgos*) das coisas que surgiram, das que estão surgindo e das coisas futuras". É por isso venerado como falo, por ser dotado de um impulso (*hormēn*) de baixo para cima, como o órgão sexual masculino".

---

53. *Elenchos*, V, 6,6s. [p. 78],

54. Sob a alcunha de *kallipais* = "com lindas crianças" ou "a linda criança" (*Elenchos*, V, 7,4, p. 79).

55. Segundo Hipócrates, com efeito, o menino de sete anos já tem algo de pai (*Elenchos*, V, 7,21, p. 83).

56. "Archégonos" é o ancestral-tronco da família (op. cit.).

57. "A natureza primordial do universo".

58. Com expressa referência a Mt 19,17: *Unus est bonus. Deus* (Um só é bom. Deus) [Bíblia de Lutero: *Niemand ist gut denn der einige Gott* – Ninguém é bom a não ser o único Deus].

4

O fato de que não somente um Logos gnóstico, mas também o   314
próprio Cristo tenha sido incluído no âmbito de uma simbologia de
natureza sexual, é confirmado pelo fragmento das *Interrogationes maiores* de Maria, citado por Epifânio, e no qual se narra como Cristo conduziu esta Maria a um monte onde Ele produziu uma mulher, tirando-a de seu próprio lado, e passando a unir-se sexualmente a ela: "seminis sui defluxum assumpsisset, indicasse illi, quod oporteat sic facere, ut vivamus"[59]. Compreende-se que este simbolismo cru fira não só a sensibilidade do homem moderno, como também deve ter sido chocante para o espírito cristão dessa época (séculos III e IV); se a isto acrescentarmos um equívoco concretista, nos círculos de determinadas seitas, como aconteceu ao que tudo indica, ele não poderia senão ser rejeitado. O próprio texto mostra-nos que o autor destas *Interrogationes* não desconhecia tal reação. Diz-se, com efeito, aí, que Maria sofreu um choque tão grande que caiu por terra. Cristo disse-lhe então: "Por que duvidas, mulher de pouca fé?" É a isto, com efeito, que se refere a passagem de João 3,12: "Se, falando-vos de coisas terrenas, não credes, como haveis de crer, se vos falar de coisas celestes?" É a isto que se refere também João, 6,53: "Se não comerdes a carne do Filho do homem nem beberdes o seu sangue, não tereis a vida em vós".

Parece-me que neste simbolismo se trata de uma experiência visio-   315
nária original, como a que ainda hoje ocorre, não poucas vezes e de
maneira semelhante, no tratamento psíquico. O médico psiquiatra
não encontra aí nada de chocante. O próprio contexto de per si já indica o caminho que nos levará à maneira correta de entender. A imagem exprime um psicologema não muito fácil de expressar racionalmente; por isso, ela é forçada a usar um símbolo concreto para indicar como o sonho deve se comportar quando uma ideia mais ou menos "abstrata" se manifesta no *abaissement du niveau mental* (queda de nível mental) que ocorre durante o sono. Nessas singularidades chocantes que, evidentemente, nunca faltam nos sonhos, trata-se sempre de um "faz de conta" expresso de maneira concreta e sugesti-

---

59. *Panarium*, XXVI, cap. VII (Ela recebeu o esperma dele dentro de si. Com isto ele deu a entender que fez tal coisa para que vivêssemos).

va, que não recua diante de chocarrices e obscenidades. As imagens não se preocupam com inconveniências, pois não as levam em conta. Balbuciam na tentativa de exprimir o sentido entrevisto que lhe prende o interesse[60].

316   O contexto da visão, ou seja, João 3,12, mostra-nos claramente que a imagem não deve ser entendida em sentido concretista, mas simbólico, pois Cristo não fala de coisas terrenas, mas de um mistério celeste, isto é, espiritual; trata-se por conseguinte de um segredo, não porque algo seja dissimulado – dificilmente se poderia atribuir a esta obscenidade crua uma certa tendência ao encobrimento – mas, pelo contrário, o sentido ainda permanece oculto para a consciência. É esta regra heurística que o moderno método de análise e interpretação dos sonhos adota[61]. Se o aplicarmos à visão em apreço teremos o seguinte resultado:

317   1. O *monte* significa ascensão, e particularmente ascensão mística (= espiritual) até o cume, isto é, até à proximidade do Espírito e ao lugar da Revelação. Como o tema já é conhecido, dispensam-se as citações[62].

318   2. O significado central de que se reveste a figura de Cristo é fartamente documentado na época em questão. Na esfera do gnosticismo cristão ela constitui uma ilustração de Deus como *Archânthropos* (Homem primordial = Adão) e, consequentemente, também uma compendiação do homem em geral: "Homem e Filho do homem". É

---

60. Não consigo me furtar à impressão de que os sonhos ocasionalmente se manifestam de maneira distorcida e grotesca. Foi este aspecto que talvez levou Freud à estranha hipótese de que os sonhos dissimulam e desfiguram seu conteúdo, por motivos por assim dizer "morais". A esta opinião se contrapõe, no entanto, o fato de que eles muitas vezes fazem o contrário, e por isto associo-me mais ao ponto de vista alquímico, segundo o qual Mercúrio (o *Nous* inconsciente) é um bufão.

61. Isto não se aplica ao método psicanalítico de Freud, que destrói o conteúdo manifesto dos sonhos, como se se tratasse de mera "fachada", porque, tomando como base a psicopatologia da histeria, presume que o tema dos sonhos são desejos incompatíveis. O fato de o sonho, tanto quanto a consciência, apoiar-se em uma base instintiva nada tem a ver com o sentido das formas oníricas nem com os conteúdos da consciência, pois em ambos os casos o essencial consiste naquilo que a psicologia fez com o impulso instintivo. O notável, no Partênon, não é que tenha sido feito de pedra ou que tenha sido construído pela ambição dos atenienses, mas o fato de ser justamente o Partênon.

62. *Zur Phenomenologie des Geistes im Märchen*, § 403.

o homem interior ao qual conduz o caminho do autoconhecimento, é o "Reino dos Céus dentro do homem". Ele corresponde, como *Ánthropos*, ao arquétipo empiricamente mais importante, e, como *iudex vivorum et mortuorum* (juiz dos vivos e dos mortos) e *rex gloriae* (rei da glória), ao verdadeiro princípio ordenador do inconsciente, à quaternidade, ou ainda ao *circulus quadratus* (círculo quadrado) do si-mesmo[63]. Esta constatação não violenta coisa nenhuma. Minha concepção se baseia, ao contrário, na experiência de que as estruturas dos mandalas têm o sentido e a função de um centro inconsciente da personalidade[64]. A quaternidade de Cristo, que entra em linha de contas em nossa visão, está documentada pelo símbolo da cruz, pelas representações do *rex gloriae* e de Cristo concebido como ano.

3. O ato de *produzir a mulher* tirando-a do próprio lado indica   319 que Cristo era concebido como *Adam secundus* (segundo Adão). O fato de Ele produzir a mulher indica que desempenha o papel de Deus criador de Gênesis[65]. Do mesmo modo pelo qual o Adão anterior à criação de Eva é tido em diversas tradições como bissexual[66], assim também neste contexto Cristo mostra sua androginia de forma drástica[67]. Em geral, o Homem primordial é hermafrodita. Assim, na tradição védica ele também produz sua metade feminina e se une a ela. Na alegoria cristã, a mulher extraída do lado de Cristo significa a Igreja como esposa do Cordeiro.

A divisão do Homem primordial em homem e mulher expressa   320 um ato de tomada de consciência. Gera-se um par de opostos, advindo daí a possibilidade de se chegar à consciência. Para Maria, a espectadora do milagre, a visão significa a visualização, isto é, a projeção de um processo inconsciente que se realiza dentro dela. Sabe-se, pela experiência, que os processos inconscientes são compensatórios relativamente a uma determinada disposição da consciência. Por isso, o

---

63. *Zur Psychologie östlicher Meditation*, § 942s.

64. *Zur Empirie des Individuationsprozesses*.

65. Isto corresponde a sua natureza como Logos e como segunda pessoa da Trindade.

66. Esta concepção, porém, é rejeitada pela Igreja.

67. Combinam-se aqui três diferentes significações de Cristo. Tais contaminações são características não só do pensamento gnóstico, como também da formação inconsciente das imagens em geral.

processo de divisão apresentado na visão nos faz supor que ele está compensando uma situação de unidade na consciência. Esta "unidade" se refere, sem dúvida, sobretudo à figura do Deus feito homem e do *Ánthropos* e que ocupava, então, o primeiro plano do interesse religioso. Trata-se – como dizia Orígenes – do *vir unus*, do "homem único"[68]. É com esta figura que se acha confrontada a Maria da visão. Suponhamos que o destinatário da visão tenha sido realmente uma mulher – suposição esta não inteiramente desprovida de fundamento. Neste caso ela sentiu que faltava na pura masculinidade divinizada de Cristo uma feminilidade correspondente. Por isso lhe é revelado o seguinte: "Eu sou ambas as coisas: homem e mulher". Este psicologema constitui, ainda hoje, o conceito católico da androginia de Cristo, o *virgo de virgine* (virgem nascido da Virgem), conceito que traduz mais uma *sententia communis* do que uma conclusão. A iconografia medieval conhece representações de Cristo com seios femininos, de acordo com as palavras do Cântico 1,1: *Meliora sunt ubera tua vino* (Os teus seios são mais deliciosos do que o vinho). Em Mectildes de Magdeburgo a alma observa, no momento em que o Senhor a beija[69], que Ele não tem barba, contra toda a expectativa. Falta-lhe significativamente o sinal da masculinidade. Quer dizer: Mectildes teve uma visão correspondente à anterior, que apresenta o mesmo problema, mas de forma inversa: ela se viu num "monte rochoso" no qual a *Beata Virgo* (Bem-aventurada Virgem) estava sentada, esperando o nascimento do filho divino. Quando este nasceu, abraçou-a e beijou-a três vezes. Como nota o texto, o *spiritualis habitus*, a disposição espiritual, é alegorizada pelo monte. "Por inspiração divina, ela conheceu que o Filho constitui o mais íntimo (*medulla*) do coração paterno". Este mais íntimo é "forte, salutar e o que há de mais doce";

---

68. GREGÓRIO MAGNO. *Expositiones in librum I Regum*, lib. I, cap. I, col. 23: "Quia Deus et homo unus est Christus [...] Dum ergo unus dicitur, incomparabilis demonstratur". (Pois Deus e o homem constituem um *só Cristo* [...] Ele se mostra incomparável pelo fato de ser denominado um só). A incomparabilidade ou a unicidade são explicadas pela *excellentia virtutis* (excelência de sua virtude). Mas elas são significativas em si e por si mesmas. – (Cânticos 1,1: "Os teus seios são mais deliciosos do que o vinho"). A Bíblia de Lutero e a de Zurique traduzem *ubera* (seios) por "amor".

69. *Os suum roseum [sic!] illi praebuit osculandum* (Ofereceu-lhe a boca rósea para beijar) (*Líber gratiae spiriíualis*, fol. J, IV v°).

a força de Deus e a máxima doçura nos foi concedida por intermédio de seu Filho, "Salvador, fortíssimo e dulcíssimo consolador"; "mas o mais íntimo da alma é essa máxima doçura" (*medulla vero animae est illud dulcissimum*)[70]. Por aí se vê claramente que Mectildes reúne o coração do Pai, o Filho e o homem interior sob o conceito de *medulla*. Psicologicamente, esse *dulcissimum* corresponde ao si-mesmo, que não se pode distinguir da *imago Dei* (imagem de Deus).

A diferença entre as duas visões é significativa: a antiga revelação   321
descreve o nascimento de Eva a partir de Adão; no estágio pneumático do segundo Adão, de seu lado surge a mulher pneumática, o segundo estágio de Eva, ou seja, a alma, de algum modo como filha de Cristo. Como já mencionamos, a concepção cristã interpreta a alma como sendo a Igreja. Ela é a mulher que "circunda o homem" (Jr 31,22)[71] e unge com óleo os pés do Senhor. A visão de Mectildes dá prosseguimento ao mito sagrado: a esposa-filha tornou-se mãe, dando à luz o Pai sob a figura do Filho. Que o Filho tenha aí íntima relação com o si-mesmo se depreende do destaque que se dá à quaternidade de Cristo. Ele tem voz quádrupla (*quadruplex vox*)[72], seu coração tem quatro espécies de pulsações[73], e de seu rosto saem quatro raios[74]. Neste exemplo ressoa a voz de um novo século. Mestre Eckhart diz, expressando a mesma ideia de um outro modo, que Deus nasce da alma; e por fim, Deus e o si-mesmo se identificam simplesmente nos versos do *Peregrino Querubínico* (*Cherubinischen Wandersmannes*). Os tempos haviam mudado radicalmente: parece que a força geradora não sai mais de Deus; este, pelo contrário, é que nasce da alma. O mitologema do deus-filho que morre prematuramente assume uma forma psicológica – sinal de sua recepção e realização posteriores.

4. Voltemos agora à visão das *Interrogationes*. A produção da   322
mulher é logo seguida da copulação. O hierógamos no monte é um

---

70. Op. cit., foi. B, II vº.
71. GREGÓRIO MAGNO. Op. cit., Jr 31,32.
72. Op. cit., fol. A VII rº. A presente quaternidade se refere aos quatro Evangelhos.
73. Op. cit., foi. B, II vº.
74. Op. cit., foi. B, VII vº.

tema popular[75], do mesmo modo que o hermafrodito da Alquimia, nas antigas representações, habita de preferência os outeiros. Os alquimistas também falam de um Adão que traz sua Eva sempre consigo. A *coniunctio* dos dois é um ato incestuoso, mas não praticado mais por pai e filha, e sim, de conformidade com os tempos mudados, por irmã e irmão, ou por mãe e filho, segundo o mitologema vétero-egípcio de Amon como Kamutef, termo que significa "marido de sua mãe" ou de Mut, que é a "mãe de seu pai e a filha de seu irmão"[76]. A ideia da autocopulação volta frequentemente na descrição do criador do mundo: o deus se divide, por exemplo, em sua metade masculina e sua metade feminina[77], ou se fecunda a si próprio de uma forma que poderia facilmente ter servido de modelo para a visão das *Interrogationes*, caso se admita uma dependência literária. Os termos da narrativa heliopolitana da criação, que vêm ao caso, são os seguintes, na tradução de Sir Wallis Budge: "I, even I, had union with my clenched hand, I joined myself in an embrace with my shadow, I poured seed into my mouth, my own, I sent forth issue in the form of Shu, I sent forth moisture in the form of Saith Tefnut" etc.[78]

323   Embora não haja, em nossa visão, uma alusão à ideia da autofecundação, contudo é fora de dúvida que existe uma estreita relação entre esta e o autocriador cosmogônico. A criação original do mundo dá lugar, aqui, a uma inovação de caráter espiritual. Por isso é que a *assumptio seminis* (recebimento do esperma) não produz uma criatura visível. É, pelo contrário, um nutrimento da vida, *hina zēsōmen*, "para que vivamos". Visto, porém – como nos mostra o próprio texto –, que a visão deve ser entendida no plano "celeste",

---

75. Por exemplo, o hierógamos de Zeus com Hera nas "alturas do Gárgaro" (*Ilíada* XIV, 345s.).

76. BRUGSCH. *Religion und Mythologie der alten Ägypter*, p. 94.

77. Segundo uma concepção do Antigo Egito, Deus é, ao mesmo tempo, "pai e mãe"; "Ele gera e dá à luz a si próprio" (op. cit., p. 97). O Prajapati indiano copula com a metade feminina que se separou dele.

78. (Eu, eu mesmo, uni-me à minha mão cerrada; juntei-me, em um abraço, a minha sombra; derramei esperma em minha boca, minha própria boca; gerei um descendente sob a forma de Shu; produzi humores sob a forma de Saith Tefnut). *The Gods of the Egyptians* I, p. 310s.

isto é, espiritual, a *aporrhoia* (*profusio*, efusão) se refere a um *logos spermatikós* (*verbum seminale*) (palavra seminal) que, na linguagem dos evangelhos, significa uma água viva que jorra para a vida eterna. A visão em seu conjunto lembra muito simbolismos alquímicos análogos. O drástico naturalismo, com seu tom desagradável, ao contrário da recatada linguagem da Igreja, reporta-nos, de um lado, à maneira de conceber e de exprimir das formas arcaicas de religião, há muito superada, mas, de outro, nos remete a um modo ainda rude de observar a natureza que se prepara para receber o arquétipo do homem – tentativa esta que se estende até o século XVII, quando um João Kepler reconhece a Trindade como fundamento da estrutura cósmica, ou, em outras palavras, recebe este arquétipo na concepção astronômica[79].

5

Depois desta longa digressão sobre os sinônimos fálicos do Homem primordial, voltemos à apresentação que Hipólito faz dos símbolos centrais dos naassenos, e continuemos a enumeração das afirmações concernentes a Hermes.   324

Hermes é um evocador dos mortos (*Psychagōgos*), um condutor de almas (*psychopompos*) e gerador das almas (*psychōn ai tios*). Mas as almas foram "trazidas para baixo", (retiradas) do homem feliz do alto, ou Homem primordial, ou Adão, e introduzidas na forma da argila, para servirem ao Demiurgo desta criação, o Esaldaio, o deus de fogo, o quarto na ordem numérica[80]. Esaldaio corresponde a Jaldabaot, o Arconte supremo, como também a Saturno[81]. O número "quarto" se refere à quarta pessoa oposta à Trindade, isto é, ao diabo. O nome "Jaldabaot" significa "filho do Caos", da mesma forma   325

---

79. Devo esta ideia a uma conferência pronunciada pelo Prof. Wolfgang Pauli em nosso círculo zuriquense, a respeito das bases arquetípicas da Astronomia de Kepler.

80. *Elenchos*, V, 7,30s., p. 86.

81. Cf. BOUSSET. *Hauptprobleme der Gnosis*, p. 351s.

que Goethe, inspirando-se na terminologia alquímica, chama o diabo, muito apropriadamente, de "estranho filho do Caos"[82].

326   Hermes acha-se munido da vara mágica de ouro[83]. "(Com ela) "ele envia, afirma-se, o sono aos olhos dos mortos e desperta os adormecidos", concepção esta que os naassenos ligam, como consta expressamente no texto, Efésios 5,14: "Desperta, ó tu que dormes, e levanta-te de entre os mortos, e Cristo surgirá para ti como um luzeiro". Da mesma forma que os alquimistas reclamam o *lapis angularis*, a pedra angular, a bem conhecida alegoria de Cristo, para o seu *lapis philosophorum* (pedra filosofal), assim também os naassenos a reivindicam para seu *Protánthropos* Adão, ou mais exatamente para seu "homem interior", que é uma rocha ou pedra (petrê), porque provém da *petrē tou Adámantos*, ἀποπεπτωχῶς ἀπὸ τοῦ ἀρχανθρῶπου ἄνωθεν ᾿Αδάμαντος (arrancados do Homem primordial, o Adão do alto)[84]. E da mesma forma que os alquimistas falam de sua pedra, dizendo que ela foi *sine manibus abscissus de monte* (desprendida da montanha sem intervenção de mão alguma)[85], assim também os naassenos dizem, em relação a seu "homem interior", que ele foi trazido para baixo *eis to plasma tēs lēthēs* (para a forma do esquecimento).[86] Em Epifânio, o monte é o Archánthropos Cristo, do qual é arrancada a pedra ou o homem interior, ou, conforme a interpretação de Epifânio, é gerada, "sem sêmen humano", "uma pequena pedra" que se transforma em "grande monte"[87].

---

82. (*Fausto*, 1ª parte, gabinete de estudos).

83. Sobre isto, o texto da *Odisseia*, XXIV, 2, citado.

84. *Elenchos*, V, 7,36, p. 87s.

85. Dn 2,34: "Videbas ita donec abscissus est lapis de monte sine manibus" (Estavas assim a olhar, quando uma pedra se desprendeu do monte sem a intervenção de mão alguma). Trata-se da pedra que despedaça os pés de barro da estátua.

86. Referência à letargia, isto é, a um estado de sono e de esquecimento semelhante ao dos mortos. O "homem interior" acha-se sepultado e aprisionado no homem corporal. E a *anima in compedibus* ou *in cárcere corporis* (a alma presa em cadeias ou no cárcere do corpo), na linguagem dos alquimistas. A *lethe* (esquecimento) corresponde ao conceito moderno de inconsciente.

87. *Ancoratus*, 40.

O monte é o Logos, que as almas acompanham, "trinando" (te-   327
trigyiai), como os morcegos acompanham Hermes na *nekyia* (evoca-
ção dos mortos). Ele as conduz a Oceanos e – nas palavras imortais de
Homero – παρ' 'Ηελιοίο πύλας, χαὶ δῆμον ὀνείρων[88] – (às portas de
Hélio e ao país dos sonhos). "Este (Hermes) é Oceanos, a geração dos
deuses e dos homens na eterna alternância das marés, ora para cima
ora para baixo". Os homens nascem da maré vazante e os deuses da
maré cheia. É assim, dizem eles, que está escrito: "Eu disse: Sois deuses, e todos filhos do Altíssimo"[89]. Tem-se, assim, expresso o parentesco ou a identidade entre Deus e o homem, tanto nas Sagradas
Escrituras como nos ensinamentos dos naassenos.

6

Os naassenos derivam todas as coisas, conforme diz Hipólito, de   328
uma tríade, que é constituída, em primeiro lugar, pela "natureza
bem-aventurada do bem-aventurado homem do alto: Adão"; em segundo lugar, pela natureza mortal do homem de baixo e, em terceiro
lugar, pela raça "sem reis" (independente) (abasileutos genea), essa
mesma que foi "gerada do alto", e da qual "Mariam", a procurada,
Jótor[90], o grande sábio, Séfora[91], a vidente, e Moisés, cuja descendência não está no Egito"[92], fazem parte[93]. Estes quatro personagens formam um assim chamado quatérnio matrimonial[94], que corresponde
ao esquema clássico:

---

88. (Apud HIPÓLITO. *Elenchos*, V, 7,37, p. 88).

89. Cf. Sl 82,6s.: "Eu disse: Sois deuses, e todos filhos do Altíssimo. Mas vós como homens deveis morrer". É a esta afirmação que se referem Lc 6,35 e Jo 10,34.

90. 'Ιοθώρ = o Jótor da Septuaginta = Jetro, rei-sacerdote de Madian e sogro de Moisés.

91. Séfora, mulher de Moisés.

92. Certamente há aqui uma alusão a natureza pneumática do Gênesis proveniente de
Moisés, pois, segundo *Elenchos*, V, 7,41, p. 89, *Aigyptos* é to soma (o Egito é o corpo).

93. *Elenchos*, V, 8,2, p. 89.

94. O quatérnio de matrimônios é aquele arquétipo que corresponde ao *cross-cousin-marriage* (casamento entre primos cruzados) no estágio primitivo. Exposição detalhada sobre este tema encontra-se em minha *obra Die Psychologie der Obertragung*, §
425s.

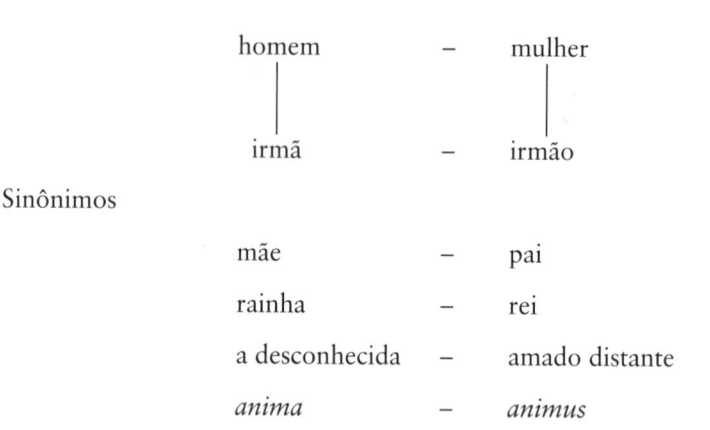

329   Moisés corresponde ao homem, Séfora à mulher; Mariam (Míriam) é a irmã de Moisés, Jótor (Jetro) é o arquétipo do velho sábio e corresponde ao *animus*-pai, quando o quatérnio é de uma pessoa do sexo feminino. Mas o fato de Jótor ser chamado o "grande sábio" significa que se trata do quatérnio de um homem. No caso de uma mulher, o acento, que aqui se concentra no sábio, recairia em Mariam, que então significaria a Grande Mãe. Em nosso quatérnio, entretanto, falta a relação incestuosa irmão-irmã, frequente nos outros casos. Em compensação, Míriam tem um certo significado materno para Moisés (cf. Ex 2,4s.). Ela é, como profetisa, uma personalidade mágica (Ex 15,20s.). Quando Moisés desposou a mulher etíope, Míriam ficou tão contrariada, que sofreu um ataque de lepra, tornando-se "branca como a neve" (Nm 12,10). Míriam, portanto, não é de todo inadequada para representar o papel da *anima*. A figura mais conhecida de *anima* do Antigo Testamento, a Sulamita, diz: "Eu sou negra, mas formosa"[95]. Na Alquimia, isto é, nas "núpcias químicas", a noiva régia é concubina do rei etíope. O negro ou o etíope desempenha um certo papel, na Alquimia em geral, como sinônimo do *caput corvi* (cabeça de corvo) e da *nigredo* (negridão)[96]. É ele que aparece como representante do mundo pagão na *Passio Perpetuae*[97].

---

95. Ct 1,5 (Bíblia de Lutero).

96. Cf. *Psychologie und Alchemie*, § 484.

97. Cf. FRANZ, Marie-Louise von. *Die Passio Perpetuae. Versuch einer psychologischen Deutung.*

A tríade é designada pelas palavras, talvez onomatopaicas: Kau-   330
lakau, Saulasau e Zeesar[98], das quais Kaulakau significa o Adão de
cima, e Saulasau, o homem de baixo, mortal, ao passo que Zeesar é
chamado o "Jordão que corre para cima". O Jordão foi obrigado por
Jesus a correr para cima. É o rio que sobe e por isto (como indicamos
anteriormente) é o gerador dos deuses. "Este, dizem eles, é o homem
andrógino sob todos os aspectos. A ele os ignorantes chamam de
Gēryonēs, o homem de três corpos (isto é, *hōs ek gēs rheonta*), ou
aquele que brota da terra, e os gregos, em geral, chamam de chifre celeste da lua"[99]. O texto define a quaternidade acima mencionada, e
que se identifica com Zeesar, o Jordão que corre para cima, com o
hermafrodito, com o *Gēryonēs* de três corpos e com o chifre da lua.
Inspira-se em Jo 1,3s, cujo Logos interpreta como sendo o Logos cosmogônico; a vida nele contida (loc. cit., 1,4) é tida como a raça (*genea*) formada de *teleioi anthrōpoi* (homens integrais)[100].

Este Logos ou a quaternidade é a "taça" da qual o rei bebe, ob-   331
servando os *omina*[101] (ou a taça de Anacreonte). É a taça que orienta
a descrição feita por Hipólito sobre o milagre do vinho em Caná, e
com o qual estaria indicando o Reino dos Céus, pois este, evidentemente, está dentro de nós como o vinho no cálice; este é colocado em
paralelo com os deuses itifálicos de Samotrácia e com o Hermes Quilênio que tanto significam o Homem primordial como o homem espiritual, dado novamente à luz (*anagenōmenos pneumatikos*). Este
último é *kata panth'homoousios* (consubstancial sob todos os aspectos) ao Homem primordial simbolizado por Hermes etc. Por isto
Cristo diz que é preciso que se coma de sua carne e se beba de seu sangue, pois Ele se tornou consciente da natureza individual de cada um
de seus discípulos e, portanto, da necessidade de que "cada um deles
alcance a natureza que lhe é própria"[102].

---

98. *Elenchos*, V, 8,4, p. 89. Estas palavras se encontram em Isaías 28,10s. (hebr.), onde
descrevem o que o "povo diz com lábios balbuciantes e em língua estrangeira". A Bíblia de Zurique traduz: "Satz auf Satz, Satz auf Sa'z, Spruch auf Spruch, Spruch auf
Spruch, da ein wenig, dort ein wenig" (Frase por frase, frase por frase, sentença por
sentença, sentença por sentença, um pouco aqui, um pouco ali).

99. *Elenchos*, V, 8,4, p. 89.

100. *Elenchos*, V, 8,5, p. 89. A este respeito, cf. *Psychologie und Alchemie*, § 550s.

101. Gn 44,5.

102. Εἰς τήν ἰδίαν φύσιν ἐλθεῖν ἀνάγχη (*Elenchos*, V, 8,12, p. 91).

332   Um outro sinônimo é Coribas, o qual desce do topo da cabeça e do cérebro informe (*acharaktēriston*) do mesmo modo que o Eufrates desce do Éden e impregna todas as coisas. Sua imagem existe – incógnita – "na figura da terra" (*en tō plasmati tō choíkō*). É o deus que está na preamar. Posso dispensar-me, aqui, da descrição deste símbolo, pois já tratei dele detalhadamente em meu livro *Paracelsica*[103]. No que concerne a Coribas, seu paralelismo com o Protánthropos se explica pela antiga concepção, segundo a qual os Coribantes eram Homens primordiais[104]. O vocábulo Coribas designa, não um personagem, mas o membro anônimo de uma coletividade, como a dos Curetos, dos Cabiros, dos Dáctilos etc. Etimologicamente, o nome foi relacionado (erradamente) com *koryphē* (topo)[105]. Parece que Coribas, em nosso texto, designa um personagem particular, ou seja, Hermes Quilênio, que aqui parece identificar-se com os Cabiros de Samotrácia. Com relação a Hermes, diz o texto: *Touton... Thrakes... Korybanta kalousi* (a este, os trácios chamam de coribante)[106]. Em uma publicação mais antiga[107], sugeri que este personagem incomum talvez fosse um produto da mistura com Coribos, conhecido através da saga de Dioniso, porque parece que este também era um ser de natureza fálica, como se depreende de um escólio sobre o *De Dea Syria* de Luciano[108].

333   Do centro do "homem completo" flui o Oceano (no qual Deus se encontra, como acima dissemos). O homem "completo" é, como diz Jesus, a "verdadeira porta" pela qual o homem "completo" deve passar, a fim de renascer. Coloca-se aqui, em toda a sua agudeza, o problema da tradução de *teleios*, pois – devemo-nos perguntar – por que um *perfectus* (perfeito) precisa ainda renovar-se por meio de um

---

103. *Paracelsus ais geistige Erscheinung*, § 182s.

104. ROSCHER. *Lexikon der griechischen una rőmischen Mythologie*, no verbete *Kureten* (Curetos), col. 1.608, 45.

105. Op. cit., col. 1.607, 52 (vértebra, vertex).

106. *Elenchos*, V, 8,13, p. 91.

107. *Der Geist Mercurius*, § 278.

108. ROSCHER. Op. cit., no verbete *Korybos*, col. 1392, 47, onde o texto é indicado *in extenso*. A descida do cérebro parece aludir à antiga concepção popular segundo a qual o esperma é conduzido da cabeça até os órgãos genitais, através da medula espinhal.

novo nascimento?[109] De uma afirmação como esta só se pode concluir que o perfeito não era assim tão perfeito, uma vez que não lhe era impossível um aperfeiçoamento posterior. Encontramos dificuldade semelhante na Carta aos Filipenses (3,12) onde Paulo diz: "Não é que eu [...] já tenha chegado à perfeição (*teleleiōmai*)". Mas apenas três versículos adiante ele escreve: *Hosoi oun teleioi...* (Portanto, todos nós que somos perfeitos...). O emprego que os gnósticos fazem de *teleios* concorda com o de Paulo. A palavra tem apenas um sentido aproximativo e quer dizer o mesmo que *pneumatikós* (homem espiritual)[110], sem que a isto, porém, esteja ligada a ideia de um determinado grau de perfeição ou de espiritualidade. O nosso vernáculo "perfeito" só consegue expressar corretamente o sentido do grego *teleios* quando este se refere a Deus. Se se trata de um ser humano, que ainda precisa renascer, no máximo só pode significar "completo", "integral", sobretudo quando, como diz o nosso texto, este homem completo, integral, não pode ser salvo (*sōthēnai*), senão atravessando esta porta[111].

---

109. Os alquimistas dizem muito acertadamente: *Perfectum non perficitur* (O que já é perfeito não precisa aperfeiçoar-se mais).

110. *Elenchos*, V, 8,22, p. 93, caracteriza os *pneumatikoi* como *noëroi teleioi anthropoi* (homens dotados de razão e completos), de onde se pode inferir que é a posse de uma *anima rationalis* que forma o homem "espiritual".

111. *Elenchos*, V, 8,21, p. 93, Cramer (*Biblisch-theologisches Wörterbuch. der neutestamentlichen Gräzität*) dá, como significado de *teleios*, os seguintes termos: "vollständig, vollkommen, woran nichts fehlt, an das Ziel der Bestimmung gelangt" (completo, perfeito, aquilo a que nada falta, que atingiu o fim ao qual se destinava). Bauer (*Griechisch-deutsches Wörterbitch zu den Schriften des Neuen Testaments*, col. 1.344) traz *reif, mündig* (amadurecido, de maioridade), com respeito à idade, e *eingeweiht* (iniciado), com referência aos mistérios. Lightfoot (*Notes on the Epistles of St. Paul*, p. 173) afirma: "Τέλειος *is properly that of which the parts are fully developed, as distinguished from* ὁλόχληρος, *that in which none of the parts are wanting, 'fullgrown' as opposed to* νέπιος, *'childish', or* παιδία, *'childhood'*". (Teleios é, propriamente, aquilo cujas partes se acham plenamente desenvolvidas [à diferença de holokleros], aquilo ao qual não falta parte alguma, 'adulto perfeito', em oposição a népios, imaturo, 'pueril', e a paidia, 'meninice'). Τέλειος é o homem que recebeu o *nous*. Ele tem *gnosis* (conhecimento). Cf. Guignebert. *Quelques remarques sur la perfection* (τελείωσις) *et ses votes dans le mystère Paulinien*, p. 419. Weiss (*Das Urchristentum*, p. 449) explica que a circunstância de a "consciência da imperfeição progredir" é justamente "sinal da perfeição". Ele se refere a Epicteto (Enchiridion, 51,1s.) onde se lê que aquele que decidiu progredir (προχόπτειν) já é antecipadamente "perfeito".

334   O pai do *perfectus* é o homem de cima, "não claramente delimitado" ou "desprovido de qualidades" (acharaktēristos) ou ainda o *Protánthropos*. "Os frígios, prossegue Hipólito, chamam-no papa [Átis]".
Ele é portador de paz e acalma "a luta dos elementos (pólemon tōn stoi-
cheiōn)"[112] travada no corpo humano, afirmação esta que voltamos a
encontrar verbalmente na Alquimia medieval, onde o *filius philosophorum pacem facit inter inimicos sive elementa*[113]. Este "papa" chama-se
também *nekys* (cadáver), pois está sepultado no corpo como a múmia
num monumento funerário. Em Paracelso retorna uma concepção semelhante a esta. No início de seu tratado *De vita longa*, lê-se: "Nihil
mehercle vita est aliud, nisi mumia quaedam balsamita, conservans mor-
tale corpus a mortalibus vermibus" etc. ("A vida, realmente, não é outra
coisa senão uma espécie de múmia embalsamada que o corpo mortal protege dos vermes mortais")[114]. O corpo vive unicamente da "múmia" através da qual o *peregrinus microcosmus*, "o homem que peregrina como estrangeiro" (este último entendido como o análogo do macrocosmo) domina o corpo físico[115]. Seus sinônimos são Adech, Argeu, Protótoma, Ides,
Idechtrum etc. Ele é o *Protoplastus* (o primeiro que foi criado) e, como
Ides, é "a argila da qual foram feitas todas as criaturas"[116] (cf. acima
a "verdadeira porta"). A múmia nasceu juntamente com o corpo e o

---

112. *Elenchos*, V, 8,22, p. 93 e V, 8,19s., p. 92.

113. "Promove a paz entre os inimigos, isto é, entre os elementos" (*Tractatus aureus*, p. 43).

114. Editado em 1562 por Adam von Bodenstein (SUDHOFF III, p. 249).

115. A respeito da múmia lê-se em *De causis morborum invisibilium, das ist. von den unsichtbaren krankheiten und iren ursachen*, no *Ingang des vierten buchs* (início do quarto livro) (SUDHOFF III, p. 308s.): "alie die kraft der kreuter, der beumen werden im múmia gefunden, nit alein der erden gewechsen kreft, sonder des wassers, alie ei-genschaft der metall, alle natur der marcasiten, alle wesen der edelen steinen. was sol ich die ding all erzelen und nennen? sie sind alle im menschen, nit weniger nit minder, als starck und ais kreftig im múmia" (Toda a força das ervas e das árvores se acham na múmia, e não somente as forças desenvolvidas da terra, como também as forças da água, todas as qualidades dos metais, toda a natureza das marcassitas, todas as substân-cias das pedras preciosas. Para que enumerar e mencionar todas estas coisas? Todas elas se encontram no homem, e não em menor quantidade nem menos vigorosa e for-temente na múmia).

116. *Argumentum in primum librum anatomiae idechtri* (SUDHOFF III, p. 462).

mantém[117], mas não na mesma medida em que o faz a *mumia supra-coelestis*[118]. Parece que esta última corresponderia ao Adão superior dos naassenos. Com efeito, falando do Ideu ou Ides, Paracelso diz que nele *alein ein mensch gelegen... und ist der protoplastus* (só existe um homem... e este é o protoplasto)"[119].

A múmia de Paracelso corresponde, portanto, em tudo, ao Homem primordial, que constitui o *microcosmus* no interior do homem mortal e, como tal, participa de todas as forças do *macrocosmus*. Como em Paracelso é preciso muitas vezes levar em conta a presença de influências cabalísticas, não me parece supérfluo lembrar, neste contexto, a figura do *metatron* da cabala: o *Sohar* chama o Messias de "coluna do centro" (isto é, do sistema da Sefirot) e sobre este ainda se lê: "A coluna do centro é *metatron*, cujo nome é como o do Senhor. Ele foi feito e constituído (*constitutus*) à imagem e semelhança dele e compreende todos os graus tanto de cima para baixo como de baixo para cima, e (os) reúne no centro"[120].

O morto, prossegue Hipólito, ressuscitará, ao atravessar "a porta dos céus". A caminho de Babilônia, Jacó viu a porta do céu: "Mas a Mesopotâmia, dizem eles, é a corrente do grande Oceano, a qual flui do centro do homem completo"[121]. Esta é a porta do céu, da qual disse Jacó: "Quão terrível é este lugar! Não há aqui outra coisa senão a casa de Deus e a porta do céu"[122]. A torrente que brota do Homem primordial (a porta do céu) é interpretada aqui como sendo as águas do Oceano, as quais, como vimos acima, possuem a capacidade de gerar deuses. Além disso, esta passagem parece que refere-se a João 7,38 ou a uma fonte apócrifa comum aos dois. A passagem de João: "Aquele que crer em mim, como diz a Escritura, de seu ventre manarão rios de água viva", refere-se a um escrito extrabíblico que o autor

335

336

---

117. Consequentemente, a múmia é também um *alexiphármakon* (um contraveneno) (*De Múmia libellus*, SUDHOFF 1/3, p. 375).

118. *De vita longa*, Liber quartus, Caput septimum (SUDHOFF, I/3, p. 284).

119. *Anatomiae liber primus*, Tractatus primus (SUDHOFF I/3, p. 462).

120. Zohar, fol. 91, col. 368, apud SCHOFJTTGEN. *Horae hebraeicae et Talmudicae II*, p. 16.

121. *Elenchos*, V, 8,20s., p. 92.

122. Gn 28,17.

acreditava pertencer às Escrituras. Do seio daquele que beber desta água jorrará uma fonte que corre para a vida eterna, diz Orígenes[123].

Esta água é concebida como a água "de cima", a *aqua doctrinae*, como os *ilumina de ventre Christi* (os rios que jorram do ventre de Cristo) e como a vida divina, em oposição à água "de baixo", a *aqua abyssi* (água do abismo) na qual, diz ele, estão as trevas e habitam o Príncipe deste mundo, o dragão hostil e seus anjos[124]. O rio de água é o próprio "Salvador" (salvator)[125]. Cristo é o rio que despeja suas águas no mundo, através do Evangelho quadripartito[126], como as torrentes do paraíso. Cito aqui o alegorismo da Igreja, de forma propositalmente detalhada, para que o leitor possa ver como o simbolismo gnóstico se entremeia com a linguagem da Igreja e como, por outro lado, principalmente em Origenes, a vitalidade da amplificação e da interpretação tinha apreciáveis pontos de contato com as concepções gnósticas. Assim a ideia da correspondência cósmica do homem interior ("spiritualis homo noster") era inteiramente familiar a ele, bem como a muitos de seus contemporâneos e seus pósteros: na Homilia sobre o Gênesis 1 diz ele que Deus primeiramente criou o mundo,

---

123. "Et videatis puteum visionis et percipiatis ex eo aquam vivam, quae fiat in vobis fons aquae salientis in vitam aeternam" (E para que vejais o poço da visão e percebais a água viva que dele vem, a qual se converta, dentro de vós, em fonte que salta para a vida eterna) (*In Genesim homilia*, XI, 3, col. 224).

124. Op. cit., I, 2, col. 148.

125. "Isti enim paradisi super Ilumina, símiles et cognati sunt illi paradiso in quo lignum vitae est. Flumina vero possumus vel scripturas Evangelicas accipere, vei etiam angelorum, vel coelestium virtutum erga huiusmodi animas adiutoria: rigantur enim ab illis et inundantur, atque ad omnem scientiam et agnitionem rerum coelestium intriuntur; quamvis et Salvator noster fluvius sit qui laetificat civitatem Dei; et Spiritus sanctus non solum ipse fluvius sit, sed ex iis quibus datus fuerlt, flumina de ventre eorurn procedant" (Pois os paraísos que estão sobre os rios são semelhantes e aparentados àquele paraíso no qual está a árvore da vida. Mas podemos considerar os rios como sendo as escrituras evangélicas, ou também como auxílios dos anjos ou das forças celestes para tais almas. Com efeito, elas são irrigadas e inundadas por eles e alimentadas para toda ciência e todo conhecimento das coisas celestes, embora nosso Salvador também seja um rio que alegra a cidade de Deus; o Espírito Santo não é somente o próprio rio, como torrentes de água que brotarão do ventre daqueles aos quais Ele for dado). (*In Numeros hom.* XVII, 4, col. 707s.)

126. Cf. a preciosa coletânea de alegorias patrísticas em Hugo Rahner, *Flumina de ventre Christi*, p. 269s. A citação dada no texto encontra-se na p. 370 e provém do *Comentário de Daniel*, de Hipólito, I, 17.

que é a totalidade da substância espiritual (*"omnis spiritualis substantia"*), à qual corresponde "nosso intelecto, que é também de natureza espiritual, ou seja, nosso *homo* espiritual interior, que vê e reconhece a Deus"[127].

Bastem-nos estes exemplos de paralelos cristãos das concepções, até certo ponto pagãs, do gnosticismo, para proporcionar ao leitor uma visão do pensamento dos dois primeiros séculos de nossa era, e, ao mesmo tempo, mostrar-lhe quão íntima é a relação que existe entre a doutrina religiosa de então e os fatos psíquicos.

337

7

Retornemos à enumeração dos símbolos em Hipólito: O Homem primordial é chamado Aípolos, em seu estado de latência – é assim que poderíamos interpretar o qualificativo *acharaktēristos* – "não porque ele apascente cabras e bodes", mas porque é *aeipolos*, isto é, o polo que faz o cosmos girar[128]. Recordemos aqui as concepções alquímicas paralelas a respeito de Mercúrio que habita no Polo Norte, acima mencionadas. Analogamente, os naassenos designam Aípolos também pelo nome de Proteu, nas palavras da *Odisseia* (IV, 384), cujo conteúdo é o seguinte (tradução de Voss): "Costuma vir aqui um velho do mar que fala sem erro, / Proteu, de divino poder revestido, o Egípcio [...]"[129] Até aqui o texto citado por Hipólito. Homero prossegue: "[...] que do mar / as profundezas com o olhar penetra, um súdito de Poseidon"[130]. Proteu é uma personificação manifes-

338

---

127. "Et ideo illud quidem primuma caelum, quod spiritale diximus, mens nostra est, quae et ipsa spiritus est, id est, spiritalis homo noster interior est qui videt ac perspicit Deum" (E por isto, aquele primeiro céu, que chamamos espiritual, é nossa mente que também é espírito; quer dizer: é o nosso homem espiritual interior que vê e sente Deus) (In *Genesim hom.*, I, 2, col. 147).

128. *Elenchos*, V, 8,34, p. 95. Trata-se de um jogo de palavras entre *aípolos* (de *aigópolos*), pastor de cabras, e *aeipolos*, de *aei polein*, girar sempre, donde polo = eixo da terra, polo.

129. Πωλειταί τις δεῦρο γέρων ἄλιος νημερτής, ἀθάνατος, Πρωτεὺς Αἰνύπτιος ("*Elenchos*, V, 8,35, p. 95).

130. *Odisseia*, IV, 384s., p. 73.

ta do inconsciente[131]: é difícil "apanhar o velho divino / para que ele, prevendo o que vai suceder, não escape [...]" É preciso pegá-lo depressa e sem contemplação, para obrigá-lo a falar. Embora viva no mar, vem anfibiamente à praia solitária, na sagrada hora do meio-dia, e então adormece entre as focas. Estas devem ser entendidas como animais de sangue quente, ou seja, como conteúdos do inconsciente, capazes de se tornarem conscientes e que aparecem, em certas épocas, no arejado e luminoso campo da consciência. É com Proteu que o herói extraviado aprende o caminho certo e o requisito que lhe possibilitarão o regresso ao solo pátrio; o velho do mar revela-se, pois, como *Psychopompos*[132]. *Ou piprasketai*, diz Hipólito, a respeito dele, expressão esta cuja melhor tradução é a frase coloquial francesa: *il ne se laisse pas rouler* (não se deixa enrolar = tapear), "mas", continua o texto, "gira como que em torno de si próprio e se transforma (*perierchetai*) a si mesmo". Comporta-se, portanto, como um corpo inatingível que dá voltas sobre si. O que ele diz é *nēmertēs*, verídico, sem erro. Ele é um "proferidor da verdade" (profeta, *Wahr-Sager*). Por isso é que os naassenos dizem, e não sem fundamento, que "o conhecimento do homem completo é profundíssimo e difícil de formular".

339   A seguir, o texto compara Proteu com a espiga verde dos eleusinos. É a ele que se dirige a exclamação dos mistérios: "Ἱερὸν ἔτεχε πότνια χοῦρον βριμὼ Βριμών" ("A senhora deu à luz a criança sagrada: Brimós (a Forte) deu à luz Brimós (o Forte)"[133]. Diz-se que a trilha tenebrosa de Perséfone (que foi raptada pelo deus infernal), conduz "ao bosque sagrado de Afrodite, que provoca ânsias de amor", e é o análogo "inferior" das altas iniciações eleusinas. Era neste caminho que "os homens deviam manter-se" para poderem iniciar-se "nos grandes e celestes" mistérios[134]. Com efeito, este mistério é

---

131. Ele traz em si algo do caráter acima mencionado do *jester* (bufão – cf. nota 60 referente ao § 315 deste volume – N.T.).

132. O papel de Proteu tem muitos pontos em comum com o de Hermes: antes de tudo o dom da vidência e, depois, a capacidade de se metamorfosear. No *Fausto* (2ª parte, baías rochosas do Mar Egeu) ele ensina ao homúnculo de que modo e por onde deve começar.

133. *Elenchos*, V, 8,40s.; sobre este ponto, cf. JUNG. *Symbole der Wandlung*, § 530, nota 79.

134. Quando eu visitava o antigo pagode de Turukalukundram (Índia Meridional), um pandit da localidade me explicou que os antigos templos eram propositalmente recobertos, no exterior, de cima abaixo, com representações obscenas, para recordar à gente comum do povo a sua sexualidade. Dizia-me ele que o espírito é um grande perigo, porque

"a porta do céu", e a "casa de Deus (ὁ οἶχος θεοῦ), onde somente Deus habita", e se destina apenas aos homens espirituais. Eles deviam despir-se de suas vestes e tornar-se todos *sponsi* (*nymphioi*, noivos), "despojados de sua masculinidade pela ação do Espírito virginal"[135]. Tem-se aqui uma alusão a Apocalipse 14,4: "[...] Virgines enim sunt. Hi sequuntur Agnum quocumque abierit" ("Pois são virgens. Seguem o Cordeiro aonde quer que este vá")[136].

Dentre os símbolos neutros do si-mesmo mencionei, acima, a *ameristos stigmē*, o "ponto indivisível", utilizado pelos naassenos. Este conceito coincide com a mônada, o Filho do homem de que fala Monoimo, diz Hipólito: "(Monoimo) acha que semelhante homem existe, bem como aquilo que o poeta expressa a respeito de Oceanos, quando diz, por exemplo: 'De Oceanos se originam os deuses e os homens'[137]. Expressando a mesma coisa em outros termos, diz ele que o homem é o universo, o princípio de tudo o que existe (*tōn holōn*), ingênito, incorruptível e eterno, e que o Filho do homem, anteriormente referido, foi gerado com a capacidade de sofrer, fora do tempo (*anachronōs*), sem desígnios (*aboulētōs*) e não predeterminado (*aprooristōs*) ...Tal homem é uma *só* mônada, não composta e indivisível [e no entanto] composta e indivisível; todo-amorosa e todo-pacífica, (mas) todo-belicosa; em tudo, em luta

340

Yama (o deus dos mortos) viria logo buscar esta gente (isto é, os *imperfecti* [imperfeitos]), caso eles entrassem diretamente na senda espiritual. As figuras eróticas estão aí para lembrar a tais pessoas o seu dharma (lei), que lhes impõe a realização de sua existência ordinária. Somente quando tiverem realizado o seu *dharma*, é que poderão alcançar a senda espiritual. As obscenidades devem despertar o desejo erótico dos visitadores do templo, para que não se esqueçam de seu dharma. Do contrário, não o realizariam. Somente aquele que se tornou capaz, mediante o seu carma (destino contraído por suas obras anteriores), e destinado à espiritualização, pode passar sem risco, desatento a tal advertência, pois ela não tem sentido para ele. E é também por este motivo que na entrada do templo se encontram as duas "sedutoras" que devem provocar as pessoas comuns a realizar seu *dharma*, pois somente desta maneira podem alcançar um desenvolvimento espiritual superior. Como o templo representa, disse-me ele, o mundo inteiro, acham-se representadas ali todas as atividades humanas; como as pessoas pensam sempre na sua sexualidade, a maior parte das imagens do templo são também de natureza erótica. Por isto é que o *lingam* (falo) se acha na cripta de Adyton (Santíssimo), no *garbha grha* (casa do útero). Este pandit era um tântrico (escolástico; tantra = livro).

135. *Elenchos*, V, 8, 44, p. 97. O seu modelo é o Atis emasculado e o sacerdote de Elêusis que celebra o hierógamos e se torna sexualmente impotente ingerindo uma poção de cicuta.

136. Cf. Mt 5,8: "Felizes os puros de coração, porque verão a Deus".

137. Condensação de *Ilíada* XIV, 200s. e 246: "Pois eu vou contemplar os limites da alma terra, / E também Oceanos, nosso nascimento, e Tétis, nossa mãe", p. 364. – "Daquela torrente que dá o nascimento e a geração a todas as coisas", p. 366.

consigo própria (*panta pros heautēn polemios*); diferente [de si própria] (mas) semelhante a si; quase como uma harmonia que contém em si todas as coisas... e torna visíveis todas as coisas no ato mesmo de as criar. É ela ao mesmo tempo mãe e pai, os dois nomes imortais. O símbolo do homem completo, diz Monoimo, é o iota, o traço do ι[138]. Este traço é a mônada una, não composta, que tem sua composição do nada, embora seja composta, multiforme, pluridividida e multíplice. Este [traço] uno, indiviso, é o traço uno do t, de muitas faces (*polyprósopos*), mil olhos e mil nomes. É a imagem do homem completo, invisível... O Filho do homem é o ι único, o traço (*keraia*) único, que flui, pleno, do alto, enchendo todas as coisas e contendo em si tudo quanto o homem, (isto é), o Pai do Filho do homem, possui”[139].

341   Esta concepção paradoxal da mônada em Monoimo descreve a natureza psicológica do si-mesmo tal como foi compreendida por um pensador do século II, sob o influxo da mensagem cristã.

342   Encontramos uma concepção paralela um pouco mais tarde, em Plotino (cerca de 205-270). Assim, diz ele em suas *Enéadas*:

> Sempre que uma alma se conhece, sabe que seu movimento natural não se processa em linha reta, pois sofreu um desvio; mas sabe que descreve um movimento circular em torno de seu princípio interior, em torno de um centro. Mas o centro é aquilo de onde procede o círculo. A alma, portanto, movimentar-se-á em torno de seu centro, isto é, em torno do princípio de onde ela procede. Ela manter-se-á presa a ele; movimentar-se-á em direção a ele, como deveriam fazer todas as almas. Mas só as almas dos deuses se movimentam em direção a ele, e por isso são deuses, pois tudo o que se acha unido a esse centro é, em verdade, deus, ao passo que o que se acha afastado dele é o homem, o homem sem unidade, o homem animal[140].

---

138. O traço do ι (iota) (*ten mian keraian*) como o menor dos sinais da escrita grega, análogo ao ponto (que não existe em grego) de nosso i. Cf. Lc 16,17: Εὐχοπώτερον δέ ἐστιν τὸν οὐραòν χαὶ τὴν παρελθεῖν ἤ τοῦ νόμου μίαν χεραίαν πεσεῖν(“Porém é mais fácil passar o céu e a terra, do que cair *um só* tracinho da Lei”). Igualmente Mt 5,18. É aqui que parece estar a origem do simbolismo do ι (iota), como lembra Ireneu (*Adv. haer*, 3,2).

139. *Elenchos*, VIII, 12,4s., p. 232. Todo o conjunto é uma paráfrase gnóstica de João e, ao mesmo tempo, uma representação muito expressiva do “si-mesmo” psicológico. A mesma relação que o ι (iota) tem para com o si-mesmo, tem-na igualmente a letra hebraica iod para com o *lapis* (pedra) na Cabala. O Homem primordial Adão designa o ganchinho do *iod* (*Shaare Kedusha*, III, I).

140. *Enéadas*, VI, 9, 8, I, p. 126.

Nesta concepção, o ponto é o centro de um círculo que é produ-   343
zido, de algum modo, pela deambulação da alma em torno dele. Mas
o ponto é o "centro de todas as coisas"; é uma imagem de Deus. É
esta a concepção que ainda hoje encontramos na base dos símbolos
mandálicos dos sonhos[141].

A ideia do *spinthèr*, da centelha, corrente entre os gnósticos, tem   344
uma significação semelhante à da mônada[142]. Este *spinthèr* corresponde à *scintilla vitae* (centelha da vida), à "pequena centelha da
alma" de Mestre Eckhart[143], que já encontramos na doutrina de Sa-
turnino[144]. Diz-se que Heráclito, o "Físico", concebia a alma como
uma *scintilla stellaris essentiae* (centelha de natureza estelar)[145]. Na
doutrina dos setianos Hipólito menciona a opinião segundo a qual as
trevas mantêm presas "em escravidão", à guisa de criaturas inteligentes, "o brilho e a centelha da luz"[146], e de que esta pequenina centelha
se acha "misturada", de maneira sutil, às águas tenebrosas[147], nas re-

---

41. No volume VII de meus tratados psicológicos, Gestaltungen des Unbewussten
[*Zur Empirie des Individuationsprozesses e ttber Mandalasymbolik*].

42. Bousset (*Hauptprobleme der Gnosis*, p. 321) afirma: "[...] que as pessoas ou pelo
menos algumas pessoas trazem em si, desde o início, um elemento superior, proveniente do mundo luminoso (o σπινθήρ) que os capacita a elevarem-se acima do mundo
do Sete, ao mundo superior da luz, do pai desconhecido e da mãe celeste".

43. MEERPOHL. *Meister Eckharts Lehre vom Seelenfünklein*.

44. IRENEU. *Adv. haer.*, I, 24. Os *pneumatikoi* (*spiritales*, espirituais) encerram uma
pequena parte do Pléroma (II, 29). Cf. a doutrina de Satorneilo em Hipólito (*Elenchos*, VII, 28,3, p. 208s.).

45. MACROBIO. *Commentarium in Somnium Scipionis*, XIV, 19.

46. *Elenchos*, V, 19,7, p. 117: ἵνα ἔχη τὸν σπινθῆρα δουλεύοντα (para manter cati-
vo o spinther).

47. Esta concepção volta, na Alquimia, em inúmeras variações. A este respeito, cf.
MAIER. *Symbola aureae mensae*, p. 380, e *Scrutinium chymicum*, Emblema XXI, p.
1: "Rex natans in mari, clamans alta voce: Qui me eripiet ingens praemium habebit"
(O rei, nadando no mar e clamando em alta voz: Quem me retirar daqui, receberá uma
grande recompensa). Cf. também a *Aurora consurgens* I, VI, Parábola prima: "quoni-
m tempestas demersit me [...] ergo laboravi per singulas noctes clamans, raucae factae
sunt fauces meae: qui est homo, qui vivit sciens et intelligens, eruens animam meam de
manu inferi?", p. 48 e 50. ("[...] porque as ondas me submergiram [...] Por isso can-
si-me de clamar a noite inteira, minha garganta enrouqueceu: Qual é o homem que aí
vive, e que, sabendo e compreendendo, salvará a minha alma das mãos do inferno?",
p. 49 e 51, em Marie-Louise von Franz, *Mysterium coniunctionis* III).

giões inferiores[148]. Semelhantemente, Simão Mago ensina que no sê-men e no leite se encontra uma pequeníssima centelha que se desen-volve e se transforma em uma força[149] ilimitada e imutável.[150]

345   O símbolo do ponto chega até à Alquimia, onde representa a subs-tância arcana. Assim, o ponto em Michael Maier significa "a pureza da homogeneidade da essência"[151]. Na gema do ovo se encontra o *punctum solis* (ponto do sol), que se transforma em pintinho[152]. Em Heinrich Khunrath este ponto representa a *sapientia* sob a forma de *Saltz Punct.* (ponto do sal)[153] e em Maier, o ouro[154]. No escoliasta do *Tractatus aureus* centro é o *circulus exiguus* (o círculo diminuto) e o *mediator* (o mediador) que reconcilia os elementos inimigos e "transmuda a forma angular da quadratura em uma forma circular igual a si própria, mediante uma rotação de longa duração"[155]. Em Dorn, o *punctulum vix intelligibile*

148. *Elenchos*, V, 21,2, p. 123: τὸν σπινθῆρα τὸν ἐλάχιστον ἐν τοῖς σχοτεινοῖ ὕδασι χάτω χαταμεμῖχθαι λεπτῶς.

149. Sobre este ponto, cf. a visão relatada por Francis O. Wickes (*Von der inneren Welt des Menschen*, p. 274). Trata-se de um típico simbolismo de individuação: "Então v uma figura humana, que pendia e que parecia abrigar toda a solidão dos mundos e de espaço. Sozinho e sem nada esperar, o Solitário pendia, olhando para o vazio a seu pés. O Solitário contemplou por longo tempo, atraindo toda a solidão para si. Em se guida, do mais profundo e em meio à escuridão impenetrável, nasceu uma centelha in finitamente pequena. Lentamente ela ergueu-se das profundezas abissais e, à propor ção que subia, foi-se tornando cada vez maior, até converter-se em estrela. E a estrel pendeu no espaço, justamente em face da figura, e a luz branca precipitou-se em tor rentes sobre o Solitário, o Único". Numa inversão desta imagem, conta-se que Zoroas tro atraiu para si as centelhas de uma estrela que o reduziram a cinzas (BOUSSET. *Haupt probleme der Gnosis*, p. 146).

150. *Elenchos*, VI, 17,1, p. 142s.

151. *De circulo physico quadrato*, p. 27.

152. Ou *punctus solis* (ponto do sol). "In ovo igitur facta sunt quatuor: terra, aqua, ae et ignis; saliens [solis] autem punctus his exceptis quatuor, in médio rubei (qui) est pu lus" (Por isso é que no ovo surgiram quatro tipos de coisas: terra, água, ar e luz. Exclu dos estes quatro, o ponto saliente [do sol] que está no centro da gema é o pintinho (*Turba philosophorum*, Sermo IV, p. 112). Ruska (*Turba philosophorum*, p. 51) subst tui *solis* por *saliens*, e, portanto, "ponto do sol" por "ponto saliente", na crença de qu todos os manuscritos copiaram o mesmo erro. Quanto a mim, não estou tão seguro este respeito.

153. *Von Hylealischen Chaos*, p. 194.

154. *De circulo physico quadrato*, p. 27.

155. *Theatrum chemicum* (1613) IV, p. 691.

(ponto quase inimaginável) é o ponto de partida da criação[156]. Também John Dee afirma que é graças ao ponto e à mônada que todas as coisas têm o seu princípio[157]. O próprio Deus é, naturalmente, o ponto central e, ao mesmo tempo, a periferia. Em Mílio o ponto é a *avis Hermetis* (a ave de Hermes)[158]. No *Novum Lumen* é o Espírito e o fogo, a vida da substância arcana, à semelhança do *spinther*[159]. Esta maneira de conceber o ponto é mais ou menos paralela à dos gnósticos.

Por estas referências não é difícil perceber que Cristo foi assimilado pelos símbolos que também valem para o Reino de Deus, como, por exemplo, o grão de mostarda, o tesouro escondido e a pérola preciosa. Ele e seu reino são uma só e mesma coisa. Naturalmente, houve sempre quem contestasse esta dissolução da personalidade de Cristo, não advertindo, porém, para o fato de que ela representa, ao mesmo tempo, a assimilação e a integração de Cristo na alma humana[160]. O resultado aparece na projeção da personalidade humana e no desenvolvimento da consciência. Por isto, estas aquisições específicas se encontram seriamente ameaçadas, agora, na era do Anticristo, não só por utopias político-sociais, como principalmente, e em primeiro lugar, pela *hybris* racionalista, que separa violentamente a consciência de suas raízes transcendentes, propondo-lhe metas imanentes.

346

---

56. *Theatrum chemicum* (1602) I, p. 382.

57. *Monas hieroglyphica* (primeira edição, 1564), em: *Theatr. chem.* (1602) II, p. 218.

58. *Philosophia reformata*, p. 131.

59. *Mus. herm.*, p. 559.

60. Eu gostaria de citar, a este respeito, uma opinião teológica: *"Jesus is a synthesis and growth, and the resultant form is one which tells of a hundred forces which went to its making. But the interesting thing is that the process did not end with the closing of the cânon. Jesus is still in the making"* (Jesus é uma síntese e um ser em crescimento, e a forma que daí resulta nos fala de uma centena de forças que contribuíram para sua realização. Mas o interessante é que o processo não terminou com o encerramento do Cânon. Jesus continua ainda em formação) (ROBERTS. *Jesus of Christ?* – A Reply, p. 124).

XIV

Estrutura e dinâmica do si-mesmo

1

Espero que os exemplos apresentados nas páginas precedentes sejam suficientes para descrever a assimilação e a amplificação progressivas do arquétipo que está na raiz da consciência do eu. Não pretendo aumentar desnecessariamente o seu número, mas, pelo contrário, tentar resumi-los de tal forma, que deles surja um quadro panorâmico. De várias indicações de Hipólito resulta indubitavelmente que muitos gnósticos nada mais eram do que *psicólogos*. Assim refere ele que os mesmos diziam que "é muito árduo descobrir a alma e difícil entendê-la"[1], e que também é difícil chegar ao conhecimento do homem "completo". "O começo da perfeição (*teleiōsis*) é, com efeito, o conhecimento do homem, ao passo que o conhecimento de Deus é a perfeição acabada (*apartismenē teleiōsis*)". Clemente de Alexandria nos diz, em seu *Pedagogo* (III, I): "A maior de todas as doutrinas consiste, na minha opinião, em conhecer-se a si mesmo. De fato, quando o homem se conhecer a si mesmo, conhecerá também a Deus". Monoimo diz, em sua carta dirigida a Teofrasto: "Procura-o dentro de ti mesmo (*apo heautou*) e aprende quem é Aquele que se apropria de tudo o que há em ti e diz: Meu Deus, meu Deus, meu entendimento, minha alma, meu corpo, e aprende de onde provém o afligir-se e o alegrar-se, o amar e o odiar, e estar acordado sem querer e o estar com sono involuntariamente e o aborrecer-se sem querer e quando tiveres investigado isto cuidadosamente, dizem eles, encontrá-lo-ás dentro de ti mesmo como Uno e como múltiplo, à seme-

---

1. *Elenchos*, V, 7,8, p. 80.

lhança daquele ponto (*keraian*), e descobrirás dentro de ti mesmo (*aph'heautou*) a passagem e a saída"[2].

Ao ler este texto, pensamos espontaneamente nos conceitos in-   348
dianos do si-mesmo como *braman* e *atman*; assim, por exemplo, no *Kena-Upanishad* 1:

> 1. Enviado por quem voa o mana, em disparada? Ajaezado inici-almente por quem segue veloz o sopro? Quem nos envia a pala-vra que aqui embaixo proferimos? Que deus é este que ajaeza o ouvido e o olho?

> 2. Ouvir do ouvir, pensar do pensar, da palavra o falar...

> 4. Exprimível se torna a palavra

> Por aquele que é inexprimível...

> 5. O pensamento é pensado

> Por aquele que é impensável pelo pensamento.

Tal é aquele que deves conhecer como *braman*...[3]

Yâjnavalkya o define, de forma indireta, na *Brihadâranyaka-Upa-*   349
nishad 3, 7, 15 e 23:

> Aquele que habita em todos os seres, que é diferente de todos os seres e ao qual nem todos os seres conhecem, aquele cujo corpo são todos os seres, aquele que governa interiormente to-das as coisas, é a tua alma, o teu condutor interior, o imortal.

> Afora ele não há outro que veja; afora ele não há outro que ouça; afora ele não há outro que entenda; afora ele não há ou-tro que conheça. É ele a tua alma, o teu condutor interior, o imortal. – O que dele difere é cheio de sofrimento[4].

Não é impossível que Monoimo, cognominado "o Árabe", tenha   350
sofrido influências indianas. De qualquer modo, suas afirmações são significativas, pelo fato de mostrarem que já no século II[5] o eu era en-

---

2. *Elenchos*, VIII, 15,ls, p. 235.

3. DEUSSEN. *Sechzig Upanishad's des Veda*, p. 204s.

4. DEUSSEN. Op. cit., p. 442s.

5. Hipólito viveu em torno de 230. Monoimo deve ser situado, portanto, em época anterior.

tendido como expoente de uma totalidade abrangente, o si-mesmo –
ponto de vista que ainda não é de todo familiar, mesmo entre os psicólogos de hoje! Assim como na Índia, também no Oriente próximo tais
conhecimentos constituem o resultado de intensa observação introspec-
tiva que não pode ser senão de natureza psicológica. A gnose é, indubitavelmente, um conhecimento psicológico, cujos conteúdos provêm do
inconsciente. Ela chegou às suas percepções através de uma concentração da atenção sobre o chamado "fator subjetivo"[6] que consiste, empiricamente, na ação demonstrável do inconsciente sobre a consciência.
Assim se explica o surpreendente paralelismo da simbologia gnóstica
com os resultados a que chegou a psicologia do inconsciente.

351   Eu gostaria de ilustrar esta concordância, recapitulando os símbolos apresentados nas páginas anteriores. Para este fim, devemos
primeiramente voltar àqueles fatos que levaram a psicologia a admitir, de modo geral, um arquétipo da totalidade ou do si-mesmo. Trata-se, em primeiro lugar, dos *sonhos* e *visões* e, em segundo lugar, dos
produtos da imaginação ativa nos quais ocorrem os símbolos da totalidade. Devemos mencionar nesse sentido, antes de tudo, os objetos
geométricos que encerram os elementos do círculo e da quaternidade[7],
ou melhor, de um lado, as formas circulares e esféricas, que podem
ser representadas de maneira puramente geométrica ou material, e, do
outro, as figuras quadradas, quádruplas ou cruciformes. Podem ser
também quatro objetos ou quatro pessoas relacionados entre si pela
maneira segundo a qual estão dispostos, ou pelo sentido. O oito tem
idêntico significado, como duplo de quatro. Uma variação especial
do tema da quaternidade é o dilema do três mais um. O número doze
(3 x 4) parece propor-se aqui como solução do dilema, e como símbolo da totalidade (zodíaco, ano). A tríade pode ser considerada
como uma totalidade relativa, porque, em geral, ela representa uma
totalidade imaterial (ou imaginada), como a Trindade[8], ou instintiva

---

6. *Psychologische Typen* (*Tipos psicológicos*. Petrópolis: Vozes, 2. ed., 2008). [3. O
tipo introvertido. a) A atitude geral da consciência, § 691s.].

7. O círculo e a quaternidade têm caráter de totalidade: o primeiro por causa da "perfeição" de sua forma e a segunda enquanto número mínimo resultante da divisão natural do círculo.

8. *Versuch einer psychologischen Deutung des Trinitätsdogmas* (*Interpretação psicológica do Dogma da Trindade.* Petrópolis: Vozes, 2011), § 182s.

(ou ctônica), como a natureza triádica dos deuses infernais (a chamada "tríade inferior"). Psicologicamente, porém, a tríade deve ser entendida como uma quaternidade defeituosa ou como um estado de transição para a quaternidade, caso se relacione com o si-mesmo, de acordo com o contexto[9]. Empiricamente, o complemento de uma tríade é outra tríade contrária. O complemento da quaternidade é a unidade[10].

É do tema do círculo e da quaternidade que deriva o símbolo do cristal formado geometricamente e também da pedra maravilhosa. Daqui, a formação das analogias conduz à cidade, ao castelo, à Igreja[11], a casa, à sala[12] e ao recipiente[13]. Uma outra variante é a roda. O primeiro tema acentua a presença do eu encerrado no âmbito maior do si-mesmo, e o segundo acentua a rotação que aparece também como deambulação ritual em torno de um centro. Psicologicamente, ela significa o ato de concentrar-se e de ocupar-se com um ponto central que é concebido como centro de um círculo e, por isso mesmo, expresso como ponto. Disto resulta uma relação com o polo e a concha celeste ornada de estrelas girando em torno dele. Paralelamente a estes conceitos há também o horóscopo como *rota nativitatis* (roda do nascimento). 352

A imagem da casa, da sala e do recipiente leva-nos diretamente ao respectivo conteúdo, ou seja, ao habitante da cidade e da casa, ou à água contida no recipiente. O primeiro símbolo também se acha em relação com a quaternidade e com o quinto elemento constitutivo enquanto unidade do quatro. O último símbolo aparece, na experiência moderna, como água azul que reflete o céu, como lago, como quatro rios (por exemplo, a Suíça como coração da Europa, com os rios Reno, Ticino, Ródano e Inn, ou o Paraíso, com os rios Gíon, Físon, Hidéquel e Eufrates); como água medicinal e como água benta 353

---

9. A este respeito, cf. o estudo *Zur Phänomenologie des Geistes im Märchen*.

10. O cinco corresponde ao caráter indistinto da quaternidade e da unidade.

11. Cf. a construção da Igreja com a pedra individual, no *Pastor de Hermas*.

12. WILHELM & JUNG. *Das Geheimnis der Goldenen Blüte* (O segredo da flor de ouro) (edição de 1929, p. 112).

13. *Psychologie und Alchemie* [§ 338].

etc. Muitas vezes a água aparece associada ao fogo, ou mesmo unida a ele como aguardente (vinho, álcool).

354   O habitante do recinto quadrado conduz à forma humana que é o símbolo mais frequente do si-mesmo, ao lado do geométrico e aritmético: é um deus ou um homem de semelhança divina, um príncipe, um sacerdote, um grande personagem, uma figura histórica, um avô, um pai querido, um modelo admirado, o irmão mais velho bem-sucedido; em resumo, uma figura que sobrepuja a personalidade do eu do sonhador. (A psicologia feminina tem as figuras femininas correspondentes.)

355   Da mesma forma que o quadrado se contrapõe ao círculo, assim também o três mais um se contrapõe à quaternidade, e a deformidade demoníaca negativa, odiosa, má, desprezível e temida, à manifestação humana positiva, bela, boa, venerável e amável. Como todos os arquétipos, o si-mesmo também tem um caráter paradoxal e antinômico. É ao mesmo tempo masculino e feminino, velho e criança, poderoso e indefeso, grande e pequeno. O si-mesmo é uma verdadeira *complexio oppositorum* (convivência dos opostos)[14], com o que, porém, não queremos dizer que ele seja em si e por si, talvez, de natureza tão antitética. É igualmente possível, com efeito, que o seu aparente caráter paradoxal nada mais seja do que um reflexo das mudanças enantiodrômicas ocorridas na disposição da consciência, que ora é favorável ora desfavorável à totalidade. O mesmo se pode dizer do inconsciente em geral, uma vez que as formas apavorantes deste último podem ser provocadas pelo medo do consciente em relação ao inconsciente. Não se deve subestimar o significado da consciência, e por isto se recomenda que se procure de algum modo um nexo causal entre as manifestações contraditórias do inconsciente e as disposições da consciência. Mas também não se deve sobrestimar a consciência, pois a experiência nos oferece provas inequívocas e abundantes da autonomia dos processos inconscientes de compensação, para que somente se procure a origem das antinomias na consciência. Entre a consciência e o inconsciente existe uma espécie de "relação de indeterminação", porque o observador não pode separar-se do objeto observado e também porque este é perturbado por aquele, pelo simples ato de observar. E isto significa

---

14. Definição da divindade em Nicolau de Cusa. *Die Psychologie der Übertragung*, § 537.

que uma observação exata do inconsciente só é possível à custa da observação da consciência, e vice-versa[15].

Assim, o si-mesmo surge em todas as formas, das mais elevadas às mais ínfimas, uma vez que tais formas ultrapassam as fronteiras da personalidade do eu, à maneira de um *daimon* (demônio socrático). É óbvio que o si-mesmo tem também seus símbolos teriomórficos. Parece que as figuras mais frequentes nos sonhos modernos são, de acordo com minha experiência, as do elefante, do cavalo, do touro, do urso, do pássaro branco e preto, do peixe e da serpente. Também ocorre, ocasionalmente, a tartaruga, o caracol, a aranha e o escaravelho. Símbolos vegetais são, principalmente, a flor e a árvore. Dentre os objetos inorgânicos que aparecem com relativa frequência, devem-se mencionar ainda o monte e o lago.   356

Nos casos em que há um menosprezo pela sexualidade, o si-mesmo aparece simbolizado em forma de falo. Este menosprezo pode consistir numa repressão comum ou numa depreciação manifesta. Esta última surge em certos indivíduos mais diferenciados como uma maneira meramente biológica de conceber e estimar a sexualidade. Semelhante concepção não atenta para as implicações espirituais ou "místicas" do impulso sexual[16]. Estas implicações estão sempre presentes como fatos psíquicos, mas são depreciadas e reprimidas por razões racionalistas ou ideológicas. Em qualquer caso como este, é lícito esperar um falicismo inconsciente como forma de compensação. A consideração superlativamente sexualista da psique, em Freud, pode ser tomada como uma boa exemplificação do que acima foi dito.   357

2

No que diz respeito aos símbolos gnósticos do si-mesmo entre os naassenos de Hipólito, os que mais se destacam são as imagens com forma humana. Dos símbolos geométricos e aritméticos, os principais são a quaternidade, a ogdóada (o número octonário), a tríade e a unidade. Voltemos nossa atenção para o símbolo da totalidade expresso   358

---

15. Sobre a exposição dos casos individuais do tema mandálico, cf. Zur. *Empirie aes Individuationsprozesses*, e *Über Mandalasymbolik*.

16. Remeto ao tratado de Sigmund Hurwitz, *Archetypische Motive in der Chassidischen Mystik*, a aparecer proximamente, cap. VI [livro publicado em 1952].

na quaternidade; em primeiro lugar, para o símbolo mencionado na secção XIII, 6, do presente volume, que eu, para resumir, gostaria de chamar de *quatérnio de Moisés*, e, em seguida, para o segundo quatérnio naasseno, ou seja, o dos *rios do Paraíso*. Nas páginas que se seguem tentarei não só relacionar psicologicamente entre si estes dois quatérnios, os quais, embora de constituição diversa, exprimem quase a mesma coisa, como também estabelecer sua conexão com as formações posteriores (alquímicas) de quatérnios. Nesta pesquisa veremos, como mostrarei, até que ponto estes dois quatérnios são característicos da psicologia gnóstica, e de que modo é possível enquadrá-los na história espiritual arquetípica do *éon* cristão.

359   A quaternidade no quatérnio de Moisés[17] foi estruturada manifestamente de acordo com o seguinte esquema:

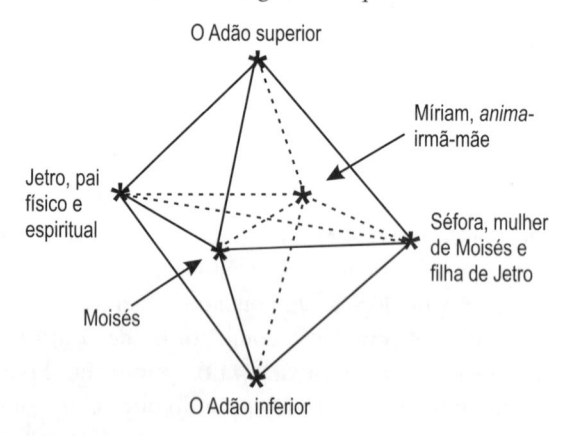

360   O "Adão inferior" corresponde ao homem comum e mortal, Moisés, ao herói cultural e legislador e, consequentemente, também ao "pai", no estágio personalístico. Séfora corresponde, como filha de rei e sacerdote, à "mãe superior". No homem comum, os dois representam o "casal régio". Em Moisés, porém, este casal corresponde, de um lado, ao seu "homem superior" e de outro, à sua *anima* (Míriam)[18]. O homem "superior" é sinônimo do homem "espiritual, interior", representado por Jetro na quaternidade acima ilustrada. É

---

17. *Elenchos*, V, 8,2, § 89. Cf. secção XIII, cap. 6 , [§ 328s., do presente volume].

18. A este respeito, cf. *Die Psychologie des Übertragung* [II: *König und Königin* (rei e rainha), § 410].

assim que se apresenta o significado do quatérnio, quando considerado do ponto de vista de Moisés. Como, porém, este está para Jetro na mesma relação que o Adão inferior, isto é, o homem comum está para Moisés, o quatérnio pode ser entendido não somente como estrutura da personalidade de Moisés, como também, inclusive, do ponto de vista do Adão inferior. Neste caso resulta o seguinte quatérnio:

Moisés ....Séfora
como herói cultural   como mãe superior

O Adão inferior ....Eva
como homem comum   como mulher comum

Vê-se aqui, claramente, que o quatérnio naasseno é assimétrico, em certo sentido, porquanto conduz a um senário (número seis) que aponta, de modo claro e exclusivo, para o alto, isto é: deve-se acrescentar ainda Jetro ou Míriam, como terceiro patamar, ao quatérnio acima indicado. Com isto, Moisés e Séfora são completados em sentido ascendente. Isto nos oferece uma espécie de sequência de estágios que conduz do Adão inferior ao Adão superior. É esta psicologia que está, certamente, na origem das extensas listas de sizígias valentinianas. Com isto, o Adão inferior, isto é, o homem que vive em um corpo, parece o elemento mais ínfimo, cuja saída é tão somente uma ascensão. Entretanto, como já indiquei acima, os quatro figurantes do quatérnio naasseno foram escolhidos com tal habilidade, que foram indicados e, consequentemente, acolhidos não só o tema do incesto, que nunca falta no quatérnio de matrimônios, como também o procedimento de estender a estrutura psíquica do homem comum para o lado infra-humano, tenebroso e mau (a sombra!): Moisés desposa a mulher etíope, e Míriam, a profetisa e irmã-mãe, torna-se "leprosa" – palavra que, já por si, nos mostra que a relação com Moisés se tornou negativa. Isto é confirmado, além disso, pelo fato de Míriam levantar-se contra Moisés e instigar até mesmo o seu irmão Aarão contra ele. Obtemos, assim, o seguinte cenário:

O Adão inferior............... Eva

Moisés............................. a etíope

Jetro................................. Míriam

O sacerdote pagão........... a leprosa "branca"

361

362   Jótor, o "grande sábio", não é inculpado pelos textos bíblicos; na qualidade de sacerdote madianita, porém, ele não está a serviço de Javé e não pertence ao povo de Deus, mas se separa deste, voltando para casa despedido por Moisés[19]. Parece que tinha também o nome de Reguel ("amigo de Deus") e teria ajudado a Moisés com sua elevada sabedoria. Por conseguinte constitui uma personalidade numinosa, isto é, a corporificação de um arquétipo, ou seja, do arquétipo do "Velho Sábio", que personifica o espírito no mito e no folclore. Como já mostrei, este espírito tem uma natureza contraditória e conflitante[20]. Da mesma forma que Moisés representa sua própria sombra no caso apresentado, Jetro também deveria ser incluído no quatérnio, como aspecto "inferior" de si próprio, em sua qualidade de sacerdote pagão e estrangeiro, com o significado mágico-nefasto (não garantido pelos textos)[21].

363   Como já indicamos, o quatérnio de Moisés é uma variante individual do quatérnio geral de matrimônios que ocorre também no folclore[22]. Assim, poderíamos designá-los igualmente por outros nomes míticos. O esquema fundamental:

marido ———————————— prima como mulher

irmã do marido ———————————— irmão da mulher

aparece também sob formas diversas; assim, por exemplo, a irmã pode ser substituída pela mãe ou o irmão da mulher por uma figura semelhante ao pai. Mas o tema do incesto permanece como característica específica. Como se trata de um esquema primitivo, típico da psicologia da relação amorosa e também da transferência, é normal que apresente, como todos os esquemas caracterológicos, uma forma de manifestação "favorável" e uma forma "desfavorável", pois as próprias formas de relação que vêm ao caso apresentam, empirica-

---

19. Ex 18,27.

20. *Zur Phänomenologie des Geistes im Märchen*.

21. Como todo o quatérnio da sombra representa uma construção, surgida por razões de simetria, ao "bom sábio" deve-se contrapor aqui uma figura etônica tenebrosa correspondente.

22. Cf. *Die Psychologie der Übertragung*, § 425s.

mente, a mesma diferença: tudo o que o homem faz tem ao mesmo tempo um aspecto positivo e um negativo.

Que o leitor não se confunda, portanto, com as denominações um tanto grotescas dos gnósticos, que são, por assim dizer, incidentais, mas o esquema em si é universalmente válido. O mesmo se pode dizer do segundo esquema, isto é, de seu quatérnio da sombra, para o qual mantive a mesma terminologia, uma vez que a biografia de Moisés contém certos traços que se prestam muito bem para ilustrar a sombra. 364

O quatérnio dado abaixo não culmina em um "Adão inferior", mas em uma etapa preliminar tenebrosa e animalesca (ou teriomórfica) do mesmo, ou seja, na serpente criada antes do homem, o Naas dos gnósticos. Disto resulta a seguinte estrutura: 365

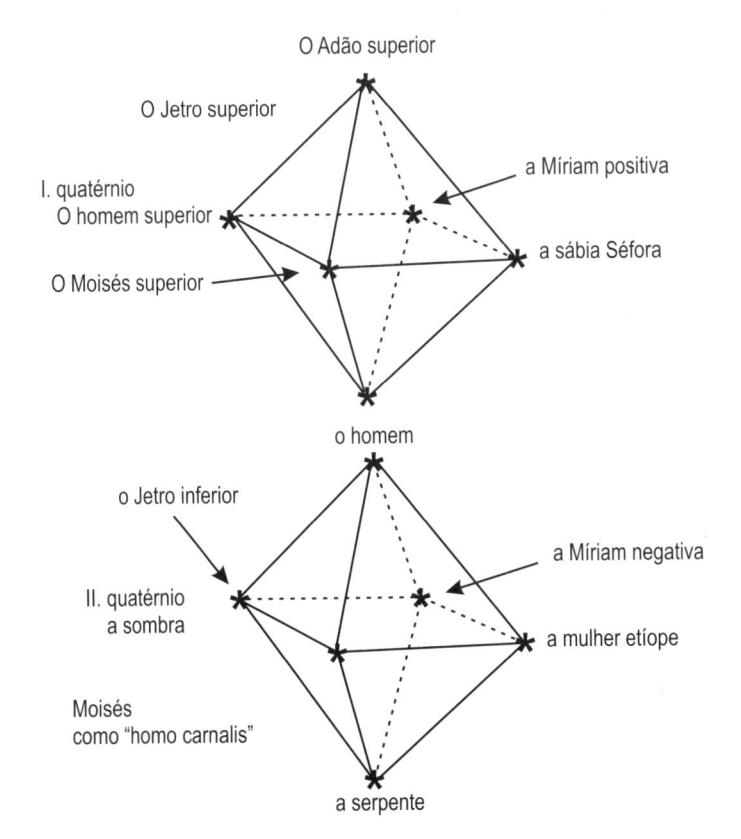

366   Este esquema não é mera brincadeira ociosa, pois os textos gnósticos demonstram inequivocamente que o aspecto tenebroso das figuras metafísicas lhes era familiar, e a prova disto é o grande choque
que provocaram. (Pense-se, por exemplo, na identificação do Deus
bom com Príapo[23], ou do *Ánthropos* com o Hermes itifálico!) Acresce
também que foram os gnósticos (Basílides) que discutiram longamen-
te o problema do mal (pothen to kakon? – de onde vem o mal?). A figura serpentina do Nous e do Agathodaimon de modo algum significa que a serpente tinha um aspecto exclusivamente bom. Do mesmo
modo que a serpente Apófis era a inimiga clássica do deus solar egípcio, assim também o diabo, "a antiga serpente"[24], era o inimigo de
Cristo, o *novus Sol* (o novo Sol). Ao Deus bom e perfeito se contra-
punha um Demiurgo imperfeito, vaidoso, ignorante e incapaz. Havia
potências arcônticas que entregaram aos homens o *chirographum*
(manuscrito) de perdição, do qual Cristo deveria libertá-los[25].

367   Com o início do segundo milênio, a evolução espiritual desloca o
centro de gravidade, em proporção cada vez maior, para o lado tenebroso. O Demiurgo se transforma no diabo que criou o mundo, e pouco depois a Alquimia começa a desenvolver seu conceito de Mercúrio,
o espírito em parte material e em parte imaterial que penetra e sustenta
a criação, desde a pedra e o metal, até aos seres vivos mais elevados.
Ele habita o interior da terra, sob a forma de serpente; tem corpo,
alma e espírito. É imaginado como *homunculus* (homenzinho) ou
homus altus (homem alto), como figura humana, e concebido como
"Deus terreno"[26]. Aqui vê-se claramente até que ponto a serpente é

---

23. Na gnose de Justino. Cf. HIPÓLITO. *Elenchos*, V, 26,32, p. 132: ὁ δέ ἀγαθός
ἐστι Πρίαπος (Príapo é o bom).

24. Ap 12,4.

25. Cl 2,14: Cristo apagou "o título de dívida (*chirographum*) que havia contra nós" "e
o aboliu, cravando-o na cruz". O manuscrito acha-se impresso no corpo. Esta opinião é
atestada por Orósio (*Ad Aurelium Augustum commonitorium de errore Priscillianista-
rum et Origenistarum*, p. 153), quando afirma que, segundo Prisciliano, a alma foi
aprisionada por potências malignas ao descer através das esferas, para nascer, e lançada por ordem do vencedor (*victoris principis*) em diversos corpos, nos quais teria sido
gravado um "manuscrito". As partes da alma (*membra animae*) contêm um *chiropraphum*
divino; as partes do corpo (*membra corporis*) são descritas por meio de sinais zodiacais
(*coeli signa*).

26. *Der Geist Mercurius.*

uma das fases preliminares do homem ou uma imagem longínqua do *Ánthropos*, e como a equação: Naas = Nous = Logos = Cristo = Adão superior, tem sua razão de ser. A evolução desta equação ao longo da Idade Média, no sentido do lado tenebroso, foi preparada, como já mencionamos, entre outros, pelo falicismo gnóstico, que se manifesta no século XV, no Códice Ashburn 1166, de conteúdo alquímico, na Laurenziana (em Florença)[27]; no século XVI, Mercúrio é identificado com Quilênio[28].

É um fato significativo que a filosofia gnóstica tenha sido continuada justamente pela Alquimia[29] A *Mater Alchimia* (a Mãe Alquimia) é uma das mães da moderna ciência, que nos transmitiu um conhecimento de incomparável valor acerca da matéria tenebrosa. Mas ela penetrou nos mistérios da fisiologia e fez das raízes da existência vital o objeto de suas pesquisas. Deste modo, o espírito humano mergulhou profundamente no mundo sublunar da matéria, repetindo, assim, o mito gnóstico do Nous, o qual, contemplando a sua imagem nas profundezas, desceu às regiões inferiores, onde foi enlaçado e tragado pela *physis* (natureza). O clímax desta evolução é representado, respectivamente, pelo Iluminismo francês, no século XVIII, pelo materialismo científico, no século XIX, e, no século XX, pelo "realismo" político e social que faz o curso da história regredir dois mil anos, trazendo de volta o despotismo, a negação dos direitos do indivíduo, a crueldade, o aviltamento da pessoa humana e a escravidão do mundo pré-cristão, cujo *labour problem* (problema trabalhista) foi solucionado com o *ergastulum* (prisão e confinamento de escra-

368

---

27. Cf. *Psychologie und Alchemie*, fig. 131.

28. Isto aconteceu na Chrysopoeia (GRATAEOLO. *Verae alchemiae metallicae, atra aenigmata, doctrina*, 2ª parte, p. 269b), que Augurelo dedicou ao Papa Leão X. Encontra-se aí uma invocação da *alma soror* (magnífica irmã) de Febo: "Tu quoque, nec coeptis Cylleni audacibus usquam / Defueris, tibi nam puro de fonte perennis / Rivulus argentum, vulgo quod vivere dicunt, / Sufficit, et tantis praestat primord a rebus" (Tu também, Quilênio, jamais te afastes das audaciosas empresas, pois te basta um riozinho perene de prata que brota de fonte pura e que o povo acredita ser "vivo", o qual supera os primórdios em coisas grandiosas).

29. No âmbito do Império Romano do Ocidente há uma lacuna, nesta evolução, que vai do século III d.C. até cerca do século XI, isto é, até à época das primeiras traduções do árabe.

vos). A "inversão de todos os valores" se opera abertamente diante de nossos olhos.

369   Parece que tal evolução, indicada aqui em poucas palavras, foi antecipada na simbologia medieval e na gnóstica como o Anticristo no Novo Testamento. Tentarei mostrar, no que se segue, de que modo isto se deu. Vimos acima que, assim como o Adão superior corresponde ao Adão inferior, também este último corresponde à serpente. No espírito da Idade Média e do final da Antiguidade, a primeira destas duas pirâmides representa o mundo do espírito ou a metafísica; a segunda, a natureza sublunar e de modo particular a disposição humana de natureza instintiva, a "carne" – para me servir deste termo gnóstico-cristão – que tem suas raízes no reino animal ou mais precisamente no reino dos animais de sangue quente. O Nadir deste sistema é o vertebrado de sangue frio, a serpente[30], com a qual se consuma a relação que é possível estabelecer, por assim dizer, com todos os animais de sangue quente. Que a serpente constitua, contra todas as expectativas, um análogo do *Ánthropos*, é confirmado – o que vale de modo especial para a Idade Média – pelo fato de que ela é, de um lado, uma *allegoria Christi* (alegoria de Cristo) bastante conhecida e, de outro, aparece revestida do dom da sabedoria e de uma natureza sumamente espiritual[31]. Como relata Hipólito, os gnósticos identificaram a serpente com a medula espinhal e com a *Medulla*. Estas duas equivalem às funções reflexivas.

370   O segundo quatérnio é o negativo do primeiro: sua sombra. Por "sombra" designo a personalidade inferior, cujo estágio mais baixo não se pode distinguir da constituição impulsiva do animal. A própria ideia da *prosphyēs psychē*, da "alma acrescida", de Isidoro[32], já encerra este ponto de vista[33]. Também o vamos encontrar em Oríge-

---

30. Um sinônimo deste animal é o dragão, pelo fato de *drakon* (draco) designar também a serpente.

31. Era tida como *zoon pneumatikótaton* (o animal mais espiritual).

32. Isidoro é filho de Basílides. Cf. CLEMENTE DE ALEXANDRIA. *Stromata*, II, 20, 112 e 114 [Os "acréscimos" consistem em uma espécie de almas de animais como o lobo, o macaco, o leão etc.].

33. Em Valentino, os *apendiculos* são espíritos que habitam no interior do homem. Cf. CLEMENTE DE ALEXANDRIA. Op. cit, p. 112 e 114.

nes, que fala de animais contidos no homem[34]. Da mesma forma que a maioria dos indivíduos não tem consciência da própria sombra, assim também a serpente corresponde ao totalmente inconsciente e incapaz de atingir a consciência; este fator, no entanto, possui, como inconsciente coletivo e como instinto, uma sabedoria própria e um conhecimento considerados, frequentemente, como sendo de caráter sobrenatural. É este o "tesouro" que a serpente (ou o dragão) guarda, e, ao mesmo tempo, o motivo pelo qual estes significam, de uma parte, o mal e a tenebrosidade e, de outra, a sabedoria. Sua falta de relação, sua frieza e periculosidade expressam o mundo dos instintos que passa inexoravelmente e com toda a crueldade e desconsideração por cima dos desejos e preocupações humanos morais, causando por isso mesmo um efeito ao mesmo tempo terrificante e fascinador, tal como acontece com a súbita aparição de uma serpente venenosa.

Na Alquimia a serpente é o símbolo do *Mercurius non vulgi* 371 (Mercúrio não ordinário) que é posto em paralelo com Hermes, o deus da revelação. Ambos são de natureza pneumática. O *serpens Mercurii* (a serpente de Mercúrio) significa um espírito ctônico que habita na matéria, e especialmente a porção do caos original, da massa confusa ou globosa escondida na criação. O símbolo da serpente na Alquimia se refere a uma figura histórica mais antiga. Como os alquimistas entendem o seu *opus* (a obra) como uma repetição ou imitação da criação, o *serpens Mercurii* (a serpente de Mercúrio), o deus astuto e enganador, recorda-lhes a serpente do Paraíso, e esta lhes recorda o diabo, o tentador que, segundo eles próprios confessam, lhes pregava toda espécie de peças durante o trabalho. Mefistófeles, cuja "comadre, a serpente"[35], constitui a versão goethiana do *familiaris* (familiar) alquímico, isto é, do Mercúrio. Ele é, como o dragão, o estágio preliminar enganador, evasivo, venenoso, perigoso do hermafrodito, que por isso mesmo deve ser superado.

---

34. Como, por exemplo, *In Leviticum homiliae*, V, 2, col. 450: "Cum ergo videas fiabere te omnia quae mundus habet, dubitare non debes quod etiam animalia, quae offeruntur in hostiis, habeas intra te" (Vendo, portanto, que encerras tudo o que o mundo possui, não duvides de que há também dentro de ti os animais que se oferecem em sacrifício).

35. *Fausto*, 1ª parte, cena dos estudantes.

372   Entre os naassenos, o Paraíso é considerado uma quaternidade
paralela ao quatérnio de Moisés, e de sentido análogo. Esta quaternidade é constituída pelos quatro rios do Paraíso: Físon, Gíon, Hidéquel e Frates[36]. A serpente do Gênesis 3 exprime imagisticamente o
numen personificado pelas árvores. Por isso ela é representada tradicionalmente junto a uma árvore, ou sobre ela. É a voz da árvore que
convenceu Eva de "que era bom comer da árvore; que era formosa
aos olhos e uma árvore de agradável aspecto" (Gn 3,6, Lutero). No
conto *O Espírito dentro da garrafa*, Mercúrio deve também ser inter-
pretado como *numen* das árvores[37]. Na *Ripley Scrowle*, Mercúrio
surge da coroa da árvore filosófica ("árvore do conhecimento")
como serpente, sob a figura de melusina[38]. A árvore representa a evolução e as fases do processo de transformação[39], e seus frutos ou flores significam o coroamento da obra[40]. No conto, Mercúrio está escondido nas raízes do grande carvalho, e portanto dentro da terra. O
serpens Mercurii (a serpente de Mercúrio) habita no interior da terra.

373   Entre os alquimistas, o Paraíso é um símbolo popular do *albedo*
(alvura)[41], isto é, do estado de inocência readquirido, e sua fonte é
um símbolo também popular da *aqua permanens*[42]. Entre os Padres
da Igreja, Cristo é esta fonte[43], e o Paraíso significa o fundo da alma,

---

36. Frates = Eufrates.

37. *Der Geist Mercurius*.

38. Cf. fig. 257, em *Psychologie und Alchemie*.

39. Op. cit., § 357.

40. Op. cit. fig. 122; • JUNG. *Der philosophische Baum*, § 402s.

41. RIPLEY. *Cantilena*, vers. 28s., e *Chymische Schritten*, p. 51; MILIO. *Philosophia reformata*, p. 124.

42. *Terram clara aqua paradisi irrigandam* (A terra que deve ser irrigada com a clara água do Paraíso). (HOLLANDDS Isaacus. *Fragmenta de lapide philosophorum* em: *Theatr. chem.* 1602, II, p. 142). O *Tractatus Aristotelis ad Alexandrum Magnum* (*conscriptus et a quodam Christiano Philosopho collectus* (coligido e copiado por um certo filósofo cristão), em: *Theatr. chem.* (1622), V, p. 885, compara a *practica Aristotelis* (método de Aristóteles) com a água do Paraíso, a qual torna o homem "completo" (*incolumen*) e imortal: "Ex hac aqua omnes veri Philosophi vitam habuerunt et divitias infinitas" (Desta água todos os verdadeiros filósofos extrairão vida e riqueza infinitas).

43. DÍDIMO DE ALEXANDRIA. *De trinitate*, col. 456.

de onde jorra o rio de quatro braços do Logos[44]. Mas encontramos o mesmo símbolo no alquimista e místico John Pordage:

> A sabedoria divina é uma "nova terra, esta terra celeste... De fato, é desta terra que surgiram todas as árvores da vida... O Paraíso, portanto, brotou do coração e do centro desta nova terra, e assim reverdesceu o jardim perdido do Éden" etc.[45]

4

O símbolo da serpente nos conduz à imagem do Paraíso, da árvo-   374
re e da terra. Em termos de uma história evolutiva, isto significa uma regressão, do reino animal à planta e à natureza inorgânica, cujo representante máximo era, para os alquimistas, o segredo da matéria, isto é, do *lapis* (da pedra filosofal). Mas este não deve ser entendido aqui como o produto final do *opus* (da obra alquímica) mas como sua matéria inicial. Os alquimistas chamam a este *arcanum*, igualmente, de *lapis* (pedra). O simbolismo aqui descrito pode ser representado diagramaticamente como quatérnio ou como dupla pirâmide:

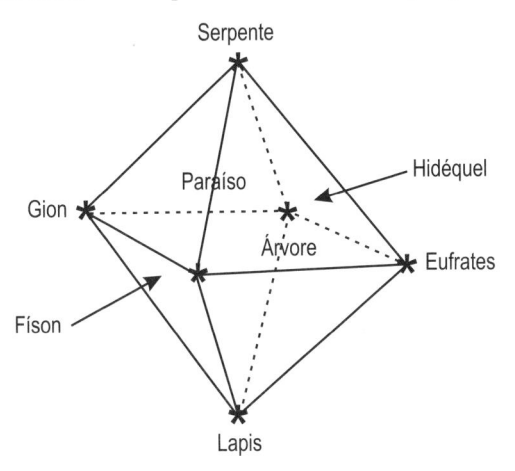

---

44. AMBRÓSIO. *Explanationes in Psalmos*, SI 45,12, p. 337. Sobre este ponto, cf. RAHNER. *Flumina de ventre Christi*, p. 269s.

45. *Sophia*, p. 9.

375   O *lapis* é concebido como uma unidade e por isto representa a
prima materia, de modo geral. Mas tal como esta matéria é uma porção do caos primordial que, em determinada passagem, é concebido
como oculto nos metais, especialmente no mercúrio ou em outras
matérias, e em si não é uma coisa simples (mas uma massa confusa),
assim também o *lapis* é composto de quatro elementos, ou deve ser
formado por eles[46]. Estes elementos não estão unidos no caos; apenas
coexistem lado a lado, devendo, por isso, ser unidos mediante o processo alquímico. São até hostis entre si e não querem unir-se livremente. Por isso, representam o estado primevo de conflito e de mútua repulsa. Esta imagem descreve a divisão e o desdobramento do
uno original na multiplicidade das coisas perceptíveis pelos sentidos.
O *opus* compõe a unidade da pedra, no domínio do inorgânico, com a
quaternidade dividida. Como sabemos, o *lapis* constitui, como *filius
macrocosmi* (filho do macrocosmo) e como ser vivo, não apenas uma
alegoria, mas um paralelo direto de Cristo[47] e do *Adam anō* (Adão superior), o Homem primordial celeste, do *Adam secundus* (Cristo) e
da serpente. O Nadir deste terceiro quaternio é, portanto, outro análogo do *Ánthropos*.

376   Como já mencionamos, a constituição do *lapis* resulta de uma
unificação dos quatro elementos[48], a qual, por seu turno, representa
um desdobramento do estado original incognoscível, isto é, do caos.
Este caos é a *prima materia*, o *arcanum*, a matéria primordial, que Paracelso e seus seguidores consideram como incriado (*increatum*) e,
por isto mesmo, coeterno com Deus, numa correta interpretação da
tehom (de Gn 1,2): "E a terra 'incriada' estava deserta e vazia, e havia
trevas sobre o abismo; e o espírito de Deus pairava (chocava) sobre as

---

46. O *lapis* (pedra) é constituído pelos quatro elementos, como Adão. O centro da quadratura do círculo é o "mediator, pacem faciens inter inimicos sive elementa ut conveni-
enti amplexu se invicem diligant" (mediador que promove a paz entre os inimigos, ou
seja, entre os elementos, a fim de que se amem mutuamente num amplexo harmonioso),
(*Hermefis Trismegisti Tractatus aureus*, em: *Theatr. chem.*, 1613, IV, p. 691).

47. Cf. a demonstração relativa a este ponto, em *Psychologie und Alchemie*, várias passagens.

48. Mílio (*Phil. ref.*, p. 15) identifica os elementos constitutivos do *lapis* (pedra) com
corpus, *spiritus* e *anima*: o *corpus* é a matéria, isto é, a terra; o *spiritus* é o *nodus animae
et corporis* (o vínculo entre a alma e o corpo) e, por isto, corresponde ao *ignis medius*
(fogo intermédio). A água e o ar, que pertenceriam propriamente à alma, são também
"espírito". Trata-se dos três elementos "móveis", em oposição a um só elemento imóvel.

águas"[49]. Esta matéria primordial é redonda (massa globosa, *rotun-dum, stoicheion strongylon*) como o universo e a alma do mundo; é, inclusive e ao mesmo tempo, a alma e a matéria do mundo. É a "pe-dra que tem um espírito"[50]; em linguagem moderna, é a parte inte-grante mais elementar da matéria, o átomo que, por sua vez, é um modelo teórico. Os alquimistas definem o elemento redondo ora como água primordial, ora como fogo primordial, como Pneuma, como terra primordial, ou como *corpusculum nostrae sapientiae* (corpúsculo de nossa sabedoria)[51]. Como "água" ou como "fogo" é o dissolvente universal, e como pedra e metal é aquilo que deve ser dis-solvido e convertido no ar (*pneuma, spiritus*).

Este simbolismo da pedra pode ser ilustrado também diagrama-ticamente como uma dupla pirâmide: 377

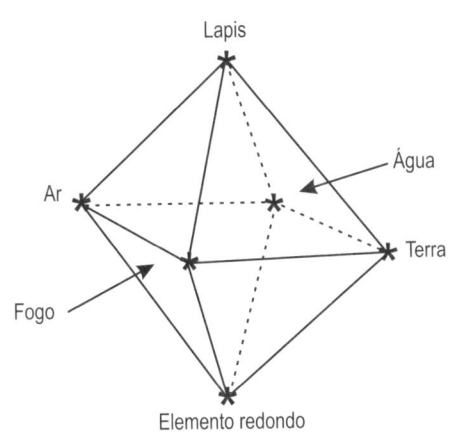

Lapis

Ar · · · · · Água · · · · · Terra

Fogo

Elemento redondo

O "elemento redondo" é denominado elemento ômega (Ω), por Zó-simo, e, como tal, representa certamente a cabeça[52]. O crânio é men-

49. Bíblia de Lutero.

50. Citação de Ostanes em: ZÓZIMO. *Sur l'art* (BERTHELOT. *Alch. grecs*, III, VI, 5, p. 121/129).

51. *Aurora consurgens* II, em: *Art. aurif.* I, p. 208.

52. A este respeito, cf. minhas explanações sobre o significado da cabeça, em: *Das Wandlungssymbol in der Messe* [*O símbolo da transformação na missa*. Petrópolis: Vozes, 2011 (Cf. índice analítico, verbete "cabeça", § 365s., 372s. – N.T.)]. *Caput* sig-nifica também começo, cabeceiras, nascentes; por exemplo: *caput* Nili, cabeceiras, nascentes do Nilo.

cionado como recipiente de transformação (*vas Hermeticum*) no tratado sabeu *Platonis Liber Quartorum*[53] e os próprios "filósofos" se autodenominam "filhos da cabeça de ouro"[54], expressão que equivale, provavelmente, a *filii sapientiae* (filhos da sabedoria). O *vás* (recipiente) é empregado frequentemente como sinônimo de *lapis* (pedra), de modo que não há diferença entre o recipiente e seu conteúdo, isto é, o recipiente é o próprio arcanum[55]. De fato, de acordo com uma antiga concepção, a alma é redonda[56], e por isso o recipiente deve ser também redondo, como o céu ou o universo[57]. A forma do Homem primordial é redonda. Dorn diz, consequentemente[58], que o recipiente deve ser fabricado de acordo com uma "espécie de quadratura do círculo, graças ao que, o espírito e a alma de nossa matéria, quando separados de seu corpo, poderão elevá-lo consigo até às altu-

---

53. *Theatr. chem.* (1622), V, p. 150s.

54. BERTHELOT. Op. cit., III, X, I, p. 144/146.

55. "Unus est lapis, una medicina, unum vas, unum regimen, unaque dispositio" (Uma só é a pedra, um só o remédio, um só o recipiente, um só o processo, e uma só a disposição) (*Rosarium philosophorum*, em: *Art. aurif.* II, p. 206). "In aqua nostra fiunt omnes modi [...] In dieta aqua fiunt tanquam in vase artificiali, quod est maximum secretum" (Em nossa água surgem todos os modos possíveis de ser [...] Na referida água eles surgem como um recipiente artificial, e isto constitui o máximo segredo). (MÍLIO. *Phil. ref.*, p. 245). *Vas philosophorum est aqua eorum* (O recipiente dos filósofos é sua água (op. cit., p. 33)). Esta frase provém do tratado de Hoghelande (*Liber de alchemiae difficultatibus*), em: *Theatr. chem.* (1602), I, p. 199, onde se lê: *Sulphur item vas naturae a Lullio... nominatur* (Lúlio chama ao enxofre também de vaso, recipiente da natureza). Recorda-se igualmente que Haly designa o *vas* como, *ovum* (ovo). O ovo é, a um só tempo, conteúdo e recipiente. O *vas naturale* é a *aqua permanens* e o *vinagre* dos filósofos (*Aurora consurgens*, em: *Art. aurif.* I, p.203).

56. CESARIO HEISTERBACENSE. *Dialogus miraculorum*, cap. XXXII e XXXIV.

57. Em Olimpiodoro o recipiente da transformação é a *phiale sphairoides* (a fíala esfairoide) ou o *organon kyklikon* (o aparelho circular) (BERTHELOT. Op. cit., II, IV, 44, p. 96/105). "Vas spagiricum ad similitudinem vasis naturalis esse construendum. Videmus enim totum caelum et elementa similitud nem habere sphaerici corporis". (O recipiente espagirico (alquímico) deve ser fabricado à semelhança do recipiente ou vaso natural. Vemos, com efeito, que todo o céu e os elementos têm a semelhança de um corpo redondo.) (DORN. *Physica Trimegisti*, em: *Theatr. chem.*, 1602, I, p. 430). "Tot us magisteri finis huius est, ut Mercurius Philosophicus sit in sphaera caelica positus" (A finalidade de toda a obra dos mestres é situar o mercúrio filosófico na esfera celeste) (op. cit., p. 499). Trevisano designa o *vás* (recipiente) pelo nome de *rotundum cubile* (leito nupcial redondo) (*De alchemia liber*, em: *Theatr. chem.*, 1602, I, p. 790).

58. *De transmutatione metallorum*, em: *Theatr. chem.* (1602), I, p. 574.

ras de seu céu". O autor anônimo dos escólios no *Tractatus aureus Hermetis* se refere também a esta quadratura e propõe a representação de um quadrado cujos ângulos são descritos mediante os quatro elementos. No centro deste quadrado se acha um pequeno círculo. O autor diz, a respeito do conjunto: "Divide esta pedra nos quatro elementos, retifica-os e reúne-os em um só, e com isto terás toda a obra dos mestres. O uno ao qual devem ser reconduzidos os elementos é aquele minúsculo círculo situado no centro da figura quadrada. De fato, este círculo é o *mediator* (mediador) que promove a paz entre os inimigos, ou seja, entre os elementos" etc.[59] Em um capítulo posterior, o autor reproduz a figura do recipiente, o "verdadeiro pelicano filosófico"[60], da seguinte maneira[61]:

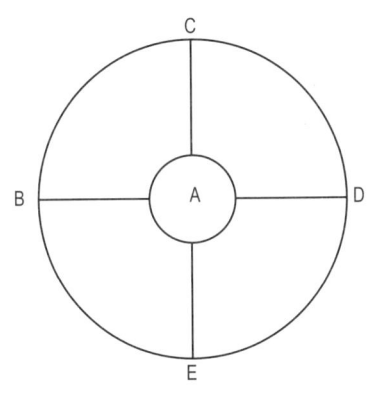

A este respeito, ele comenta: "A representa o interior; em certo sentido é a origem e a fonte de onde provêm as demais letras, sendo, ao mesmo tempo, a meta final e definitiva à qual retornam todas as outras coisas, tal como os rios que fluem de volta ao Oceano ou ao grande mar". Basta esta explicação para mostrar que o recipiente não

378

---

59. *Theatr. chem.* (1613), IV, p. 691.

60. "Nec alius est in toto mundo quaerendus" (e não se deve procurar outro no mundo inteiro) (op. cit., p. 789). O pelicano é um recipiente de destilação no qual o produto destilado não volta a circular no vaso principal, mas no bojo da retorta. Deste modo se ilustra, de maneira viva, o processo de conscientização e de reaplicação de percepções conscientes ao inconsciente. "Pristinam vitae incolumitatem (morti iam proximis) restituit" (Restitui a primitiva incolumidade da vida aos que se acham próximos da morte), diz o autor a respeito do pelicano que, como sabemos, é uma alegoria de Cristo (op. cit.).

61. Em relação a este ponto, cf. *Psychologie und Alchemie*, § 167.

é senão um mandala que simboliza o si-mesmo ou o *Adam anō* (Adão superior), com as suas quatro emanações (à semelhança de Hórus com seus quatro filhos). O autor chama-o de *septenarius Magicus occultus*[62]. Maria, a profetisa, também afirma: "Todos os filósofos ensinam isto, exceto o recipiente hermético, pois este foi escondido, divinamente, por obra da sabedoria do Senhor, da vista das nações, e os que não o conhecem, também ignoram o verdadeiro método" [alquímico][63]; Teobaldo de Hoghelande acrescenta: "O Sênior (o Ancião) diz que se deveria procurar mais a visão do que o conhecimento da Sagrada Escritura"[64]. Maria, a profetisa, afirma: "Este é o recipiente de Hermes, que os estoicos esconderam; não é um recipiente nigromântico, mas a medida de teu fogo (*mensura ignis tui*)"[65].

379   Por estas citações vê-se claramente que o recipiente tinha uma importância grande e mesmo extraordinária[66]. Filaleta, recapitulando todos os sinônimos de Mercúrio, diz que ele (Mercúrio) é não apenas a chave da arte alquímica e a espada de dois gumes que está na mão do querubim que guarda o caminho que conduz à árvore da vida", mas também o *"vás nostrum, verum, occultum, hortus item Philosophicus, in quo Sol noster orietur et surgit"*[67]. Por aqui podemos entender, de algum modo, o estranho conselho de João de Rupescissa, ao dizer: "Fais faire un vaisseau en la manière d'un Cherubin, qui est la figure de Dieu, et aye six aisles, en la façon de six bras, revenans en luy mesmes: et dessus une teste ronde [...] Et mets dedans iceluy vaisseau ladite eau ardent" etc.[68] A indicação de que o

---

62. O "setenário mágico oculto" (op. cit., p. 790). Nesta numeração ele acrescenta, com efeito, as letras F e G omitidas na representação acima. Elas significam, respectivamente, o princípio superior e o princípio inferior.

63. *Practica in artem alchemicam*, em: *Art. aurif.* I, p. 324.

64. *Liber de alchemiae difficultatibus*, em *Theatr. chem.* (1602), I, p. 199.

65. Op. cit., p. 323, em: *Art. aurif.* I.

66. Sobre este ponto, cf. *Psychologie una Alchemie*, § 338.

67. "Nosso recipiente verdadeiro e secreto, que é também o jardim filosófico no qual nosso sol nasce e se levanta" (*Metallorum metamorphosis*, em: *Mus. hem.*, p. 770).

68. "Manda fazer um vaso em forma de querubim, que é a figura de Deus, o qual tenha seis asas, à semelhança de braços, que retornem sobre si mesmas, e, por cima, uma cabeça redonda. E dentro deste vaso coloca a referida água ardente (água de fogo). *La Vertu et la propriété de la quinte essence*, p. 26.

querubim é "a figura de Deus" mostra que o autor se refere aqui à visão de Ezequiel, de tal modo arranjada que ao operar-se um corte horizontal através da imagem resulta um mandala constituído de quatro partes. Este mandala representa, como indicamos acima, a quadratura do círculo com a qual se deve fabricar o recipiente, segundo se lê numa instrução alquímica. O mandala designa o si-mesmo humano ou divino, ou seja, a totalidade ou o conceito de Deus, como se percebe claramente no presente caso. Evidentemente uma instrução desta natureza só pode ser entendida em sentido "filosófico", isto é, "psicológico". O seu conteúdo é o seguinte: faz o recipiente hermético com a totalidade de tua alma e despeja nele a *aqua permanens, id est doctrinae* (a água permanente, isto é, da doutrina), cujo sinônimo, como sabemos, é o *vinum ardens* (vinho de fogo). Há aqui, certamente, uma indicação de que o adepto deve digerir e transformar-se a si próprio mediante a doutrina da Alquimia.

É dentro deste contexto que se pode também entender o que a *Aurora Consurgens* II diz do *vas naturale* (recipiente natural) como *matrix* (matriz): que é "o uno no qual estão os três, isto é, a água, o ar e o fogo, que são três *alembica* (alambiques) de vidro nos quais o filho dos filósofos é gerado. Por isso chamam-no [o recipiente] de tintura, sangue e ovo"[69]. As três retortas são uma referência à Trindade. Isto nos mostra a ilustração da página 249 da *Pandora* de 1588, onde, ao lado dos três *alembica* (alambiques) contidos em um grande recipiente de cozinhar, acha-se a figura de Cristo, de cujo peito aberto pela lança jorra uma torrente de sangue (*flumina de ventri Christi!*)[70]. O recipiente hermético redondo no qual se opera a misteriosa transformação significa a divindade, a alma do mundo (de Platão) e a totalidade do homem. Eis outro correspondente do *Ánthropos*, e ao mesmo tempo o universo em sua forma menor e mais material. Por isso entende-se facilmente a razão pela qual a primeira tentativa de estabelecer-se um modelo do átomo tomou o sistema planetário como paradigma.

380

---

69. "...quia [vas] est unum in quo sunt tria, scilicet aqua, aer et ignis: quae sunt tria alembica vítrea, in quibus genitus philosophorum generatur. Propter quod nominaverunt Tincturam, sanguinem, et ovum". (*Art. aurif.* I, p. 203).

70. Cf. ilustração em: *Paracelsus ais geistige Erscheinung.*

5

381   A quaternidade é o esquema ordenador por excelência, comparável à retícula do telescópio. Ela constitui um sistema de coordenadas empregado, por assim dizer, instintivamente, sobretudo para dividir e ordenar uma multidão caótica de coisas, como, por exemplo,
a superfície visível da terra, o círculo do ano, um ajuntamento de indivíduos em um grupo humano[71], as fases da lua, os temperamentos,
os elementos, as cores (alquímicas) etc. Quando, pois, deparamos
com um quatérnio entre os gnósticos, podemos ver nele uma tentativa (mais ou menos consciente) de pôr ordem na multidão caótica de
imagens numinosas que a eles se impuseram. Como vimos, isto ocorre em uma forma que deriva do primitivo *cross-cousin-marriage* (casamento entre primos cruzados), ou seja, no quatérnio de matrimônios[72].
Este quatérnio se distingue da forma primitiva, em que a irmã casa
em uma troca, separando-se do caráter biológico; o marido da irmã
não é mais irmão da mulher, mas um outro parente próximo (tal
como o pai da mulher no quatérnio de Moisés) ou mesmo um estrangeiro (estranho). A perda das características de irmão ou de primo é
compensada, em geral, por qualidades mágicas, como a passagem a
uma categoria superior, a capacidade mágica e coisas semelhantes, e
isto tanto em relação à irmã do marido quanto em relação ao irmão
da mulher. Quer dizer: ocorre uma projeção *animus-anima*. Esta
mudança representa um progresso cultural essencial, pois o fato da
projeção indica uma constelação do inconsciente na relação ho-
mem-mulher, isto é, o casamento tornou-se psicologicamente complicado. Já não é mais uma coexistência meramente biológica e social; ela começa a tornar-se uma relação consciente. Tal coisa acontece
quando o *cross-cousin-marriage* se torna obsoleto, e isto representa,
acima de tudo, uma consequência da diferenciação mais ampla das
classes de matrimônio em um esquema de seis, oito e doze integran-
tes. O motivo da ativação do inconsciente, que acompanha passo a
passo esta evolução, consiste na regressão da tendência endogâmica,
isto é, da "libido voltada para os parentes" e que já não encontra uma

71. Classes de matrimônio e formação de quarteirões.
72. Psychologie der Übertragung, § 433s.

satisfação total, por causa do caráter estranho cada vez mais acentuado do parceiro[73].

Além do quatérnio de matrimônios, os gnósticos utilizaram também a quaternidade das torrentes do Paraíso para ordenar seus inúmeros símbolos, como já lembramos. No interior dos símbolos acima relacionados ocorre duas vezes a tentativa (compensadora) de colocar em ordem as imagens aparentemente desconexas. Isto está em consonância com as experiências que se fazem com as séries de imagens presentes na imaginação ativa, de um lado, e, de outro, nos estados psíquicos caóticos. Em ambos os casos surgem, de tempos em tempos, símbolos quaternários[74]. Ao contrário da inquietação ocasionada pelo caos, eles significam a tranquilidade resultante da ordem. Têm significado compensador.

Os quatro quatérnios acima apresentados constituem, antes de tudo, uma tentativa de estabelecer uma ordem fundamental na variedade quase infinita de símbolos usados no gnosticismo e na sua continuadora, a Alquimia. Semelhante ordenamento dos princípios revela-se de utilidade para a compreensão do simbolismo dos sonhos dos indivíduos modernos. As imagens que encontramos neste domínio são muito mais variadas ainda e numa quantidade de tal forma desconcertante, que um esquema ordenador se torna absolutamente necessário. Como se recomenda que se adote um procedimento histórico, tomei o quatérnio de Moisés dos naassenos como ponto de partida, porque este se inspira diretamente no esquema primitivo do *cross-cousin-marriage*. É óbvio que este quatérnio só tem um significado paradigmático. Poderíamos, de igual modo, basear o sistema em qualquer outro quatérnio de matrimônios, não, porém, em qualquer quaternidade, como, por exemplo, a de Hórus e seus quatro filhos. Esta última não é suficientemente original, pois nos faz sentir a ausência do elemento feminino de natureza contrária[75]. Com efeito,

382

383

---

73. Sobre este ponto, cf. minhas explanações, op. cit., § 438).

74. Cf. a apresentação dos casos, em: *Psychologie und Alchemie* (II: *Traumsymbole des Individuationsprozesses* [Símbolos oníricos do processo de individuação]). Ocorrem também símbolos triádicos, embora menos frequentemente.

75. É claro que o quatérnio gnóstico é cronologicamente mais novo do que a quaternidade de Hórus, mas, por ser psicologicamente mais antiga do que o elemento feminino, ao contrário do quatérnio patriarcal de Hórus, recobra os seus direitos.

é de absoluta importância que justamente os opostos extremos, como o feminino-masculino etc., apareçam ligados entre si. Por isso mesmo os pares de opostos da Alquimia aparecem interligados nas quaternidades; por exemplo, o quente-frio, o seco-úmido. Se aplicarmos este procedimento ao quatérnio de Moisés, teremos o seguinte esquema de parentesco:

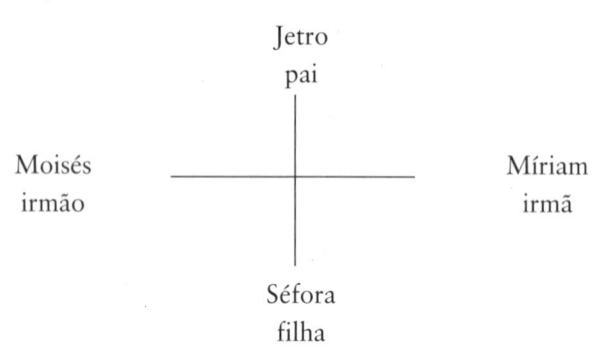

384   Enquanto a primeira pirâmide dupla corresponde ao modelo gnóstico, a segunda é uma construção psicologicamente derivada da primeira, construção que se apoia nos dados do texto bíblico utilizado pelos gnósticos. Já indiquei acima as razões psicológicas para a construção de um segundo quatérnio. Que a segunda construção seja a sombra da primeira resulta do fato de que o Adão inferior, isto é, precisamente o homem mortal, possui uma psique ctônica e, por este motivo, não é expresso por uma quaternidade superior a ele. Se o fosse, teria forma assimétrica, como o Adão superior, que é também assimétrico e deve ser completado por uma quaternidade inferior a ele. Esta quaternidade está para ele na mesma razão que sua sombra ou imagem tenebrosa.

385   Do mesmo modo que o primeiro quatérnio encontra seu complemento simétrico no Adão inferior, assim também este último é equilibrado por um quatérnio inferior a ele e construído de conformidade com o esquema do quatérnio superior. A complementação simétrica do Adão inferior é a serpente. A escolha deste símbolo justifica-se em primeiro lugar pela conhecida associação de Adão com a serpente. Esta é o seu demônio ctônico, o seu *familiaris*. Em segundo lugar, a serpente é o símbolo mais frequente do mundo obscuro e ctônico dos impulsos. Ela pode ser substituída – como acontece fre-

quentemente – por um animal equivalente de sangue frio, como, por exemplo, o dragão, o crocodilo ou o peixe. Mas a serpente não é, de modo algum, apenas um ser ctônico nefasto: é, como já lembramos, também um símbolo da sabedoria e, consequentemente, do luminoso, do bom e do salutar[76]. No Novo Testamento ela já é, ao mesmo tempo, uma *allegoria Christi* (alegoria de Cristo) e do diabo, como o é também o peixe. O dragão – entre nós de caráter apenas negativo – tem uma significação positiva na China e em parte também na Alquimia ocidental. O caráter antinômico interior de simbolismo da serpente é incomparavelmente superior ao do homem. É absolutamente manifesto, enquanto o do homem acha-se parcialmente em estado de latência ou de potencialidade. A serpente supera Adão em inteligência e saber, sendo capaz de enganá-lo. É mais antiga do que ele e foi dotada por Deus de uma inteligência talvez sobre-humana, como aquele filho de Deus que assumiu o papel de satanás[77].

Do mesmo modo que o homem culmina, em cima, na ideia de um Deus luminoso e bom, assim também, embaixo, ele repousa em um princípio tenebroso e maligno que é considerado, tradicionalmente, como o diabo ou como a serpente que personifica a desobediência de Adão. Da mesma forma pela qual há pouco equilibramos o homem com a serpente, assim também esta é completada, por seu turno, pelo quatérnio naasseno, isto é, pelo quatérnio do Paraíso. O Paraíso conduz ao reino animal e ao reino vegetal. Quer dizer, trata-se de uma planta, ou de jardim povoado de animais, a forma ideal de vida que brota da terra. A serpente está relacionada, como *serpens mercurialis*, não só com Hermes, o deus da revelação, mas produz também, como *numen* da vegetação, a *benedicta viriditas* (o verdor bendito), todo o verdejar e florescer da vida vegetal[78]. Este *ser-*

386

---

76. Como, por exemplo, a serpente de Esculápio e do *Agathodaimon*.

77. SCHÄRF. *Die Gestalt des Satans im Alten Testament*, p. 151s.

78. "O abençoado verdor". O texto é o seguinte: "O benedicta viriditas, quae cunctas res generas: unde noscas quod nullum vegetabile, atque fructus nullus apparet germinando, quin sit ibi viridis color. Similiter scias, quod huius rei generatio viridis est, quare Philosophi germen ipsum appellaverunt" (Ó abençoado verdor, que geras todas as coisas. Por aí saberás que não se vê nenhuma planta ou nenhum fruto germinando, a não ser que haja cor verde. Também saberás que o surgimento desta coisa também é verde. Por isto, os filósofos disseram que ele era o germe propriamente dito"). (*Ros. phil.*, em: *Art. aurif.* II, p. 220).

pens habita o interior da terra, e é aquele pneuma que jaz oculto no seio da pedra[79].

387   A complementação simétrica da serpente é a pedra enquanto representante da terra. Entramos aqui num estágio posterior da evolução do simbolismo, isto é, no da Alquimia, cujo conceito central é o *lapis* (a pedra filosofal). Do mesmo modo que a serpente constitui o oposto inferior do homem, assim também a pedra completa a serpente, de maneira idêntica. Ela corresponde também ao homem. Aliás, não aparece representada somente sob a forma humana, como tem até mesmo "corpo, alma e espírito"; é um *homunculus* (homenzinho) e, como nos mostram os textos, é um símbolo do si-mesmo. Não é, porém, um eu humano, e sim um ser coletivo, uma alma coletiva, como o Hiranyagarbha indiano, o "germe de ouro"[80]. A pedra é o "pai e a mãe" dos metais, sendo, por conseguinte, um hermafrodita. É uma última unidade, não elementar, mas formada de partes, resultante, portanto, de uma composição. Poderíamos sugerir para a pedra todos aqueles *mille nomina* que a Alquimia criou para exprimir seu conceito central, mas isto não significaria, por si só, algo diferente ou mais apropriado.

388   A escolha destes símbolos não é arbitrária, mas confirmada pela literatura alquímica, do século I até o XVIII. O *lapis* (a pedra filosofal) resulta, por seu turno, da divisão e recomposição dos quatro elementos, do *rotundum* (redondo), como vimos acima. Este *rotundum* é uma ideia sumamente abstrata e transcendente, que se relaciona com o Homem primordial graças à sua rotundidade[81] e à sua totalidade.

389   Isto faria com que as quatro pirâmides duplas fossem colocadas em círculo, formando, deste modo, o conhecido uróboros. Neste caso, o redondo seria idêntico à primeira pirâmide, como último estágio, isto é, o aspecto pesado, obscuro, da terra está em relação secreta com o Homem primordial. Isto é patente na Alquimia, mas ocorre igualmente na história das religiões, o que se vê pelo fato de

---

79. Cf. a citação de Ostanes em Zósimo (BERTHELOT. *Alch. grecs*, III, VI, 5, p. 121/130).

80. DEUSSEN. *Sechzig Upanishad's des Veda*, índice, no aludido verbete.

81. Parece que aí se enxerga uma indicação da rotação como princípio da matéria.

os metais provirem do sangue de Gaiomard[82]. Esta estranha relação se explica pela identidade do aspecto mais ínfimo, mais material, com o aspecto mais alto, mais espiritual, identidade que já encontramos na interpretação da serpente como animal, ao mesmo tempo ctônico e "espiritual". Em Platão, o redondo é a alma do mundo e um deus bem-aventurado[83].

6

Tentaremos, agora, resumir as discussões do capítulo anterior e ilustrá-las graficamente. Num arranjo vertical, o esquema se apresenta da seguinte maneira, mediante uma representação gráfica. Disposto verticalmente, o sistema assume a seguinte forma: 390

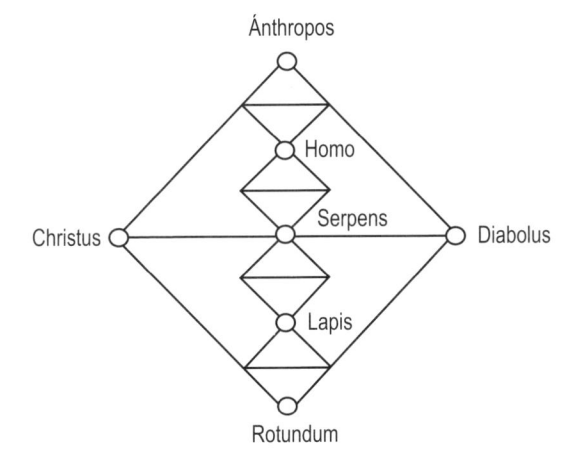

Neste esquema acentuei o ponto de tensão máxima entre os opostos, a saber, o duplo significado da serpente que ocupa o centro do sistema.

---

82. Segundo um relato de Damdad-Nask (REITZENSTEIN-SCHAEDER. *Studien zum antiken Syncretismus aus Iran und Griechenland*, p. 18). Gaiomard é o Homem primordial na forma teosófica do sistema zaratustriano. Yima, pelo contrário, é o Homem primordial da antiga saga ariana. Seu nome é Yimô kshaêtô = o resplendente Yima. Segundo o Minokhired, os metais foram feitos com seu corpo (KOHUT. *Die talmudisch-midraschische Adamssage*, p. 68 e 70). De acordo com o Grande Bundahišm, o corpo de Gaiomard foi feito de metais (CHRISTENSEN. *Les Types du premier Homme et du rói dans l'histoire légendaire des Iraniens*, p. 201).

83. *Timeu*, 8, p. 52.

Como alegoria, ao mesmo tempo, de Cristo e do diabo, ela contém e simboliza a oposição máxima em que se divide o Homem primordial que desce ao interior da *physis* (natureza). O homem comum não atingiu esta tensão entre os contrários: ele a possui apenas no inconsciente, ou seja, precisamente, na serpente[84]. Os opostos se acham por assim dizer unificados no *lapis*, o correspondente do homem, mas com um ponto de junção visível, isto é, o símbolo do hermafrodito, que deforma a ideia do *lapis* (pedra), como o aspecto demasiado humano desfigura o *homo sapiens*. A oposição é invisível tanto no Adão superior como no "rotundo". Mas um se acha em absoluta oposição ao outro, e se os dois são idênticos como realidades transcendentais indistinguíveis é porque se trata de um paradoxo que, entretanto, corresponde à regra: a afirmação sobre um dado metafísico só pode ser antinômica.

391   O arranjo no uróboros assume a seguinte forma:

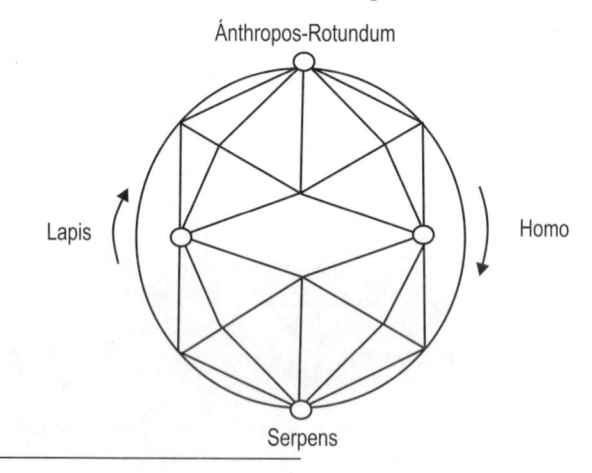

84. O homem não dispõe daquela amplitude de consciência que seria necessária para a percepção de toda a realidade dos verdadeiros opostos presentes na natureza humana. Por isso, a tensão entre eles permanece inconsciente, mas pode aparecer nos sonhos. Tradicionalmente, a serpente designa o ponto vulnerável do homem: personifica sua sombra, isto é, sua fragilidade e sua inconsciência. Nesta última, com efeito, é que está o maior perigo: a receptibilidade a sugestões. O efeito da sugestão se deve ao desencadeamento de uma *dynamis* (força) inconsciente. Quanto mais inconsciente for esta última, tanto mais eficaz será. Por isso, com a cisão crescente entre a consciência e o inconsciente aumenta também o perigo de uma contaminação psíquica e da psicose de massa. Com a perda das ideias simbólicas romperam-se as pontes que levavam ao inconsciente. Nenhum instinto protege de ideias malsãs e de *slogans* vazios. A razão sem tradição e sem base instintiva não está protegida contra nenhum absurdo.

Este arranjo mostra que a tensão maior se situa entre o *Ánthropos-rotundum* e a *serpens*, de um lado, e a menor entre o *homo* e *lapis*, do outro, expressas pela distância dos respectivos pontos entre si. As setas indicam o *descensus* (descida) ao interior da *physis* (natureza) e o *ascensus* (subida) ao elemento espiritual. A serpente é o ponto mais baixo. O *lapis* (pedra), pelo contrário, embora de natureza acentuadamente material, representa também um símbolo espiritual, e o "elemento redondo" significa uma grandeza transcendente, mas simbolizada pelo mistério da matéria, de maneira mais ou menos comparável à ideia do átomo. A evolução antinômica do conceito corresponde à natureza paradoxal da Alquimia.

Com a quaternidade do *lapis* (pedra), criação da gnose alquimista, chegamos às interessantes especulações da Alquimia no terreno da Física: No *Scrutinium chymicum* (1687) de Miguel Maier (1568-1622) encontra-se uma representação dos quatro elementos como quatro diferentes estágios do fogo (cf. Quadro I).   392

Como nos mostra a figura, as quatro esferas estão cheias de fogo. O autor comenta este fato com os seguintes versos: 393

> Naturae qui imitaris opus, tibi quattuor orbes
> Quaerendi, interius quos levis ignis agat. Imus
> Vulcanum referat, bene monstret at alter
> Mercurium, Lunam tertius orbis habet: Quartus,
> Apollo, tuus, naturae auditur et ignis,
> Ducat in arte manus illa catena tuas[85].

Ressalta, deste texto, que a esfera mais ínfima corresponde à esfera de Vulcano, isto é, do fogo terreno (?); a segunda corresponde a Mercúrio, isto é, ao espírito vegetativo (da vida); a terceira corresponde à lua, o princípio feminino, anímico; e a quarta corresponde, por fim, ao sol, o princípio masculino, espiritual. Do comentário de Maier ressalta que se trata de quatro elementos, por um lado, e, por outro, de quatro espécies de fogo, responsáveis pelo surgimento de

---

85. "Tu que imitas a obra da natureza, deves procurar os quatro círculos que um fogo leve movimenta no interior das coisas. O mais ínfimo se refere a Vulcano, enquanto o segundo representa Mercúrio; o terceiro significa a Luna (Lua); o quarto, Apolo, é considerado também fogo da natureza" (Emblema XVII, p. 49).

diversos estados de agregação. Pela ordem de sequência: o *ignis elementaris re et nomine*, de Maier[86], corresponderia a Vulcano, o fogo de Mercúrio ao ar, o terceiro fogo à água, ou seja, à Luna (lua). Ao quarto, que corresponderia ao sol, ele chamou *terreus* (terreno). O *ignis elementaris* é, segundo o testemunho de Ripley, citado por Maier, aquele fogo *qui accendit lignum*[87] (que põe fogo à madeira). Trata-se, certamente, do fogo comum. Em lugar disto, parece que o fogo solar é o fogo encerrado no interior da terra a que hoje chamaríamos de fogo "vulcânico", correspondendo ao estado de agregação sólida. Em decorrência, temos as séries seguintes:

SÉRIE DE VIGENÈRE		SÉRIE DE RIPLEY	
ignis mundi intelligibilis	=	*ignis naturalis*[89]	=
ignis caelestis	=	*ignis innaturalis*[90]	=
ignis elementaris	=	*ignis contra naturam*[91]	=
ignis Infernalis[88]	=	*ignis elementalis*	=

SÉRIE DE MICHAEL MAIER

Ignis terreus	=	*Sulfura e Mercurii*	=	Sol (Apollo)	=	terra
ignis aqueus	=	*aquae*	=	Lua (Luna)	=	água
ignis aerius	=	*dracones*	=	Mercúrio	=	ar
ignis elementalis	=	*ignis elementalis*	=	fogo comum (Vulcano)	=	fogo

---

86. Op. cit., p. 50.

87. Op. cit.

88. De Vigenère faz o seguinte comentário a respeito: "Quadruplex autem ignis constituitur, quorum primus est mundi intelligibilis, qui totus lumen est, alter caelestis qu de calore et lumine participat: tertius elementaris inferior luminis caloris et ardoris quartus est Infernalis intelligibilis oppositus, ardoris et incendii absque ullo lumine (O fogo, porém, é de quatro espécies: O primeiro, o do mundo, é inteligível e todo d luz; o segundo é celeste e participa da natureza da luz, do calor e do ardor; o terceiro, elementar, tem menos luz, menos calor e menos ardor; o quarto, inframundano, oposto ao fogo inteligível, e tem ardor e calor, mas não tem luz). (*De Igne et sale*, en *Theatr. Chem.*, 1661, VI, p. 39).

89. *Inest cuique rei* (é inerente a todas as coisas).

90. *Calor cinerum et balneorum* (o calor das cinzas e dos banhos).

91. *Excruciat corpora, est draco* (tortura os corpos, é o dragão).

ESTADOS DE AGREGAÇÃO

=   corpo sólido
=   líquido
=   gás
=   chama

O que há de notável neste paralelismo dos estados de agregação   394
com diversos gêneros de fogo é o fato de que se trata, aqui, de uma
espécie de "teoria do flogisto" dos estados de agregação, não de forma explícita, é verdade, mas suficientemente sugerida: o fogo é inerente a todos os estados de agregação e é responsável por sua constituição. Esta noção é antiga[92] e já se encontra na "Turba", onde Dar-
daris afirma: "Sulfura sunt animae, quae in quatuor fuerant occultae
corporibus"[93]. Aqui, o elemento ativo (*anima*) não é o fogo, mas o
enxofre; a ideia, porém, é a mesma, ou seja, a de que é preciso reduzir os elementos, isto é, os estados de agregação a um denominador
comum. Sabemos que o ponto comum aos quatro elementos contrários é o movimento molecular e que os estados de agregação correspondem a diversos graus deste último. Por sua vez, o movimento molecular corresponde a uma certa *quantidade de energia*, de modo que
o denominador comum dos elementos é, portanto, a energia. Uma
das fases de transição para o moderno conceito de energia é a teoria
do flogisto preconizada por Stahl[94]; tal teoria se baseia, por seu turno, nos mencionados pressupostos da Alquimia, nos quais é lícito ver
os primeiros passos rumo a uma teoria energética[95].

---

92. A fonte mais antiga, como se sabe, é Heráclito.

93. RUSKA (org.). Turba Sermo XLIII, p. 149, 30s.: "O enxofre são as almas que esti-
veram escondidas nos quatro corpos (elementos)".

94. G.E. Stahl (1660-1734) é de opinião que todos os corpos combustivos (isto é, oxi-
dáveis) contêm matéria ígnea. Admitia-se que esta matéria é imponderável ou, quando
muito, tem apenas peso negativo. Cf. PIERZ-DAVID, H.E. *Die Entwicklungsgeschichte der Chemie*, p. 148s.

95. Psicologicamente, porém, a ideia primitiva do mana é bem mais antiga. Trata-se,
no entanto, de conceitos científicos. A equação *sulfur = anima* (enxofre = alma) contém ainda o fragmento de uma teoria original do mana. No passado, o mana foi inter-
pretado de maneira errada, e, sintomaticamente, em *sentido animista*.

395   A teoria do flogisto dos elementos sugerida pelos alquimistas não chegou a alcançar o nível da teoria energética, mas aponta inequivocamente nesta direção. O século XVI, além disto, conhecia todos aqueles elementos da Matemática e da Física a partir dos quais se poderia deduzir uma teoria energética. Ora, "energia" é um conceito abstrato, indispensável para descrever o comportamento de um *objeto em movimento*. Semelhante conceito só pode ser conhecido mediante um sistema de coordenadas de espaço e tempo. Sempre que se constata o movimento, isto se faz através do quatérnio espaço-tempo, que pode ser expresso mediante o *axioma de Maria*: três + um ou através da *proportio sesquitertia*: três por quatro. Este quatérnio poderia substituir, portanto, o quatérnio dos elementos; o um ou o quatro, correspondente à coordenada tempo, revela sua presença na série dos elementos alquímicos, pelo fato de um único elemento ocupar constantemente uma posição excepcional, como, por exemplo, o fogo ou a terra[96].

396   A posição excepcional de um fator em uma quaternidade pode ser expressa por seu caráter duplo ou por sua duplicidade; assim, por exemplo, o quarto rio do Paraíso, o Eufrates, significava não só a boca através da qual a alimentação entra e a oração sai, como também o rio e o Logos. No quatérnio de Moisés, a mulher de Moisés desempenha um duplo papel: como Séfora e como etíope. Se construirmos uma quaternidade com os correspondentes dos deuses dos elementos segundo Maier – Apolo, Lua, Mercúrio, Vulcano –, obteremos um quatérnio de matrimônios, contendo a relação irmão-irmã:

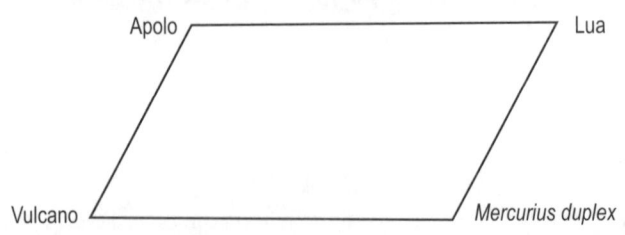

Na Alquimia, Mercúrio é, como se sabe, de natureza bissexual e não poucas vezes, aparece também como *virgo* (virgem). O quaté-

---

96. O fogo, enquanto espiritual; os outros elementos, enquanto materiais; a terra, enquanto imóvel; e os outros componentes, enquanto móveis.

nio tempo-espaço possui, evidentemente, também esta característica (3 + 1 ou 3:4), como segue:

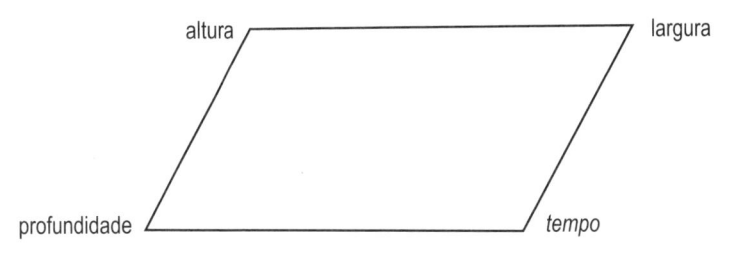

Se considerarmos esta quaternidade sob o ângulo da tridimensionalidade do espaço, o tempo pode ser concebido como uma quarta dimensão. Se, pelo contrário, considerarmos a quaternidade sob o ponto de vista dos três atributos inerentes ao tempo (passado, presente e futuro) então acrescenta-se o espaço estático, no qual se produzem as mudanças de estado, como unidade e como quarto fator. Em ambos os casos, o quarto fator representa algo de incomensuravelmente diverso, o qual, entretanto, é necessário para determiná-los, um em relação ao outro. Assim é que medimos o espaço por meio do tempo e o tempo por meio do espaço. Nas quaternidades gnósticas o correspondente do outro, isto é, do quarto fator, é o *theos pyrinos* ("o quarto na ordem numérica"), a dupla esposa de Moisés (Séfora e a etíope), o duplo Eufrates (o rio e o Logos), e, no quatérnio dos elementos dos alquimistas, o fogo[97]; no quatérnio de deuses de Maier, é o *Mercurius duplex*, e na "quaternidade cristã" (caso nos seja lícito usar desta expressão!)[98] é Maria ou o diabo.

397

---

97. J. Böhme chama o "fogo da quarta natureza" de "quarta figura" (*Tabula principiorum*, 41, em: *De signatura rerum*, p. 279).

98. A doutrina, ainda pouco esclarecida, de Sabélio (início do século II) a respeito da mônada pré-mundana, isto é, o "Deus silencioso e ineficiente", com seus três prósopa (modos de se manifestar) abandonou a possibilidade de uma concepção quaternária. Assim, Joaquim de Fiore acusa Pedro Lombardo "quod in suis dixit Sententiis, quoniam quaedam summa res est Pater, et Filius, et Spiritus Sanctus et illa non est generans, neque genita, neque procedens: unde asserit, quod illae non tam Trinitatem, quam quaternitatem astruebat in Deo, videlicet tres personas, et illam communem essentiam quasi quartam [...]" (de ter dito, em suas Sentenças, que o Pai, o Filho e o Espírito Santo são um ser supremo, e que este ser nem gera nem é gerado; por isso ele (Joaquim) acrescenta que aquele atribuiu a Deus não tanto uma Trindade quanto uma quaterni-

Estas duas figuras incompatíveis se acham unidas no *Mercurius duplex* da Alquimia[99].

398   O quatérnio espaço-tempo é a *condição* e a *possibilidade arquetípica do conhecimento físico* em geral. Entre as quaternidades psíquicas, ele constitui o esquema ordenador por excelência. Sua estrutura corresponde ao esquema das funções psicológicas[100]. A relação três: um aparece frequentemente nos sonhos e nos desenhos espontâneos dos mandalas.

399   Um paralelo moderno individual das quaternidades superpostas, ligadas pela ideia do *ascensus* (subida) e *descensus* (descida), encontra-se entre as ilustrações de meu artigo concernente a imagens mandálicas[101]. A mesma ideia aparece também nas imagens de um caso descrito detalhadamente, onde se trata de vibrações que formam nós[102]. Cada um dos nós significa uma personalidade proeminente, como no caso da primeira das representações mencionadas. Parece-me que um tema semelhante se encontra na base da ilustração que reproduzo em meu livro. Trata-se de uma representação da Trindade, extraída de um manuscrito dos tratados de Joaquim de Fiore[103].

400   Neste contexto eu gostaria de mencionar, para concluir, a peculiaríssima doutrina da criação da "Clementina I"[104]: Em Deus, o *pneuma* e o *soma* (corpo) constituem uma só coisa. Os dois se separam, e o primeiro aparece como Filho e Arconte do *éon* futuro; o *soma*,

---

dade e a essência comum como um quarto elemento...). (*Concilii Lateranensis IV a. 1215 decreta* (decretos do Quarto Concílio de Latrão, ano 1215), em *Denzinger, Enchyridion symbolorum et definitionem* [6ª edição, 1888], p. 121). Remeto às considerações psicológicas que fiz em minhas pesquisas sobre a Trindade. (*Versuch zu einer psychologischen Deutung des Trinitätsdogmas* [*Interpretação psicológica do Dogma da Trindade*. Petrópolis: Vozes, 2011]).

99. A este propósito, cf. *Des Geist Mercurius*.

100. A função mais ou menos diferenciada e uma função "inferior", não diferenciada (cf. *Psychologische Typen* [*Tipos psicológicos*. Petrópolis: Vozes, 2011] e os diagramas, em: JACOBI, J. *Die Psychologie C.G. Jung*).

101. Cf. *zur Empirie des Individuationsprozesses*, figura 2.

102. Op. cit., figura 4 e o texto conexo.

103. Biblioteca Central de Zurique, *Coleção gráfica*, Bx 606. Cf. quadro II.

104. *Realencyklopaedie für protestantische Theologie* IV, p. 173s., no verbete mencionado.

pelo contrário, que é a verdadeira *ousia* (a essência, o ente) ou *hyle* (matéria), divide-se em quatro partes, correspondentes aos quatro elementos (os quais eram invocados solenemente por ocasião da iniciação!). Da mistura das quatro partes surgiram o diabo, o *archōn tou aiōnos toutou* (o dominador deste *éon*) e a psique deste mundo. O *soma* (matéria) foi dotado de uma alma (*empsychon*). "Deus governa o mundo ao mesmo tempo mediante o diabo e mediante o 'Filho', porque os dois são suas mãos"[105]. Deus se desdobra no mundo, sob a forma de sizígias (pares de opostos), como céu-terra, dia-noite, masculino-feminino etc. O último membro da primeira série é constituído por Adão-Eva. No final deste processo, dá-se o retorno ao começo, ou a *teleutē tōn pantōn* (a consumação do universo) por meio da purificação e do aniquilamento[106].

Quem conhece a Alquimia, dificilmente deixará de observar sua semelhança com a doutrina clementina, excluídos os aspectos morais. Assim, temos aqui, por exemplo, os "irmãos inimigos": Cristo e o diabo, os quais, como se sabe, eram considerados irmãos na tradição judeu-cristã; a "tetrameria" ou divisão em quatro partes (elementares) ou divisão do processo em quatro fases; os pares de contrários e sua unificação definitiva; o paralelo do *Lapis* (pedra) e Mercúrio com Cristo, de um lado, e, do outro, com o diabo, graças ao simbolismo da serpente ou do dragão; a figura do *Mercurius duplex* e do *Lapis* (Pedra) que une em si, indissoluvelmente, os contrários. **401**

Se retornarmos ao caminho que nosso argumento tem seguido, veremos, em seu início, duas quaternidades gnósticas, uma das quais se manifesta superior ao homem e outra inferior a ele: de um lado, o Moisés positivo, e, do outro, o quatérnio do paraíso[107]. Certamente não é por acaso que Hipólito cita estas duas quaternidades; quanto aos naassenos só conheciam estas duas, pois a posição do homem em seu sistema se acha intimamente ligada ao Adão superior, conquanto separada do mundo ctônico das plantas e dos animais do Paraíso. So- **402**

---

105. HARNACK. *Lehrbuch der Dogmengeschichte* I, p. 334.

106. Apoio-me na reconstituição de Uhlhorn (*Realencyclopaedie*, op. cit.).

107. Para evitar mal-entendidos, eu gostaria de acentuar que o Paraíso aqui não é empregado em sentido translato, como sinônimo de "céu vindouro" ou morada dos bem-aventurados, e sim como o jardim terrestre do Éden.

mente através de sua sombra é que ele entra em relação com a serpente, considerada em seu duplo sentido. Esta situação é bem característica da época do gnosticismo e do cristianismo primitivo. O homem daquele tempo está bem próximo da *genea abasileutos* (da geração sem rei, isto é, independente), ou seja, da quaternidade superior, o Reino dos Céus, e olha para cima. O que começa em cima não vai mais alto, mas termina embaixo. Assim, somos obrigados a equilibrar o Adão inferior dos naassenos mediante o quatérnio de sombras, pois, como ele não pode subir diretamente ao *Adam anō*, visto que no meio está o quatérnio de Moisés, então é forçoso admitir entre ele e o princípio inferior, isto é, a serpente, uma quaternidade inferior ou sombria, paralela à superior. Esta operação, evidentemente, não era familiar à época gnóstica, pois parece que a ligação assimétrica para cima não perturbava ninguém. Pelo contrário, parece que ela era precisamente aquilo que se desejava ou que correspondia a um determinado programa. Por isso, se inserimos, entre o homem e a serpente, uma quaternidade não mencionada no texto, é porque já não conseguimos, de modo algum, imaginar uma psique exclusivamente orientada para cima, e que não seja mantida em equilíbrio por uma consciência igualmente forte do homem inferior. Na verdade, porém, trata-se aqui de um problema moderno, e na esfera do pensamento gnóstico isto significa um anacronismo gritante que situa o homem no centro do campo da consciência, onde ele nunca estivera antes de modo consciente. Foi somente Cristo que lhe demonstrou antecipadamente esta consciência interposta entre Deus e o mundo, e ao fazer da pessoa de Cristo o objeto de sua veneração, o homem foi, aos poucos, ocupando a posição intermediária que pertencia a Cristo. Do mesmo modo que Cristo foi crucificado entre dois malfeitores, assim também o homem foi pouco a pouco tomando conhecimento de sua própria sombra e de sua dualidade. Esta última, com efeito, foi antecipada pelo duplo sentido do símbolo da serpente. Do mesmo modo que a serpente representa, a um só tempo, a força curativa e a força corruptora, assim também um dos malfeitores se acha orientado para cima e o outro para baixo, e deste modo a "sombra" significa também, de um lado, uma fragilidade deplorável e condenável e, do outro, uma instintividade sadia e uma condição indispensável para um estado de consciência superior.

O quatérnio da sombra contrabalançando a posição intermédia 403
do homem só se fez necessário a partir do momento em que a primeira se tornou real; e isto ocorreu pelo fato de o homem ter sentido sua autoconsciência ou sua presença no mundo mais fortemente do que sua dependência no confronto com a divindade e sua condição de ser determinado por ela. Se completamos, portanto, a disposição pneumática que aponta para cima e caracteriza o estado de espírito gnóstico e cristão primitivo, mediante uma correspondente introduzida na oposição, isto é, mediante o quatérnio da sombra, fazemo-lo na linha da evolução histórica. A dependência inicial em relação a uma esfera pneumática, à qual o homem se acha ligado como a criança à mãe, estava ameaçada pelo reino de satanás. O homem pneumático foi libertado de satanás, e em igual medida ligado ao Reino dos Céus pelo Redentor que rompeu as portas do inferno e enganou os arcontes. Desta forma um abismo o separa do mal. Esta disposição foi poderosamente sustentada pela expectativa da parusia imediata. Mas como Cristo não se manifestasse, era inevitável uma certa regressão. Quando uma esperança tão grande esmorece e uma expectativa tão intensa se decepciona necessariamente a libido regride no interior do homem, e a consciência de si-mesmo aumenta, com a acentuação de seus processos psíquicos pessoais; isto é, o homem se desloca pouco a pouco para o centro do campo de sua consciência. Opera-se, assim, de um lado, uma certa separação com respeito à esfera pneumática e, do outro, uma certa aproximação relativamente ao reino da sombra. Consequentemente, a consciência moral se aguça, e se relativiza o sentimento de que se está salvo. A Igreja é obrigada a encarecer o significado e o poder de seus ritos, para opor uma barreira à irrupção do mundo em seu seio. Assim agindo, ela se torna inevitavelmente um "reino deste mundo". A passagem do primeiro para o segundo quatérnio descreve também uma evolução histórica que no século XI conduziu, em muitos lugares, a um aberto reconhecimento do princípio maligno como criador do mundo.

A serpente e sua sabedoria ctônica denotam a peripécia do gran- 404
de drama. O quatérnio do Paraíso, que se lhe segue, juntamente com o *lapis* (pedra filosofal), traz os inícios das ciências naturais (Rogério Bacon, 1214-1294; Alberto Magno, 1193-1280, e os alquimistas), cuja tendência, entretanto, difere da tendência pneumática, não em

180, mas apenas em 90 graus. Quer dizer: ela se situa transversal
mente em relação à orientação espiritual seguida pela Igreja, consti
tuindo, por isso, mais um embaraço para a fé do que, propriamente
uma oposição a ela.

405   Do *lapis* (pedra), isto é, da Alquimia, parte uma linha reta que va
desembocar nas ciências naturais modernas, ou seja, no quatérnic
dos estados de agregação alquímicos, quatérnio que, como já mos
trei, repousa, em última análise, no quatérnio espaço-tempo. Este
pertence à série das quaternidades arquetípicas e se revela, como es
tas quaternidades, um princípio ordenador imprescindível das im
pressões sensoriais que a psique recebe de objetos em movimento
Espaço e tempo constituem um *a priori* psicológico, um aspecto da
quaternidade arquetípica em geral, necessário para o conhecimento
dos processos físicos.

406   A evolução, que vai do segundo quatérnio até o quarto, descre
ve, juntamente com ele, a mudança que se operou na imagem do
mundo ao longo do segundo milênio da era cristã. A série encerra-se
com a concepção do "redondo" ou com a rotação operada no interior
da oposição até chegar à estática da quaternidade que, como já men
cionamos, mostra-se como uma condição preliminar para o conheci
mento da natureza. O advento do materialismo científico, ligado a
esta evolução, se revela, de um lado, como consequência lógica e, do
outro, como uma divinização da matéria. Este último aspecto é psi
cologicamente causado pelo fato de o redondo coincidir com o ar
quétipo do Homem primordial.

407   Com este conhecimento, fecha-se o anel do *uroboros*, o símbolo
do *opus circulare* (obra circular) da natureza e da "arte".

7

408   Podemos expressar a série de quatérnios em forma de uma equa
ção na qual designamos por A o estado inicial (em nosso caso, o
Ánthropos), por A_1, o estado final, e por B, C, D, os estados interme
diários. Designamos as respectivas figuras discriminativas pelas cor
respondentes minúsculas a, b, c, d. No que tange à construção desta
fórmula, convém termos presente que se trata de um processo de

transformação progressiva de uma só e mesma substância. Esta substância (e seu respectivo estado de transformação) produzem sempre o seu semelhante, isto é, de A surge a e de B surge b; de igual modo b gerará B, e c gerará C. Pressupõe-se, outro tanto, que b se segue a a e que a fórmula seja escrita da esquerda para a direita. Estes pressupostos são legítimos para uma fórmula psicológica.

Esta fórmula, naturalmente, não pode ser disposta de maneira linear, mas unicamente em um círculo, o qual, precisamente por este motivo, corre da esquerda para a direita. De A se origina o semelhante a. De a, o processo avança, por contingência, para b, do qual provém o estado B. A transformação se processa da esquerda para a direita, acompanhando o movimento do sol; quer dizer: trata-se de um processo de tomada de consciência ao qual já se refere a discriminação de A, B, C, D em quatro grandezas qualitativamente distintas[108]. Nossos atuais conhecimentos de ciências naturais, porém, não se baseiam em uma quaternidade, e sim em uma trindade de princípios (espaço, tempo e causalidade)[109]. Movimentamo-nos, aqui; não no âmbito do pensamento das ciências naturais modernas, mas no terreno da cosmovisão antiga e medieval, que até à época de Leibniz admitia o princípio da *correspondentia* ou o empregava de maneira ingênua e irreflexa. Para atendermos, porém, ao julgamento de totalidade a respeito de A, expresso por a, b, c, devemos completar nossa maneira de pensar influenciada e determinada pela época contemporânea, com um princípio: o da correspondência ou da *sincronicidade*[110]. Em outras palavras: nossa maneira de descrever a natureza é imperfeita, sob um certo aspecto, e, consequentemente, exclui fatos observáveis do conhecimento ou os expressa de maneira injustificadamente negativa, como, por exemplo, mediante o paradoxo do "efeito sem causa" (Jeans)[111]. Nossa quaternidade gnóstica é um produto ingênuo e, por isso, representa um fato psicológico que podemos colocar, certamente, em relação com as funções de orientação da consciência. Mas a circunstância de o

409

---

108. Correspondendo à *phylokrínesis* a que me referi acima por diversas vezes.

109. Sem falar do contínuo espaço-tempo da física moderna.

110. *Synchronizität als ein Prinzip akausaler Zusammenhänge.*

111. *Physik und Philosophie*, p. 220: "Acontecimento sem causa"; também p. 253.

processo em questão se desenvolver da esquerda para a direita, como dissemos, constitui a expressão de uma discriminação consciente[112] e, portanto, de uma utilização das quatro funções que formam a essência de um processo de conscientização.

410   Todo o curso circular retorna obrigatoriamente ao seu começo, e isto no preciso momento em que D, o estado mais distante de A no que se refere à contingência, passa a a_3 correspondendo a uma espécie de enantiodromia. Temos, deste modo, a seguinte fórmula:

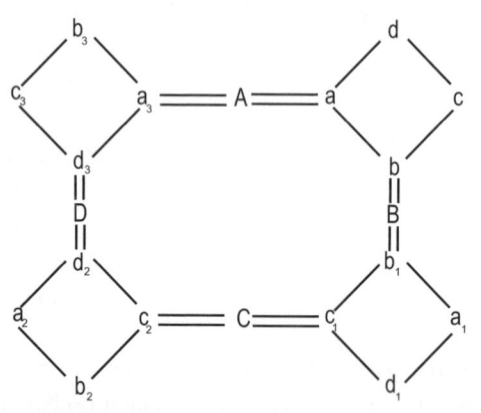

Esta fórmula exprime, com precisão, as qualidades essenciais do processo de transformação simbólico: ela mostra a rotação do mandala[113], o jogo dialético de processos complementares (ou compensadores), e, seguidamente, a apocatástasis, isto é, a reconstituição de um estado de totalidade primitivo que os alquimistas expressavam por meio do símbolo do *uroboros*; por fim, a fórmula repete a antiga tetrameria dos alquimistas[114], que é dada pela estrutura quaternária do Uno, como seja:

---

112. A causa imediata é o fato de nossa escrita ser da esquerda para a direita. A direita é onde domina, por assim dizer, a razão consciente. A direita é onde está o direito, o que é reto, o que é justo, o que é correto. A esquerda, pelo contrário, é o lado do coração, do emocional, onde o indivíduo é afetado pelo inconsciente.

113. *Zur Empirie des Individuationsprozesses e Über Mandalasymbolik*, figuras 20, 41, 59 e 60.

114. *Psychologie und Alchemie*, § 189 e 209s. Trata-se dos quatro *regimina* (processos) e *dispositiones* (determinações).

A = ◇ (com letras a, b, c, d) O que a fórmula indica é apenas o patamar mais alto atingido pelo processo de transformação ou de integração. A "elevação" ou progresso ou a mudança verificados na qualidade consistem em um desdobramento da totalidade, constituído de quatro partes e repetido quatro vezes, e não significa senão sua tomada de consciência. Quando conteúdos psíquicos se dividem em quatro aspectos, é sinal de que foram submetidos a uma discriminação por parte das quatro funções de orientação. Só a determinação destes quatro aspectos nos garante uma descrição global. O processo expresso por nossa forma transforma a totalidade originariamente inconsciente em uma totalidade consciente. O *Ánthropos* (A) desce, através de sua sombra B, ao interior da *Physis* (C = serpente) e se eleva, de novo, por uma espécie de processo de cristalização (D = *Lapis*, pedra), que indica a ordem estabelecida no seio do princípio caótico, ao estado original, que, no entretempo, de inconsciente que era passou a consciente, graças ao desdobramento acima mencionado. A consciência ou o conhecimento surge pela diferenciação, isto é, pela análise (dissociação) e por uma síntese subsequente, processo este ao qual se refere, simbolicamente, a sentença alquímica: *Solve et coagula*[115]. A correspondência é representada pela identidade das letras a_1, a_2, a_3 etc. Em outras palavras: trata-se sempre do mesmo fator, que na fórmula apenas troca de posição, enquanto, psicologicamente, muda de nome e de qualidade. Simultaneamente torna-se claro que a troca de posição significa, em cada caso, uma mudança de lugar enantiodrômica, o que corresponde às transformações complementares ou compensatórias da psique como um todo. É de modo semelhante que os comentadores clássicos entendem a mudança dos sinais do *I Ging*. Cada configuração arquetípica possui sua numinosidade específica, como se vê à luz de sua própria designação: assim, a–d, como interpretação de "raça sem rei" (isto é, livre); a_1–d_1, como quatérnio da sombra, que está aborrecido porque representa o homem demasiado humano (o "mais hediondo dos homens" de Nietzsche)[116]; a_2–d_2, como o Paraíso que

---

115. "Dissolve e solidifica".

116. *Also sprach Zarathustra* (*Assim falou Zaratustra*), p. 382s.

fala em seu próprio favor, e, por fim, a_3–d_3, como o mundo da matéria, cuja numinosidade, expressa sob a forma do materialismo, ameaça esmagar nosso mundo. Certamente não é preciso que eu mostre, em detalhe, quais os tipos de transformações ocorridas na história do espírito dos dois últimos mil anos que aqui estão expressos.

411   A fórmula em questão representa um símbolo do si-mesmo, pois este último não é apenas uma grandeza estática ou uma forma persistente, mas também um processo dinâmico, do mesmo modo que os antigos não consideravam a *imago Dei* (imagem de Deus) presente no homem como uma marca morta deixada pelo sinete, mas como força atuante. As quatro transformações constituem um processo de reconstituição ou de rejuvenescimento que tem lugar, por assim dizer, no interior do si-mesmo, mais ou menos comparável ao ciclo do carbono e do nitrogênio no interior do sol, durante o qual um núcleo de carbono capta quatro prótons (dois dos quais imediatamente se convertem em nêutrons). Ao cabo desse ciclo, libera-os de novo sob a forma de partículas (alfa). Neste ponto, o núcleo de carbono volta a emergir, inalterado, "como a Fênix das cinzas"[117]. É presumível que o mistério do ser, isto é, a existência do átomo e suas partes constitutivas consistem em um processo, incessantemente repetido, de rejuvenescimento; chega-se a semelhantes suposições quando se tenta explicar a numinosidade dos arquétipos.

412   Estou plenamente cônscio do caráter sumamente hipotético desta comparação, mas considero oportuno fazer semelhantes reflexões, mesmo com o risco de ser enganado pelas aparências. Mais cedo ou mais tarde, a física atômica e a psicologia do inconsciente terão que se aproximar significativamente uma da outra, pois as duas, independentes entre si e partindo de lados opostos, avançarão em um domínio transcendental: aquela, com a noção do átomo, e esta com a noção do arquétipo.

413   A analogia extraída da física não é uma digressão, porque o próprio esquema dos símbolos representa a descida ao seio da matéria e postula a identidade do exterior com o interior. A psique não pode ser "coisa inteiramente diversa" da matéria, pois, se o fosse, como

---

117. GAMOW. *Atomic Energy in Cosmic and Human Life*, p. 72.

poderia movimentar a matéria? E a matéria não pode ser estranha à psique, pois como poderia esta produzir a matéria? A psique e a matéria estão em um só e mesmo mundo, e uma coisa participa da outra, senão qualquer ação recíproca seria impossível. Por isso seria necessário chegar a um consenso final e definitivo a respeito dos conceitos físicos e psicológicos, contanto que a pesquisa esteja em condições de avançar suficientemente. Nossas tentativas atuais podem parecer ousadas, mas estou convencido de que estão no rumo certo. A Matemática, por exemplo, provou, mais de uma vez, que seus objetos, construídos de maneira puramente lógica e além de qualquer experiência, posteriormente mostraram coincidir com o comportamento real dos fatos, o que é indício de uma profunda concordância entre todas as formas de seres, como nos mostram os acontecimentos sincronísticos.

Como a formação das analogias é uma lei que domina, em grande escala, a vida da psique, podemos supor, certamente com razão, que nossa construção, aparentemente de índole meramente especulativa, não é uma inovação, mas foi prefigurada nas fases mais remotas do pensamento reflexo. Encontramos geralmente tais prefigurações, variáveis em número, nas etapas do processo de transformação mística, bem como nos graus de iniciação dos diferentes mistérios. Encontramo-las igualmente na tricotomia antiga, obrigatória também para o cristianismo, do espiritual (*pneumatikón*), anímico (*psychikón*) e corporal (*hylikón*). Uma das tentativas mais completas desta espécie é representada pelo esquema de dezesseis partes da tetralogia platônica. Tratei, profusamente, deste tema em *Psychologie una Alchemie*[118], e por isso posso restringir-me aqui ao fundamental: a esquematização e a formação das analogias partem de quatro bases, que são: (1) a obra da natureza; (2) a água; (3) as naturezas compostas, e (4) os sentidos. Cada um destes quatro inícios tem três fases de transformação (o que, somado à primeira etapa, dá um total de dezesseis partes). Afora esta divisão de cada uma das bases em quatro aspectos, ocorre também uma correspondência ou análogo para cada uma das etapas, nas séries verticais, do modo seguinte:

414

---

118. Tratado harrânico anônimo, intitulado *Liber Platonis quartorum*, em: *Theatr. chem.* (1622), V, p. 114s. Foi traduzido do árabe presumivelmente no século XII [cf. *Psychologie und Alchemie*, § 366s.].

I	II	III	IV
1. Opus naturalium	Aqua	Naturae compositae	Sensus
2. Divisio naturae	Terra	Naturae discretae	Discretio intellectualis
3. Anima	Aer	Simplicia	Ratio
4. Intellectus	Ignis	Aetheris simplicioris	Arcanum

415   Esta tabela de correspondência representa, ao mesmo tempo, o *opus alchemicum* (obra alquímica) que se entrelaçava também com a astrologia e com a chamada arte necromântica. Vê-se este último aspecto no emprego de números significativos e na invocação do *spiritus familiaris* (espírito familiar). Assim, a antiquíssima arte geomântica[119] se baseia também em um esquema de dezesseis partes: quatro figuras centrais (constituídas pelo Subiudex ou Superiudex, pelo Iudex e dois Testes [Subjuiz ou Superjuiz, Juiz e duas Testemunhas]), quatro *Nepotes* (netos), quatro *Filiae* (filhas), quatro *Matres* (mães). (A série se acha escrita da direita para a esquerda). Estas figuras são dispostas em um esquema astrológico de casas, e o centro vazio do horóscopo é substituído por um quadrado que encerra as quatro figuras centrais.

416   Atanásio Kircher desenvolveu um sistema de quaterninidades[120], que valeria a pena mencionar aqui, no contexto de nossas discussões.

I *Unum = Monas monadikê = Deus = Radix omnium = Simplicissima mens = Divina essentia = Exemplar divinum.* (O Uno = Primeira mônada = Deus = Raiz de todas as coisas = Mente simplicíssima = Essência divina = Modelo divino).

II 10 (l + 2 + 3 + 4 = 10) *Secunda Monas = dekadikē = Dyas = Mundus intellectualis = Intelligentia angelica = compositio ab uno et altero = i.e., ex oppositis* (Segunda mônada = décima =

---

119. FLUDD. *De animae intellectualis scientia seu Geomantia* 16, p. 35s.

120. *Aritmologia, sive De abditls numerorum mysteriis*, p. 260s. Agradeço esta indicação à Dra. M.-L. von Franz.

díade = Mundo do intelecto = Inteligência dos anjos = Composição do um e do outro = isto é, com os opostos).

III 10^2 = 100 = *Tertia Monas* = *hekatontadikē* = *Anima* = *Intelligentia*.

(Terceira mônada = centésima = Alma = "Inteligência").

IV 10^3 = 1000 = *Quarta Monas* = *chiliadikē* = *Omnia sensibilia* = *Corpus* = *ultima et sensibilis unionum explicatio* (Quarta mônada = milésima = todas as coisas concretas = Corpo = Desdobramento final e concreto das unidades).

Kircher observa, a respeito, que enquanto os sentidos entram em contato apenas com o mundo corporal, as três primeiras unidades são objeto da inteligência. Quem deseja compreender as coisas do mundo sensível (*sensibilia*) só poderá fazê-lo mediante o mundo das coisas espirituais. "Por isso tudo o que é sensível deve ser elevado ao plano da razão ou da 'inteligência' ou da unidade absoluta. Quando, portanto, tivermos reconduzido deste modo a unidade absoluta, da multiplicidade das coisas sensíveis, racionais ou intelectuais (imateriais), à infinita simplicidade, nada mais se poderá dizer e a pedra também não será, ao mesmo tempo, pedra e não pedra, pois tudo será a simplicíssima unidade. E da mesma forma que Deus é, como modelo, a unidade absoluta daquela pedra concreta e racional, assim também a inteligência é sua unidade intelectual. Tu poderás ver também, por estas unidades, como o sentido (*sensus*) remonta à razão, a razão à inteligência, a inteligência a Deus, onde o início e a consumação se encontram, num perfeito curso circular"[121]. 417

O sistema de Kircher apresenta certas conexões com nossa série de quaternidades. Assim, por exemplo, a segunda mônada é uma díada constituída de opostos, correspondentemente ao mundo dos anjos, dividido pela queda de Lúcifer. Uma outra importante analogia é a de que Kircher concebe o seu esquema como um curso circular que, de um lado, é posto em movimento e levado a desdobrar-se pela ação de Deus enquanto *causa prima* (causa primeira) e, do outro, é reconduzido a Deus pela atividade do intelecto humano, de modo que o fim retorna, assim, ao começo. Que Kircher tenha escolhido como 418

---

121. Op. cit., p. 266.

exemplificação de coisa exígua (discreta) justamente o *lapis* (a pedra) é, por assim dizer, coisa evidente por si mesma, de acordo com a mente da Alquimia, pois o *lapis philosophorum* (a pedra filosofal) é, como se sabe, o *arcanum* que contém Deus ou aquela parte de Deus escondida na matéria. Também este ponto é um análogo de nosso esquema. A Alquimia gosta de imaginar o seu *opus* como uma *circulação*, como destilação circular ou como *uroboros*, como a serpente que morde a própria cauda, e descreveu este processo mediante numerosas imagens. Do mesmo modo que a representação central do *lapis philosophorum* significa o si-mesmo, como se pode demonstrar, assim também o *opus*, com seus inúmeros símbolos, ilustra o processo inconsciente de individuação, isto é, a evolução gradativa do si-mesmo de um estado inconsciente a uma tomada de consciência. Por este motivo, o *lapis* aparece como designação da matéria inicial (*materia prima*) tanto no início como no final do processo[122]. O ouro – outro símbolo do si-mesmo – surge, segundo Miguel Maier, do *opus circulatorium* (da atividade circulatória) do sol. Este círculo é a linha reconduzida a si mesma (agarrando, assim, a própria cauda com a cabeça como a serpente) e pela qual se conhece, verdadeiramente, aquele eterno pintor e criador de formas que é Deus[123]. Perfazendo este curso circulatório, a natureza "colocou, aí, quatro qualidades em relação umas com as outras" e de certo modo "traçou um quadrângulo equilátero, pois os opostos são ligados e mantidos coesos pelos opostos e os inimigos pelos inimigos, com laços por assim dizer eternos". Maier compara o *homo quadratus* (o homem quadrado) que permanece idêntico a si mesmo (*sibi similis*) na felicidade e na desgraça, a essa quadratura[124], que ele chama de *aureola illa Domus, circulus bis sectus, phalanx quadrata, vallum, murus, acies quadrilatera*[125]. Este círculo é uma zona de influência, resultante da unificação dos opostos, *ab omni injuria... immunis* (imune a qualquer dano).

---

122. A documentação referente a este ponto se encontra em *Psychologie und Alchemie*, em diversas passagens.

123. *De circulo physico quadrato*, p. 16.

124. Op. cit., p. 17.

125. "Aquela casa de ouro, duas vezes dividida, falange quadrada, valado, muro, ordem de batalha quadrilátera" (p. 19). (Termos sem inter-relação no texto.)

A mesma ideia do *opus* circular aparece na alquimia chinesa, in-   419
dependentemente da tradição ocidental: "Se se deixa a luz correr em
círculo, cristalizam-se todas as forças do céu e da terra, do luminoso e
do obscuro", diz o texto da "flor de ouro"[126].

Já Olimpiodoro menciona o *órganon kyklikon*, o aparelho circu-   420
lar, que serve ao processo de idêntico nome[127]. Dorn é de opinião
que o *motus circularis* (movimento circular) dos "fisioquimistas"
provém da terra, o mais ínfimo dos elementos. É nela, com efeito,
que o fogo tem sua origem e transforma os metais mais finos e a água
em ar, o qual se eleva às alturas, onde se condensa e, em consequência, volta a cair na terra. Mas, ao subir, os elementos volatilizados
captam o sêmen masculino dos cérebros superiores e o trazem às quatro *matrices* (matrizes), os elementos, para fecundá-las espagirica-
mente [alquimicamente]. É a *destillatio circulatoria*[128] que, segundo
João de Rupescissa, deve ser repetida mil vezes[129].

A ideia fundamental do *ascensus* (subida) e do *descensus* (desci-   421
da) já se encontra na *Tabula Smaragdina*, e as etapas da transformação são objeto de muitas ilustrações, sobretudo, por exemplo, na
chamada *Ripley Scrowle* e suas variantes que devem ser entendidas
como tentativas indiretas de expressar imagisticamente os processos
inconscientes da individuação.

---

126. WILHELM & JUNG. *Das Geheimnn der Goldenen Blüte* (*O segredo da flor de ouro*), p. 11.

127. BERTHELOT. *Alch. grecs*, II, IV, 44, p. 95/105.

128. *Physica genesis*, em *Theatr. chem.* (1602), I, p. 391 e 425.

129. *La Vertu et la propriété de la quinte essence*, p. 26.

XV

Palavras finais

422   Nas páginas precedentes, ousei tentar ampliar e esclarecer, sob diversos pontos de vista, o arquétipo mais importante para nossa atual compreensão, isto é, especificamente, o arquétipo do si-mesmo. À guisa de introdução, apresentei conceitos e arquétipos que é possível discernir no decorrer de qualquer tratamento psíquico mais aprofundado. Trata-se, em primeiro lugar, da *sombra*, aquela personalidade oculta, recalcada, frequentemente inferior e carregada de culpas, cujas ramificações se estendem até o reino de nossos ancestrais animalescos, englobando, deste modo, todo o aspecto histórico do inconsciente. Com a análise da sombra e dos processos nela contidos é possível fazer sair da casca a sizígia *anima-animus*. Vista superficialmente, a sombra depende da consciência, do mesmo modo que a sombra física, que acompanha o corpo, representa a *privatio lucis* (a ausência da luz). Para esta visão superficial é lícito considerar a sombra psicológica, com sua inferioridade moral, como uma *privatio boni* (ausência do bem). Mas um exame mais detalhado nos revela um mundo tenebroso que oculta no seu interior fatores autônomos e influentes, em si indistinguíveis, quais sejam o *animus* e a *anima*. Quando os observamos *in vivo* (ao vivo) e em plena atividade – na mulher, como diabo da opinião, destruidor, cego e obstinado; no homem, como uma sedutora ofuscante, cambiante, possessiva e emocional – começamos a nos perguntar se o inconsciente é simplesmente uma cauda de cometa vazia de substância e nada mais do que uma *privatio lucis ac boni* (ausência da luz e do bem), como se tem dito.

423   Se antes se admitia que a sombra humana era a origem de todos os males, de agora em diante é possível, mediante acurada observação, descobrir que o indivíduo inconsciente, ou seja, a sombra, não é

constituída apenas de tendências moralmente repreensíveis, mas apresenta um certo número de boas qualidades: instintos normais, reações adequadas, impulsos criadores, e outros. Nesta fase do conhecimento, surge o mal como uma deturpação, um estropiamento, uma interpretação falsa e uma utilização abusiva de fatos em si naturais. Estas deformações e caricaturas surgem, agora, como efeitos específicos da atividade do *animus* e da *anima* e estes, como autores e causadores do mal. Por outro lado, porém, não é possível ficar somente neste conhecimento, pois torna-se evidente que todos os arquétipos em geral produzem espontaneamente efeitos favoráveis e desfavoráveis, luminosos e obscuros, bons e maus. Por último, é necessário reconhecer que o si-mesmo constitui uma *complexio oppositorum* (complementaridade dos opostos), justamente porque não há uma realidade sem polaridades. Não se deve esquecer que os contrários só chegam à exacerbação moral na esfera do querer e do agir humanos, e que não estamos capacitados para dar uma definição do bem e do mal em tudo e por tudo universalmente válida, o que significa, em última análise, que ignoramos simplesmente o que são o mal e o bem em si. É presumível que resultem de uma necessidade humana de conscientização e que, por isso, percam sua validez fora do homem; em outras palavras: não é lícito hipostasiá-los, porque, neste caso, perderiam seu sentido. Se chamarmos bom tudo o que Deus faz ou permite, estaríamos chamando de bom o que é mau, e "bom" se teria convertido em uma palavra vazia de sentido. Entretanto, o sofrimento, seja ele a *Passio* (Paixão) de Cristo ou o sofrimento do mundo, permanece o que era antes: a estupidez, o pecado, a doença, a velhice e a morte constituem, antes como depois, o pano de fundo negro de onde ressalta o esplendor sereno da vida.

A percepção do *animus* e da *anima* constitui uma experiência específica que parece reservada, em geral, ou pelo menos em um primeiro momento, aos terapeutas. Mas, seja como for, qualquer pessoa pode formar uma ideia da *anima* a partir de conhecimentos das belas-letras. Na realidade, a *anima* é um dos objetos de predileção dos romancistas, sobretudo daqueles situados a oeste do Reno[1]. Para se

424

---

1. Na literatura suíça se destaca a *Imago* de Spitteler.

chegar a essa ideia, nem sempre é necessário uma análise cuidadosa dos sonhos. O que não é tão fácil identificar é o *animus* da mulher, pois sua figura constitui legião. Quem, entretanto, estiver em condições de suportar a animosidade de seu semelhante e submetê-la ao exame rigoroso da crítica, sem se contaminar, chegará forçosamente a descobrir o estado de possessão do outro. Mais vantajoso, porém, e, sob o ponto de vista da consecução do fim proposto, mais útil será submeter seus próprios caprichos e a possibilidade de modificar a própria personalidade, a uma séria reflexão. Saber onde o outro falha de pouco adianta. Só é interessante quando o próprio indivíduo falha, pois então se poderá fazer alguma coisa: O que podemos corrigir nos outros muitas vezes é de utilidade duvidosa, se é que realmente pode dar algum resultado.

425   Embora muitas vezes encontremos o *animus* e a *anima* inicialmente sob um aspecto negativo e antipático, contudo os dois estão bem longe de ser apenas uma espécie de espíritos malignos. Como já disse, eles apresentam também um aspecto positivo. Quer dizer: devido à sua força de sugestão positiva, numinosa, constituem as bases arquetípicas das divindades masculinas e femininas, em todas as épocas e lugares, e, por este motivo, exigem uma atenção particular, sobretudo por parte do psicólogo e, depois, de qualquer leigo dado à reflexão. Enquanto númens, o *animus* e a *anima* produzem ora o bem, ora o mal. O que os discrimina é a oposição dos sexos. Por este motivo, constituem sempre um par de opostos que não estão irremediavelmente separados por uma contradição lógica; em virtude da atração mútua própria desta polaridade, não somente ela promete uma unificação, como até mesmo a possibilita. A *coniunctio oppositorum* foi objeto da especulação dos alquimistas, sob a figura das Núpcias Químicas, e também dos cabalistas, sob a figura de Tiferet e Malcut, ou de Deus e da Chequiná[2], para não aludirmos às núpcias do Cordeiro.

426   A natureza dupla resultante da unificação dos opostos, ou seja, a *Rebis* ou o *Lapis Philosophorum*, acha-se tão claramente caracterizada na literatura específica, que não é difícil identificar aqui um símbolo do si-mesmo. Psicologicamente, este último é uma unificação do cons-

---

2. HURWITZ. *Archetypische Motive in der chassidischen Mystik*, cap. VI.

ciente (de natureza masculina) e do inconsciente (de natureza femini-na). O si-mesmo constitui a totalidade psíquica. Ou dito em outras pa-lavras: é um *conceito* psicológico. Empiricamente, porém, o si-mesmo manifesta-se espontaneamente sob a forma de símbolos específicos: como totalidade, ele emerge (como é fácil de provar) antes de tudo sob a forma de mandalas e suas inúmeras variantes. Estes símbolos acham-se historicamente testemunhados como imagens divinas.

O politeísmo corresponde ao estágio *animus-anima*, ao passo 427 que o monoteísmo corresponde ao si-mesmo[3]. O simbolismo arque-típico natural que descreve uma totalidade que abrange o luminoso e o tenebroso se acha, de certo modo, em contradição com a concep-ção cristã, mas não – ou apenas em proporção diminuta – com a judai-co-javista. Esta última nos parece mais próxima da natureza e, por isso, corresponde melhor à experiência imediata. Seja como for, pelo menos a heresia cristã tentou contornar os escolhos do dualismo ma-niqueísta, que se tornara perigoso para a Igreja Antiga, de uma manei-ra que levou em conta o símbolo natural; entre os símbolos eclesiásti-cos de Cristo há alguns comuns a Ele e ao diabo e que são da máxima importância, dado este que não exerceu, porém, nenhuma influência sobre o dogma.

Foram, no entanto, os gnósticos os que fizeram as mais frutuosas 428 tentativas no sentido de encontrar expressões simbólicas adequadas. Na realidade, a maior parte deles era constituída de teólogos, como, por exemplo, Valentino e Basílides, que, ao contrário da ortodoxia, foram fortemente influenciados pela experiência natural íntima. Por isso eles são, como os alquimistas, uma verdadeira mina daqueles símbolos resultantes da evolução posterior da ação do Evangelho. Mas suas ideias constituem igualmente compensações para a assime-tria divina introduzida pela doutrina da *privatio boni*, inteiramente na linha das conhecidas tendências modernas do inconsciente de fa-bricar símbolos de totalidade para transpor a brecha entre a cons-ciência e o inconsciente que foi se ampliando perigosamente até de-sembocar na desorientação universal que presenciamos.

---

3. A ampla dissertação oxfordiana de ALLENBY, A.I. *A Psychological Study of the Ori-ginis of Monotheism*, se ocupa deste tema.

429   Estou plenamente consciente de que este trabalho está longe de ser completo, constituindo apenas um esboço como se comportam certas concepções cristãs quando consideradas em termos de experiência. Como o que me interessava, essencialmente, era acentuar o paralelismo ou a diferença existentes entre os resultados empíricos e as concepções tradicionais, foi impossível não levar em conta a diversidade de linguagem determinada pelas épocas, tal como aconteceu, de modo particular, em relação ao símbolo do peixe. Inevitavelmente devemos mover-nos em um domínio inseguro, e de vez em quando usar uma hipótese especulativa, a título de experiência. Não há dúvida de que qualquer pesquisador deve documentar, tanto quanto possível, os resultados a que chegou e as suas opiniões; mas pode aventurar-se ocasionalmente a emitir alguma hipótese, mesmo com o risco de errar. Afinal de contas, são os erros que nos proporcionam os fundamentos da verdade, e quando se ignora o que uma coisa é em si, já constitui um acréscimo de conhecimento saber o que ela *não* é.

Apêndice

Referências

A. Coletâneas de tratados de Alquimia de diversos autores

ARS CHEMICA, quod sit licita exercentibus, probationes doctissimorum iurisconsultorum. Estrasburgo, 1566

> I   "Septem tractatus seu capitula *Hermetis Trismegisti, aurei*" (p. 7-31). Tractatus aureus.

> II "Tabula smaragdina Hermetis Trismegisti" (p. 32s.).

ARTIS AURIFERAE, quam chemiam vocant... 2 vols., Basileia, 1593.

Vol. I

> I   "Turba philosophorum" (duas versões. p. 1-65; 66-139);

> II "Allegoriae super librum Turbae" (p. 139-145);

> III "Enigmata ex visione Arislei philosophi, et allegorijs sapientum" (p. 146-154). *Visio Arislei*;

> IV "In Turbam philosophorum exercitationes" (p. 154-182);

> V   "Aurora consurgens, quae dicitur áurea hora" (p. 185-246; só parte II);

> VI "Rosinus (Zosimus) ad Sarratantam episcopum" (p. 277-319);

> VII "Practica Mariae Prophetissae in artem alchimicam" (p. 319-324);

> VIII "Tractatulus Aristotelis de practica lapidis philosophici" (p. 361-373); IX "Cuiusdam epistolae, quae Alexandri Macedonum regis nomine circumfertur, interpretatio..." (p. 382- 388);

> X   "Tractatulus Avicennae" (p. 405-437)].

Vol. II

> XI "Morienus Romanus. Sermo de transmutatione metallorum" (p. 7-54);

> XII "Rosarium philosophorum" (p. 204-384; inclui uma segunda versão da Visio Arislei, p. 246-253)].

BIBLIOTHECA CHEMICA CURIOSA seu rerum ad alchemiam pertinentium thesaurus instructissimus. 2 vols. Genebra, 1702 [MANGETUS, J.J. (Org.)].

Vol. I

I "Allegoriae sapientum supra librum Turbae XXIX distinctiones" (p. 467- 479);

II *"Turba* philosophorum" (p. 445-465. uma segunda versão p. 480-494); III. "Allegoriae supra librum Turbae" (p. 494-495).

MUSAEUM HERMETICUM reformatum et amplificatum. Frankfurt, 1678.

I "Gloria mundi, aliâs, Paradysi tabula" (p. 203-304);

II "Lambsprinck. *De lapide philosophico*" (p. 337-372);

III "SENDIVOGIUS. Novum lumen chemicum, e naturae fonte et manuali experientia depromptum" (p. 445-600);

IV "Novi luminis chemici tractatus alter de sulphure" (p. 601-645);

V "Philalethes. Introitus apertus ad occlusum regis palatium" (p. 657-699); VI "Philalethes. Metallorum metamorphosis" (p. 741-774).

THEATRUM CHEMICUM, praecipuos selectorum auctorum tractatus... continens. Vols. I-III. Ursel 1602; Vol. IV, Estrasburgo, 1613; Vol. V, 1622; Vol. VI 1661

Vol. I

I "Fanianus. De arte metallicae metamorphoseos ad Philoponum" (p. 28-48);

II "Hoghelande. De alchemiae difficultatibus" (p. 121-215);

III "Dorneus. Ars chemistica" (p. 217-254);

IV "Dorneus. Speculativa philosophia, gradus septem vel decem continens" (p. 255-310);

V "Dorneus. Physica gênesis" (p. 367-404);

VI "Dorneus. Physica Hermetis Trismegisti" (p. 405-437);

VII "Dorneus. Philosophia meditative" (p. 450-472);

VIII "Dorneus. Philosophia chemical" (p. 472-517);

IX "Dorneus. Congeries Paracelsicae chemiae de transmutationibus metallorum" (p. 557-646);

X "Bernardus Trevisanus. Liber de alchemia" (p. 373-803).

Vol. II

XI   "Georgii Riplei Duodecim portarum axiomata philosophica" (124-139);

XII "Isaacus Hollandus. Fragmentum de lapide philosophorum" (p. 142-146);

XIII "Ioannes Dee. Monas hieroglyphica" (p. 218-243).

Vol. III

XIV "Aristoteles de perfecto magistério" (p. 56-118).

Vol. IV

XV   "Artefius. Clavis maioris sapientiae" (p. 221-240).

XVI   "Duodecim tractatus de lapide philosophorum" (p. 478-502);

XVII "Georgius Beatus. Aurelia occulta philosophorum" (p. 525-581);

XVIII "Hermetis Trismegisti *tractatus aureus* de lapidis physici secreto" (p. 672-797).

Vol. V

XIX "Turba philosophorum" (p. 1-57);

XX   "Allegoriae sapientum et distinctiones XXIX supra librum Turbae" (p. 64-100);

XXI "Platonis liber quartorum" (p. 114-208). XXII;

XXIII "Tractatus Aristotelis alchemistae ad Alexandrum Magnum de lapide philosophico" (p. 880-892).

Vol. VI

XXIII. "Blasius Vigenerus. Tractatus de igne et sale" (p. 1-139);

XXIV "Iohannes Collesson. Idea perfecta philosophiae hermeticae" (p. 143-162);

XXV "Fidelissima et jucunda instructio de arbore solari" (p. 163-194);

XXVI "Iohannes Grasseus. Arca arcani artificiosissimi de summis naturae mysteriis" (p. 294-381);

XXVII "Summa libri qui vocatur Gloria mundi, seu tabula Paradisi" (p. 513-517);

XXVIII "Iohannes Chartier. Scientia plumbi sacri sapientum" (p. 569-599).

B. Bibliografia geral

ABARBANEL, I. (Ishaq Abravanel ben Jehuda). *Ma'jene haj-jeshua* (Fontes do socorro). Ferrara: [s.e.], 1551.

_____. *Maschmia Jeschua* (Fontes da salvação). Salonica: [s.e.], 1526.

ABRAHAM ELEAZAR (Abraham le Juif). *Uraltes chymisches Werk etc.* 2. ed. Leipzig: [s.e.], 1760.

ADAM SCOTUS. De tripartito tabernáculo. In: MIGNE, P.L. CXLVIII, col. 609-796.

(ADAMANTIUS). Der Dialog des ῾Η περὶ τῆς εἰς θεὸν ὀρθῆς πίστεως. Leipzig: [s.e.], 1908 [SANDE BAKHUYSEN, W.H. van de: Die griechischen christliche Schriftsteller].

AGOSTINHO (S. Aurelius Augustinus). *Opera omnia. Opera et studio monachorum ordinis S. Benedicti e congregatione S. Mauri.* 11 vols. Paris: [s.e.] 1836-1838. Neste volume mencionam-se os seguintes textos:

_____. *De civitate Dei contra paganos libri viginti duo.* Tom. VII (todo o volume).

_____. *Confessionum libri tredecim.* Tom. I, col. 133-410.

_____. *Contra adversarium legis et prophetarum libri duo.* Tom. VIII, col. 849-928.

_____. *Contra Faustum Manichaeum libri triginta tres.* Tom. VIII, col. 313-718.

_____. *De diversis quaestionibus octoginta tribus liber unus.* Tom. VI, col. 25-138.

_____. *Dialogus quaestionum sexaginta quinque.* Tom. VI, col. 1073-1100.

_____. *De Trinitate libri quindecim.* Tom. VIII, col. 1.153-1.516.

_____. *Enarrationes in Psalmos.* Tom. IV (todo o volume).

_____. *Liber sententiarum viginti unius.* Tom. VI, col. 1061-1071.

_____. *Prosperi Aquitani sententiarum ex Augustino.* Tom. X/2, col. 2561-2620.

_____. *Retractationum libri duo.* Tom. I, col. 21-122.

_____. *In Ioannis Evangelium tractatus centum viginti quatuor.* Tom. III/2, col. 1.677-2.474.

_____. *Sermones supposititii.* Tom. V, col. 2.285-3.222.

_____. *Sermo XC.*

_____. *Sermo* CCXXXVII.

AILLY, Pierre d' (Petrus de Aliaco). *Concordantia astronomie cum theologia. Concordantia astronomie cum hystorica narratione. Et elucidarium duarum praecedentium.* Veneza: [s.e.], 1490.

ALBUMASAR (Ja'far ibn Muhammad, Abu ma'shar al-Balkhi). *De magnis coniunctionibus.* Veneza/Augsburgo: [s.e.], 1489.

ALCIATI, A. *Emblemata cum commentariis* etc. Padua: [s.e.], 1661.

ALLENBY, A.I. *A Psychological Study of the Origins of Monotheism.* [s.n.t.] [Não publicado. Diss. Univ. Oxford].

AMBROSIO. Explanationes in Psalmos. In: *Sancti Ambrosii opera.* Pars 6. Leipzig/Viena: [s.e.], 1919 [PETSCHENIG, M. (org.) *Corpus Scriptorum Ecclesiasticorum Latinorum* 64].

(ANGELUS SILESIUS). Des A' S' Cherubinischer Wandersmann. Segundo a edição de 1675. Iena: [s.e.], 1904 [BÖLSCHE, Wilhelm (org.)].

ANGER, R. "Der Stern der Weisen und das Geburtsjahr Christi. Eine chronologische Untersuchung". *Zeitschrift für die historische Theologie.* 3° fascículo, p. 347-398. Leipzig: 1847.

Apokryphen, Die, und Pseudoepigraphen des Alten Testaments. 2 vols. Tubingen: [s.e.], 1900 [Reimpressão em 1921. Traduzido e organizado por E. Kautzsch].

Aurora consurgens. Documento referente à problemática alquimista dos contrários, atribuído a Tomás de Aquino. Editado e comentado por Marie-Louise Von Franz. Como terceira parte de. C.G. Jung. Mysterium coniunctionis (Psychologische Abhandlungen XII). Zurique: Rascher, 1950 *(Aurora I).*

_____. Cf. tb. (A.) ARTIS AURIFERAE I, v (apenas II).

_____. Cf. tb. TOMÁS DE AQUINO.

Bahman Yast or Zand-i vohûman yasno, of which zand, or commentary, this work seems to be an epitome. In: *The Sacred Books of the East V.* Oxford: [s.e.], 1880.

Baruc, Apocalipse de. Cf. Apokryphen, Die, und Pseudoepigraphen.

BASÍLIO (Basílio Magno). Quod Deus non est auctor malorum. In: MIGNE, J.P. *P.G. XXXI,* col. 329-354.

_____. Homiliae in Psalmos. In: MIGNE, J.P. *P.G. XXIX,* col. 209-494.

_____. Homiliae in Hexaemeron. In: MIGNE, J.P. *P.G. XXIX,* col. 3-208.

BAUER, W. *Griechisch-deutsches Wörterbuch zu den Schriften des Neuen Testaments*. 3. ed. Berlim: [s.e.], 1937.

Bereschit Rabba. 3 vols. Berlim: [s.e.], 1912-1936 [Organizado por Theodor e Ch. Albeck].

BERNARDO DE CLARAVAL (Bernardus Claravallensis). Tractatus de gradibus superbiae. In. MIGNE, J.P. *P.L. CLXXXII*, col. 957-972.

BERTHELOT, M. *Collection des anciens alchimistes grecs*. Paris: [s.e.], 1887-1888.

BOHME, J. *Des gottseligen, hocherleuchteten J' B' Teutonici Philosophialie Theosophischen Schriften*. 3 vols. Amsterdam: [s.e.], 1682.

_____.Tabula principiorum. In: *De signatura rerum. Das ist. von der Geburt und. Bezeichnung aller Wesen* (1682).

_____ Aurora, Morgenröte im Aufgang, das ist etc. (1656).

BOLL, F. *Sphaera* – Neue griechische Texte und Untersuchungen zur Geschichte der Sternbilder. Leipzig: [s.e.], 1903.

_____. Aus der Offenbarung Johannis Hellenistische Studien zum Weltbild der Apokalypse. ΣΤΟΙΧΕΙΑ (Studien zur Geschichte des antiken Weltbildes und der griechischen Wissenschaft. Fasc., l.) Leipzig/Berlim:1914.

BOUCHÉ-LECLERCQ, A. *L'Astrologie grecque*. Paris: [s.e.], 1899.

BOUSSET, W. *Der Antichrist in der Überlieferung des Judentums des Neuen Testaments und der alten Kirche*. – Ein Beitrag zur Auslegung der Apokalypse. Göttingen: [s.e.], 1895.

_____. *Hauptprobleme der Gnosis* (Forschungen zur Religion und Literatur des Alten und Neuen Testaments 10). Göttingen: [s.e.], 1907.

Brihadaranyaka Upanishad. Cf. DEUSSEN.

BRUGSCH, H. *Religion und Mythologie der alten Ägypter*. Leipzig: [s.e.], 1885.

BUDGE, E.A.W. *The Gods of the Egyptians*. 2 vols. Londres: [s.e.], 1904.

_____. *The Papyrus of Ani*. Londres: [s.e.], 1895.

CABROL, F. & LECLERC, H. *Dictionnaire d'archéologie chrétienne et de liturgie*. 15 vols. Paris: [s.e.], 1907-1953.

CAMPBELL, C. *The miraculous Birth of King Amon-Hotep III and other Egyptian Studies*. Edimburgo/Londres: [s.e.], 1912.

CARDANO, Jerônimo (Girolamo Cardano). Commentarium in Ptolemaeum De astrorum iudiciis. In. *Opera omnia V*. 10 vols. Lião: [s.e.], 1663.

CAUSSINO, N. *Polyhistor symbolicus*. Colônia: [s.e.], 1623.

CESARIO HEISTERBACENSE (Cesario de Heisterbach). *Dialogus miraculorum*. 2 vols. Colônia/Bruxelas: [s.e.], 1851 [STRANGE, J. (org.)].

CHRISTENSEN, A. *Les Types du Premier Homme et du Premier Roi dans l'histoire légendaire des Iraniens*. 1ª parte. Estocolmo: [s.e.], 1917 [Archives d'Etudes orientales XIV].

CHWOLSOHN, D. *Die Ssabier und der Ssabismus*. 2 vols. São Petersburgo: [s.e.], 1865.

CLEMENTE DE ALEXANDRIA (Clemens Alexandrinus). Pedagogo. In: MIGNE, J.P. *P.G. VIII*, col. 247-2684.

_____. Stromata. In: MIGNE, J.P. *P.G. VIII*, col. 685 até IX, col. 602.

CLEMENTE DE ROMA (Clemens Ronnanus). *Clementis Romani quae feruntur Homiliae XX*. Göttingen: Sumptibus Librariae Dieterichianae, 1853 [DRESSEL, A.R.M. (org.)].

Compendium theologicae veritatis. Veneza, 1576.

CORÃO, O. *Aus dem Arabischen wortgetreu ubersetzt und mit erläuternden Anmerkungen versehen von L. Ullmann*. 4ª reimpressão. Bielefeld: [s.e.], 1857.

CREMER, H. *Biblisch-theologisches Wörterbuch der neutestamentlichen Gräzität*. 10. ed. Gotha: [s.e.], 1915.

CUMONT, F. *Les Religions orientales dans le paganisme romain*. 4. ed. Paris: [s.e.], 1929.

_____. *Textes et monuments figures relatifs aux mystères de Mithra*. 2 vols. Bruxelas: [s.e.], 1896-1899.

DELATTE, L. Textes Latins et vieux français relatifs aux Cyranides. *Bibliothèque de la Faculté de Philosophie et Lettres de l'Université de Liège*, fasc. 93. 1942. Liittich.

DENZINGER, H. *Enchiridion symbolorum et definitionum, quae de rebus fidei et morum a conciliis oecumenicis et Summis Pontificibus emanarunt*. 6. ed. Würzburg: [s.e.], 1888.

DEUSSEN, P. *Allgemeine Geschichte der Philosophie*. 2. ed. 2 vols. duplos. Leipzig: [s.e.], 1906-1915.

_____. *Sechzig Upanishad's des Veda. Aus dem Sanskrit übersetzt und mit Anleitungen und Anmerkungen versehen*. 3. ed. Leipzig: [s.e.], 1938.

DÍDIMO DE ALEXANDRIA. De trinitate libri tres. In: MIGNE, J.P. *P.G. XXXIX*, col. 269-992.

DIETERICH, A. *Die Grabschrift des Aberkios*. Leipzig: [s.e.], 1896.

_____. *Eine Mithrasliturgie*. 2. ed. Leipzig: [s.e.], 1910.

DIONÍSIO AREOPAGITA. De divinis nominibus. In: MIGNE, J.P. *P.G. III*, col. 585-996.

DOLGER, F. J. 'ΙΧΘΥΣ. Das Fischsymbol in fruhchristlicher Zeit 'ΙΧΘΥΣ als Kürzung des Namen Jesu. Münster em W. 1928.

DOZY, R. & DE GOEJE, M.J. Nouveaux Documents pour l'étude de la religion des Harraniens. *Actes du sixième Congrès International des Orientalistes 1883*. Leiden: [s.e.], 1885.

DRAGOMANOV, M. Zabelezhki vrkhy slavyanskite religioznoeticheski Legendi. *Sbornik za narodnaya umortovreniya* X. Sofia, 1894. p. 3-68.

DREWS, A. *Der Sternhimmel in der Dichtung und Religion der alten Völker und des Christentums*. Iena: [s.e.], 1923.

DU CANGE, C. *Glossarium ad scriptores mediae et infimae Latinitatis*. 6 vols. Paris: [s.e.], 1733-1736 [Reedição 10 vols. Graz, 1954].

MESTRE ECKHART. Cf. Mystiker, Deutsche.

EFREM SÍRIO (Efrém da Síria). *Hymni et Sermones*. 4 vols. Malinas, 1882-1902. [LAMY, J. (org.)].

EISLER, R. Der Fisch als Sexualsymbol. In. *Imago* III/2. Leipzig/Viena, 1914. p. 165-193.

_____. *Orpheus* – the Fisher. Comparative studies in Orphic and Early Christian Cult Symbolism. Londres: [s.e.], 1921 [No Museu Britânico, Londres, conserva-se um segundo volume não publicado desta obra, como escrito-padrão].

_____. *The Royal Art of Astrology*. Londres: [s.e.], 1946.

ELEAZAR ABRAHAM. Cf. ABRAÃO ELEAZAR.

Enchiridion Symbolorum. Cf. DENZINGER.

EPICTETO (Epictetus). *Enchiridion*. Graece et Latine. Leipzig: [s.e.], 1783 [HEYNE, C.G.].

EPIFANIO. Ancoratus. In: *Epiphanius I*. (Griechische christliche Schriftsteller), Leipzig: [s.e.], 1915 [HOLL, K. (org.)].

_____. *Panarium* (Adversus octoginta haereses). 3 partes. Berlim: [s.e.], 1959-1961. [OEHLER, P. Von (org.)].

ERMAN, A. *Die Religion der Ägypter*. Berlim/Leipzig: [s.e], 1934.

Esdras, 2º ou 4º livro. Cf. KAUTZSCH.

EUQUÉRIO DE LIÃO. Liber formularam spiritalis intelligentiae. In: MIGNE, J.P. *P.L. L*, col. 727-772.

EUTÍMIO ZIGABENO. Panóplia dogmática. In: MIGNE, J.P. *P.G. CXXX* (todo o volume).

FERGUSON, J. *Bibliotheca chemica*. 2 vols. Glasgow: [s.e.]. 1906.

FIERZ-DAVID, H.E. *Die Entwicklungsgeschichte der Chemie* (Wissenschaft und Kultur 2). Basileia: [s.e.], 1945.

FIERZ-DAVID, L. Der Liebestraum des Poliphilo. Ein Beitrag zur Psychologie der Renaissance und der Moderne. Zurique: Rhein-Verlag, 1947.

FILO JUDEU ALEXANDRINO. Ph'i A'i Hbellus de opificio mundi. (*Breslauer philologische Abhandlungen* IV/4). Breuslau: [s.e.], 1889 [COHN, L. (org.)].

FÍRMICO MATERNO JÚLIO (Firmicus Maternus Iulius). Liber de errore profanarum religionum (Corpus Scriptorum Ecclesiasticorum Latinorum II). Viena: [s.e.], 1867. Cf. tb. MIGNE, J.P. *P.L. XII*, col. 918-1.050.

FLUDD, R. Animae intellectualis scientia seu De geomantia. In: *Fasciculus geomanticus in quo varia variorum opera geomantica continentur*. Verona: [s.e.], 1687.

FRANZ, M.-L. Die Passio Perpetuae. In: C.G. JUNG. *Aion* (Psychologische Abhandlungen VIII). Zurique: Rascher, 1951.

_____. Cf. Aurora consurgens.

FROBENIUS, L. *Das Zeitalter des Sonnengottes*. Berlim: [s.e.], 1904.

GAEDECHENS, R. *Der marmorne Himmelsglobus des fürstlich Waldekkischen Antikencabinets zu Arolsen*. Gottingen: [s.e.], 1862.

GAMOW, G. *Atomic Energy in Cosmic and Human Life*. *[s.l.]*: Cambridge University Press. 1947.

GARNÉRIO DE SÃO VÍTOR. Gregorianum. In: MIGNE, J.P. *P.L. CXCIII*, col. 23-462.

GERARDO DE BORGO SAN DONNINO. Introductorius in evangelium aeternum (impossível encontrar indicações mais precisas).

GERHARDT, O. *Der Stern des Messias*. Das Geburts und das Todesjahr Jesu Christi nach astronomischer Berechnung. Leipzig: [s.e.], 1922.

GOLDSCHMIDT, L. (org.). *Der babylonische Talmud*. 12 vols. Berlim: [s.e.], 1929-1936.

GRATAROLO (Guglielmo Gratarolo). *Verae alchemiae artisque metallicae citra aenigmata etc.* Basileia: [s.e.], 1561 [p. 269-286 inclui AUGURELO, Chrysopoeia; p. 226-231 RUPESCISSA, De confectione veri lapidis].

GREGÓRIO (Gregório Magno Papa). In librum primum Regum expositiones. In: MIGNE, J.P. *P.L. LXXIX,* col. 17-468.

_____. Moralia in Job. In: MIGNE, J.P. *P.L. LXXV,* col. 509, até LXXVI, col. 782.

GRENFELL, B.P. & HUNT, A.S. *New Sayings of Jesus and Fragment of a Lost Gospel.* Oxford: [s.e.], 1904.

GUBERNATIS, A. *Die Thiere in der indogermanischen Mythologie* – Übersetzung. 2 partes. Leipzig: [s.e.], 1874.

GUIGNEBERT, C. Quelques Remarques sur la perfection et ses voies dans le mystère Paulinien. *Revue d'histoire et de philosophie religieuses* VIII, 1928, p. 412-429. Estrasburgo.

HAHN, C.U. *Geschichte der Waldenser und verwandter Sekten, quellenmässig bearbeitet.* Vol. II da "Geschichte der Ketzer im Mittelalter, besonders im 11, 12 e 13. Jahrhundert, nach den Quellen bearbeitet". Stuttgart: [s.e.], 1845-1850 (vol. II, 1847).

HARNACK, A. *Lehrbuch der Dogmengeschichte.* Vol. I. Die Entstehung des kirchlichen Dogmas. 5. ed. Tubingen: [s.e.], 1931.

HAUCK, A. Cf. Realencyclopädie.

HEIDEGGER, J.H. *Quaestiones ad textum Lucae VII,* 12-17, 1655.

HELLWIG, C. *Neu eingerichtetes Lexicon medico-chymicum, oder Chymisches Lexicon.* Frankfurt junto ao Meno/Leipzig: [s.e.], 1711.

HENNECKE, E. (org.). *Neutestamentliche Apokryphen.* 2. ed. Tübingen [s.e.], 1924.

(HERMAS). Hermae Pastor. Graece add. vers. Lat. ... e cod. Palatino recens. Osc. de Gebhardt, Ad. Harnack (*Patrum apostolicorum opera, fasc. III*) Leipzig: [s.e.], 1877.

HERTZ, M. *De P. Nigidii Figuli studiis atque operibus.* Berlim: [s.e.], 1845.

HIPÓLITO. Elenchos (= Refutatio omnium haeresium). In: WENDLAND, P. (org.). *Die griechischen christlichen Schriftsteller der ersten drei Jahrhunderte.* Leipzig: [s.e.], 1916.

_____. Comentário sobre Daniel (Eis ton Daniel). Werke I, In: BONWETSCH, G.N. & ACHELIS, H. *Die griechischen christlichen Schriftsteller.* Leipzig: [s.e.], 1897.

HÖLDERLIN, F. *Gesammelte Werke*. Vol. II. Poesias. 2. ed. Iena: [s.e.], 1909 [BÖHM, W. (org.)].

HOMERO. *Obras*. 2 vols. Stuttgart/Tübingen: [s.e.], 1842 [Traduzidas por Johann Heinrich Voss].

HONÓRIO (de Autun). Speculum de mysteriis ecclesiae. In: MIGNE, J.P. *P.L. CLXXII*, col. 807-1.108.

HUGO (de Estrasburgo). *Compendium theologicae veritatis*. Veneza: [s.e.], 1492.

HURWITZ, S. Archetypische Motive in der chassidischen Mystik. In: *Zeilose Dokumente der Seele*. Zurique: [s.e.], 1952 [Studien aus dem C.G. Jung-Institut III].

[I]DELER, C.L. *Untersuchungen über den Ursprung und die Bedeutung der Sternnamen*. Berlim: [s.e.], 1809.

[I]NÁCIO DE LOYOLA. *Geistliche Übungen*. Friburgo em Brisgóvia: [s.e.], 1939 [Traduzido por Alfred Feder e organizado por Emmerich Raitz von Frentz].

[I]RENEU (Bispo de Lião). *Contra omnes haereses libri quinque*. Londres: [s.e.], 1702 [GRABE, J.E. (org.)].

[I]SIDORO (de Sevilha). *Liber etymologiarum*. Basileia; [s.e], 1489.

[J]ACOBI, J. *Die Psychologie von C.G. Jung* – Eine Einführung in das Gesamtwerk. Zurique: Rascher 1945 [Nova edição por Walter, 1978].

[J]EREMIAS, A. *Das Alte Testament im Lichte des alten Orients. Handbuch zur biblisch-orientalischen Altertumskunde*. Leipzig: [s.e.], 1906.

[J]OÃO CRISÓSTOMO. Responsiones ad orthodoxas. In. Justini opera spuia. In: MIGNE, J.P. *P.G.L. VI*, col. 1249-1400.

[J]OSEFO, F. Contra Apionem. In: *Des Fürtrefflichen Jüdischen Geschichtschreibers F' J' Sämmtliche Wercke, als zrwanzig Bücher von den alten Jüdischen Geschichten*. Tübingen: [s.e.], 1735 [Antiquitates Judaicae].

[J]UNG, C.G. *Antwort auf Hiob*. Zurique: Rascher, 1952. [Reedição, 1953 e 1961. Pb revista, 1967 (Ges. Werke XI – 1963 e 1973)].

_____. Die Beziehungen zwischen dem Ich und dem Unbewussten. Darmstadt: Reichl, 1928. Reedição Rascher, Zurique, 1933, 1935, 1939, 1945, 1950, 1960. Pb 1966. StA Walter, Olten, 1971 (Ges. Werke VII [1964 e 1974]).

_____. Der Geist Mercurius. *Eranos Jahrbuch* IX (1942). Zurique: Rhein-Verlag, 1943 [Reedição ampliada em: Symbolik des Geistes. Cf. Ges. Werke XIII].

_____. Der Geist der Psychologie. *Eranos Jahrbuch* XIV (1946). Rhein-Verlag, Zurique, 1947 [Reedição ampliada sob o título de "Theoretische Überlegungen zum Wesen des psychischen". In: Von den Wurzeln des Bewusstseins. Cf. e. tít. Também em StA Walter. Zum Wesen des Psychischen (1973). (Ges. Werke VIII, 1967)].

_____. Gestaltungen des Unbewussten. Mit einem Beitrag de Aniela Jaffé. (Psychologische Abhandlungen VIII). Zurique: Rascher, 1950. (JUNGS Beiträge Gas. Werke XV, 1971, e IX/1, 1976).

_____. Das göttliche Kind. In: JUNG, C.G. & Karl KERÉNYI. Cf. e. tít.

_____. Instinkt und Unbewusstes. In: *Über die Energetik der Seele*. Também em: *Über psychische Energetik und das Wesen der Träume*. Cf. e. tít. (Ges Werke VIII, 1967).

_____. *Mysterium Coniunctionis*. Untersuchungen über die Trennung und Zusammensetzung der seelischen Gegensätze in der Alchemie. Unter Mitarbeit von Marie-Louise Von Franz. 2 (3) vols. Zurique: Rascher, 1955 (Vols. I e II als Ges. Werke XIV/1 e 2, 1968).

_____. *Paracelsica* – Zwei Vorlesungen über den Artz und Philosopher Theophrastus. Zurique: Rascher, 1942.

_____. *Paracelsus als Arzt* (Ges. Werke XV, 1971);

_____. *Paracelsus als geistige Erscheinung* (Ges. Werke XIII).

_____. Der philosophische Baum. In: *Verhandlungen der Naturforschender Gesellschaft Basel* XVI/2. Basileia, 1945, p. 411-423 [Revisto e aumentade em Von den Wurzeln des Bewusstseins. Cf. e. tít. (Ges. Werke XIII)].

_____. *Psychologie und Alchemie* (Psychologische Abhandlungen V). Zurique: Rascher, 1944 [Reimpressão revista, 1952. StA Walter, 1975 (Ges Werke XII, 1972)].

_____. *Psychologie und Religion* – Die Terry Lectures, gehalten an der Yale University. Zurique: Rascher, 1940 [Reimpressão, 1942, 1947 e Pb 1962 StA Walter, 1971 (Ges. Werke XI, 1964 e 1974)].

_____. *Die Psychologie der Übertragung* – Erläutert anhand einer alchemistischen Bilderserie, für Ärzte und Psychologen. Zurique: Rascher, 1946. StA Walter, 1973 (Ges Werke XVI, 1958 e 1976).

_____. *Psychologische Typen*. Zurique: Rascher, 1921 [Reimpressões, 1925, 1930, 1937, 1940, 1942, 1947 e 1950 (Ges. Werke VI, 1960, 1967 e 1976)].

_____. *Das Rätsel von Bologna*. Beitrag zu: Umkreis und Weite. Festschrift Albert Oeri zum 21 September, 1945. Basler Berichthaus AG (*Basler Nachrichten*). Basileia, 1945 [Sob o título de "Enigma Bolognese". In: Mysterium Coniunctionis. Cf. e. tít.].

_____. *Symbole der Wandlung* – Analyse des Vorspiels zu einer Schizophrenie. Zurique: Rascher, 1952 (Ges. Werke V, 1973) [4. ed. refundida de Wandlungen und Symbole der Libido. Ein Beitrag zur Entwicklungs-geschichte des Denkens. Leipzig/Viena: Deuticke, 1912. Reimpressão, 1925 e 1938].

_____. *Symbolik des Geistes* – Studien über psychische Phänomenologie (Psychologische Abhandlungen VI). Zurique: Rascher, 1948 [Reimpressão em 1953].

_____. *Über die Energetik der Seele* (Psychologische Abhandlungen II). Zurique: Rascher [Nova edição, revista e aumentada sob o título de Über psychische Energetik und das Wesen der Träume. Cf. e. tít.].

_____. Über Mandalasymbolik. In: *Gestaltungen des Unbewussten*. Cf. e. tít. (Ges. Werke IX/1, 1976).

_____. *Über psychische Energetik und das Wesen der Träume*. (Psychologische Abhandlungen II). Zurique: Rascher, 1948. Pb 1965. StA Walter, 1971 (Ges. Werke VIII, 1967).

_____. *Über die Psychologie des Unbewussten*. Zurique: Rascher, 1943 [Reimpressões 1948, 1960 e Pb 1966 (Ges. Werke VII, 1964 e 1974)].

_____. Über das Selbst. *Eranos Jahrbuch*, 1948. Zurique: Rhein-Verlag, 1949 [Cf. capítulo IV do presente volume. "O si-mesmo"].

_____. Synchronizität als ein Prinzip akausaler Zusammenhänge. In: C.G. JUNG & W. PAULI. *Naturerklärung und Psyche* (Studien aus dem C.G. Jung-Institut IV). Zurique: Rascher, 1952 (Ges. Werke VIII, 1967).

_____. Über Wiedergeburt. In: *Gestaltungen des Unbewussten*. Cf. e. tít. (Ges. Werke IX/1, 1976).

_____. Versuch einer psychologischen Deutung des Trinitätsdogmas. Originalmente "Zur Psychologie der Trinitatsidee". *Eranos Jahrbuch* VIII (1940/1941). Zurique: Rhein-Verlag, 1942 [Reedição aumentada em: Symbolik des Geistes. Cf. e. tít. (Ges. Werke XI, 1963 e 1973)].

_____. *Von den Wurzeln des Bewusstseins* – Studien über den Archetypen (Psychologische Abhandlungen IX). Zurique: Rascher, 1954 (Ges. Werke IX/1, 1976; XI, 1963 e 1973, e XIII).

_____. Das Wandlungssymbol in der Messe. *Eranos Jahrbuch* VIII (1940/ 1941). Zurique: Rhein-Verlag, 1942 [Reedição aumentada em: Von den Wurzeln des Bewusstseins. Cf. e. tít. (Ges. Werke XI, 1963 e 1973)].

_____. Zur Empirie des Individuationsprozesses. In: *Gestaltungen des Unbewussten*. Cf. e. tít. (Ges. Werke IX/1, 1976).

_____. Zur Phänomenologie des Geistes im Märchem. In: *Symbolik des Geistes*. Cf. e. tít. (Ges. Werke IX/1, 1976).

_____. Zur Psychologie der Trickster Figur. In: C.G. JUNG; KERÉNYI, K. & RADIN, P. *Der Göttliche Schelm* – Ein indianischer Mythen-Zyklus. Zurique: Rhein-Verlag, 1954 [Ges. Werke IX/1, 1976].

_____. Zur Psychologie östlicher Meditation. In: *Mitteilungen der Schweize-rischen Gesellschaft der Freunde ostasiatischer Kultur* V. São Galo, 1943, p. 33-35 [Posteriormente em: Symbolik des Geistes. Cf. e. tít. (Ges. Werke XI, 1963 e 1973)].

_____. JUNG, C.G. & KERÉNYI, K. *Einführung in das Wesen der Mythologie* – Das göttliche Kind/Das göttliche Mädchen. Zurique: Rhein-Verlag, 1951 [Jungs Beitrage Ges. Werke IX/1, 1976].

_____. WILHELM & JUNG. Cf. WILHELM.

KAUTZSCH, E. Cf. Apokryphen, Die, und Pseudoepigraphen.

KELCHNER, E. *Der "Enndkrist" der Stadt-Bibliothek em Frankfurt junto ao Meno*. Frankfurt junto ao Meno: [s.e.], 1891 [Reprodução fac-similar. Editado e recenseado bibliograficamente].

KENA-UPANISHAD. Cf. DEUSSEN, Sechzig Upanishad's.

KEPLER, J. Discurs von der grossen Conjunction. In: *Johannis Kepleri Astronomi Opera Omnia*. 8 vols. Frankfurt junto ao Meno 1858-1871 (Vol. VII, p. 697-711) [FRISCH, C. (org.)].

KHUNRATH, H. *Von hylealischen, das ist, primaterialischen catholischen oder algemeinem naturlichen Chaos*. Magdeburgo: [s.e.], 1597.

KIRCHMAIER, G.C. *Disputationes theologicae*. Iena: [s.e.] 1736.

KIRCHNER, A. *Arithmologia, sive De abditis numerorum mysteriis*. Roma [s.e.]: 1665.

KNAPP, M.J. *Antischia* – Ein Beitrag zum Wissen um die Prazession in Altertum. Basileia: [s.e.], 1927.

KOHUT, A. Die talmudisch-midraschische Adamssage. In: *Zeitschrift de deutschen morgenländischen Gesellschaft* XXV. Leipzig: [s.e.], 1871, p 59-94.

LAGARDE, P.A. (primitivamente P.A. BOETTICHER). *Clementina*. Leipzig: [s.e.], 1865.

LAIBLIN, W. Vom mythischen Gehalt unserer Märchen. In: SCHLOZ, W. & LAIBLIN, W. *Vom Sinn des Mythos*. Stuttgart: [s.e.], 1936.

LÉVY-BRUHL, L. *Les Fonctions mentales dans les sociétés inférieures* (Travaux de l'Année sociologique). Paris: [s.e.], 1912.

LIBÁVIO, A. *Alchymia... recognita, emendata et aucta*. Frankfurt frente ao Meno: [s.e.], 1606.

Liber sententiarum. Cf. AGOSTINHO.

LIGHTFOOT, J.B. *Notes on Epistles of Saint Paul*. Londres: [s.e.], 1895.

MAAG, V. Jahwäs Heerscharen. In: *Schweizerische theologische Umschau* XX. Berna, 1950, p. 27-52.

MACRÓBIO, A.T. Commentarium in Somnium Scipionis. In: *Opera*. Leipzig: [s.e.], 1893 [EYSSENHARDT, F. (org.)].

MAIER, M. *De circulo physico quadrato, hoc est auro*. Oppenheim: [s.e.], 1610.

_____. Secretioris naturae scrutinium chymicum (*Scrutinium chymicum*). Frankfurt junto ao Meno: [s.e.], 1687.

_____. *Symbola aureae mensae duodecim nationum*. Frankfurt junto ao Meno: [s.e.], 1617.

MAIMON MOSE BEM. Führer der Unschlüssigen. Ins Deutsche übertragen und mit erklärenden Anm. versehen von Adolf Weiss. (*Philos. Bibliothek*, 1840 b c). Leipzig: [s.e.], 1923/1924. 3 vols. [citado como MAIMÔNIDES, More Nebukhim].

MANGETO, J.J. Cf. (A) *Bibliotheca Chemica Curiosa*.

MARIETTE, F.A.F. *Dendérah*. Paris (impresso em Alexandria), 1875. 5 vols. com ilustrações. Paris, 1870-1874.

MASENIO, J. *Speculum imaginum veritatis occultae, exhibens symbola, emblemata, hieroglyphica, aenigmata*. Colônia: [s.e.], 1714.

(MECTILDES DE MAGDEBURGO). *Das fliessende Licht der Gottheit der M' von M'* – Ins Neudeutsche übertragen und erläutert von Mela Escherich. Berlim: [s.e.], 1909.

MEERPOHL, F. *Meister Eckharts Lehre vom Seelenfünklein* (Abhandlungen zur Philologie und Psychologie der Religion X). Würzburgo: [s.e.], 1926.

MELITÃO DE SARDES. Ad Autolycum. In: MIGNE, J.P. *P.G. IV*, col.
1.080.

MEYER, K.H. *Altkirchenslavisch-griechisches Wörterbuch des Codex Suprasliensis*. Glückstadt/Hamburgo: [s.e.], 1935.

Midrash Tanhuma (Shemoth). Em hebraico por Salomon Buber. Vilna,
1885.

MIGNE, J.P. (org.). *Patrologiae cursus completus*. Patrologia Latina (P.L.).
221 vols. Paris, 1844-1864

Patrologia Graeca (P.G.). 166 vols. Paris, 1857-1866.

MÍLIO, J.D. *Philosophia reformata continens libros binos*. Frankfurt: [s.e.],
1622.

MUHAMMAD IBN JARIR ABU-JAFFAR AL-TABARI. *Chronique*. 4 vols.
Paris e Nogent-le-Rotrou: 1868-1874 (vol. IV) [Traduzido para o francês
por Hermann Zotenberg].

MUNTER, F. *Sinnbilder und Kunstvorstellungen der alten Christen*. Altona:
[s.e.], 1825.

_____. *Der Stern der Weisen*: Untersuchungen über das Geburtsjahr Christi.
Copenhague: [s.e.], 1827.

Mystiker, Deutsche, des 14. Jahrhunderts. 2 vols. Leipzig: [s.e.], 1845-1857
[PFEIFFER, F. (org.)].

(NATHAN, RABBI). Abot de R' N'. Cf. SCHEFTELOWITZ.

NELKEN, J. Analytische Beobachtungen über Phantasien eines Schizophrenen. *Jahrbuch für psychoanalytische und psychopathologische Forschung* IV.
Leipzig/Viena: [s.e.], 1912, p. 504-562.

NEUMANN, E. Ursprungsgeschichte des Bewusstseins. Mit einem Vorwort
von C.G. JUNG. Zurique: Rascher, 1949.

NIETZSCHE, F. *Also sprach Zarathustra Ein Buch für Alie und Keinen*. Leipzig: [s.e.], 1901 [Werke VI].

NIGÍDIO FÍGULO. Cf. HERTZ.

NOSTRADAMUS (Nostredame). Michel. *Vrayes Centuries et Prophéties de
Maistre Michel Nostredame*. Amsterdam: [s.e.], 1667/Colônia: [s.e.], 1689.

Oráculos Sibilinos. Cf. Sibyllina Oracula.

ORÍGENES. Commentaria in Genesim. In: MIGNE, J.P. *P.G. XII*, col.
47-92.

_____. Contra Celsum. In: MIGNE, J.P. *P.G. XI*, col. 641-1.632.

_____. De principius. In: MIGNE, J.P. *P.G. XI*, col. 115-414.

_____. De oratione. In: MIGNE, J.P. *P.G. II*, col. 415-562.

_____. In Genesim homiliae. In: MIGNE, J.P. *P.G. XII*, col. 145-262.

_____. In Leviticum homiliae. In: MIGNE, J.P. *P.G. XII*, col. 405-574.

_____. In Lucam homiliae. In: MIGNE, J.P. *P.G. XIII*, col. 1.801-1.902.

_____. In Numeros homiliae. In: MIGNE, J.P. *P.G. XII*, col. 583-806.

_____. Selecta in Genesim. In: MIGNE, J.P. *P.G. XII*, col. 91-146.

_____. Cf. tb. ADAMANTIUS.

OROSIO. Ad Aurelium Augustum commonitorium de errore Priscillianista-rum ed Origenistarum. In: *Corpus Scriptorum Ecclesiasticorum Latinorum XVIII*.Viena/Leipzig: [s.e.], 1889, p. 151-157 [SCHEPPS, G. (org.)].

PANTEU, J.A. *Ars transmutationis metallicae*. Veneza: [s.e.], 1519.

PARACELSO (Theophrastus Bombastus de Hohenheim). *Sämtliche Werke*. 15 vols. Munique/Berlim: [s.e.], 1922-1935. [SUDHOFF, K. & MAT-THIESEN, W. (orgs.)] [No presente volume citado volume III. De vita lon-ga, p. 247s.; De mumia libellus (p. 375s.); Estudos fragmentários sobre ana-tomia, p. 459s.].

_____. *Volumen Paramirum und Opus Paramirum*. Iena: [s.e.], 1904 (De causis morborum invisibilium, p. 291s.) [STRUNZ, F. (org.)].

Pastor de Hermas. Cf. HERMAS.

PAULI, W. Der Einfluss archetypischer Vorstellungen auf die Bildung natur-wissenschaftlicher Theorien bei Kepler. In: JUNG, C.G. & PAULI, W. *Natu-rerklärung und Psyche* (Studien aus dem C.G. Jung-Institut IV). Zurique: Rascher, 1952.

(PAULINO DE NOLA). S. Pontii M. Paulini Carmina. (*Corpus Scriptorum Ecclesiasticorum Latinorum* XXX). Viena: [s.e.], 1894 [HARTL, W. (org.)].

PEDRO DE ALÍACO. Cf. AILLY, Pierre d'.

PERNETY, A.J. *Dictionnaire mytho-hermétique*. Paris: [s.e.], 1787.

PETERS, C.F. & KNOBEL, E.B. *Ptolemy's Catalogue of Stars* – A Revision of the Almagest. Washington: [s.e.], 1915.

PICINELO, F. *Mundus symbolicus*. Colônia: [s.e.], 1681.

PLÍNIO, S.C. Naturalis historiae libri XXXVII. Rec. Car. Mayhoff. 6 vols. Leipzig: [s.e.], 1875-1906. Alemão. Die Naturgeschichte des P'S'C' [Organi-zado por G.C. Wittstein. 6 vols. Leipzig, 1881-1882].

(PLOTINO). Plotini opera. (*Musaeum Lessianum Series philosophica XXXIII*). 2 vols. Paris/Bruxelas: [s.e.], 1951/1959. [HENRY, P. & SCHWYZER, H.-R. [Vol. I. Enneades I-III; Vol. II. Enneades IV-V].

(PLUTARCO). De Iside et Osiride. Alemão. P' über Isis und Osiris. Nach neuverglichenen Handschriften mit Übersetzungen und Erläuterungen. Berlim: [s.e.], 1850 [PARTHEY, G. (org.)].

_____. Quaestiones convivales. In: *Plutarchi Moralia*. Vol. IV. Leipzig: [s.e.], 1925 [Organizado por C. Hubert u.a.].

POHL, O. *Das Ichthysmonument von Autun*. Berlim: [s.e.], 1880.

POLEMON. *De Physiognomia líber*. Organizado por Georg Hoffmann (Scriptores physiognomici Graeci et Latini, organizado por Richard Foerster). 2 vols. Leipzig: [s.e.], 1893 (Vol. I, p. 93-294).

PORDAGE, J. *Sophia*: das ist Die holdselige ewige Jungfrau der Göttlichen Weisheit. Amsterdam: [s.e.], 1699.

PREISENDANZ, K. (org.). *Papyri Graecae Magicae* – Die griechischen Zauberpapyri. 2 vols. Leipzig: [s.e.], 1928/1931.

PRISCILIANO. [Opera] Priscilliani quae supersunt. (Corpus scriptorum ecclesiasticorum Latinorum XVIII). Viena: [s.e.]: 1889 [SCHEPPS, G. (org.)].

PROSPERO DE AQUITÂNIA. Cf. AGOSTINHO (Sententiae ex Augustino).

PSELO, Miguel. De daemonihus. In: *Iamblichus de mysteriis Aegyptiorum etc*. Veneza: [s.e.], 1497 (fol. N-N VI^V) [FICINO, M. (org.)].

QUISPEL, G. Philo und die altchristliche Häresie. *Theologische Zeitschrift* V. Basileia: [s.e.], 1949, p. 429-436.

_____. Note sur "Basilide". In: Vigiliae christianae. *A Review of Early Christian Life and Language* II (Amsterdam: [s.e.], 1948), p. 115-116.

RABANO MAURO. Allegoriae in Sacram Scripturam. In: MIGNE, J.P. *P.L.* CXII, col. 849-1.088.

RAHNER, H. Plumina de ventre Christi. *Bíblica* XXII. Roma: [s.e.], 1941, p. 269-303 e 367-403.

RAMSAY, W.M. The Cities and Bishoprics of Phrygia. *Journal of Hellenic Studies* IV. 1883, p. 370-436. Londres.

[RASHI (Solomon ben Isaac of Troyes).] Pentateuch with Targum Onkelos ... and Rashi's Commentary. 5 vols. Londres: [s.e.], 1929-1934 [Traduzido por M. Rosenbaum e A.M. Silbermann].

Realencyklopädie für protestantische Theologie und Kirche. 3ª reimpressão. 24 vols. Leipzig: [s.e.], 1896-1913 [HAUCK, A. (org.)].

REITZENSTEIN, R. *Poimandres*. Studien zur griechisch-ägyptischen und frühchristlichen Literatur. Leipzig: [s.e.], 1904.

REITZENSTEIN, R. & H. SCHÄDER. Studien zum antiken Syncretismus aus Iran und Griechenland (*Studien der Bibliothek Warburg* VII). Leipzig/Berlim: [s.e.], 1926.

Rigveda (Rgveda, Rig-Veda). Cf. DEUSSEN, Allgemeine Geschichte der Philosophie.

RIPLEY, G. *Chymische Schriften*. Erfurt: [s.e.], 1624.

_____. *Opera omnia chemica*. Kassel: [s.e.], 1649.

_____. Cf. tb. (A) *Theatrum chemicum* XI.

ROBERTS, R. "Jesus or Christ? – A Reply". *The Quest. A Quarterly Review* II., p. 108-125. Londres: [s.ed.], 1911.

ROSCHER, W.H. et al. *Ausführliches Lexikon der griechischen und römischen Mythologie*. 11 vols. Leipzig: [s.e.], 1884-1890.

ROUSSELLE, E. Seelische Führung im lebenden Taoismus. *Eranos Jahrbuch* I (1933). Zurique: [s.e.], 1934.

RULAND, M. *Lexicon alchemiae*. Francfurt junto ao Meno: [s.e.], 1612.

RUPESCISSA, J. *De confectione veri lapidis philosophorum*. Cf. GRATAROLO (em cuja obra está incluído).

_____. *La Vertu et la propriété de la quinte essence*. Lião: [s.e.], 1581.

RUSKA, J.F. *Tabula Smaragdina* – Ein Beitrag zur Geschichte der hermetischen Literatur. Heidelberg: [s.e.], 1926.

_____. *Turba philosophorum* – Ein Beitrag zur Geschichte der Alchemie. Berlim: [s.e.], 1931.

_____. Die Vision des Arisleus. *Historische Studien und Skizzen zu Natur-und Heilwissenschaft*. Festgabe Georg Sticker zum siebzigsten Geburtstage. Berlim: [s.e.], 1930 [SUDHOFF, K. (org.)].

SCHARF, R. Die Gestalt des Satans im Alten Testament. In: JUNG, C.G. *Symbolik des Geistes*. Cf. e. tít.

SCHEFTELOWITZ, I. "Das Fisch-Symbol im Judentum und Christentum". *Archiv für Religionswissenschaft* XIV. p. 1-53 e 321-392. Leipzig: [s.e.], 1911.

SCHMIDT, C. (org.). *Pistis Sophia* – Ein gnostisches Originalwerk des dritten Jahrhunderts aus dem Koptischen übersetzt. Leipzig: [s.e.], 1925.

SCHOETTGEN, C. *Horae Hebraicae et Talmudicae.* 2 vols. Dresden/Leipzig: [s.e.], 1733/1742.

SCHREBER, D.P. *Denkwürdigkeiten eines Nervenkranken, nebst Nachträgen und einem Anhang.* Leipzig: [s.e.], 1903.

SCOTT, W. *Hermetica.* 4 vols. Oxford: [s.e.], 1924-1936.

SENARD, M. *Le Zodiaque*: clef de l'ontologie. Appliqué à la psychologie. Losana: F. Roth & Cie.,1948.

Shaare Kedusha. Cf. VITAL Hayim.

Shatapatha-Brahmana. (Sacred Books of the East XII, XXVI, XLI, XLIII e XLIV). Oxford: [s.e.], 1882-1900 [Traduzido por Julius Eggeling].

Sibyllina oracula. Ex veteribus codicibus emendata... studio Servatii Gallaei. Amsterdam, 1689.

SILBERER, H. *Der Zufall und die Koboldstreiche des Unbewussten.* Leipzig: [s.e.], 1903.

(Schriften zur Seelenkunde und Erziehungskunst III) Berna/Leipzig: [s.e.], 1921.

SINÉSIO DE CIRENE. *Hymni et opuscula.* 2 vols. Roma: [s.e.]. 1944. [TERZAGHI, N. (org.)].

SMITH, E.N. *The Zodia or the Cherubim in the Bible and the Cherubim in the Sky.* Londres: [s.e.], 1906.

SODERBERG, H. *La Religion des Cathares.* Uppsala: [s.e.], 1942.

SOHAR, O. Cf. Zohar, The.

SPIEGELBERG, W. Der Fisch ais Symbol der Seele. *Archiv für Religionswissenschaft* XII. 1909, p. 574-575. Leipzig.

STEPHANUS CANTUARENSIS – ESTÊVÃO DE CANTUÁRIA (de Canterbury). Liber Allegoricus in Habacuc. Cf. PICINELO.

STRAUSS, H.A. *Die Astrologie des Johannes Kepler.* Munique/Berlim: [s.e.], 1926.

TABARI. Cf. MUHAMMAD IBN JARIR ABU-JAFFAR AL-TABARI. Tabula Smaragdina. Cf. RUSKA.

TACIANO. Oratio adversus Graecos. In: MIGNE, J.P. *P.G. VI*, col. 803-888.

TÁCITO (Públio Cornélio). Historiarum libri V. *P'C'T' libri qui supersunt.* Rec. *Carolus Halm.* 2. vols. (1). Leipzig/Berlim: Teubner, 1926/1928.

GOLDSCHMIDT, L. (org.). *Der Babylonische Talmud* – Hebräisch und deutsch. Mit Einschluss der vollständigen Misnah. 9 vols. Leipzig/Haia: [s.e.], 1899-1935.

(Targum sobre o Cântico dos Cânticos). The Targum to the Song of Songs. Londres: [s.e.], 1908 [Traduzido para o inglês por Hermann Gollancz].

TEÓFILO DE ANTIOQUIA. Ad Autolycum. In: MIGNE, J.P. *P.G. VI*, col. 1.023-1.168.

TERTULIANO (Quintus Septimius Florens Tertullianus). Adversus Marcionem. In: MIGNE, J.P. *P.L. II*, col. 239-526.

_____. Apologeticus adversus gentes pro Christianis. In: MIGNE, J.P. *P.L. I*, col. 257-536.

_____. De baptismo. In: MIGNE, J.P. *P.L. I*, col. 1.197-1.224.

THEODOR BAR-KUNI. Inscriptions mandaïtes des coups de Khouabir. 3 partes. Paris: [s.e.], 1898-1899 [POGNON, H. (org.)].

THIELE, G. *Antike Himmelsbilder* – Mit Forschungen zu Hipparchos, Aratos und seinen Fortsetzern und Beiträgen zur Kunstgeschichte des Sternhimmels. Berlim: [s.e.], 1898.

THORNDIKE, L. *A History of Magic and Experimental Science. During the First Thirteen Centuries of our Era*. 6 vols. Nova York: [s.e.], 1929-1941 (no presente volume citado vol. IV).

TITO DE BOSTRA. Adversus Manichaeos libri III. In: MIGNE, J.P. *P.G. XVIII*, col. 1.069-1.256.

_____. *Tractatus aureus*. Cf. (A) Artis auriferae VIII, Bibliotheca chemica curiosa I, e Ars chemica I.

TOMÁS DE AQUINO. Summa contra gentiles.

_____. Suma Teológica.

_____. (Pseud.) Aurora consurgens sive Áurea hora. In: CONDEESYANUS, H. (Pseudônimo de GRASSEUS). *Harmoniae imperscrutabilis chymico-philosophicae, sive Philosophorum antiquorum consentientium... Decas I... collectae studio et industria Joannis Rhenani*. Frankfurt junto ao Meno: [s.e.], 1625. Cf. tb. ARTIS AURIFERAE V.

Turba Philosophorum. Cf. RUSKA. Também *(A) Artis Auriferae I, Bibliotheca Chemica Curiosa II, E Theatrum Chemicum XIX*.

Upanishads. Cf. DEUSSEN.

USENER, H. Das Weihnachtsfest. (Religionsgeschichtliche Untersuchungen I), 2ª reimpressão. Bonn: [s.e.], 1911.

(VAUGHAN, Thomas). The Works of Th' V'. Eugenius Philaletha. Londres, 1919. [WHITE, A.E. (org.)].

Verae alchemiae artisque metallicae etc. Cf. GRATAROLO.

VIROLLEAUD, C. "Note complémentaire sur le poème de Mot et Aleïn". *Syria* XII. Paris: [s.e.], 1931, p. 350-357.

_____. "La Légende de Baal, dieu des Phéniciens". *Revue d'études sémitiques* C. Paris: [s.e.], 1935, p. III-XXI.

VITAL, H. *Shaare Kedusha* (As portas da santidade). Em hebraico. Jerusalém: [s.e.] 1926. (Pela primeira vez em Constantinopla, 1731).

VOLLERS, K. Chidr. *Archiv für Religionswissenschaft* XII. Leipzig: [s.e.], 1909, p. 234-284.

WACKER-BARTH, Graf August Joseph Ludwig von Merkwürdige Geschichte des weltberühmten Gog und Magog. Hamburgo: [s.e.], 1820.

WAITE, A.E. *Lives of Alchemistical Philosophers*. Londres: [s.e.], 1888 [Reedição em 1955].

_____. The Hermetic Museum Restored and Enlarged. 2 vols. Londres: [s.e.], 1893. (Original. (A) Musaeum hermeticum).

_____ Cf. tb. VAUGHAN.

WEISS, J. Das Urchristentum. Depois da morte do autor, editada e completada por Rudolf Knopf. 2 partes (em um só volume). Gottingen: [s.e.], 1914/1917.

WHITE, V. "Eranos, 1947, 1948". *Dominican Studies*. 2 vols. Oxford: [s.e.], 1949 (no presente volume mencionado vol. II, p. 399-400).

WICKES, F.G. Von der inneren Welt des Menschen. Mit einem Vorwort von C.G. JUNG. Zurique: Rascher, 1952 [Traduzido de The Inner World of Man].

WILHELM, R. (org.). *I Ging* – Das Buch der Wandlungen. Iena: [s.e.], 1924.

WILHELM, R. & JUNG, C.G. *Das Geheimnis der Goldenen Blüte* – Ein chinesisches Lebensbuch. Mit einem europäischen Kommentar von C.G. JUNG. Munique: Dorn Verlag, 1929. [Reedição Zurique: Rascher, 1938. Reimpressão 1939, 1944, 1948, 1957 e Walter, Olten, 1974. (JUNGS Beitrag in Ges. Werke XIII)].

WIRTH, A. *Aus orientalischen Chroniken*. Frankfurt junto ao Meno: [s.e.], 1894.

WISCHNITZER-BERNSTEIN, R. *Symbole und Gestalten der jüdischen Kunst*. Berlim: [s.e.], 1935.

WUNSCHE, A. תרמ״ח ׳אדר׳ oder Die Leiden des Messias in ihrer Ubereins-timmung mit der Lehre des Alten Testaments und den Ausspriichen der Rab-binen etc. Leipzig: [s.e.], 1870.

Zohar, The. Traduzido por Harry Sperling e Maurice Simon. 5 vols. Lon-dres: [s.e.], 1949.

Índice onomástico[*]

---

[*] A numeração corresponde aos parágrafos do presente volume, salvo indicação expressa. Os números em índice se referem às notas de rodapé.

Índice analítico[*]

---

[*] Os números são referentes aos parágrafos. Os números em índice se referem às notas de rodapé.

Conecte-se conosco:

f   facebook.com/editoravozes

⊙   @editoravozes

𝕏   @editora_vozes

▶   youtube.com/editoravozes

☏   +55 24 2233-9033

www.vozes.com.br

Conheça nossas lojas:

www.livrariavozes.com.br

Belo Horizonte – Brasília – Campinas – Cuiabá – Curitiba
Fortaleza – Juiz de Fora – Petrópolis – Recife – São Paulo

 EDITORA VOZES   VOZES NOBILIS    Vozes de Bolso    Vozes Acadêmica

EDITORA VOZES LTDA.
Rua Frei Luís, 100 – Centro – Cep 25689-900 – Petrópolis, RJ
Tel.: (24) 2233-9000 – E-mail: vendas@vozes.com.br